JN062033

宮澤喜一の足跡
―保守本流の戦後史

高橋輝世

旬報社

宮澤喜一の足跡——保守本流の戦後史

はじめに

一人の人物を通して歴史の一端を語るという手法は古来より多く存在する。本書は日本の戦前から二十一世紀までの政治史を対象とするが、そのような長期間を担える人物は果たしてどれだけ存在するだろうか。彼の長い年月の間のほとんどが政治史の中枢におり、語られるべき挿話は数多く散在している。そんな人物にスポットライトを当てたい。その人物は年配者からすれば、つい何年か前まで生きていた最近の人であるかもしれないが、若者にとっては、もはや歴史上の一人物である。その人の名は宮澤喜一という。

これまで彼の生涯を通した伝記が存在しなかったことが、本書作成にかかることになった一番の理由である。そして、彼の思想や考え方を今一度見直すきっかけを作っておきたい。

彼の動向を追いかけると、政治・経済・外交・防衛の重要箇所が必然的に見えてくる。彼自身の考えや発言はもちろん、人生を通してのメッセージ性もある。

本書は参考文献有りきで話を組み立てているが、セリフの脚色も試みた。背景や経緯に関する理解への一助を思ってのことであるが、蛇足ではなく付加価値になるよう努力をした。特に第一章では、セリフの脚色が多くあるので、もしも歴史事実を確認したいのであれば、最後にある参考文献との照合が必要となることをご了承願いたい。その他の文章は原則、史実と推測に基づいている。

それから、歴史を重んじたく時系列順を厳しく意識した。既存の資料や文献の中で、彼が回顧している事柄が数多く存在しているが、同じ有名人に何度も会っているし、ヨーロッパやアメリカへは何度も行っているため、史実分析にあたり時間的な前後関係が混乱しかねない状態であった。これを本書で一度整理させてもらった。

本文の中で、史実の説明や事柄の解釈について賛否の議論があると思われるものがあるが、基本的にそれはあくまでも主人公がそのような考えや解釈をしていたという立場を尊重したことに留意していただきたい。

参考文献は最後に羅列するものと、その場その場で特記したものがあるが、ご容赦いただきたい。

さて、数十年後の将来には人工知能が全書物の全文検索をしているであろう。それは必ず彼のデータを拾い上げる。コンピューターが政治や経済や歴史を語る、教えてくれる、説教をする、指導してくれる。そんな一助のためにも、優れた実績データが必要である。本書ではこの準備も志しておきたい。

本書の主人公は、劇的なことを嫌うも、劇的な人生を歩んだ。しかし、そういったことをひけらかしもしない。あるインタビューアーから「政治家のスター性」という話になった時、こんなことを言っている。

「こちらはハプニングは苦手、ドラマチックにならないようになんて言っている。ずれているみたいですなあ。」

目次

第二章　官僚時代……87

第三章　政治参加から経済企画庁長官就任、池田勇人退陣まで……199

第五章　バブル経済の始まりから総理大臣時代まで……381

第六章　総理大臣退陣後から引退まで

プロローグ

信州の少年

この物語は、主人公とは別の人間の話から始まる。

明治十三（一八八〇）年、明治維新後、日本政府には未だ内閣が出来ておらず、ザンギリ頭や洋服を着る者が世の中にようやく浸透し始めている頃、長野県諏訪明神上社（かみしゃ）で、ある騒ぎが始まろうとしていた。

神戸（こうど）村（現在の富士見町）に住んでいた八歳から十四歳の少年達の十人程が、約二十キロ先の諏訪湖や諏訪上社へ遊びに行った時の出来事である。彼らが上社に着くと、そこには地元の少年達がたむろをしていた。上社の連中にとって、神戸（こうど）村からの連中というのはよそ者だから、馬鹿にして、やっつけて、追っ払うしかない。挑発を受けた神戸（こうど）勢は、当然黙ってはいない。喧嘩が始まってしまったのである。大乱闘だ。

上社勢がホームだとすると、神戸勢はアウェイ。上社勢は大人の応援もあり、加勢も次第に増えてくる。多勢に無勢、不利と見た神戸勢の少年リーダーは、逃げる決断をする。

少年「逃げるぞ！」

神戸勢は、リーダーに従って逃げ出した。しかし、上社勢も集団で追いかけてくる。神戸勢のリーダーは怯（ひる）んで逃げたわけではない。逃げ道の坂の上で、石を拾って隠れるように指示をする。

少年「おい、みんな石を拾え！　そして、隠れろ。」

高い場所に陣取った神戸勢は、すぐにやって来る上社勢を待った。

少年「いいか、よく狙え。」

ブンッ、と勢いよく野球のボールほどの大きさの石が上社勢の少年達を目掛けて飛んでいく。体、頭や顔に命中する。上社勢はどこから石が飛んで来るのか、しばらくわからずにいた。上社勢にはうずくまったり泣き始めたりする者が出始め、相当に怯んだ様子を見計らうと、その隙に神戸勢はまた逃げ出した。諏訪湖は山に囲まれている。神戸勢は宮川を脇目に山道にも入りながら、とうとう逃げ切って、貴船(きふね)神社というところまで辿り着いた。それは、戦国武将の殿(しんがり)戦に引けを取らないものだった。

二十一世紀の現代日本では、よその子に石をぶつけるなどは決して許されない行為ではあるが、当時の大人達からこの少年リーダーは大変褒められた。これが語り草となり、この地域の記録として残っている。

この神戸勢の中にいた十一歳の少年リーダーの名は、小川平吉という。後に、弁護士、政治家となり、主人公に大きな影響を与えていく。

信州の政治家、小川平吉

明治二（一八七〇）年十二月一日、信濃国諏訪（しなのこくすわ）（長野県）で生まれた小川平吉は、他の村で喧嘩をするようなやんちゃ坊主であったが、勉強意欲も旺盛であった。しかし、当時の教育制度が不安定だったということもあり、入学に当たって右往左往をする。家出同然で上京し、入学先を探そうとしたり、その後もいくつかの学校、大学へ入学しては退学した。呉服商人であった父からの勧めで「司法省法学校」へ行くことになる。その後は順調に、東京帝国大学仏法科を卒業し、弁護士となった。

日本において、最初の内閣制が始まったのが明治十八（一八八五）年で、国会開設に伴い第一回衆議院議員選挙が始まったのが明治二十三（一八九〇）年。板垣退助の自由党や大隈重信の立憲改進党、進歩党や憲政党が生まれるのは明治三十年前後となる。その頃の平吉は弁護士ではあったが、当時の弁護士稼業というのは需要が少なく、貧乏生活が続いていた。しかし、何かしらの縁があって、貴族院議員である金井之恭（かないゆきやす）の長女「きん」を娶ることになる。もともと政治に関心があった故の出会いだったのか、それともこれをきっかけに政治に目覚めたのかは、推測の域を出ない。しかし、この時期は間違いなく平吉の転機となっている。

明治三十（一八九七）年、平吉の二女、宮澤喜一の母「小川こと」が生まれる。

それから三年後、伊藤博文が立憲政友会を結党した。薩摩、長州、土佐、肥前といった藩閥政治に嫌気がさしていたのだ。この結党に平吉は参加する。日本の近くの国、「清」では義和団の動きが静まった時期である。欧米列強に加わり日本軍が鎮圧した。清は末期状態に入っており、平吉は海外情勢にも関心を持ち始める。

明治三十五（一九〇二）年、平吉は衆議院議員に出馬するが、惜しくも落選する。しかし、この時から彼の政治家としての人気に拍車がかかり、翌年初当選する。ところが、伊藤博文の弱腰に見える政治方針は、平吉を苛立たせ、すぐに離党する。彼はナショナリストの道を進み始める。この時期は彼だけではなく、日本国内の青年たちを刺激する事案が次々と起こっていた。明治二十七（一八九四）年の日清戦争、義和団鎮圧時の各国の軍備状況、そして、ロシアの朝鮮半島南下政策である。

対ロシアでいえば、首相の桂太郎は戦う気が満々であった。それに対し、伊藤博文側は、戦争を回避したいという。平吉は桂側につき、先頭を切って主戦を論じていた。

日比谷焼討事件

明治三十八（一九〇五）年、日露戦争に勝って日本は沸いていた。勝利そのものの歓喜だけでなく、樺太全土などの広大な領土や多額の賠償金を手に入れることができる。戦費のために我慢した増税が報われる。そのはずだった。しかし、樺太は南半分だけ、遼東半島はすぐに返還され、賠償金は無し、という結果になった。特に賠償金を取れなかったのは、国民の多くを激怒させ、平吉も怒りをぶちまけた。

平吉「屈辱的講和をなすとは何事だ！　日比谷公園で決起集会を行う！」

九月五日、日比谷から暴動が起こった。日比谷公園、国民新聞社、内務大臣官邸、外務省、交番、警察署、アメリカ公使館、キリスト教会などに火がつけられた。ニコライ堂は近衛兵の阻止により難を逃れたという。四谷でも馬に乗って暴動を扇動する者が現れた。

暴動の収集後、平吉は逮捕された。兇徒聚衆（きょうとしゅうしゅう）罪である。「多人数を集合せしめて暴動し、官吏を強迫し、また官吏の説諭に服せず、人を殺害し、家屋などを破壊・焼失した罪」をいう。平吉にとって最初の投獄ではあったが、翌年無罪となる。その後の平吉はしばらくは落ち着き、立憲政友会に復党する。さらに、立憲政友会の幹事長になっていく。その時の総裁は原敬であった。

孫と息子

時代は大正に入る。平吉は四十九歳になっていた。二女の「こと」は、宮澤裕（ゆたか）という青年に嫁いでいた。平吉は「こと」のいる京橋の病院に押しかける。

平吉「裕君、生まれたね。去年に続いて二人目の孫だ。」

平吉にとっては二人目の孫である。赤ん坊は、満面の笑みに包まれていた。あの激しい気性の平吉もほっこりとしている。ちなみに、平吉の一人目の孫は長女「せい」と井上政信（内務官僚）との子で、後に宮崎銀行頭取となる井上信一である。

平吉「この子の名前は喜一か。」

こと「はい。お父様の方は、次の子が男であれば名前は平五でしょう。」

平吉「そうなるか。」

こと「一平、平二、三平、平四郎ときたら、五平か平五でしょう。そちらの調子はどうですか？」

平吉「あと二、三ヶ月といったところか。順調である。」

平吉には後妻「セキ」がおり、この時は平吉自身にも子供が生まれる予定であった。セキは学習院を出ている。平吉の最終的な子供の数は十人で、男五人女五人といった具合である。二人目の孫が生まれた二ヶ月後に、平吉の五人目の息子も生まれる。

この二人目の孫というのが宮澤喜一である。その二ヶ月後の息子は小川平五という。平吉の子や孫達は、大人になると表立って活躍するようになる。女子の嫁ぐ先も有力な官僚等であり、閨閥の領土は平吉の死後も広がっていく。

大正八（一九一九）年十月八日、宮澤喜一が生まれる。

大正八（一九一九）年十二月二十七日、小川平五が生まれる。

孫に続く因縁・その一

大正十一（一九二二）年、臨時議会中のことであった。国勢院総裁だった平吉は、臨時議会で悶着を起こしていた。議会は言論の場であるというのに、時として武力を用いようとする者が出てくる。彼らからすれば、「言ってもわからない」という理屈なのである。

議会の中、速記台の下に歩き出した平吉に対して、襲い掛かる議員がいた。全身入れ墨をまとった元鳶(とび)職の「又二郎親分」である。横須賀にいるヤクザ連中を日本刀の入った仕込み杖で追っ払ったり、流れ者の鳶職連中をひとつにまとめ上げるといった武勇伝を持つ強者であった。

又二郎「この、タコ入道のズル平が!」

平吉はその様相から「タコ入道」と小馬鹿にされることがあった。立憲改進党の中で又二郎を知る者は、一斉に止めに入り、一生懸命になだめた。殺さないまでも、半殺しにしかねないからである。平吉だって負けてはいないが、事態は一応収まった。

この又二郎の姓は小泉。この物語の終わりに近いところで、又二郎の孫は平吉の孫に何かを渡すことになる。

孫に続く因縁・その一

大正十二(一九二三)年のことである。

平吉「陛下が暗殺されそうになったとは一大事である。早急に事を進めなければならない。」

関東大震災直後から、それに乗じたテロ事件、殺傷事件が多くあった。そういった不穏の中、朝鮮人虐殺という痛ましく誤った行為も起こっていた。その年の暮れの出来事である。

当時二十二歳だった裕仁(ひろひと)親王が皇居から貴族院へ向かう虎ノ門で、自動車の外から何者かに襲われたのである。警戒線を乗り越えた犯人は間近に迫り、ステッキ型の散弾銃を放った。同乗していた東宮侍従長は軽傷、裕仁親王は無傷であった。世に言う「虎ノ門事件」である。

平吉はこの事件を受けて一念発起する。

平吉「〝青天会〟を作る。そして、この思想を世に広めるために〝日本新聞〟を再興する。」

「青天会」、これは今日で言えば、日本のナショナリストや右翼といった団体であろうか。かつて発行されていた「日本新聞」は、強気の日本というだけでなく、過度な欧米化嫌いもあったため、発行停止処分が何度かあった。大正三（一九一四）年以来、こういった思想は抑圧されていたのだが、平吉はこの再創刊に動き出す。これに賛同してきたものは多数にのぼった。

平吉「君は、篤麿（あつまろ）公のご子息だね。」

文麿「ええ、日本新聞はかつて父も援助していたのです。」

平吉「僕はね、頭山（とうやま）君らと君の父上を総理にしたかったんだよ。」

平吉はこの時に、近衛文麿とも接触するようになる。文麿は当時三十二歳であった。彼はこの後、日中戦争、太平洋戦争といった抗えない渦に巻き込まれていく。そして、文麿の孫と平吉の孫は将来、それぞれ違う役回りとして、日本の揺れる政治舞台に一緒に立つことになる。

青天会の賛同者の有名どころは他にも多数いた。東條英機、平沼騏一郎、頭山満（とうやまみつる）、北里柴三郎、などである。中でも平吉は頭山満とは相性が良かった。福岡藩士であった彼は、右翼の先駆けとなる玄洋社を作った中心人物の一人なのである。頭山の思想は、後世では禍根を残すことになるのかもしれないが、彼のとっていた行動は、現代の中国と台湾に影響を与えていく。

小川平吉、近衛文麿、小泉又二郎。彼らは孫の世代には、どんな世界になると想像していたのであろうか。戦争に負けると思ったか。経済が発展し、科学が発達し、世界情勢の大変化が起きてゆく。

これから孫達が繰り広げるドラマのことを知ったら、どう思ったのだろうか。

第一章 青少年時代

苦学した父、宮澤裕

明治十七（一八八四）年一月十二日、宮澤裕（ゆたか）は広島県金江村（現・福山市）の貧しい農家に生まれた。地租改正の煽りを受けていたのだ。貧乏であるがゆえに教育を諦める者も多くいたが、金銭、財産、地位、名声、人様の役に立つ、純粋な学問を志す、というような様々な理由で、教育熱心になった家庭も少なくなかった。宮澤家でも同様であった。

裕は金江村にある尋常小学校を卒業後、生活苦と勉学苦で、一度神戸に家出をしている。そこで学費を少しだけ稼いだといわれるが定かではない。家に戻り、現在の誠之館高校にあたる福山中学校を二十二歳で卒業する。それから京都で市電の車掌のアルバイトをして学費を貯め、岡山市にある第六高等学校を二十六歳で卒業する。そして、とある謎の人物からの出資があり、晴れて東京帝国大学政治学科を卒業する。その出資者は未だ不明である。卒業時点で、裕は三十歳になっていた。

大正三（一九一四）年、長野県庁に勤め、その後は逓信大臣秘書官、内務大臣秘書官になった。四年程経過したところで裕は、

「役人生活は性に合わない。」

と、公務員を辞めてしまった。そこで、当時船成金（ふななりきん）として勢いがあった山下汽船の山下亀三郎（かめさぶろう）の下で働き始める。この山下汽船は、儲けに儲けて、とうとう山下財閥にまでなった。この亀三郎という人物も家出から人生を始めたようなものであり、裕の苦労人生には感心し、共感していた。そして、裕も結婚するには遅いぐらいの年頃になっており、亀三郎はそのことにふと気づいた。

亀三郎「そうだ。宮澤君は政治にも関心があることだし、丁度良いのがいる。」

結婚相談と仕事の関心事と合わせて紹介されたのは小川平吉であった。平吉は政治の同志を探していたし、二女の婿探しも始めたばかりであった。仲人は亀三郎で、めでたく小川ことと宮澤裕は結ばれたのである。そして、長男の喜一が生まれる。

裕は喜一の本籍を自分の地元にした。それから二年ごとに男子があと二人生まれて、三人兄弟になる。裕はこれから衆議院議員になっていくが、苦労の絶えない人生が続くのである。

関東大震災

大正十二（一九二三）年九月一日、関東大震災発生。宮澤一家は麹町土手三番町（現在の千代田区五番町、市ヶ谷付近）に住んでおり、家は半壊状態になった。もうすぐ四歳になる喜一は空を見上げると、遠く東の空が真っ赤になっていた。父裕を始め、大人達が血相を変えて騒いでいた。

「地震に乗じて、朝鮮人が何かやらかしているらしい。」

朝鮮人に不穏な動きがあるとして隣組が勢ぞろいし、その日の夜から夜警が始まった。裕もこの夜警に参加していた。隣組とは町内会のようなものだが、現代のそれとは異なり、この当時はもっと行政に近かった。裕は夜警から戻ってくると、毎度のようにお菓子をもらってきた。それを喜一と弟の弘がつまんだ。末っ子の泰は生まれて間もない頃である。喜一は、そのお菓子を「マシュマロのようなもの」と述懐するが、これはマシュマロそのものだった可能性がある。明治二十五（一八九二）年には風月堂でマシュマロを販売開始していたからだ。

市ヶ谷駅前にある堀の水は、今日では駅の目の前で途切れてはいるが、当時は赤坂離宮と弁慶橋まで川となって繋がっていた。被災者はそこの土手に逃れて数日間を過ごすことになる。

朝鮮人の不穏な噂について補足をすると、喜一が大人になってわかったことであるが、船田中（なか）・元衆議院議員に尋ねたところ、当日の様子を説明してくれたという。

地震発生直後、船田氏は緊急勅令を出そうとしたが、電話が繋がらないため、自転車に乗り大森にある清浦奎吾・枢密院議長を訪ねた。それから首相官邸に戻ると、時はすでに夕方で誰もいなかったのだが、「朝鮮人の噂があったので、皆は宮中に避難していた」、とのことだった。

喜一は後にこれを疑問視している。船田氏の話から少々検証をしてみると、

午前十一時五十八分三十二秒、地震発生。

午後二時半、船田氏は、初期動作の遅れや被災による遅れなども含め、地震発生から二時間半後に大森到着。

午後四時三十分頃、船田氏が官邸到着。大森での諸手続きから官邸に戻るのに二時間。到着が「夕方だった」という証言を考慮しても、午後四時〜六時には官邸に到着している。

という推測に立つことができる。電話が繋がらず、携帯ラジオも無い時代で、さらに電気は切れている。喜一は「新聞の号外どころではないのだが、この四、五時間の間で、朝鮮人不穏の噂は流れ切るものなのだろうか」、という疑問に行き着いたという。今日でも多角的に検証が続けられている所以である。

幼稚園襲撃未遂事件

日比谷近くの内幸町（当時は東京市麹町区内幸町という地名）にあった小川平吉の家屋も潰れてしまったが、関係家族は全員無事であった。平吉は、少し離れた四谷に壊れていない家を持っていたので、一時、皆そこで住むことになった。

平吉「しばらくはここで暮らすことになる。」

四歳になる喜一も平五も無邪気である。少し落ち着くと、すぐに遊びに出かけた。野球のバットとボールぐらいは調達できたようなので、空き地などで自由に遊んでいた。家にいては、喜一の祖父平吉も父裕も、漢詩や漢文を読み上げており、喜一と平五は自然とそれを聞く。母の「こと」も能を謡うことがあり、これを聞いていることもあった。

そんな二人にとって地震よりも恐ろしいことが始まろうとしていた。それは、平吉からの指示であった。

平吉「二人とも、これから幼稚園に通いなさい。」

衝撃的な出来事である。幼稚園という未知なるもののうえに、身動きの取れなくなるようなところへ毎日通えということなのだ。この当時のこの地域、つまり四谷や麹町には四、五校の幼稚園がすでに存在していることが確認できる。喜一が嫌な顔をすると、父の裕は怒った。

裕「嫌な顔するんじゃない。」

泣きそうな顔をすると、

裕「泣くんじゃない。」

父はとても厳しかった。平吉も続けて、

平吉「これからは幼稚園に通うのが普通になる時代である。色々なことが学べる機会が増えるのである。」

裕も平吉も学問に飢えて育ったため、その裏返しの教育精神ではあったが、子は親の心を知らないし、親は子の心を知らないのである。

喜一と平五は幼稚園なるものに、通わなければならなかったが、通園中に同じ年の子供達が、陽気に遊んでいるのを見かける。二人にとって屈辱の通園が始まっていた。この年頃にとって、長時間拘束され、座られ続けることはとても苦痛であろう。何もかも嫌であった。

ある日、喜一と平五は野球のバットで瓦礫の残骸を叩いて遊んでいた。

喜一「幼稚園なんて行きたくねえな。ふてぇやろうだ、こんちくしょう。」

平五「ああ、ふてえやろうどもだ。」

喜一「おじいさまが昔、日比谷公園だとか交番とか焼き討ちしたって知ってるか？」

平五「ああ、しばらく使い物にならなくなったって。」

喜一「幼稚園も焼き討ちすりゃ、行かなくてよくなるんじゃねえか。」

平五「ああ、やっちまおうか。」

息まく二人は野球のバットで幼稚園を壊してしまえば、通わなくてよいはずだと考える。そうしたら自分達は自由になれるんだと幼稚園へ勇んで向かって行き、いよいよ敵城が目の前に表れてきた。色々な大人達がいつも通りに行き交っているし、警察や軍服を着た人ともすれ違った。二人とも固唾を飲んで、互いに意気消沈していることを理解した。

喜一「今日はやめようか。」

こうして、喜一と平五の襲撃は未遂に終わった。この時に深く感じていた「自由」への思いは一生のテーマになる。

大正十三（一九二四）年五月十日、第十五回衆議院議員選挙広島四区の結果、裕は落選する。この時の選挙制度は、戦前の小選挙区制度であった。次回からは普通選挙・中選挙区制度が始まることが決まっていた。

小学校受験

喜一の母の「こと」は結核で病んでいたため、当時の最先端結核療養施設である茅ケ崎の南湖院（なんこいん）というところに入院することになった。しかし母はその後長生きする。茅ケ崎に引っ越しはしたが、母は入院、父は選挙活動ということもあり、喜一は平吉が平塚に持っている別荘の「花水庵」に身を寄せることがあった。花水庵から南湖院まで六キロ程である。この花水庵は、妙に広く薄暗く、幽霊が出ると言われ、喜一は怖がった。

さて、妻は病に伏しても、裕は野望を捨てていなかった。平吉からも期待されており、次の衆議院議員選挙にも立候補することになっていた。そこで子供達をどうしたらよいか、という問題が浮上した。

平吉「喜一も平五も頭が良い。ただ、田舎の学校となると不安である。母親のこともあるだろう。」

裕「お義父様、私もそれは案じているところです。」

裕も困っていたところではあるが、「こと」への負担も減らしたく、喜一は東京のとある小学校を受験することになった。ところがこれは試験に合格しても、さらに抽選されるという制度であり、喜一は合格したものの、その抽選で落ちてしまったのだ。

裕「抽選に落ちてしまいました。」

平吉「何とかならんか、口をきいてみよう。」

裕と平吉は困ったが、平吉が学校に掛け合ってみると言う。すると、

平吉「欠員が何人か出そうなので、何とかしてくれそうだ。」

ということになり、特に不正をするわけではなく、欠員が出たということで、すんなり入学できた。

平吉「喜一、お前はしばらくおじい様のところに住みなさい。父と母と少々のお別れになるが、大丈夫であろう。」

裕と平吉の話し合いが付き、喜一兄弟は小川家で預かることになった。不安になるかと思われた喜一は、実のところ安堵していた。平吉にも懐いているし、何と言っても花水庵の幽霊に怯えずにすむからだった。

小学生時代

大正十五（一九二六）年春、喜一は東京高等師範付属小学校へ通うことになった。この学校は、昭和二十四（一九四九）年以降、東京教育大学付属小学校、それから筑波大学付属小学校へと名を変えていく。それは、現在でも場所は変わらず大塚にあった。

小川家は内幸町に戻っており、通学には大塚行きの市電を使う。喜一の証言を元に当時の都電経路を

追ってみると、

神田橋線　日比谷公園　↓　神田橋

水道橋線　神田橋　↓　春日町

冨坂線　春日町（現・文京区役所前）↓　小石川表町（現・伝通院前）

そこから徒歩で、小学校のある大塚（東京市小石川区大塚窪町、現在の大塚三丁目）まで通う。

という経路である。バスはまだなく、これで通学時間は一時間以上かかるといったところであろうか。

通学時には、奇妙な帽子を被らなければならなかったが、これは「カルキュー型」と呼ばれるもので、学帽の頭頂部が三角に尖っている形になっており、帽子の脇には房（ふさ）がついている。ランドセルを背負って平五と二人で登校するのだが、この出で立ちがどうやら目立ったようで、大人から子供までがこちらをジロジロ見てくる。喜一はそれが本当に嫌であったという。

喜一の通うこの小学校は実験校だった。そのため、今日においては物議を巻き起こすようなクラス編成がなされていた。

一部　男子のみのクラス

二部　男女半々クラス

三部　知的障害クラス

それぞれのクラスが二十名ずつだったようで、平五は男子のみのクラス、喜一は男女半々のクラスに入っている。

少し経ったところで、喜一は女の子に声をかけられた。

女子「宮澤君は、あちらのクラスの小川君と〝おじ〟と〝おい〟の関係なんですって？」

喜一「そうだよ。そういうこともあるでしょう。」

女子「へー」

叔父と甥、叔母と姪の年が近いとかあるいは年が逆転しているとか、そういった親類関係は、周りを見渡せば意外に見つかるものである。とはいえ、やはり珍しいものなので、女の子達はそういうことに敏感で、すぐに食いつくような話題になった。翌日になると、女の子達は平五を見かけては、

「オジサマ」

と呼びかけ、それから振り向いて、今度は喜一に、

「オイサマ」

と、からかってくるのである。喜一も平五もまんざらではなかったようだ。これに対して、喜一と同じクラスの別の少年は違った注目を浴びていた。

女子「芥川君、あなたのお父様は、小説家の方？」

ヒロシ「まあ、そうだけど。」

芥川龍之介は「羅生門」、「蜘蛛の糸」などで名を馳せていた。その長男、芥川比呂志が喜一と同じクラスにいたのだ。名前の「ひろし」は、龍之介の友人「菊池寛」から来ているのだそうだ。比呂志は後に俳優になる。


夏になると、喜一は寝つきが悪かった。隣の都新聞社（現・東京新聞）からのアーク燈の光が眩しかったか

らだ。

平吉「あれは新聞を刷っているんだ。だから、朝早く新聞が届くだろう。まあ、夏休みになったら、別荘に行くから、それまで我慢しなさい。」

新聞の印刷工程の中で「製版」と言って、その作業の中のフィルムに感光する際に放つ光が漏れていたのである。

もう少しで夏休みが始まる。

小学校の夏休みと帰去来荘

夏休みに入ると、喜一の行かねばならないところが三ヶ所もある。平塚へ母親に会いに行き、広島県の金江村にある父親の実家で遊び、最終的に信州の別荘に行く。多忙である。

まずは平塚に行くと、意外と母が元気そうだったので、気に留めることはほとんどなかった。

宮澤一家は、次に裕の実家である金江村へ向かった。父が出馬する選挙区でもあるので、あちこちで用事を足して、裕は多忙であった。喜一ら子供達は海水浴を楽しんだ。

次はいよいよ、信州である。平吉は、自分の子供や宮澤一家を信州の別荘に来させた。別荘の名は「帰去来荘（ききょらいそう）」という。

明治末期、富士見村（現・富士見町）に建立されたこの場所は、北の方向に北アルプス連峰、東に八ヶ岳、南に富士山を眺めることができた。

別荘の名前の由来は、陶淵明（とうえんめい）（別名は陶潜（とうせん））という詩人の「帰去来の辞」というものからきている。帰去来荘の座敷に入ると、その詩の全文が長い額の中に書かれていた。この書自体は亀田鵬斎（かめだほうさい）の手によるものである。内容は「官を辞して帰郷し、自然を友とする田園生活に生きようとする決意を述べたもの」。

「さあ、故郷へ帰ろう。今までが間違えた道だったが、やり直せる。
故郷が見えると、良いことがたくさん見つけられた。
命には限りがあるし、富や名誉という願いはない。のんびり自然にまかせよう。」

といったような内容である。

含雪老人（山県有朋）による書も掛けられてあった。

「南窓（なんそう）に倚（よ）って以（もっ）て傲（ごう）を寄（よ）す」

これは「南の窓に寄りかかって、まったりとする。」という意味だが、こちらも「帰去来の辞」の一文である。平吉は、この別荘にいる間は、「帰去来の辞」の通りに過ごしている。

「庭の木の枝を見て微笑み、南の窓に寄りかかって、まったりとする。
門は閉めたままにして、杖をついて歩き、時に首をあげて景色を眺める。」

平吉程の頑強な者でさえ、激しい政治のぶつかり合いと都会の喧騒に疲れたりしたのであろうか。この別荘の暮らしは癒しとなったのである。

帰去来荘では、よく学びよく遊んだ。食事は、白米、黄色いたくあん、芋の味噌汁が繰り返された。後に小川平二はこのような生活を「幸せだったなあ」と振り返っている。

喜一の小学生時代の夏休みは、ほぼこのパターンである。弟二人も大きくなると、遊びの幅も広がったりして、母親の体調も良くなっていく。

さて、この帰去来荘の庭で喜一兄弟と平五は陽気に遊んでいたが、ふと見ると、野良着のじいさんが腰を曲げて、杖をついて歩いてきた。

平吉「やあ、木堂翁（ぼくどうおう）。ここいらに別荘を建てて正解でしょう。」

犬養「平吉君、確かに良いところだね。」

犬養毅は、少し離れたところに「白林荘」という別荘を持っていた。平吉に勧められて、大正十二（一九二三）年に建てたもので、帰去来荘と比べれば新築である。

犬養毅

安政二（一八五五）年六月四日、犬養毅（いぬかいつよし）は備中国（びっちゅうのくに）（岡山県）に生まれた。明治が始まる十三年前の年である。儒学で身を立てようとしていたが、幕末から明治にかけて、様々な影響を受ける。西郷隆盛を尊敬し、福沢諭吉に師事し、漢学には無いと感じた西洋学の観念や国際法を学ぶ。そして、西南戦争では新聞記者として活躍した。その後、立憲改進党に入党し、大隈重信のブレーンとなる。「ブレーン」とは、頭脳という意味から転じて、指導者、秀才、そして組織にとっては、参謀、策士、謀将、軍師、知将、幕僚といった言葉を連想していただければよい。

そして、尾崎行雄とともに桂太郎内閣を打倒する。大隈とは距離を置くようになり、藩閥政治に対して政党政治として立ち向かい、年老いて一度引退をしたのだが、喜一が中学に入る頃に首相になる。信州は隠居先となっていた。

帰去来荘に遊びに来た犬養木堂（ぼくどう）であるが、分別を知る大人たちは、恐縮していた。平吉も気心を知っているとはいえ、丁重にもてなしていた。平二も緊張して固まっていたのだが、喜一や平五などは、木堂に〝おいでおいで〟をされると、平気で近寄って行った。喜一は、膝の上に抱えられたりもした。

犬養「昨年亡くなった、清国の孫文なんだが、日本にいた時は、君の住んでいるすぐそばにいたのだよ。知っていたかね。」

平吉「内幸町ですね。頭山（とうやま）君から聞いております。」

犬養「意志を継いでいる蒋介石（しょうかいせき）というのが、日本に来るらしいから、よろしく頼むよ。」

辛亥革命で清国打倒に心血を注いだ孫文の後釜は蒋介石という男だった。後に中華民国（台湾）の初代総統となるのだが、彼は革命に挫ける度に、何度も日本に来ていた。

アヘン戦争に負け、いよいよアジア人も欧米人の奴隷にされるのかと、首を垂れていたところ、日露戦争の勝利があった。これは中国だけでなく、東南アジアや中東にも希望を抱かせていた。孫文も蒋介石も、自分の国を、自分の民族を何とかしたいと思い、何かを得るべく日本に来ていたのだ。

平吉は、犬養毅、近衛篤麿や頭山満らと共に、この孫文と蒋介石を支援していた。彼らだけではない。韓国、フィリピン、インドの若者達に対しても支援をしていたのだ。しばらくすると日本とは敵対することになるのだが。

昭和時代

喜一が七歳の時の師走、ラジオからは緊迫した放送が流れ続けていた。娯楽放送は中止され、連日宮内省から天皇陛下の危篤情報が報道されていたのである。

大正十五（一九二六）年十二月二十五日午前一時二十五分、大正天皇は崩御された。宝算四十八（満四十七歳）。陛下に対しては、「享年」ではなく「宝算」という言葉が使われる。

「大正浪漫」とは、この大正天皇であったからこそ生み出された文化かもしれない。詩を愛し、洋風を好み、気さくであったという。日本社会も大変化した。美しい和洋折衷が、服飾、食事、家具、日用品、文芸、メディアといった全てに対して芸術的アプローチをもたらした。大正ロマンは昭和以降の現在までも影響を与え続けている。

昭和元（一九二六）年十二月二十八日、悲しみと同時に裕仁親王が新しい天皇として出御した。大正天皇からの引き継ぎ（践祚）をして、全官僚、全軍人が集められ、新しい天皇に拝謁する儀式（朝見）が行われた。これを践祚後朝見の儀という。この時、勅語が与えられた。

「朕皇祖皇宗ノ威靈ニ頼リ萬世一系ノ……」

勅語は、天皇の先祖のことからご挨拶へとお話が始まり、大正天皇への哀しみを述べ、一日も空けずに引き継がなくてはならい、と続けられる。そして、（当時の）現在の世に対する思いを語られた。

「夫レ浮華ヲ斥ケ質実ヲ尚ビ模擬ヲ戒メ創造ヲ勗メ日進……」

「皆さん、上辺ばかり華やかなものは寄せ付けず、飾り気なくまじめなことを大事にし、本物のような偽物に注意し、自ら作り出すことに励みましょう。そして、日々進歩し……」（訳）

このように意志表明をされたのである。

そして、激動の昭和が始まる。

昭和二（一九二七）年二月七日、皇居周辺には人出があった。日比谷近くの平吉の家の前にもたくさんの人で溢れ返っていた。これは大喪の礼の準備のため、牛車が皇居に運ばれており、それの見物であった。喜一も家の窓から眺めていた。そして夜になると、この牛車が轜車（霊柩車）となって、皇居正門から出発し、新宿御苑へと向かう。松明や篝火が辺りを照らしながら、ゆっくりと進んだ。厳かながらも新宿から八王子へは列車が使用された。大喪の礼が終わったのは翌日のことであった。

慣れてきた小学校生活

喜一も平五もすっかり学校には慣れてきた。試験結果や順位などが発表されると、平吉の目にも止まった。

平吉「キー坊、またお前一番だったのか。」

喜一「ええ。百点以外の点数を知りません。」

平吉「ははは。」

平吉は、こういった言い返しが嫌いではなかった。平五も横に居て笑って、大して気にしている風でもなかった。

ある日の登校時、喜一は電車に乗る時に平五がランドセルを背負っていないことに気付いた。少しニヤリとし、しばらく黙っていた。全く気づかない平五は、とうとう校門まで来たので、喜一はそのことを教えてやった。

喜一「おい、ランドセルが無いぞ。」

平五「あ、ほんとだ。…まあいいか。」

喜一は少し呆気に取られたが、平五は気にすることもなく教室に入って行った、ということがあった。

昭和二（一九二七）年初頭のある日、喜一が家に帰ると、頭山満が火鉢の前で平吉を待っていた。「ピッピッ」と音がするので、何だろうと見ると、虱（しらみ）をつぶしている。喜一はたまげて笑ってしまった。

平吉と頭山満は親密である。頭山満の邸宅は平吉の家から一キロほどのところにあった。そして、カタコトであるが流暢に日本語をしゃべる中国人を連れていた。蔣介石である。

頭山「北伐に、てこずっているようではないか。」

蔣介石「まだ途中です。」

頭山「アジア圏のためには、死んだ袁世凱や張作霖などではいかんのだよ。」

蔣介石「わかっています。」

平吉「裏工作も整える。あとは君次第だ。まあ、今は日本で英気を養いたまえ。」

二年前に孫文を亡くした蔣介石は北伐に躓（つまず）いていた。北伐とは北京政府を倒すことである。この北京政府に対抗していたのが孫文率いる広東軍政府であった。蔣介石は前年に北伐宣言をしたものの未だ成果を出していない。これに対して日本政府である田中義一（ぎいち）政権としては、ソ連と共に北京政府を援助していた。つまり、頭山と平吉はそれとは逆の行動をとっていたことになる。

昭和三（一九二八）年六月四日、蔣介石が北伐を再開している時、張作霖・大元帥が爆殺された。日本軍は蒋介石側のせいにするという策略であったのだが、これに天皇陛下は激怒する。田中義一・首相は日本軍の厳重処罰に動いたのであるが、この処罰は無くなった。小川平吉が影で止めさせたのである。この後間もなく南京国民政府という蒋介石政権ができる。

昭和二（一九二七）年四月二十日、平吉は鉄道大臣に就任した。

ところで、現代の東京近郊の鉄道路線を見ると、良く言えば網羅性がある。悪く言えば、煩雑（はんざつ）な路線設計であり、今もってなお人々は乗り換えに迷う。このような、疑問の残る競合線や並行線は、平吉による鉄道会社への許可の乱発が原因であった。山手線よりも大きい東京郊外の環状線計画が許可されたことがきっかけで、京浜電気鉄道（現・京浜急行電鉄）、池上電気鉄道（現・東急電鉄）などが、保身のために慌てて路線申請を出したのである。普通、より良い路線計画が後に控えているのであれば、後追い申請のほとんどを却下してもよかったわけだが、平吉はほぼ全ての路線申請に許可を出してしまったのだ。これは後に非難されるのだが、平吉にしてみれば張作霖関連の対応で国内の鉄道どころではなかったのかもしれない。

喜一の小学校の話に戻すと、こんなこともあった。授業の中で運動会の作文を発表するもので、女の子が、

「走っているとき万国旗が風にひるがえっているのが見えた。」

と読み上げると、喜一が口を挟む。

「一生懸命に駆けているとき、頭の上の万国旗なんか見えるはずがない。」

と、ツッコミを入れているのだ。このことは後に芥川比呂志が証言している。

その比呂志だが、不幸が訪れる。昭和二（一九二七）年七月二十四日、比呂志の父、芥川龍之介が服毒自

殺したのだ。神経衰弱を患う傾向があったという。

池田との奇縁

昭和二（一九二七）年、喜一の父、裕は翌年に控えた選挙のため、東京と広島を往復していた。広島県の選挙区では望月圭介・逓信大臣の世話になっており、望月の有力な後援者の中に、池田吾一郎・郵便局長という者がいた。

吾一郎「望月さん、うちの末っ子が大蔵省にいるのだが、嫁を探している。」

望月「宮澤君、この件の世話をしてみてくれよ。」

裕「わかりました。」

池田吾一郎から望月へ息子の結婚相談が持ち込まれたのであったのだが、これは裕が対応することになった。こういったことも選挙活動になったのであろうか。そういうわけで、裕は池田・郵便局長のせがれの嫁探しを行う。

裕は友人の渡辺利三郎・横浜銀行頭取に相談した。彼は、一、二年前まで貴族院にいた廣澤伯爵の長女と結婚している。

渡辺「義妹がいるがどうかね。今学習院に通っている。」

学習院に通っている義妹を紹介してもらい、良しと思った裕は、早速大蔵省に出向き、池田のせがれを見つけた。

裕「あなたの御父上に頼まれまして、良さそうな人が見つかりました。写真はこちらです。」

せがれ「はあ、いただいてよろしいでしょうか。」
裕「構わないが。まあ、これから見合いの準備をしますので。」
せがれ「宜しくお願い致します。」

池田のせがれは写真に見入っている様子である。翌日になると、なんとこの男は学習院へ直接乗り込んでいた。直接彼女と話をしたのかは不明だが、池田のせがれはそこで納得したようだった。

彼の名は池田勇人。話が順当に進み、昭和二（一九二七）年七月十七日、池田のせがれと学習院の女生徒との見合いが行われ、十一月、井上準之助・大蔵大臣の媒酌で、めでたく結婚に至る。そして、彼はすぐに函館税務署へ着任する。

裕は無事、任を終えたのであった。

大森馬込へ

小川平五は一緒に住んでいる同じ年の喜一を少し観察してみた。自分と一緒に遊んではいるし、自分と一緒にご飯も食べている。だが、ふとした隙に教科書を読んだり、算数をしたりしている。そんなに長い間やってるわけでもなく、チョイチョイといった感じだ。全く勉強しない日もあった。「そんなに勉強してないな」と思いながらも、試験が終わったらまた一番だった。

「時間の使い方がうまいんだな。」

と、平五は思った。

昭和三（一九二八）年二月二十日、第十六回衆議院議員総選挙があり、宮澤裕は意気込んでいた。普通選挙法が施行され、中選挙区制度になっていた。これまでは小選挙区制で一人しか当選できなかったのだが、広島三区では五人が当選できるようになるのだ。余裕で当選できるのかと思いきや、立候補者は十四人で現職や前職が揃っていた。前回の広島四区は、納税要件のある小選挙区制度で、投票者数は一三六二人。裕の得票数は、三二三票で三位落選であった。今回からは二十五歳以上の全ての成年男子に選挙権が与えられたのである。

結果は、二位、得票数一万二二三〇票で当選。五人全員が立憲政友会であり、そのうち三人は新人であった。女性の参政は戦後まで待つしかなかった。

鉄道大臣の平吉は、望月圭介・内務大臣と裕の処遇について相談していた。

平吉「小川の婿だから、婿が秘書になるわけにいかない、望月君頼むよ。」
望月「秘書官にだね。広島の同郷ということもあるし、よいでしょう。」

こういった経緯で、裕は望月の内務大臣秘書官となった。

喜一の母「こと」の体調も回復した。これで父も母も一段落するわけだが、喜一は平吉の家を離れることになる。平吉の多忙さのため、家への人の出入りが少々激しくなってきた。喜一兄弟にとっても、来客者にとっても引っ越すのは良いタイミングであったのかもしれない。

ところで、平吉の家の来客者の一人に葉巻をくわえた中年がいた。偉そうだが、平吉には気を使っていた。時折不機嫌な顔もする。鉄道大臣だから、鉄道の官僚かとも思われたが、そうではなく外務次官なのであった。吉田茂、当時五十歳。外務次官になって間もなく起こった、張作霖事件の対処に回っていたと考えられる。

吉田茂は裕とも交流があった。裕は吉田茂と飲み交わしている。

裕「鴨が手に入ったんで、内相官舎で焼いて食わないか。」

相手は吉田茂と長岡隆一郎（りゅういちろう）・社会局長官であった。そこで出鱈目に焼いて食べようとしていると、内務大臣の望月がやってきた。

望月「焼き方が違うぞ、こうするんだ。」

望月は鍋奉行ならぬ鴨焼き奉行を始めてしまった。そして、焼いた鴨を吉田に差し出した。

望月「食ってみろ。」

吉田「格別に美味い。」

吉田は感心していた。望月も鴨を頂戴したのは言うまでもないが、このように裕は吉田茂とも関係を持っていた。

馬込町（まごめまち）。ついこの前までは馬込村と呼ばれていたこの地区は、現在の大田区大森である。宮澤一家はここに引っ越してきた。小学校は変わらないので、喜一は通学に苦労が続くことになった。裕はなんとか乗り換えが減らせないかと、思案してくれていた。当然ながら、当時は今のようにインターネットで路線検索システムを使うということはできない。路線図と時刻表を眺めた挙げ句、結局片道一時間四十分以上という長時間通学は継続されることになった。

学校で下校時になると、近所から通う級友達がそのまま遊びに行く約束をしている。喜一はそれを見るのが少し辛かった。すぐに電車に乗らねばならないからだ。しかし、これはこれで良いかと悟った面もあったという。遊びといえば、日曜日には裕を手伝っている書生さんがいて、その人とキャッチボールなどをしていた。

喜一のトラウマ

昭和四（一九二九）年三月十八日、内閣総理大臣官邸ができた。

平吉「よし、見に行くぞ。帝国ホテルみたいな作りになっているらしい。」

平吉はいつものように、子や孫達を引き連れてそれを見に行った。元々は佐賀藩の鍋島邸があったところであるが、関東大震災の時に倒壊してしまい、その復興計画として総理大臣官舎を設置することになっていたのだ。この建築には当時流行のアールデコという装飾を取り入れていた。この年の七月に内閣総辞職があり、平吉も大臣辞職となった。

昭和四（一九二九）年九月、小川平吉が逮捕された。

喜一は唖然としていた。父と母が話す。

こと「前のように無罪とはならないのでしょうか。」

裕「今回は難しいだろう。」

喜一「大臣でも、捕まってしまうのでしょうか？」

裕「致し方ないのだ。」

鉄道大臣の前は、司法大臣であった。それが捕まるなんて、喜一の理解はまだそこまで及んでいなかった。当時の政治を騒がせた「五私鉄疑獄事件」である。北海道鉄道、伊勢電機鉄道、東大阪電気鉄道、奈良電気鉄道、博多湾鉄道汽船の五社が関わった収賄事件である。立憲政友会から民政党へと政権交代があってから二ヶ月余りのことであった。

喜一は父と共に、市ヶ谷刑務所に行った。牢屋にいる平吉は元気そうにも、元気がなさそうにも見えた。目の前で起きた、この一連の騒動は喜一の脳裏に焼き付いてしまった。

この年の十月末、ニューヨークのウォール街では暗黒と悲劇が待ち受けていた。世界恐慌である。

家計と能

国会議員の父と祖父を現役に持っていた喜一は、今の世であれば、間違いなく富裕層の部類に入っていたのではないだろうか。しかし、当時はそうではなかった。

国会議員の歳費（年収）　三〇〇〇円
月給（年収を十二で割ると）　二五〇円
約二年毎の選挙費用　一万円
政治資金収集の習慣　ナシ
加えて推測したい資金としては、

山下汽船所属時の蓄え　？円
山下汽船からの援助　？円
平吉の財産　？円
平吉収賄罪の追徴金　△十九万二〇〇〇円

である。

喜一はエリート校に通っている。そのうえ、「食」は普通以上であったようだし、「住」に関して言えば、不動産が安価であったりなど、当時はそれほど考えなくてもよかったのかもしれない。「衣」についてが問題であった。喜一はこの小学生時代に、冬でも外套（オーバーコート）などは一切着ていない。そんなものを買うお金はないからだ。こういった児童は珍しくなかったが、周りを見渡すと、エリート校であるが故に、本物の富裕層がいたのも事実である。富裕層の児童は、外套は着てくるし、人力車も来る。お抱えの人力車は、朝送って、授業が終わるまで待っている。車夫が教室の後ろに座っていたこともあった。

だから、親が政治家といえば、お金のない部類に入っていたようである。後世の政治家の羽振りが良くなったのは、こういった経験をした二世、三世が賃上げをしたからであろうか。

平吉の家は、収入もあったようだが、支出も多かったようだ。後妻の「セキ」は借金取りが来るたびに、なんとか言い訳をして凌いでいたが、新聞記者と陳情で人の出入りは激しかったし、役員になったり大臣になると、酒樽を注文して皆にふるまったりした。それから、この家にはまだ普及率の低かった自動車と電話があったという。

一家で能を見に行くことがあった。喜一は、客席で行儀良く、うっとりして鑑賞していた。喜一は、それからというもの何度も能鑑賞へ行きたくなる。しかし、入場料は一番安い席でも一円はする。席は地謡（じうたい）（舞台に向かって右側）の後ろにある狭い席になるが、「舞台に一番近いから、かえって面白い」と本人は言う。この一円がなかなか手に入らず、自分の貯金や両親への陳情の他に、小川家を訪ねて行ったりした。そして、ようやく一円が貯まると、それを手にして、すぐに能を見に行った。小学生が一人でだ。大人達に混じったという優越感もあったかもしれないが、何より美しい舞、装飾、仮面、謡（うたい）、小鼓（こつづみ）、太鼓、舞台に魅せられていたのだ。

当時は神経症や神経衰弱（症）も流行っており、能に救いを求めたのかもしれない、と喜一は自己解釈している。喜一のこういった行動は、能だけでなく、映画鑑賞の趣味にも繋がっていく。

他校への挑戦

昭和七（一九三二）年九月十八日、満州事変が勃発した。喜一は小学六年になっており、作文の時間には皆で現地にいる兵隊さんに送る慰問文を書いたりした。それで、家でも喜一は裕の手伝いをして、満州事変で郷里の人が亡くなった遺族の方に対して、名刺の裏にお悔やみを書き、一円の郵便為替を送るという作業をしていた。

そんな喜一も中学に行かねばならない。東京高等師範学校付属小学校では、進学に関しても変わった慣習があった。男子のみのクラスは、無試験で中学へ進学でき、男女半々のクラスは、男子に進学推薦枠があるのだが、漏れると試験を受けねばならない。枠の数は決まっている。そこで、成績上位者は他校への受験を勧められるというわけだ。そうすれば、他の男子の枠が広まり人助けになる、という意味合いもあった。

喜一のクラスとその担任教師は六年間同じだった。

担任「武蔵高等学校尋常科を受けなさい。」

喜一「他流試合ですね。わかりました。そうすれば、友が助かるということで。」

喜一は担任に勧められ、武蔵高等学校尋常科を受験することになった。「尋常科」とは中学のことで、高校は四年間の「高等科」になり、計七年制の学校である。

この時代、いずれ東京帝国大学を目指すには第一高等学校や武蔵高等学校などが挙げられていた。

【試験結果】

順位二十七位　合格（合格者数八十一名）

平五はそのまま東京高等師範学校附属中学校へ進んだのだが、喜一は別の学校へ進むことになった。喜一の才能に磨きをかける学校生活が始まる。

武蔵高等学校

昭和七（一九三二）年、喜一は武蔵高等学校に入学する。この（旧制）武蔵高等学校を創ったのは鉄道王の根津嘉一郎（かいちろう）である。この年、この学校の所在地は、中新井（なかあらい）村から東京市板橋区という区域に名称変更された。戦後になると、板橋区と練馬区に分裂される所である。

ところで、学校には寮が用意されていた。全国からの優秀な人材が集まり、地方出身者が少なくないからである。

喜一「意地でも入る気はありません。」

裕「学校では、近くに住んでいても寮に入ることが推奨されておる。」

喜一「強制ではないのでしょう？」

裕「そうだが。」

喜一「では入りません。家から通います。」

喜一は、人から干渉されることや、自由が奪われることを嫌ったので断固として寮には入らなかった。それはそれで裕は納得したので、喜一は自宅から通うことになった。

山本良吉

武蔵高等学校で教鞭を執っていた山本良吉は、当時有名な東京帝国大学出身の教育者だった。彼に関しては賛否両論あり、要するにこうである。自由主義を訴えて、それを教育するという立派な人なのではあるが、その教え方がスパルタ式だというのである。パワハラ式と言ってもいいかもしれない。彼の親友には「禅の研究」で知られた西田幾太郎や世界に禅を広めた鈴木大拙がいる。ちなみにスティーブ・ジョブズに直接影響を与えたのは、鈴木俊隆（しゅんりゅう）であって別人ではあるのだが、どちらも世界の禅に貢献しているから、「二人の鈴木」と言われている。

そんな禅の静かで穏やかな要素があれば良かったのだが、徹底的なスパルタであったため、ついていけずに退学する者や明確に反発して学校を去る者が後を絶たなかった。

四十分間の授業中は、お喋り、居眠り、早弁、トイレなどは許されるはずがなく、息もできないくらいの恐怖政治のような教室であった。

しかしながら、一方では現代教育にも良い影響を与えそうな、斬新な試験も見られた。例えば次のような問題である。

「本居宣長の鈴屋(すずのや)の四畳半の畳がどう敷かれているか描け」

「赤穂浪士の討ち入りに成功したこと(情報)が赤穂に届くのに何日かかったか」

山本はかつて、アメリカ、オランダ、ドイツ、スイス、フランス、イギリスを一年かけて回っている。そこでの経験が日本の将来についての焦燥感を生み出し、スパルタに走ったのかもしれない。

また、この当時は学校に将校が配属され始め、軍からの学校指導が強まったのだが、山本はひれ伏すことなく、軍とは何度もやり合っている。こういったところが山本の魅力でもあったため、ファンも少なくなかったそうだ。

彼は武蔵高等学校の教頭を務めていたが、喜一が高等科に入る時に校長となる。喜一は在学中に一つの教えを叩き込まれる。

「常にもの(物事)に備えておけ」

中学時代の趣味

喜一にとって寮に入らなかったのは正解だった。中学に入っても能が好きだったので、小遣いが出来れば鑑賞しに行った。

喜一「お母さま、私も謡(うたい)を習いに行きたいです。」

こと「ほー。それなら一緒に通いましょう。」

喜一の鑑賞という趣味の延長に能の謡があった。喜一が能を見に行きたいがために一計を案じたとも考えられるが、ともかく中学から母と共に通い始めていて、この趣味は長く続くことになる。能楽業界においては、一般の人達へ開いている教室というのも大きな収入源になっているようだ。

喜一は別の興味も持ち始めた。長野の別荘・帰去来荘にいる時に、登山を趣味としている者を何度か見かけ、山を渡って歩きたいという願望が出てくる。

平五「夏休みは信州へ行けるのか?」

喜一「ああ、行くけど、一人で行く。」

平五「どうしたんだい。皆と行った方が何かと都合がいいじゃないか。」

喜一「歩いてみたいんだ。」

平五「富士見村の山の中までかい?」

喜一「そうだ。試してみたい。」

登山に目覚めた喜一は、体力試しに東京から帰去来荘へ歩いて行くことにした。これを聞いた平五は、本当にできるのか訝しげな顔を見せていた。

昭和七(一九三二)年五月十五日、犬養毅が暗殺された。世に言う、五・一五事件である。晴れ渡った春の日曜日であった。暴漢となった九人の軍人が総理官邸になだれ込み、銃を放ったのだ。犬養家三男の健(たける)は丁度来日していた喜劇王チャールズ・チャップリンと食事をしていたのだという。日中停戦協定が結ばれた十日後のことである。

第一回衆議院議員選挙より連続当選を成し遂げているのは、犬養毅の他に尾崎行雄だけであった。

「時し得ば　我は五洲の民草を　活かさんものと夢見たりしか」

享年七十六歳。犬養毅は政治に駆けずり回る人生であった。

中学生の夏休み

自宅から帰去来荘までの道のりは、およそ一八〇キロ。一日四十五キロ歩けば、四日間で到着する予定である。布製のリュックサックを用意し、着替えと石鹸、GPSなんて無いから地図と方位磁針、コンビニも無いからある程度の食糧、タオルではなく「手ぬぐい」、そして、勇気と少々のお金を持ち合わせた。

喜一は西へ向かった。丹沢山（たんざわさん）の麓、八王子市と相模原市の境にある地点まで約四十五キロ。一泊を得て、さらに西に向かう。南に丹沢山が見えているのを越えると、今度は富士山だ。南に富士山を眺めながら山中で一泊する。次は甲府盆地で街があり人通りがあり、ここでも一泊。それから北西に向かい、東に金峰山（きんぽうさん）、西に甲斐駒ヶ岳を眺めて進むと、喜一にとって見慣れた道が見えてくる。犬養木堂の白林荘が見えれば、二キロ程で到着する。

喜一「ああ、木堂さんは死んだのか。」

喜一は疲弊していたが、歩くのは楽しかった。歩いている最中に拝んだ山々にも登ってみたいなと思った。冒険心や運動欲の片鱗が自他共にはっきりと認識できた出来事である。平二や平五達が外にいるのが見えた。

平二が喜一に気付く。

平二「キー坊、来たか、大変だったろう。」

喜一「やあ、簡単だったさ。」

平五「喜一、お前はすごいなー。」

平五は駆け寄って来て感心した。

夜になって会話が続く。平五とは互いの学校について教え合う。そこには平二と平四郎も混ざっていた。

平五「そうか、武蔵は厳しいか。」

喜一「それで自由を語るんだから、可笑しいものだ。」

平二「自由とは何ぞや、という議論は興味深い。そうだ、東京に戻ったら良い本があるので、あげることにしよう。」

喜一「入寮するのを断ったから、少し目を付けられているんだ。」

平五「ほー、自由じゃないな。」

喜一「学校も山も頂上にいれば比較的自由なんじゃないだろうか。」

平五「お前のところ、秀才ばかりなんだろ。」

喜一「確かにそうだが、負けない。」

別荘を楽しんだ数日後、家に帰ると一冊の原書が届いていた。

『ON LIBERTY BY JOHN STUART MILL』

『自由論　ジョン・スチュアート・ミル著』である。

秀才

武蔵高等学校では、漢学と英語に重点を置いた指導がなされていた。喜一は、日本の古典も好んでおり、万葉集や古今和歌集は一度読んだだけで暗記したという。「万葉集」について言えば神保町の古本屋で安く買って読んだりもしていた。漢文の素読は、平吉からも厳しく叩き込まれていたということもあった。

また、この学校ではアメリカ人やイギリス人講師がいて、英語の授業は二十名に分けられて行うなど徹底していた。喜一は、ここで教えられた英語については物にしていったが、これだけでは不十分であることを後になって思い知らされることになる。

また、裕からも「これからの子供は日本語だけではダメだ」と、日系二世のイギリス人家庭教師も家で雇っている。補足をすると、小学生の時に当時としては珍しく母親からローマ字を教わっていたのも功を奏していた。外国語に関する学習環境は、学校でも家庭でも恵まれていたのだ。

さらに付け加えると、小川平二から渡された『自由論』は原書であったため、これを読むのに英和辞書を片手にせざるを得なかった。本意は『自由論』の理解であったのだが、自然と英語力も身についてしまうことになる。

喜一は小学生時代のように要領良くお勉強をこなすというのではなく、時間さえあれば勉強をするようになっている。学校の勉強に囚われず、色々な本を開いており、「円本(えんぽん)」は大体読んだという。「円本」とはこの当時にブームであった本の種類のことで、「一冊一円の本」という意味だが、その中の代表的なものとして『蟹工船』、『滝口入道』、『五重塔』などがあった。

また、議論を好み始めていた。家族、親類、友人、知人らと何かと議論をしていた。喜一の周辺には頭脳派が揃っているので、相手をしてくれる者が多かったとも考えられる。こういった行動も喜一の頭脳に磨きをかけていったに違いない。

高校生時代、武蔵高等学校第十一回外遊生

喜一は武蔵高等学校尋常科を昭和十一（一九三六）年三月に卒業すると、そのまま高等科文科甲類へと入学する。「甲類」は英語、「乙類」はドイツ語、「丙類」はフランス語なので、喜一は英語を選択していたことになる。

ここでも変わった講義があり、哲学者の高坂正顕（まさあき）がヘーゲルについて教えに来ていた。当時は東京文理科大学助教授である。

そして、喜一が高等科二年の時の話である。武蔵高等学校には外遊制度があり、成績最優秀者の一名ないし二名を海外に派遣していた。それまでの諸先輩方の行先は、東南アジア、アメリカ、満州などと様々である。

ある日のこと、担当の先生から喜一は呼び出される。海外派遣要員として、喜一が決定していたのだ。この年はもう一人の最優秀生徒がいた。

先生「もう一人の成績優秀者は、相浦忠雄君だ。今年は二人で行ってもらう。中国縦断だ。」

相浦忠雄と二人でというのは頼もしかったが、喜一と相浦は少しだけがっかりしていた。行先はアメリカが良いと考えていたからである。

昭和十二（一九三七）年七月七日、盧溝橋事件が起こる。北京南西部にある永定河、別名盧溝という川にかかった橋はヨーロッパ人からはマルコポーロ橋と呼ばれていた。この橋で日本軍と中国国民革命軍が衝突したのだ。喜一と相浦はまた呼び出された。

先生「盧溝橋のことは知っているかと思うが、安全を考えて満州行き迄とする。しかし、以前から申しているように、満州の政策は決して評価されるものではないと考えている。」

本来の行先として、日本が占領している満州とその先にある中国にも足を踏み入れる予定であったのだが、戦争状態になっているので中国側には行けないということになったのだ。

武蔵高等学校はスパルタと言えど、革新的な学校であったため、満州政策には声を出して疑問を呈する先生や生徒が少なくなかった。具体的な例を挙げると、この半年後に政府から各学校に対し、日中戦争に当たって提灯行列をするようお達しがくるのだが、これを武蔵高等学校は拒否をする態度に出たのである。

喜一と相浦という武蔵のトップ二人もこの辺の意見には一致していた。二人はこれから、実際にその目で満州の愚策を確かめに行くのだ。

昭和十二（一九三七）年七月十九日、色々な思いを胸に、喜一らは出発した。朝鮮から釜山、京城、平壌、奉天、新京、牡丹江、ハルビン、吉林、撫順、鞍山、大連などを訪問する。相浦との友好も深める。

ハルビンなどでは、甘粕正彦がいるかどうかという話をしている。

喜一「この辺に甘粕正彦がいるんだろう?」
相浦「震災の時に、アナキスト達を殺してしまった奴だろう。」
喜一「殺人事件を起こした奴が満州国で活躍しているということだ。」

それから、満蒙開拓といった日本からの農家の移民がおり、そこに宿泊もしたが、二人は決して良い印象を持っていない。

相浦「一所懸命やっているようだが、陰りがあるんじゃないか。」
喜一「悪い印象はないが、大いに成功するという予感はしないな。」

漢民族と接した時の感想を述べている。日本では「支那はもうすぐ滅んで日本が占めることができる」という意見もあったのだが、二人は全くそうは感じないと思うのだった。

喜一「〝自己本位〟だし、〝金銭への執着〟があるな。」
相浦「〝社交性〟にも問題があるし、没法子(メイファーズ)(中国語でしょうもないやつら)だな。」
喜一「〝支那は疲れた。早晩滅びる。〟と言う人がいるけれどもそうは思わないね。」

喜一と相浦は帰国後、二人の共著として五十頁余りのレポートを書き上げる。「(皇紀)二五九七年度武蔵高等学校外遊報告」というものが記録として残っている。

高校時代の趣味

高校時代の喜一は学業も登山もてっぺんを歩いている。

相変わらず通学が長時間のため、平日は即帰宅に努めていた。とはいえ、休みの日であれば参加できる山岳部には顔を出していた。そこでの活動として、弥陀ヶ原から室堂、立山の縦走をやっていた。また、黒部川の向こうの後立山も攻略している。北アルプスを攻めている時には、崖から落ちそうになり、死にそうな目にも遭ったという。

登山家の冠松次郎や田部重治に魅せられていた。登山の味をしめたということもあり、スキーにも二、三度挑戦している。

能の鑑賞もやめられずにいた。ある日、喜一はシテ役（主役）をしているという者から声をかけられる。

「あなたは小さい頃からずーっと通ってますね。」

喜多流十四世宗家、喜多六平太であった。喜一は無名の学生時代であったし、とても嬉しかったようだ。念のために補足しなければならないが、謡の練習は喜多流ではなく観世流だった。

能を嗜んでいたことや周りの友人達の影響もあり、映画にもはまった。当時の映画は、『モダンタイムス』、『椿姫』、『愛染かつら』、『レ・ミゼラブル』、『スタア誕生』、と矢継ぎ早に名作が放映されていた。

メディアの進歩と共に娯楽の進歩もあったのだが、日本には徐々に暗い雲がおおい始め、光を閉ざし始めていく。

この頃の喜一は、中学の時に渡された原書、J・S・ミルの『自由論』の理解に到達しようとしていた。また、喜一の読んでいる本棚にはさらに本が増えている。『若い人』は石坂洋次郎の作品で、戦後になると石坂は『青い山脈』で大ヒットする。ずっと先のことであるが、喜一は石坂の晩年にゴルフ場で彼を見かける。宮沢賢治のほとんどの本も並んでいた。それから、登山関連の本では、『山と渓谷』(一九三八年、田辺重治)、『黒部渓谷』(一九二八年、冠松次郎)があった。

高等学校卒業

ボロボロの学帽と学生服という恰好は、当時「バンカラ」と呼ばれた。西洋かぶれの「ハイカラ」に対しての「蛮カラ」なのだそうだ。日本でも幾度となく訪れるダメージファッションはこの頃にも流行していたことになる。現代でもダメージジーンズなどがあるが、それは至って清潔で穏やかなものであるのに対して、当時のバンカラは不潔で野蛮であった。喜一の通う武蔵高等学校はバンカラを固く禁じていた。そんな学校に弟の弘も泰も入ってきている。

喜一の同期には次の者がいた。渡辺正雄(後に科学史学者)、斎藤平蔵(後に建築学者)。そして、満州に一緒に行った相浦忠雄は、後に海軍主計中尉、航空母艦雲鷹(うんよう)の主計長になる。

喜一の在学中、武蔵高等学校は全国高等学校ア式蹴球大会で優勝している。「ア(アソシエーション)式蹴球」とはサッカーのことである。武蔵高等学校の優勝は後にも先にもこれ一度きりである。

喜一はサッカーを多少やったことはあるかもしれないが、少人数制の学校ということもあり、選手たちと一緒に喜んでいただけと思われる。ずっと後になってサッカーワールドカップの誘致に動くが、これをその布石として考えてよいものかどうかはわからない。

担任教師による喜一の「生徒性行録」がある。（一部現代風に訳した）

〔態度〕

▽何事に対しても態度はとても明瞭

▽自分の意見を率直に言うため、少数だがこれを良いと思っている人達がいる。級友のみんなと仲良くできないことがある。

〔学業〕

▽頭の回転が良い、常識を良く知っていて、学習能力一二〇％

▽積極的に勉強している態度が良い。整理、検討をする時には頭脳明晰である。

▽頭脳鋭敏であるため、それがかえって懐疑的になり、自己分裂症になる。

〔才能〕

▽人を納得させる力がないため、統率的才能を発揮する機会は少ない。

〔野営状況〕（※野外教練といって、体育、遠足、林間学校に軍事要素が含まれた授業）

▽才能に富んでいる。体は小さいが良くやっており、（喜一の所属する）文科部隊に貢献することが多い。知恵があり、実行力があり、あらゆるところで才能を発揮している。考えが一貫しており、意志が固く、広い視点で物事を見ている。将来偉人になるかもしれない。能力をひけらかすため、誤解を招く可能性がないだろうか。本人の努力する点であることに違いない。

担当の先生からは喜一にこんな言葉がかけられた。

「大学で国文やって残れ。」

昭和十四（一九三九）年、喜一は武蔵高等学校高等科文科を首席で卒業する。

大学生活の始まり

昭和十四（一九三九）年四月、喜一は東京帝国大学法学部政治学科に入学した。武蔵高等学校からの友人相浦は同じ法学部だが法律学科に入っている。

喜一と相浦は、入学後間もなく大学の掲示板を眺めていた。

相浦「これは行かなければならないのではないか。」

喜一「ああ、満州なんかじゃ物足りなかった。」

相浦「女子も参加するらしいぞ。」

喜一「ほう。」

相浦「早速応募だな。」

喜一「決まりだ。我々は海外の実績もすでにある。」

第六回日米学生会議、開催地はロサンゼルスにある南カリフォルニア大学とポートランドにあるリード大学で今夏開催、募集中とある。満州の海外派遣にも行った最優秀コンビの喜一と相浦はまたしても海外へ行きたくなったのだ。

これには簡単な試験や面接があったが、当然のように二人はパスする。日本側四十八名、アメリカ側は五十五名の参加が決まった。

喜一「それで、自分たちで寄付集めをせよと。」

相浦「自分たちでの資金集めや運営をすることも重要なんだそうだ。まあ、やるか。」

この活動の参加資金は、自分らで何とかしろという。二人は、今や公益財団法人となっている原田積善会（はらだせきぜんかい）や日本郵船、役所関係を回った。文部省は七〇〇円もくれた。

相浦「宮澤君、半分は女子だそうだぞ。」

喜一「ほう。」

七月二十六日、「鎌倉丸」が喜一達を乗せて横浜を出港する。片道は約二週間かかる予定である。ところが出発して翌日、船上へ予想もし得ない電報が届いた。

「日米通商航海条約　廃棄通告」

アメリカのルーズベルト政権が、日本の中国侵略に対して抗議を示したのだ。日本への経済制裁が始まった。これはアメリカの懸念材料として存在した〝日本とイギリスの関係〟を良くさせない狙いもあった。そこで船上の先輩方が騒ぎ出す。

先輩「これからディベートに行くんだから、大論争になるぞ。坊やたちもおいで。」

学生の皆は集まって作戦会議を始めた。これより船上では意思統一を図ろうと毎日ディベート（議論）の練習をすることになる。喜一は最年少の上、背丈が大きくないということもあって、当初は「坊や」と呼ばれていた。

このディベートの練習中に、喜一は巧みな英語を披露し始めると、一目置かれるようになる。

第六回日米学生会議

鎌倉丸は、一度オアフ島のホノルルに寄港する。この時のハワイは、アメリカではまだ「準州」で、「州」に昇格するのは一九五一年になってからである。しかし、喜一は住宅に驚いていた。

喜一「ここはアメリカと言ってもまだ田舎だろう。一軒一軒の住宅の床が三十センチ以上も上がっているじゃないか。生活水準がこれほども違うのか。」

このホノルルでは懇親会が行われた。自己紹介の場であろう。それぞれがスピーチをすることになり、話題としてはハンサムなのは誰だとかという雑談めいたものになっていた。そんな後に喜一の番が来た。

喜一「ボクはこの中でいちばんハンサムではないが、いちばん若い。(I am the youngest, if not most handsome.)……」

と、流暢な英語で話し始めたのだ。周囲からの評価が一気に上がった時である。

先輩「ウィットに富んだ見事な英語だ。」

この船のメンバーには、奈良靖彦（後に外交官）、苫米地俊博（後に三菱商事副社長）、山室勇臣（後に三菱銀行副頭取）がいた。相浦も含めて、この先もずっと親交が続くのである。

ハワイでは、パイナップル工場の見学があったが、皆「私儀当工場内に於て被るやも知れざる傷害に対し一切の賠償請求権を放棄仕候也（ここで怪我をしても賠償請求しない）」という契約書に署名しなければならなかった。喜一は「これが、私共が第一にさせられた、言わば感激すべき上陸第一歩の仕事であった。」と後で報告書に記している。

そこからまた一週間は海上を進み、いよいよアメリカ大陸に到着する。最初の民宿で、喜一はまたもや愕然とした。「H」というマークの水栓を捻ると、お湯が出始めたのだ。

喜一「お湯が出ますね！」（英語で）

と宿の主人に言うと、変な顔をして首を傾げられた。

喜一「ほー、偉い国だなあ。」

喜一は感心した。給湯器そのものは日本でもすでに販売されていたのだが、それが普及するためには、ガスのインフラ普及を待つ必要があった。日本でその芽が見えてくるのは二十年も先である。

学生会議は、八月十一日から八月十八日までの一週間である。南カリフォルニア大学とリード大学を転戦する。さあいよいよディベートの開始だ。全て英語で挑む。日本の中国侵略とアメリカの日米通商航海条約破棄に関する日本側の意見に対して、アメリカ側のあらゆる意見を想定した。

「自衛のためにやむを得ないんだ。」

「……であるから、アメリカは経済制裁すべきではない。」

日本の学生達がアメリカ学生の反発が来るかと構えていたところ、次の反応があった。

「それは、日本の言うことはもっともである。」

「中国に対する単にセンチメンタルな同情でしかない。対中国輸出が激減しているのに、対日輸出は年々増加している。」

「三選を意識したルーズベルト大統領が排日の世論に迎合してとったスタンドプレイだ。」

日本の学生は皆啞然とした。喜一は「なるほど、言論の自由というのはこれだな。こういう連中と戦争するのはまずいじゃないか」と思った。

それから、このディベート中に喜一の英語が何度もアメリカ学生に聞き返されるということがあった。別の言い方や別の言葉があるという指摘だ。

さて、とある女子が軽くジョークを加えた。

「女性の皆さんはそのステキな足を、日本の絹の靴下でお包みになったらいかが？ そうしたら、私たちもカリフォルニアのフルーツをもっと楽しめるようになるのに。（I see no reason why you should not encase your beautiful feet in Japanese silk, and why we should not enjoy your California fruits.）」

と、これも流暢な英語で、会場では大変受けた。時代背景としては、日本の絹の輸出量が下がり始めた頃である。カリフォルニアはオレンジを始め、色々な果物を輸出しようとしていた。加えて、会場では毎日旨いフルーツが出されていたようである。何年かすると絹は化学繊維に代わり、三十年後にオレンジは牛肉と共に日本へ押し付けられる。

ホテルに戻り、喜一は嬉しくもあり、弱った様子も見せた。

「相浦君、こいつらと喧嘩したら分がないな。サンフランシスコの街でも一軒一軒の家を見ると、これもまた立派な家ばかり。日本にも日本劇場や国会とか大きい建物があったが、そんな比じゃないな。」

会議後の長い余韻

そして会議も終わり、残りの期間は学生達にとってはただの団体旅行か修学旅行のようになる。誰ともなく言う。

「もっとお金と時間があればニューヨークやワシントンに行ったのにな。」

八月二十五日、パロ・アルトでのホームステイが始まった。

喜一がお世話になったのは、モートン・ベイリイ家というところで、主人は「サタデイ・イヴニング・ポスト」紙に勤めていた。ベイリイ夫人も見識が高く、長男はスタンフォード大学に行く予定とのことだ。喜一はこの一家と時事問題の議論を交わしている。御蔭で初対面の晩餐は話題には事を欠かなかったという。

翌朝になると、ベイリイ夫人から、

「ヨーロッパはほとんどホープレスだ（絶望だ）」

と、聞かされた。続けて
「日本の内閣が替わりました。」

と聞き、新聞を見ると「ABE（Pronounced ABBE）（「アベ」と発音する）」という文字が見えた。平沼騏一郎政権から阿部信行政権に替わることが決まったようである。しかし、当時の喜一はあまり気に留めることもなかったという。

九月一日、日本学生はそのままリード大学近くのポートランドのホテルにいた。その夜中に喜一は床についてウトウトしていたら、ドアのノックの音と大声が響いた。

先輩「帳場（ロビー）に来い、ワルソー（ワルシャワ）がやられた！　今ラジオでヒトラーが演説をしてるぞ！」

九階にあるロビーでは短波ラジオによる緊急速報が大音量で流れていた。

「ドイツのポーランド侵攻」

それは本格的な第二次世界大戦の幕開けの知らせであった。ヨーロッパでは、ドイツとイタリアが、アジアでは日本が猛威を振るう。もうしばらくすると、イギリスと中国に助けを求められたアメリカが重い腰を上げてくるのである。学生達は今、ただただ聴いているだけで何もすることはできなかった。しかし、皆真剣であった。

九月三日、この日は日曜日で、夕方になり、テニスをして遊んだ喜一たちがコートから出てくると、一台の自動車のまわりに人が集まっていた。車のラジオからルーズベルト・大統領の声が流れていて、皆それに耳を傾けていたのだ。

「アメリカは断じて戦争に巻きこまれてはならない。自分は戦争を憎悪する。」

喜一はそこへ声をかけた。

「戦争に突入すると、アメリカは何も得られない。(By going into the war, America gets nothing.)」

アメリカ学生の一人がこれに即答する。

「そして、全て失う。(And loses everything.)」

次にシアトルを目指すことになるが、当時は飛行機はないし船も定期便ではない。定期便でないということは、シアトルで船の到着を待たなければならないのだ。

ベインブリッジ島というシアトル沖の島で、先輩方はここをキャンプ地とするしかないと言った。寄付で集めたお金が無くなってきたということなのである。そこではアメリカ人学生とソフトボールなどをして時間を潰した。二、三泊すると、船「平安丸」が見えた。ようやく帰り支度である。

ところが、喜一は最後の一人になっても船に乗らずにいた。別れを惜しんだのか、自由のない日本へ帰りたくなかったのか、周りからはアメリカ学生に説得され、ようやく船に乗り込んだように見えたという。皆が慌ただしくしている中、喜一はアメリカ大陸を眺め、コカ・コーラを一口、二口と飲んでいた。

アメリカ学生の中に、エドモンド・ピウという者がおり、彼は喜一が一人で写っている写真を撮っていた。両手を腰に、煙草をくわえて、上を見ている喜一である。彼はこの写真にいたずら書きをしていた。「Prime Minister（首相）」と。

実はこの滞在期間に、喜一は本を仕入れている。日本では未発売のものである。

『The Communist Manifesto』『共産党宣言』マルクスとエンゲルス

『Gone with the Wind』『風と共に去りぬ』マーガレット・ミッチェル

『Der modern Kapitalismus』『高度資本主義』ゾンバルト

相浦「検閲に引っかかるけど、どうするんだ?」

喜一「横浜に着く直前まで読んで、あとは船内郵便局から発送人名を書かずに家に送ってみるよ。」

相浦「ふーん。」

喜一は何冊かの本の不法輸入を試みた。船上からの郵便を送り主不明でやってみようというのだった。

伊地知庸子

伊地知庸子は東京女子大学英語専攻部に在籍していた。父は早稲田大学教授で英語学者の伊地知純正である。そのため彼女はシェイクスピアの本に囲まれて育った。父は留学し、現地の音声学を学び、アメリカでは記者として英語の実践をしていた。そんな英語や英会話の専門家である父の下では、庸子も自然と鍛えられた。いや、もっと自然に覚えてしまったという感じだろうか。庸子自身も、英米の本などは、訳書ではなく原書を好んでいる。原書があれば、そちらの方を読みたいという態度は、喜一と同類である。

その庸子も日米学生会議に参加していた。庸子は、父を始め外国人講師から色々なことを教わり、欧米人特有の冗談の言い回しがあることも理解していた。そんな冗談を言ったところ、会場を沸かせたのだから成功である。

また、このアメリカに滞在中、ある記者から突然質問されている。

記者「あなた達は国策の線に沿ってパーマをかけないのですか。」

庸子「いいえ、私達はずっと前からで、国策の方が私達に順応したんですよ。」

それから、この旅で庸子は父のために中古のタイプライターを買って持ち帰っている。もしかしたら、庸子自身もそのタイプライターを使っていたのかもしれない。

夢のような旅は終わり、余韻を楽しんでいた庸子は船上の甲板で風にあたっていた。そこに怪しい男の影が近づいてきた。自分より少しだけ背丈がある男がそこにいた。

喜一「やあ、伊地知さん。」

庸子「あら、宮澤さん。」

喜一「映画がお好きなんですよね。」

庸子「アメリカでは、〝Gone With the Wind〟が流行しているらしいです。」

喜一「日本にはいつ輸入できるかな。本は買ったよ。」

二人は映画の話題で盛り上がる。映画〝風と共に去りぬ〟が、日本で公開されるのは一九五二年である。

庸子「読書も好きです。英語の原書で読みます。」

喜一「僕もだ。でも今はね、宮沢賢治にはまっているんだ。」

読書の話もした。話は尽きない。夕日と太平洋と甲板上の男女、と言えばこの先の話は省略しても良いのではなかろうか。まだまだ互いに遠慮をわきまえているようなところもあった。そんな二人は当然すぐに噂になり、この様子を見た先輩方は言った。

「宮澤は、日米親善と並行して、日日親善の実を上げたな。」

十月一日、帰国し横浜に着くと、喜一と庸子が一緒に下りてくるところを皆に見られる。そして、この学生達は連絡先を交換し、「十波会（じっぱかい）」というグループを作った。名前の由来は、アメリカの遊園地で乗せられたジェットコースター（別名ディッパー、Dipper）とのことである。彼らは後に何度か集まっている。翌年の日米学生会議は日本での開催である。

先輩「来年は日本での開催だな。それじゃ。」

そして、しばらくすると、喜一の家には船内から送った本が届いていた。

喜一「検閲もかなりルースだな。」

昭和十四（一九三九）年、公定価格制が実施される。物資が制限されていき、その対象商品が日に日に増えていくのである。

超秀才

大学にも入ったし、アメリカ旅行も楽しかった。しかし彼にとっては、もう勉学は十分だろう、ということにはならない。アメリカからの帰国後、喜一は反省し、痛感した。

喜一「この英語は使い物にならないな。」

しかし、学ぶべきことは摑んだ気がした。小説や論文に使われる英語も重要だが、新聞や雑誌も常に英語で読むことが重要なのだ。俗語にも強くなるし、頻出語も吸収できる。それから会話表現などもまだまだ習得しなければならない。喜一の英語はこれからますます磨きがかかる。

共産主義についても、誰よりも先駆けて勉強してみたりした。この共産主義については後になって「よくわからない」と判断する。

東京帝国大学では、次の先生方から教授を受けている。政治学者の岡義武（よしたけ）は、日本の政治よりも西欧の話をした。彼は戦後になると国内政治史の著書の方が多くなる。政治学者の矢部貞治（ていじ）は、近衛文麿に入れ込んでいた。イギリス法学者の高柳賢三は、日米学生会議の指導官だった。喜一は逗子の高柳氏宅に何度かお邪魔している。経済原論学者の舞出長五郎はマルクシズムの話をした。喜一は彼の授業に退屈している。農業経済学者の東畑精一にも習った。国際法学者の横田喜三郎は授業中に「諸君も大学を出るとまもなく懲役に行くわけだが」と笑いを取り、「(間違った)徴兵だ」と言い直すようなユニークな先生だった。政治学者の高木八尺は、アメリカ憲法史を教えていた。社会学者の綿貫哲雄は興味深い試験を出しており、これは後述する。憲法学者の宮澤俊義と法学者の筧克彦は、高等文官試験の担当だった。

この頃、喜一が読んでいる本は、我妻栄の『民法講義』や、高田保馬、中山伊知郎、岡義武らの著書が挙げられている。ちなみに、岡義武氏は後に『小川平吉関係文書』を編纂している。また、中山伊知郎氏と喜一は高度経済成長期に経済対談を行なう。

教練

嫌な時代が始まっていた。喜一は大学で教練に行かされる。千葉の習志野や静岡の富士の駒門(御殿場)に数泊し、軍事訓練をするのである。

教練の一つとして鉄砲の掃除があった。鉄の棒に少々の油を付けた布を巻き付けて、筒の中に通す。上手くやればスムーズに通るが、喜一がやると何故か詰まる。そうして、叱られたのである。それから巻脚絆、別名ゲートルというズボンの裾と足の脛を抑え付けて、怪我や疲労から守るというものであるが、これを巻くことも喜一は下手くそなのであった。

朝礼の時に軍人勅諭というものが配属将校によって暗唱された。

将校「我が国の軍隊はヨヨ天皇が統率したもう……」

と、これが約二七〇〇字もある文章が続く。喜一はヒソヒソ話をする。

喜一「相浦くん、これ覚えたか？」

相浦「多少はね。宮澤君は？」

喜一「多少はね。」

ふと気付くと、配属将校の声が止まってしまった。こちらを叱ってくるのかと思ったが、一時の間を置いて、配属将校が口を開く。

将校「すまん、この後忘れてしまった。終わりにする。」

皆、呆気に取られたのであるが、喜一はこう言った。

「あいつはいいやつだな。」

昭和十五（一九四〇）年二月二日、斎藤隆夫・衆議院議員が反軍演説をして、翌月に衆議院から除名された。喜一は、そんな世相であると改めて認識をした。

第七回日米学生会議

前年に引き続いて、日米学生会議が無事開催されることになった。

昭和十五（一九四〇）年七月九日から七月十八日、開催場所は、津田英学塾と満州と韓国。日本側は一一〇名、アメリカ側は五十九名、計一六九名の参加である。軍靴の音がする不穏な空気の中ではあったが、日本ではアメリカ人学生を受け入れることができた。まだ、なんとかこういった行動はスレスレで大丈夫だったのである。

陣頭指揮は早稲田や慶応の学生が買って出ていた感じがあった。東大生は比較的おとなしめだ。女子大である津田塾には、男子トイレがなかったため、急遽それを用意するなどといった準備も大変であった。

アメリカや日本の新しい面々が集まったが、一年ぶりの懐かしい者もいた。この中には喜一と伊地知庸子もおり、二人は同じグループだった。相浦の参加はなかったが、代わりに相浦の妹が参加していた。

アメリカ側の参加者の中に、ヴァージニア・フォイジーという女学生がいた。戦時下の日本での開催意欲に心を打たれたという。彼女は滞在費が日本負担ということもあり、親に借金をして、参加を果たした。彼女は、ディーン・ラスクという男とすでに結婚していた。後の国務長官である。

前回、喜一の写真を撮ったというエドモンド・ピウは、会議後にアメリカへは帰らず、満州、中国へと向かった。この会議で旅した満州の現実は、日本側に覆い隠されていた疑いがあったのだ。これを改めて調べようと計画したわけだが、立案者はフローラ・ルイスという最年少女学生だった。彼女は後にニューヨーク・タイムズ記者になる。

会議は順調に進めることができた。国内事情から、邪魔や干渉も心配されたが、特にそんなことは無く終わった。ただ、警察の外事課が何度か、議論の内容を学生に聞いて回っていたということはあった。その後、満州、韓国を訪問して、この会議は無事終了した。

喜一「伊地知さん、来月〝踊るニュウ・ヨーク〟という映画が始まるんだ。見に行かないか。」

戦時下でも青春は自由なのである。

帰去来荘のタイムカプセル

大学時代にも、夏になると喜一は帰去来荘に行っている。友人達もこれに付いて来た。勉強に励むのであるが、そのうちの一人が女の子の名刺を見せびらかしていた。連絡先などが書いてあるのであろう。熱を入れているのはわかるが、それがしつこかった。その男がトイレに立った時、他の連中と共に喜一は企んだ。

喜一「おい、そこの長押（なげし）に入れてしまえ。」

「長押」とは和室の装飾のことで、襖の上に取り付けてある木板である。今では、そこによくハンガーが掛けられたりしている。名刺をこの板の隙間に入れてしまったのだ。

彼が戻ってきた時、悲しんだことは言うまでもない。誰も取っていなければ、今でもそこにあるのだそうだ。

池田勇人

父の裕が結婚の世話をした郵便局長のせがれは波乱に満ちていた。

明治三十二（一八九九）年十二月三日、広島県吉名村（よしなむら）（現・竹原市）に生まれた池田勇人（はやと）は、陸軍幼年学校は近視で落第、武蔵高等学校のライバル校である第一高等学校への受験は二度落第。第五高等学校を経て京都帝国大学法学部を卒業し、高等文官試験も合格している。その後、大蔵省に入り、結婚もして、函館税務署長に就いた。

昭和四（一九二九）年、宇都宮税務署長を務めていた時、落葉状天疱瘡（てんぽうそう）という病気にかかってしまう。そのまま大蔵省を休職し、二年後には休職期間終了のために退職をする。さらに翌年の昭和七（一九三二）年に、池田の看病をしていた妻の直子が急逝する。狭心症のため、あっという間の出来事であった。池田は自分の体力も無く、悲しむエネルギーも使い果たし、疲れ切っていた。

絶望的な気持ちで、池田は吉名村に戻り療養していた。しかし、田舎では、自分がいつも見られているかもしれないと周囲の目が気になり、なお引き籠るばかりであった。

池田の母「うめ」には「秀」という従姉妹がいた。彼女はすでに他界していたが、その娘の「満枝」も災難に遭っていた。金城（きんじょう）女子専門学校に在学中であったのだが、脚気にかかってしまったのである。医学会が脚気の原因であるビタミンB_1の存在を突き止める直前の頃だった。

その病身の満枝を、うめが引き受けてくれたのだ。池田家には病人が二人になったが、賑やかにもなった。池田は満枝に癒された。

池田は息を吹き返してきた。病気平癒を祈願するため、島四国巡礼に向かった。「島四国」とは、本来「四国巡礼」が、徳島、高知、愛媛、香川の全てに散らばっている八十八か所の寺を回るのに対して、そのミニチュアが愛媛の大島に設けられているのだ。それでも道のりは六十三キロあり、徒歩では二、三泊して回ることになる。

昭和九（一九三四）年、池田の病気は完治する。満枝との結婚も済ませていた。医者は、「どうして治ったのかわからぬ。」とのことだった。

池田勇人は、三十四歳になっていたが、一度目の結婚の時にも世話になった望月圭介の世話で日立製作所に就職する。その後、官僚仲間からの誘いもあり、十二月に玉造税務署長として大蔵省に復帰する。この時に、その後長く友人となる前尾繁三郎・和歌山税務署長と知り合う。

昭和十五（一九四〇）年、武蔵高等学校の創立者でもある、根津嘉一郎・鉄道王が亡くなると、その遺族は大いに焦っていた。悲しみはもちろん、財閥であるが故に莫大な相続税が予想され、数々の美術品が流出するという懸念もあったのだ。

この相続税対応の担当が池田勇人だった。「大多数の美術品は新設する美術館へ寄贈する」、という名目で計上すれば、その分の相続税は文字通り帳消しでよいことにした。特例ではあったが、これによって相続税が抑えられたうえ、美術品の流出も防いだのである。

現在でも南青山に根津美術館は存在しており、国宝、重要文化財、重要美術品を含む七四一四点が収蔵されている。池田は遺族に感謝された。

池田はその後、国税、軍事予算にも関わり、財政というものを目の当たりにしていく。地方税務から国家財政まで見てきた彼は、財政センスが磨かれていたが、当人は自分の能力について、謙遜というより鈍感であったという。

大蔵省にて池田はこんな会話をしていた。

大蔵省「内務省の方に人気があって、大蔵省が手薄なんだ。国家の一大事だというのに。」

池田「はあ、人材不足ですか。」

大蔵省「うん。内務省には大層生きの良いのが何人も入っている。中曽根君なんていうのも面白い奴らしい。それで、大蔵省では君が復職しやすかったことや、昇進しやすかったことも、そういう理由があると言って良い。」

池田「はあ、少し面白くないですな。」

大蔵省「いやいや、とはいえ、誰彼でも良いということにはならないわけだ。つまり、君ぐらいの優秀な者がいれば、大蔵省に入れて欲しい、ということだ。」

池田「はあ、なるほど。そう言えば、知り合いのところに頭脳抜群の奴がいる。当たってみますわ。」

内務省にばかり人材が流れているらしいと知って、池田は優秀な人材を求めることになった。

「この子反骨あり」

平吉は学生の喜一に漢詩を送っている。満州かアメリカか、どちらか外国への出発の時だそうだが、その記録が明確でない。その一文の一つに、

「この子反骨あり」

という文があった。反骨とは、権勢、権威、権力、時代風潮などに逆らう屈服しない心のことだ。

昭和十一（一九三六）年九月に平吉は大審院判決にて懲役二年が確定していたが、その期間も過ぎていた。

昭和十五（一九四〇）年、小川平吉は恩赦となる。しかし、平吉に再起の気概はもはや無かった。

この頃に敵性言語の取り締まりが始まっている。喜一はこれに腹が立っていた。

喜一「日本の新聞が段々と統制されてくるし、英字紙にはまだまだ外電（外国電報、海外通信社からのニュース）が沢山出ている。日々見通しが悪くなるし、英字新聞はわずかばかりの外に開かれた窓口だ。そういう

情報を読みたいじゃないか。」

ある日の通学途中、電車の中の憲兵の前で、喜一はわざと英字新聞を読み始めた。そんなことをしておいて、憲兵が絡んで来ないだろうかという心配はあった。

憲兵「何を読んでおられるか。」

喜一「新聞を読んでいるんです。」

憲兵「それは、敵性言語ではないのか。」

喜一「普通に英語で書かれた新聞ですよ。ところで、あなたはどこの学校の出身ですか？」

憲兵はどこぞの何某と答える。

喜一「ほー、その学校では、英語も教えてくれないのか。英字新聞くらい読みたまえよ。」

憲兵に何か言われたらなんとかこうやってやり込めたいと思っていたが、そんなやり取りは起こらずに済んだ。それ程心理的プレッシャーがあるのだから、そもそも英字新聞を人前で読むのをやめればよいはずなのだが、反骨の喜一は自由のためにささやかな抵抗をしたかったのである。喜一は鬱憤を晴らす機会が欲しかった。

日劇七周り半事件

喜一と同じ歳の女性映画俳優がいた。美貌と美声の日中バイリンガル、日本と満州の大人気スターである中国人(?)、李香蘭である。その彼女が来日することになった時の話である。

昭和十六（一九四一）年二月十一日、紀元節奉祝記念日（現在では建国記念の日）に、有楽町にある日本劇場で「歌ふ李香蘭」というライブコンサートが開催された。ここには多くの観客が詰めかけ、行列は日劇を取り巻き、その長さは七周り半にもなっていた。周辺の人の行き来もできず非常事態となったため、消防車が出動し、散水によって群衆を移動させる騒ぎとなった。

この「日劇七周り半事件」とは、息苦しさを感じた時代の一つの出来事だった。この列には茨木県立太田中学校の生徒も紛れ込んでいた。彼は五十五年後に官房長官となる梶山静六である。

喜一は大学二年の学年末試験を受けることになっていた。綿貫哲雄・教授の社会学の試験問題は正にこの話だった。

問題「日劇七周り半事件について記せ。」

喜一の回答「自由を求める大衆の心理を如実に示す実に痛快な出来事である。」

この試験で、喜一は「優」をもらった。

この頃というのは、憲兵隊や特別高等警察が闊歩し始めている。内務省は、前年の十二月より、書籍、新聞、映画の内容を検閲し、不都合があれば、発行・発売・無償頒布・上演などを禁止したりしていた。言論統制、集会抑制、アメリカ製の食べ物も禁止、ヨーロッパとアジアの殺伐とした戦況が絶えず、「贅沢は敵だ」という言葉が押し付けられていた。

卒業後の進路

喜一「相浦くん、高文（高等文官試験）だが、何を受ける？」

相浦「外交と行政だ」

喜一「僕もだ。憲法は何で書く？」

相浦「筧で書くよ」

喜一「筧か宮澤か、迷うね。」

高文の試験委員には、宮澤俊義と筧克彦がいた。この二人の学説が異なるので、学生達は「筧」か「宮澤」かどちらで書くのかが悩みの種となっていたというわけだ。また、当時の試験には神道思想のようなものが含まれており、こういったことにも少々困っていた。しかし、結果は言わずもがな、二人とも両方の試験に合格している。

相浦「それで宮澤君、どちらに行くか決めているのかい？」

喜一「迷っている。」

相浦「政治家は目指さないのか。」

喜一「それは絶対にないな。おじいさまとおやじさまを見てると、お金のやりくりが大変だし、有権者の言うことを何もかも頭を下げて聞くなんて、僕には無理だ。選挙区の雑事もつまらぬ。」

相浦「ふーん。僕は商工省だ。そのまま海軍を目指す。」

喜一「ほう。偉いものだ、本当に。」

喜一は外務省に行くか、それとも内務省に行くか迷っていた。相浦は海軍を目標にしているという。

その日の帰り際、喜一は省線（後の国鉄、ＪＲ）の有楽町駅にいた。すぐそこには日本劇場がある。その日劇が真っ赤にキラキラと夕暮れている。しばらく静かに、ぼーっとその様子を見て立っていた。

「おれは日本にいたいな。」

映画「望郷」で、ぺぺが「パリの地下鉄の匂いが懐かしい」というセリフを思い出した。

「都会は都会でありながら故郷であり得る。」

喜一はゆっくりと帰路についた。

喜一「決めました。外交官はやめて、内務省に入ろうかと思います。」

裕「ちょっと待て。実は同郷のもので、大蔵省に池田勇人君というのがいるのだが、彼がお前を大蔵省に欲しいと聞かないんだ。」

喜一「あまり、大蔵省にいくつもりはなく……」

裕「いいから試験だけ受けろ。」

喜一「はあ。」

家に帰るとせっかくの決心がひっくり返され、全く別の道が用意されているということが起きていた。裕は池田という男から喜一の大蔵省入りを強烈に勧められたのである。

「大蔵省なんて面白くないだろう。役人なら内務省が栄えているのに」と考えていたのだが、喜一は父に逆らえなかった。大蔵省の試験も受けると、やはり合格をした。

裕「池田君が何度も説得に来られる。三顧の礼も悪くはあるまい。」

喜一「わかりました。大蔵省に決めます。」

喜一は父の言うことを聞いて大蔵省に行くことにした。入省の保証人は池田勇人となった。もう一人の保証人は、森永貞一郎・首席事務官で、彼は後に日銀総裁になる。

繰り上げ卒業

当時の帝国大学は三年制である。だから昭和十四年四月に入学した喜一は、昭和十七年三月に卒業する予定だった。しかし、戦時下で人員導入が求められ、昭和十六（一九四一）年十月に全ての学校で繰り上げ卒業が指示されたのだ。学徒出陣の先駆けである。

昭和十六（一九四一）年十二月八日、喜一は大森から東京帝国大学の図書館へ行こうとしていた。寒い日だった。家ではＮＨＫラジオの午前七時のニュースが流れていた。

「臨時ニュースを申し上げます。臨時ニュースを申し上げます。……戦闘状態に入り……」

喜一はなんのことかはわからずにいたが、そのまま大学の図書館に向かった。

昼になって図書館の階段を上がって行くと、そこの正面に黒板があり、それを見ると先のニュースの速報が掲示されていた。

「わが海軍航空隊の大編隊が布哇（ハワイ）の花瑠瑠（ホノルル）に対して最初の空襲を行いました。……」

図書館ということもあり、周りは特段騒いでいる様子はなかった。喜一は「これはちょっとやってくれればいいな。これは勝つかもしれない。」と思った。実際、国民の多くはこれと同じような感じだったという。まるで、サッカーのワールドカップやオリンピックに挑んでいるニュースが流れた時と同じ空気感である。

各地の戦況の最中、イギリスと中国はアメリカに助けを求めていた。アメリカの世論は中立を通すことだったが、そんな中での日本の真珠湾攻撃について、チャーチルと蒋介石は「やった（これで上手くいく）」と思っていたのだった。

昭和十六（一九四一）年十二月、喜一は東京帝国大学法学部政治学科を卒業する。まだこの頃の国民には余裕があった。日本の戦況も悪くないのである。卒業したての年末に、喜一は十波会の一人である苫米地俊博の実家である小樽に泊り、ニセコでスキーをした。俊博は月寒連隊への入営が決まっており、帰郷を兼ねてのことだった。俊博の弟である和夫が喜一に聞いた。

和夫「戦時中、何故冬の北海道に来られたのですか？」

喜一「そりゃ俊博に赤紙が来たのでこれ今生の別れと思い俊博を見送りに行ったのさ。」

俊博の父は小樽高等商業学校校長の苫米地英俊（後に衆議院議員）であった。宿泊はここでお世話になっており、その中で苫米地は明快に話していた。

「こんな時は決して長く続かない、この戦争は。」

喜一は少しびっくりして聞いていたという。

ちなみに、後に登場する苫米地義三とは五、六代遡れば同族とのことである。

喜一が大学を卒業して一ヶ月少々経った昭和十七（一九四二）年二月五日、小川平吉が死去する。葬儀委員長は頭山満だった。葬儀副委員長は緒方竹虎。平吉は喜一の頭脳を徹底的に磨いた反面、政治の厭らしい面も見せた。孫文や蒋介石を激励し、影響を与えた。少々横暴が過ぎた行動の結果、収賄逮捕に繋がったのかもしれない。逮捕後は影響力を失い、少し寂しい引退であった。喜一の大学卒業を見届けてからこの世を去る。

この年からは衣料切符制が開始される。切符が無いと衣料品を手に入れることができない暮らしが始まり、これが影響して、喜一は死ぬまで二、三百円で買える衣料品が捨てられないと言う。

また、この年から灯火管制が厳しくなっている。夜になったら家の明かりを漏らすな、ということである。

第二章　官僚時代

大蔵省

繰り上げ卒業が影響して、年明け早々の昭和十七（一九四二）年一月七日、喜一は大蔵省へ入省することになった。所属は大臣官房企画課兼為替局である。

大蔵省に入って間もなく、喜一は局内の人物に言われた。

「どうしてそんな人に保証人になってもらったのか。池田さんは三等切符だよ。」

三等切符とは、船や列車での最低ランクの座席チケットのことである。池田勇人は東京帝国大学出身で占められている官僚の中での京都帝国大学出身だった。さらには病気で一時離脱をしており、この時の池田の役職は主税局国税課長で、次に地方局長になれば出世はそれ以上にないと思われていた。

喜一の性格も困ったことに、しばらくは池田のところに顔を出していない。そういうことがとても億劫だと思っていたからだ。しかし、そんな態度を取っていても、池田の方から気を配ってくれていたので、次第に喜一は池田に親しみを持つようになっていった。そういえば、池田も上司への挨拶などは億劫だったようで、喜一はそれを心配しているわけだが、傍から見れば同類であろう。

喜一が大蔵省に入ってからは、迫水久常（ひさつね）氏（後に貴族院と衆参の国会議員、郵政大臣）、森永貞一郎氏らから指導を受けることになった。

喜一が入省して半年ばかりのことであるが、財団法人の大蔵財務協会が発行している雑誌『財政』に、喜一の論文が載ることになった。七月号、八月号、九月号と三号続けての掲載である。表題は、「国民所得論序説―特にコウリン・クラアクを中心として―」となっている。
この内容はコーリン・クラークという経済学者の『国民所得と国民支出』という著書を元に、当時のイギリスの所得を計算、分析している。コーリン・クラークと言えば「第一次産業、第二次産業、第三次産業」という分類を示したことで有名である。喜一は、同胞ドイツの敵国ということもあり、イギリスに対しての経済的内部崩壊を推量しているが、戦費や戦債が所得に含まれないと強調しており、それは日本に対して物を申しているように捉えられなくもない。この論述の最後には「国民所得の研究こそ、我が財政経済にとっても深く注目せられねばならぬところであろう。」と締めくくっている。

海外出張

論文の掲載も終わり、夏が過ぎ行く頃、陸海軍と各省庁の間に戦争を遂行するための連絡協議があり、海外へ現地視察することになった。出向する部署は陸軍、海軍、大蔵省、商工省からで、喜一も同行することが決まった。喜一の任務は、各地の通貨状況の調査となる。喜一の役職ランクは「属」といって、今でいう事務官に当たるのであるが、その順位は「軍人、軍馬、軍犬、軍鳩、軍属」という言葉があったように、「属」は一番格下と位置づけられる。言わばぺーぺーである。一行は十数名で二ヶ月ほど掛けて回る。

シンガポールに行くと、寺内寿一(ひさいち)・元陸軍大臣がいた。そこで軍の礼式により整列するわけだが、「軍属はどうする？」という話になり、「まあ、入れようじゃないか」となって、喜一は同列に並ばせてもらえた。この時点での日本の戦況は極めて良好で、どこも物資は豊富であった。続けて、シンガポール工場を視察する。そこで働いている女子にヒアリングを行なうが、喜一は「きっぱりとしていた。英語での会話もしたがしっかりしていた。」という感想を述べている。

上海では笑い話を聞いた。物知らずの日本兵が、香港でお菓子だと思い石鹸を食べる者がいたとか、英米トラスト（合同企業、BAT社）のタバコやウィスキーが沢山あり、ある大佐がそれらを大量に飛行機に詰め込もうとすると、事務方から、

「それだけ積むのは、大佐、我慢してください。滑走路が短いから飛び立てなくなります。」

と、注意される場面もあったという。こんなに気楽でいられるのは、ほんの束の間で終わるのである。

インドネシアのジャカルタに着くと、喜一は目当てにしていたオランダの植民地経営の本を探してみたが、一冊も見つからなかった。そこでは、司政長官、司政官、事務官が占領行政をやっていた。

同じくインドネシアのアンボン島にも行った。それから、セレベス島（現・スラウェシ島）の都市マカッサルに行くと、そこは陸軍地区と海軍地区があった。ここの海軍地区に前尾繁三郎・司政官がいた。池田勇人とは税務署長時代に出会っている男である。

喜一「オランダ税制の研究をして、それを日本流に変えるということをやるんでしょうね。」

前尾「研究は面白いから一所懸命しているけれど、税制なんていうものは一年や二年で変えられるものではない。そんなことは無駄なことだから、そういうことは一切考えない。」

二ヶ月の旅を終えると、日本では冬になっていた。

沼津税務署長

昭和十八（一九四三）年、年が明けてすぐに、喜一は静岡県沼津税務署長に任ぜられた。この時の池田は主税局国税課長である。

静岡県の沼津は特急の止まる駅で、そこには宮中が使用している「保養館」という宿があった。喜一はまだ未婚の時であるし、そこに下宿をして役所へ通った。沼津税務署の対象地域は、今でいう熱海、富士宮、富士川までで、大昭和製紙がまだベンチャーだった頃のことである。また、沼津税務署の署員数は百人くらいいたのだが、その中から少しずつ徴兵されていくのを喜一は直に見ることになる。徴兵される者が決まると、日の丸の旗が回ってきて、喜一はそこに名前を書いたりした。

税務署長の業務内容を説明する。当時は現在のような申告納税制度ではなく、賦課的な納税制度だった。まず関連する監督局で、今年はどのくらいの比率で徴税するか、各署長を集めて会議を行う。前年との対比をして、そこで基準指数を決める。次に、それをどのようにどこに割り振っていくかを定めていく。はっきり言って、少々出鱈目なところがあったようだ。例えば、儲かってそうだから所得の三十%とか、来客が少ないみたいだから所得の五%、というようにざっくり決めていたのである。

熱海と伊東はどちらも沼津管轄になるので、この二つと沼津の温泉は組合単位で課税をしていた。熱海の旅館は百件ぐらいだ。それらの組合長や組合幹部と税についての交渉が行われる。

税務署側も事前調査を行ったうえで、彼らと何日かの折衝に臨む。それで、組合長が署長の机の前に来て、高いとか安いとかを言ってくる。すると、年寄の課長が喜一の横に来て座って聞いているのだが、大詰めの時になると、課長が机の下で組合長に見えないようにそろばんをはじく。

課長「このへんでどうでしょう。」

それは何桁ものそろばんの珠がはじかれていた。

喜一「まあ、そうだな。」

と、話が落着する。組合長が帰った後、照れ笑いをしながら、

喜一「今のはいくらだったんだい？」

と課長に聞いた。桁数も多かったのだが、喜一はそろばんの珠に慣れておらず適当な返事をしていたのだ。

最終的に、選挙で選ばれた所得調査委員が判を押して決定に至るのである。

少し厄介なのは湯河原で、管轄が小田原税務署と沼津税務署で分かれており、千歳川を挟んで、課税の違いによるいざこざがあることだった。そこにある源氏焼酎は大仁町（おおひとちょう）（現・伊豆の国市）で沼津側の対象だったようであるが、喜一の好みの酒だったのか、思い出となっているようである。

マルサの喜一

富士山の麓にある御殿場では酒の密造が行われていた。沼津税務署から御殿場へ査察に行くには、東海道本線で御殿場駅まで、そこから御殿場の町中へ行くには徒歩で小一里（四キロ弱）と、かなり離れている。背広を着た連中が御殿場駅を出ると、すぐに駅員が自宅に電話をする。駅員の家族は密造をしているので、難なく隠してしまう。喜一たちは何度か証拠を上げようとしたが失敗に終わっていた。

別の家で査察をした時の話だが、喜一も現場に入って周りを見渡し、「何もないか」と思っていたその時、煙草の木のようなものが庭に見えた。喜一は煙草の密植に気がついたのである。

喜一「やってるじゃないか。」

家人「ははあ、恐れ入りました。」

喜一が指摘をすると、密造酒用の金盥（かなだらい）などを次々と出してきた。実は煙草の方は見間違いだったのであるが、おかげで密造酒を摘発できてしまったということだった。

証拠品の密造酒を持ち帰って保管していると、ある日発酵して蓋が飛んでしまうということもあったようだ。

沼津でのルーティン

喜一は沼津にいる間、宿屋の離れで寝泊まりをしていた。通勤はバス二十分で十キロくらいだろうか。出勤時に小使いさん（＝用務員）が自転車でやってきて、喜一の弁当を持って行こうとする。

喜一「いいよ、俺が持っていくから。」

用務員「そういうわけにはいかん。」

今の人も同じと思うが、人に自分の弁当は預けたくないものである。

ほとんどの日は通勤しても何もすることはなかった。客の相手、上級監督局の相手、それから商工会議所会頭と税務署長と警察署長とで行事儀式などをするぐらいだった。

ちなみにこの頃は酒の特別配給があり、月二本迄とされていた。

そんな勤務でもあったので、喜一は普通の日には本を読んでいた。喜一の好きな宮沢賢治の『税務署長の冒険』があるが、これと自分の生活を重ね合わせていたかはわからない。この頃の喜一の傍らにはこんな本が置かれていた。

『Gone with the Wind』『風と共に去りぬ』マーガレット・ミッチェル

『Der modern Kapitalismus』『高度資本主義』ゾンバルト

日米学生会議の時に買ってきた本である。

芝税務署長

昭和十八（一九四三）年の八月、次に喜一は東京芝税務署長になる。当時の勤続パターンとして、いきなり本省に入ることは無かった。地方と都市部の税務署を回ってからようやく本省入りとなるのだ。戦時下でなければ、ニューヨークとロンドンへ財務書記として事務所手伝いに行くことになっていた。そうはいっても、このようにいきなり税務署長というのは喜一も疑問に感じていた。

喜一「いきなり何十人という人のリーダーになるわけだから、良い訓練にはなるのですが、いらっしゃるお客さんに対しては、無礼かもしれません。だから、ちゃんと心得ていないと一向に良いことになりません。」

ある時、喜一は席を離れて、お客さんの近くを通ると、

客「ちょっと、ちょっと、あんた何番？」

喜一「私は署長ですが……」

客「ああ、そう。」

ということがあった。喜一はこういった経験を無意味ではないと考える。順番待ちの具合や客層の良い観察となったのであろう。

芝税務署の対象地域は主に新橋である。ここは滞納が多かった。滞納者への税務対応に喜一は知らん顔して付いて行くことにしていた。

ある滞納者の家に行き、質として自転車を取り抑える。自転車を封印する場合、大体二通りある。ハンドルのところへ紙を巻くやり方であれば、封印とは言え自転車に乗り続けることができる。一方、車輪と泥除けの間を通して巻くやり方であれば、自転車に乗ると破けてしまうので、これで乗ってしまうと更なる違反となる。滞納者が自転車を使っている稼業であれば、前者の方法を取ったりと、それなりに考えて対応したとのことだった。

この頃の喜一の帰宅の様子。

喜一「配給のたくあんが来ました。」

庸子「包んでいる紙が出頭通知書なんですね。」

喜一「それしか無かったんだ。（笑）」

税務署周辺には病院と寺（青松寺）があった。寺裏の階段を上がると、「嵯峨野」という料理屋があり、この店は、迫水久常、美濃部洋次、東條英機なども密議で使用していたのだという。

ある日、前の晩からこの嵯峨野の親父と池田勇人は朝まで飲んでいた。そんなことを知らない喜一はいつもの通りに朝出勤をして新聞を読んでいた。フッと見るといつの間にか池田が座っている。びっくりした喜一は慌てて立ち上がり、池田の側へ駆け寄り、声をかける。

喜一「どうも、わざわざご視察にありがとうございました。署員を集めますから、なにか訓示をしてください。」

池田「わかった。」

朝九時になり皆を集め、無事訓示が終わる。「しっかりやるように」とか言って、本人もしっかりしていた。

喜一は「来る予定も無いのに、いったい突然何で来たのか」と疑問に思ったが、翌日、池田のところへ挨拶へ行く。

喜一「昨日はありがとうございました。」

池田「え、何だっけ?」

喜一「池田さんは昨日の朝来て、訓示してくれたんです。」

池田「すっかり忘れちゃった。」

ついでに言うと、この頃は空襲警報は一応鳴っていたが、前年の一九四二年四月十八日のドーリットル・中佐による空襲以降、東京では被害が無い状態だった。

そして、この年の十一月に喜一は庸子と結婚する。実はこの年の春には、相浦忠雄の妹の相浦正子と苦米地俊博も結婚している。戦時下でも愛は自由なのである。

相浦忠雄

満州とアメリカへ一緒に行った喜一の友人、相浦忠雄は海軍にいた。実は彼ほどの優秀な人物であれば、兵役ではなく将来の幹部要員として、事務方で大事にされるのが常であった。このため、彼は安全な内地ばかりへの配置がなされていた。また、心境の変化もあったのか、相浦は海軍に入った後にカトリックへ改宗している。深い思いがあったのだろう。

そして、安全圏にいることに業を煮やした相浦は「第一線熱烈志望」を出し、航空母艦「雲鷹」に乗り込むことになる。

昭和十九（一九四四）年九月十七日、雲鷹は被雷し沈没する。この時相浦は自分の救命胴衣を持っていない者に譲る。生存者約七六〇名、戦死者約九〇〇名。生存者のリストに相浦の名前は無かった。

喜一は何十年後も「本当に立派な人だった。十二歳のときから大学を出るまでほとんど毎日会ってた。どうにもならんほど違う人間だ。生きていても、多分、商工省をやめて、思想家か宗教家になり、ノーベル賞クラスの学者になっていたでしょうな。」と回顧する。

戦争保険

一年九ヶ月の税務署長勤務を終えると、昭和十九（一九四四）年十月、喜一は大蔵省本省に戻った。本省に戻ってすぐに言われたのが、

「戦争保険をやってもらう。」

ということだった。

最初の一、二ヶ月は空襲が無かったが、「今日はどこそこで空襲」、「明日はどこだろうか」、という話が飛び交うようになってきた。

記録によると、東京都は昭和十九（一九四四）年十一月二十四日から昭和二十（一九四五）年八月十五日まで、計一〇六回の空襲を受けている。特に昭和二十年三月十日、四月十三日、四月十五日、五月二十四日未明、五月二十五日から二十六日の五回は大規模だった。

この空襲の真っ只中で、喜一は大蔵省銀行保険局で戦争保険を扱う。被災支援をして、保険認定をする仕事だった。

火災保険契約には戦争保険が自動的に付帯されていた。実際に保険料は、

保険料　四円

保険金　一〇〇〇円

であり、補償額の上限は三千円までとされているから、保険料も三倍が上限になる。

掛け金　　　十二円

全焼補償額　三〇〇〇円

つまり、午後四時までに四円を納めて、その晩に空襲で焼失となっても一〇〇〇円、十二円を納めると、三〇〇〇円が支払われることになる。受付はどこの保険会社でも大蔵省でもよい。当時の三〇〇〇円は、三鷹や国立（くにたち）で家が買えるぐらいである。

初めのうちは、どこかで空襲被害があると、保険会社が調査に行き、「全焼」という証明を提出していた。それでようやく三〇〇〇円が下りる。

ところが、何丁目という一区域が丸々焼けてしまうので、いちいち調べていられなくなってきた。もはや半焼も半壊もないのである。そこで喜一は『官報』に全焼した被害区域を掲載することにした。これで調査時間が省かれるという簡易措置を講じたことになる。それで三〇〇〇円を持って地方へ向かう者もいた。東京内で働いている者は、家財一式保険というのもあり、下宿に泊って、それが被害に遭っても三〇〇〇円が下りた。融通を効かせたこの支払いは、いかばかりか人心の安定に役立ったと喜一は思っている。

銀行保険局に残った事務次官は、喜一だけになっていた。空襲が止まない中、昭和二十（一九四五）年五月、金融局は戦時金融統制における国内金融行政の一元化を目的に改組を行う。

召集令状

昭和二十（一九四五）年六月十三日、いよいよ喜一にも召集令状が来た。向かう先は山口だった。ところが、山口の連隊に行って入営のための検査を受けると「即日帰郷」で召集を解除されてしまう。あっと言う間の出来事だった。合否で言えば、徴兵検査の結果は丙種合格と言って、国民兵役に編入され、本土決戦に備えるはずだった。喜一は入営するものだと思っていたが、被害区域の官報掲載者と戦時保険の担い手が他にいなくなったため、本省としては問題になり、そのような措置がなされたのである。

喜一は翌朝すぐに戻ろうとするが、空襲は引っ切り無しで、汽車の運行も限られており、途中で長距離歩行もしてようやく東京に戻ることができた。

東京に戻って約二週間後、永福町の喜一の家も被害に遭った。

苫米地俊博は、喜一の見舞いに行った。喜一は焼けた家の前にいて、庭の芝生の土の中からウィスキーを掘り起こし、あぐらをかいて瓶を抱えて飲み始めたという。夜になったところで、吉祥寺にある相浦忠雄の家にお世話になることになった。相浦家というのは俊博の妻である正子の実家である。喜一は俊博に手伝ってもらい、一次避難先として家財道具一式を大八車で運ばせてもらった。

被害と疎開

喜一の家も七月には住む場所を熱海に移し、そこから通勤をしていた。朝五時頃発の汽車に乗り、夜九時に帰宅という毎日であった。戦争が終わるまでの間、汽車の不通は二日だけだった。鉄道はよく動いていたことがわかる。

汽車が不通になった日には喜一は小田原まで歩いた。トンネルは湾曲しているので、出口の明かりが見えない。両手を横に伸ばして歩いてみたが、線路沿いに歩けず溝に落ちてしまったりもした。

そんな折に、職場である大蔵省の屋上に高射砲隊が入ってきた。このため大蔵省職員は、部署ごとに分散疎開させられる。喜一が所属する銀行保険局は日本橋本石町（ほんごくちょう）の日銀庁舎にあったが、そこは狭かったので喜一自身は港区麻布市兵衛町（いちべえちょう）、霊南坂（れいなんざか）の上にある焼け残っていた個人宅を借りて事務をすることになった。ホテルオークラの向かい側だという。大臣室は別に日本銀行の中に置かれることになった。

執務中に空襲に遭い、隠れることもあった。防空壕には色々な人が集まってくる。ある職員が学習院の挺身隊の女性に一目惚れをし、その後そのまま結婚をしたという話があった。空襲下でも恋は自由なのである。

空襲も初めのうちは、被害者に対して丁重な同情の念があったが、この頃には被害者だらけであり、人が集まると「お前もか」「あいつもか」と言い合うようになっていた。

灯火管制の中、喜一はケインズを原書で、庸子は英文学をベッドの中に潜って読んでいた。

終戦

昭和二十（一九四五）年八月八日、喜一が通勤で新橋駅から文部省の近くまで歩いて来た時、空からビラが降ってきた。かなり多くのビラである。

「日本国民に告ぐ!! 〝即刻都市より退避せよ〟……廣島に唯一箇だけ投下された際如何なる状態を惹起したかはそれを見れば判るはずである。……」

広島に原爆が落とされた後、B29が東京に「トルーマン大統領のメッセージ」というビラをばら撒いたのだ。メッセージには〝唯一箇〟とあるので、長崎に落とす前ということがわかる。喜一は、それを拾って出勤した。

昼に、喜一は外務省情報部へ行って話を聞いた。

「もう、負けだろう。」

外務省の人間は、敗戦になるという噂話をしてまわっていたのである。

その日は大詔奉戴日だった。太平洋戦争開始以来、毎月八日は中庭などに集まって、宮城（皇居）の方向へ向かってお辞儀をする。職場や家の中には「宮中の方向」と貼っている部屋もあったようだ。そして、応召して帰ってきた偉い軍人が右手を上げる。そんな儀礼もこれで最後になる感じがした。ビラの配布は意図してこの日を選んだのであろうか。

昭和二十（一九四五）年八月十五日（水）、「玉音放送があるから集まれ」と、お達しがあった。喜一も含め、事務官以上の幹部が銀行保険局のあった日銀に集められ、終戦の詔勅を聞いた。日本銀行はひんやりとして薄暗く、人数が多くなく、女子行員は行儀が良かった。喜一は「日本の最後のお行儀みたいなところだな。」と思ったそうだ。

終戦が決まったことで、喜一には率直な感想があった。

「今日から電気が自由に使えるんだな。」

この晩喜一は熱海へ帰る。

うなだれている者もいれば、喜一のようにホッとした者、中には喜んだ者までいた。兎にも角にもこの地獄から抜け出せたのだ。

喜一はしばらくの間、戦時から戦後にかけてのことについては、インタビューを受けた時に「あまり覚えていない」と答えている。忘れるわけがないので、答えたくなかったのだろう。戦時中のことについて口を開くのは、年配になってからと思われる。

喜一「今思うと連合国は日本が原爆で終戦を決意したと考えてたと思うんですが、戦争を終結したもっと大きな原因は原爆ではなく天皇だったと思う。天皇が〝やめろ〟とおっしゃったから戦争は終わったのです。天皇はそれだけの権威を持っておられた。もちろんそこにいくまでの過程で原爆投下ということがあり、それが終戦を決意する原因になったことも確かだけれど、一番大きな要因は、天皇のお言葉と権威だったと思

います ね。」

チャーチルのメモを紹介しておく。

「日本陸軍が天下を取れば戦争を起こすかもしれない。海軍が天下を取ったらその心配はない。陸軍は世界を知らず、海軍は世界を見ているからだ。」

小川平五は台湾で終戦を迎えていた。

家庭のエネルギー問題

家庭用電熱器は、喜一の生まれる直前に販売が開始されていた。

喜一と庸子は、どうしても風呂に入りたかったのだが、アメリカのように「H」の蛇口からホットウォーターが出てくるわけではない。日本で瞬時にお湯が出るようになるのはまだ先の話である。喜一は風呂に水を貯めて電熱器（多分調理用）を入れてみた。するとうまくお湯に変わった。六〇〇～七〇〇ワットである。

しかし、問題も出てきた。

庸子「大変！　電気計の針がこんなに！」

喜一「任せなさい。」

電力使用量がいつもより大きく振れていた。そこで喜一が取り出したるは磁石であった。電気計はガラス越しに針があるのだが、これを磁石で吸い寄せると、あら不思議。表示盤の針を戻すことに成功したのである。

喜一「なかなかサイエンティフィックでしょ。」

現代では、安全に水に付けて沸かすことのできる投込み式電熱器が販売されている。また、電気メーターの改竄(かいざん)は、偽計業務妨害になるので注意が必要である。決して真似をしてはいけない。

占領開始

玉音放送から二日後、東久邇宮(ひがしくにのみや)内閣が発足した。終戦翌日に鈴木貫太郎内閣は総辞職し、この混乱を乗り越えるべく皇族出身の首相が選ばれたのだ。

喜一は津島壽一・大蔵大臣の秘書官事務取扱を務めるが、そこにはもう一人、大平正芳という男がいた。池田勇人・東京財務局長は、汚れ切った省内の掃除をするべく「清掃臨時査察主任」になっていた。

占領を受ける日本政府として真っ先に懸念していたのは治安であった。このため、昭和二十（一九四五）年八月二十七日、特殊慰安施設協会（ＲＡＡ、Recreation and Amusement Association）を設けて、急ぎ大森海岸に「小町園」を開業させた。

鎌倉辺りは戦災に遭っていないので、そこへの移住を考えた人達がいたが、「海から米兵が来て逆に危ないから避けた方がいい」という話もあった。女性達をなんとかして守りたいという一心のことだったが、現代風に考えれば、そこで働く方々も女性なのであるのだが……。

こういった予算が必要なので、大蔵省にも話が来ていたが、ＲＡＡは八ヶ月後に廃止される。アメリカ軍の軍紀が比較的厳正であったためだ。しかし残念なことに、軍紀違反者は出ていたようである。

昭和二十（一九四五）年八月三十日、マッカーサー・元帥が厚木に降り立つ。大蔵省は、占領軍が軍票（占領用の貨幣）を出すかどうかを心配していた。軍票を出すことになると、日本の大蔵省に貨幣主権が無くなるからである。

早速、小児麻痺で杖をついた橋本龍伍（りょうご）・大臣官房戦時施設課長が軍票の確認にマッカーサーを訪問した。夕方になって、橋本龍伍から「大臣、負けました。」という報告を受け、皆がっかりするということがあった。しかし、時間が経過していくうちに軍票は出さないということになったのである。早速の陳情に対して、取り敢えずマッカーサーは全て突っぱねたのだろう。この橋本龍伍の長男は後に総理大臣になり、次男は高知県知事になる。

昭和二十（一九四五）年九月二日、重光葵（まもる）・外務大臣がミズーリ号で休戦協定の調印を行う。そして、第一生命ビルにマッカーサーが入り、各省別の占領体制ができた。大蔵大臣官邸などは焼失していたが、焼け残っているビルは意外に多くあり、第一ホテルも完全に残っていた。それら有楽町一帯の建物は占領軍に取られ、個人宅も一部接収された。

占領者の住居や職場も落ち着いてくると、占領行政によって各省各部署の現行調査が始まった。

喜一はどんな命令が来るかわからないということで大臣の側にいることになり、役所の業務文書が大臣のところに上がってくるので、それに目を通していた。しかし、大臣がマッカーサーに呼ばれることは無く、吉田茂が全ての窓口になっていたようだった。

喜一は大平とは分け隔てなく仕事をこなしていた。津島・大蔵大臣は満鉄に仮住まいしており、昼間の会議はそこに幹部が集まる。その近くの芝の上には、芝浦の方を見渡せる場所があり、そこへ喜一と大平は休憩しに行った。

大平「日本は何も無くなっちゃったけど、何かをカタにして金を借りるとしたら、日本の鉄道がちゃんと動いているから、それはどうだろう。」

喜一「熱海から東京に通いましたが、鉄道はよく健闘していましたね。鉄道を質に出すのもいいかもしれません。」

「桂・ハリマン協定」と言って、明治時代に桂太郎が南満州鉄道をアメリカの鉄道王エドワード・ヘンリー・ハリマンと共同所有しようとした協定があった。後に破棄されるわけだが、大平と喜一はその話を思い出しての会話だった。

津島壽一のエピソードがある。津島は、やって来る局長ら全員を片っ端から叱っていた。喜一はまだ小物だし叱られないと思っていたところ、

津島「お前は窓のブラインドの閉め方が悪い。こんなところで会議をしているのをよそから見られるじゃないか。」

と、明け方まで叱られたという。

別のとある日、津島が帰る際に目黒の家まで送ることになった。家に着くと、

津島「書を書く。」

喜一「かしこまりました。」

と、喜一は書の用意をした。何かの紙の裏書で左から右に「火の用心」と書いた。達筆であったという。津島は浄瑠璃の新内節（しんないぶし）の新曲を創ったりする多才な人であった。

昭和二十（一九四五）年九月十一日、いよいよ駐留軍の先遣隊から命令が下ると、津島・大蔵大臣は喜一を側で通訳させた。

GHQ「この建物から四十八時間以内に退去せよ。」

喜一が訳すと、津島はそれを聞いて、

津島「嫌ですと言え。」

喜一「大臣、嫌ですと言ったって、戦争に負けたのだから、そうもいかないでしょう。」

そんな指令があったので、池田を先頭に書類や備品を四階と五階の窓から紐で吊り下ろすという作業をした。

さて、池田はあることが気がかりだった。塩の存在である。当時の塩の専売局は大蔵省の管轄下にあり、そこには塩が資産として大量にあった。しかし、終戦間際には非常に逼迫していたので、森永貞一郎・専売局塩脳部第一課長は山形で塩の増産計画をしていたのだ。だから、この塩を占領軍には渡したくはない。そこで、池田達は深夜に監視の目をくぐり、こっそり運び出した。

大蔵省は戦時下の時と同じように再び分散配置することになり、大臣室は内幸町の勧業銀行に移された。

マッカーサー「日本を東洋のスイスにする。」

米ソ関係の悪化がまだ見えていない時、日本は軍備の無い中立国にするという目標が掲げられた。そして、アジアの民主主義国家として蔣介石の中国が考えられていた。

財閥解体と財産税

東久邇宮(ひがしくにのみや)内閣は「GHQの指令にあった自由方針に従えば、日本は共産主義になる」として反発し、昭和二十(一九四五)年十月九日、二ヶ月足らずで総辞職した。これにより、幣原内閣が発足することになる。幣原内閣での大蔵大臣は日銀総裁の渋沢敬三が担うことになった。彼は渋沢栄一の孫で、喜一はお供をすることになる。渋沢は日銀で挨拶をした。

「自分はこんなことをやるとも思わなくて、〝とにかく渋沢というのは人は好いが仕事はあまりできない〟みたいなことを世間で言われるが、人が悪いよりはまあいいでしょう。」

渋沢は三田に家を持っており、戦災を受けないような強固な建物であった。彼は変わった経歴があり、戦時中には庭で芋を栽培しているし、日本の民衆について探る「常民文化」の研究もしていた。お座敷では森繁久彌の「船頭小唄」を歌うのが好きだったようだ。

大内兵衛(おおうちひょうえ)・経済学者が彼を応援していて、十月十七日のラジオで彼は渋沢に向かって「政府の戦時債務打ちきりのため蛮勇を振るえ」と発信した。

戦時補償の打ち切りと財産税、そして財閥解体の話が同時進行で始まる。池田や前尾らは財産税創設の対応に追われることになる。

これらの財政政策に岩崎小弥太（岩崎弥太郎の甥）は反対していた。財閥解体の話もあるし、財産税も設けるということなのだから、彼にとっては大変痛手である。渋沢敬三は彼を説得するため、丸の内通りの岩崎邸へ出向くのだが、これに喜一も同行した。岩崎は良い返事をしない。

岩崎弥太郎と渋沢栄一の仲はどうであったにしろ、彼らは木内重四郎（じゅうしろう）・元貴族院議員を通して親類関係になっていた。渋沢敬三の妻の登喜子は木内の次女であり、木内の妻磯路（イソジ）は岩崎弥太郎の次女であった。ちなみに、木内の次男、信胤（のぶたね）は大蔵省参事官・終戦連絡部長である。だから、渋沢敬三は親類としても、なんとかならないものかと苦心していた。

外国人記者に問われた渋沢は、

「これから海外にいた人達が帰ってくるので、色々勘定をすると日本人は一千万人ぐらい餓死しないと大体のバランスが取れない。」

と発言する。

そんな中で、芦田均・厚生大臣からの激励も受け、渋沢は自ら自分の家の建物をほぼ全て国へ物納する。渋沢は、それまで執事の小屋であった家に入ることに決めたのだ。財産税を創設する自分の責務と考えたのであろう。この三田の邸宅は、その後しばらくは役人の会議の場所として使われたが、後日談として、そこの執事として働いていた杉本行雄が、青森県三沢市にある古牧温泉で事業に成功すると、三田の邸宅を購入し、その家の三沢への移築を成し遂げている。

結局、岩崎の反発も虚しく、十月三十日、財産増加税創設案要綱がまとめられる。GHQ（総司令部）の方針とはいえ、渋沢の大蔵大臣としての法案で、自らの財産を手放したことは功績として称えられた。そして、十二月二日、岩崎小弥太は落胆の末、この世を去るのである。

War does not pay

戦争は割に合わない。この言葉の精神を日本人へ徹底的に叩き込むというのがGHQの方針になっていた。昭和二十(一九四五)年十一月十六日、司令部より「戦時利得の除去及び国家財政の再編成に関する覚書」が日本政府に手交され、十一月二十六日にこの財政改革が命令される。これにより、戦時補償の打ち切りと財産税の話が進み始める。

役所では司令部とのやり取りが一つの重要な仕事になっていた。まずは占領軍から英語で書かれた命令書を渡されるので、それを和訳して返事をしたりする。その後は、全てをGHQと相談しないと事は動かない。喜一は毎日こういう仕事をしていた。英語経験者が他にいなかったのである。

喜一が直接対応しなければならなくなった仕事もある。

指令「財産税の法律を十二月三十日までに占領軍に提出せよ。これに違反した者は刑罰に処す。」

刑罰というのは、沖縄で強制労働をさせられることだと噂されていた。喜一は出来上がっている税法案について英訳をせざるを得ず、妻の庸子とも相談する。

喜一「税法なんて英語で書いたことなどないし、外国の文書を読んだこともない。参考にするものもない。とはいえ盲蛇に怖じずやるしかないわけですが。」

庸子「タイプライターは無いのですか。紙もないし、リボンテープも無いですよ。」

喜一「さて、どうしたものか……」

そこらを見渡したところで、敵性言語であった英文タイプライターは無かった。そこで、戦時下の敵性言語であろうと税関であれば必要としていたはずなので、税関の倉庫を探したところ、「アンダーウッド」という大きく古いものを見つけることができた。用紙は外務省から分けてもらい、喜一が英訳を書き起こし、庸子がタイプライターを打ち始めた。税法の英訳ということを自己流で対応したのである。

こういった司令部との会話や文書のやり取りに迫られたことが、喜一の英語力を間違いないものとして鍛えていくことになる。

新円と戦時補償の打ち切り

職場を奪られてしまった大蔵省は四谷第三小学校を徴用することになった。昭和二十一（一九四六）年二月、彼らは小学校に引っ越してきて業務を始めることになる。

そして、引っ越して間もなく、インフレ対策として新円と旧円の切り換えが行われる。この対応について説明をすると、まずは日銀券の効力を失効させ、強制預金をさせる。債務支払の一時停止というモラトリアムを行い、支払いは一定の金額内で新円を使う。紙幣の供給が間に合わないので、証紙を貼って新円しか扱わないようにしていく、という処置を取った。全ての預金は封鎖されたが、生活資金と事業資金の引き出しは許可されていた。

四月になり、連合国から戦時補償債務支払の打ち切りが要求されると、幣原内閣が終わりを告げる。そして、五月二十二日、吉田内閣が発足し、大蔵大臣には石橋湛山が就任した。喜一は主税局にいながら、終戦連絡部も兼務する。占領軍の窓口に対して通訳のできる窓口担当として選ばれたというわけだ。終戦連絡部長には渡辺武がいた。彼は三年後、池田と喜一と共に財務官としてドッジとの対応に当たる。喜一のGHQ通いが始まった。

喜一には次々と仕事が舞い込んできて、余裕が全くない。「占領軍の命令に違反したら沖縄で重労働させられる」と脅されるし、一官僚として日本の今後の青写真を考えるなんていうことは全く無かった。喜一は後にこの頃の占領軍についての感想を述べている。

喜一「最初はおそらく戦闘経験者ばかりだから、いい人間が多かった。一年も経たない内に家に来たり、遊びに行ったり、ラジオと着物を交換したりした。しかし、段々人が多くなり組織が複雑になってゆくにつれて、日本に対するやり方も複雑になってきた。パーキンソンの法則が思い出される。」

【パーキンソンの法則】
・第一法則　仕事の量は、完成のために与えられた時間をすべて満たすまで膨張する。
・第二法則　支出の額は、収入の額に達するまで膨張する。

ある日、喜一は信濃町にある池田の家に呼ばれて行くと、コップ一杯の酒とコンサイス辞典を渡された。

池田「ここに占領軍の指令があるから、これを一つ翻訳してくれ。」

喜一が翻訳すると、それは補償打ち切りの話であった。

この戦時補償打ち切りに対して果敢に反対したのが、石橋湛山・蔵相である。彼は予算委員会でも反対を表明する。喜一がマーカット・少将のところへ湛山のお供をして行くと、

湛山「断然払うものは払うんだ。あなたの言っていることはなってない。」

と、GHQに対して引くということは全く無いのである。喜一は、彼が敗戦国の蔵相とは思えず、あまりに正々堂々としていたので、湛山の通訳をする際には戸惑ったりしたが、同時に感銘を受けていた。湛山はこの後公職追放を受けることになるのだが、不思議なことに彼の思想と公職追放の方針は一致していない。彼は戦争反対の姿勢を取り続けていた一人であったのだ。ニューディーラーである占領軍は湛山をインフレーショニストと見ており、これを危険視したようだった。

戦時補償打ち切りというのは、非常に複雑な問題も抱えていた。何が債権で何が債務か、品物を受け取っているのかいないのか、ということをよく分別していく必要があったのだ。企業も銀行もこの対処として、仕事に差し支えない部分は新勘定で計上し、差し支える部分は旧勘定で経理を行うという策を講じて乗り切っていく。

だが、銀行側に辻褄が合わないところも出てきた。このために国は数十億円を支払っている。そういった問題がありつつも、旧勘定は次第に小さくなっていくし、新勘定ではインフレが進行していき、そのままこの問題は済んでしまう。

三井や三菱といった財閥も解体が進み、これが拍車となり資本金十九万五千円の会社が乱立する。これはどういうことかというと、会社経理統制令という法律で、資本金二十万円以上の会社は政府の許可が必要となっていたのだ（一九四六〜四七年）。これを逃れるために資本金操作をする起業者が現れたということだ。

この後、ヘチマや竹細工に取り組む企業もあったが、朝鮮特需によって好景気に沸く。この特需がなければ、三菱重工はゼロ戦の残った資材で、家庭パン焼き器を作って終わった可能性があるということだった。

昭和二十一（一九四六）年八月八日、日本は戦時補償の打ち切りを受け入れる。陸海軍が莫大な債務を背負っていて、民間企業は債権を期待していた。しかし、戦争体制を全壊させるためには、これを全部チャラにしてしまうしかない。そこで、ただ債権を打ち切るということはせずに、支払いは行われるが、その分の一〇〇％を課税するという方法を取った。結果はただの債権打ち切りと変わりはないのだが、民主主義の面目上、このような政策にしたというわけだ。「戦時利得の排除に関する指令」である。

影響が大きかったのは、造船会社や船の運用会社などの船舶関係企業だろう。陸海軍のために造った船の代金の支払いも無くなり、チャーター船を出したことへの支払いも無くなった。商船は打撃を喰らった。それから、飛行機産業の方では、川西航空機や中島飛行機が消えていった。

これと同時期に、新円切り換えの関係で封鎖預金の改正がなされた。預金額が三千円以下であれば第一封鎖、それより上の金額であれば第二封鎖とされた。第一封鎖は、引き出し額を制限されつつも使用できていたが、第二封鎖は事実上の凍結であった。しかし、封鎖とはいえ、株が買えたり、資産が買えたりと、全く何もできないわけではなかったという。

こういった経済も財政も行く先が見えぬ頃、喜一は暗闇でＧＩに脅されるということがあった。腕時計を狙った追い剝ぎだと思ったので、つべこべ言っている間に、喜一は時計を見えないように捨てて逃げた。しばらくして、その場所に戻ってきたら、時計は無事だった。強盗をうまく躱（かわ）したのである。

そしてこの年、裕は公職追放を受ける。大政翼賛会に協力していたためとされている。

石橋湛山

明治十七（一八八四）年九月二十五日、日蓮宗の寺に生まれた石橋省三（せいぞう）は山梨で育つ。中学では二回落第をして、中学卒業の頃に湛山（たんざん）と改名をする。第一高等学校を受験するが不合格となり、早稲田大学高等予科に入学する。早稲田大学卒業後は毎日新聞社に入社し、それから兵役に付いた後に東洋経済新報社に入社する。この時は、明治から大正へと時代が代わる頃であった。

先駆けた言論と行動や、先見の明は凄まじく、群を抜いている。民主主義、社会への女性参加推進、第二次大戦の予想、それと最も有名な主張の一つは、「台湾・朝鮮・満州、それから樺太やシベリアも棄てよ」、というものである。当時の経済学者は全員、「台湾・朝鮮・満州を領土にしなければ、日本経済はやっていけない、持たない」、という判断をしていた。当時としてはそれが常識だった。ただ一人、湛山だけは「日本四島」（北海道から沖縄まで）だけでやっていけるのだと言う。また、それらの国への理解を示し、歴史的な禍根や倫理面からも論じ、その放棄を訴えたのである。大正十年のことだった。

論文の数は二千近くと圧倒的な数で、日本の敗戦もその後の日本経済状況も湛山の言う通りになっていく。戦後に入り、吉田茂は選挙に落選をしたこの男を大蔵大臣に起用する。ＧＨＱとやり合う胆力や行動力も時代背景を見れば考えられないことをする人物であった。

経済学者の中山伊知郎は、昭和四十七年になって『石橋湛山全集』を出す時に、「四つの島での生き方を徹底的に考えていた石橋さんには歯が立たなかった。議論ですでに負けたし、その後の事実の進行では、一層はっきり負けた。」と、述べている。

喜一は後のインタビューで「尊敬する政治家は？」という問に対してこう答えている。

「一人は石橋湛山。東洋経済の小日本主義について読み、心服している。」

喜一の演説、二・一ゼネスト

昭和二十一（一九四六）年一月、マッカーサーは講和を早くした方が良いと言い出す。

「占領というのは、まず第一に軍閥体制を潰すために行われた。第二にその他の制度の民主化を図るために行なわれた。第三は経済の再建ということだと思う。第一の話は済んだし、第二の話もかなり緒に就いている。しかし第三の経済の再建というのは、とめどもなく長くかかる話である。それが済むまで講和を待つなんていうことはあり得ない。そうだとしたら長居は無用だ。」

この発言には皆驚いていた。

日本にも共産革命運動の波がやって来る。戦時中には目立たなかったアカが、脚光を浴び始めていた。この頃の大蔵省は、夜は暖房もない四谷の小学校の教室で遅くまで仕事をしていた。仕事が終わると、戦後に流行った密造酒であるカストリ焼酎を飲みながら、「インターナショナル」を歌って帰路に着く。「インターナショナル（L'Internationale）」はフランスのパリ・コミューン（革命政権、一八七一年）の直後に誕生した詩である。一八八八年に革命歌として曲が付いた。ソ連の国歌にもなるのだが、日本国内でもそちら側になびいた人達に歌われていた。当時の日本は占領下にあり、世界の情報が手に入りにくい状態であったので、ソ連という国がどういうものか理解し難かったのである。

昭和二十二（一九四七）年二月一日、ゼネラル・ストライキの前日はまさに革命前夜のようであった。この労働運動は共産化の傾向があり、GHQも政府も警戒心を高めていた。大蔵省でも四谷第三小学校の校庭に集まり、自分達もストに入るべきか否かの大議論が始まる。大蔵省の役人にも参加推進派がいて、声高らかに演説をしていた。これを聞いて喜一は黙っていられなかった。

喜一「冗談じゃない。ソ連の陰謀にひっかかってどうするんだ！」

常に海外情報を得ていた喜一にとって、こんな間違いは許されなかった。一世一代の本気演説だったと本人は語る。

アメリカの歴史を見れば、労働運動というものは労働条件の改善に繋がり、受け入れなければならない社会運動の一つという認識がある。しかし、ヨーロッパを始め、日本における労働運動は打倒資本主義という共産主義の色が見え隠れしていた。アメリカの労働組合の概念を大事にしているマッカーサーとしては、この件の対処に当初は乗り気でなかったが、このゼネストはマッカーサーの指令によって中止に終わるのだった。

ところで、喜一はGHQ内の派閥を次のように見ている。

コンプトン・パケナム（Compton Pakenham）・ニューズウィーク東京支局長の指摘では、GHQに共産主義者がいる。それで、今回のストを使嗾（しそう）したのが、コーエンとハドレーかもしれないという。

［右よりの考え］

ダグラス・マッカーサー（Douglas MacArthur）ＧＨＱ最高司令官
チャールズ・アンドリュー・ウィロビー（Charles Andrew Willoughby）ＧＨＱ参謀第二部（Ｇ２）部長
［左よりの考え］
シャーウッド・ファイン（Sherwood Fine）ＧＨＱ経済科学局金融担当官
セオドア・コーエン（Theodore Cohen）ＧＨＱ経済科学局労働課長
エレノア・Ｍ・ハドレー（Elenor M. Hadley）ＧＨＱ財閥解体の主動者
チャールズ・ルイス・ケーディス（Charles Louis Kades）ＧＨＱ民政局次長
コートニー・ホイットニー（Courtney Whitney）ＧＨＱ民政局局長

さて、大蔵省の人事に目を向けると、昭和二十二（一九四七）年二月、池田勇人は石橋湛山・大蔵大臣の指名で主税局長から次官に大抜擢されている。湛山と池田は毎晩飲み明かしていたとのこと。しかし、ＧＨＱに目を付けられていた湛山はこの三ヶ月後の五月に公職追放されてしまう。

占領下の財政経済

昭和二十二（一九四七）年五月二十四日、片山哲内閣が始まると、大蔵大臣には来栖赳夫（くるすたけお）が就任した。前尾繁三郎は大蔵省主税局長である。ＧＨＱも政府も税収に焦り始めた頃で、マーカット・少将が前尾を急かした。

マーカット「各都道府県の軍政部に命じてジープで税を集めさせるので、各地の割当をしろ。」

前尾「冗談ではない。税なんていうのは割り当てるものではない。」

前尾の言い分は正論かもしれないが、あからさまにGHQに逆らっていた。そこで来栖・大蔵大臣はGHQに呼び出されると、あれもこれも言う通りにしてしまったのだ。前尾は左遷されてしまうが、彼はここで政治家への道を決心する。喜一はGHQに前尾の処遇をなんとかならないのかとお願いしてみていたが、すでにどうしようもなく、前尾に詫びたりした。前尾は気にする様子もなく局長室で好きな読書三昧の生活を送り始める。

この件について、喜一は後にこう述べている。

「一年後の北村徳太郎・大蔵大臣になると、（来栖のような）そんないい加減なところはなくて、ちゃんとしたところを見ていました。」

さて、アメリカ本国では、七月にジョージ・ケナン・アメリカ国務省政策企画室長という人物が、季刊誌『フォーリン・アフェアーズ』にソ連封じ込め政策を発表している。この時にケナンは「日本を占領下に置いたまま強化して、独立させない方が良い」、という主張をする。これに対して、マッカーサーは、「占領は長くできるものではない」という持論があり、早期講和をして、日本を独立させたい考えであった。現在の日米関係を左右する初期の議論である。

昭和二十二（一九四七）年九月、戦時補償打ち切りで打撃を受けた造船会社の窮状を救うため、計画造船が行われた。これにより、船舶企業の多くは持ち直していく。戦後最大の輸出をする最初のケースは呉市のタンカーであろうか。喜一は日本の造船による再建を次のように捉えている。

「日本が戦後、国際経済に入れない時、戦勝国が一番困ったのは造船だった。日本だけが造船能力を持っていて、アメリカは大したことはなく、ヨーロッパにかなり造船力が残っていた。造船量の協定をしようとすると、そこに日本を入れないと話が進まなかった。日本は造船能力を持っているために、わりと早く国際社会に入っていけた。鉄もありましたし。

戦後復興を考えると、鉄鉱石と石炭は輸入の必要があったから、製鉄所を海岸に造るしかなかった。これが内陸にあると物流コストがかかってしまうので、逆に資源が無いことで得をするということがあった。ドイツでは、内部に石炭と鉄鉱石があったが、輸送コストがかかってしまうということが起きていた。」

占領下の政治スキャンダル

占領行政も次の段階に向けて、昭和二十三（一九四八）年三月、ウィリアム・H・ドレーパー・陸軍次官やジョージ・F・ケナン・国務省政策企画室長が来日する。エロア資金（工業原料・機械類の提供）による戦略的経済復興援助に当たり、ドレーパーが機動力となり、対日政策は日本を懲らしめるという膺懲（ようちょう）政策から日本強化政策に変わっていく。

しかし、占領行政も一応は落ち着きを見せていたという安心感があり、占領側も日本側も気が緩んだのだろうか。六月、昭和電工事件が発覚する。昭和電工が復興金融公庫から融資を得るために起こした贈収賄事件である。政治家では栗栖・元大蔵大臣が有罪となる。GHQではケーディス・民政局次長の名前が挙がった。

ケーディスのスキャンダルはこれだけではない。鳥尾敬光（のりみつ）・子爵の夫人である鳥尾鶴代（つるよ）との不倫関係が取りざたされた。日本に対してだけでなく、ＧＨＱ内でも裏の権力を振るっていたケーディスは、失脚し帰国をする。

さて、昭和電工事件の裁判には谷村裕（ひろし）・大蔵次官も呼ばれる。彼の妻の恭子は小川平吉の孫で、喜一とは親類である。その谷村の家にも昭和電工から高価な醤油が賄賂として届くのであるが、それを送り返していたという証言をすると、「役人の鑑」として裁判長に褒められるということがあった。谷村は病み上がりであり、証人出廷した時に裁判長は火鉢を出してくれたという。

日本の政権争いにおいては、十月、山崎首班工作事件という派閥内の揉め事が起きる。吉田茂を引きずり下ろし、山崎猛を擁立しようとしたのである。この工作は失敗して吉田内閣継続が決定する。

そして、十月十五日、第二次吉田内閣が始まり、大蔵大臣には泉山三六（さんろく）が就く。この泉山・大蔵大臣は、十二月十三日の衆議院予算委員会で、泥酔して出席した上、民主党の山下春江に抱き着き接吻を試みるということをしでかす。山下に抵抗された挙句に噛みつかれてしまうという、とんでもないセクハラ事件が発生したのである。

喜一「どうして泉山とかいう人がなるんだろう。」

省内の誰か「池田成彬（しげあき）（元日銀総裁・元大蔵大臣）の部下か何かだそうだ。」

喜一「へえ。」

この事件以降、酒気帯び登院は厳禁となる。泉山は議員辞職する。この泉山の秘書官事務取扱をしていたのが吉国二郎（よしくにじろう）という者であったが、彼は後に横浜銀行の会長となる。

次に臨時代理として大蔵大臣の任に就いたのは大屋晋三だった。妻は後にテレビを沸かせることになる大屋政子である。大屋晋三は国会で木造船の話をしている時に、「これをスクラップアンドビルドでいきます」と言って大ウケしたというエピソードがある。

昭和二十三（一九四八）年十二月十八日、ＧＨＱは「経済安定九原則」を示す。

(1) 総予算の均衡
(2) 徴税強化促進
(3) 信用拡張制限
(4) 賃金安定
(5) 物価統制強化
(6) 貿易統制改善と外為統制強化
(7) 資材割当改善による輸出増加策の実施
(8) 重要国産原料と工業製品の増加促進
(9) 食料集荷の促進

『小説　吉田学校』の裏側

この年、近衛文麿の旧宅である荻窪（おぎくぼ）の荻外荘（てきがいそう）には人が集まっていた。佐藤栄作や池田勇人などといった人物である。彼らは吉田に「ひとつやれよ（ちょっと政治家でもやってみろ）」と言われていた。後の『小説　吉田学校』の舞台と組織である。

池田と吉田の最初の出会いは、佐藤栄作の紹介だった。この時も含めて池田は吉田と二度会っているが、その時点では特に吉田は池田のことを気に留めてはいなかったという。確かに池田の回顧を辿っても、吉田に「会った」というより、吉田を「見た」という感想であったらしい。

それから月日が経ち、吉田は宮島清次郎（せいじろう）・元日清紡会長に財政面で良い人物がいないかを相談していた。その宮島は桜田武・日清紡社長に相談する。そうして、桜田が池田を紹介するということになったのである。

宮島「池田というのがいる。」

吉田「お前がいいというのならその池田でいいだろう。」

池田としては、吉田からの誘いだけではなく、以前左遷されてしまった前尾繁三郎と政治家への道を約束していたということもあった。そんな経緯で、池田は広島二区から出馬することになる。前尾も京都二区から出馬した。池田は、自分で飲み明かした空の酒瓶を売り、それで選挙資金ができたという。

そして、年明けの昭和二十四（一九四九）年一月二十三日、第二十四回衆議院議員総選挙は実施された。吉田自由党は総選挙で次のような公約を掲げる。所得税減税、取引高税廃止、公共事業一〇〇〇億円、復興金融公庫からの出資、である。

池田も前尾も当選することができた。

ジョゼフ・ドッジ

一八九〇年十一月十八日、アメリカのミシガン州デトロイトで、ポスターアーティストの子として生まれ育ったジョゼフ・ドッジは、デトロイト中央高校を卒業した後、保険会社で働く。事務作業というよりは、メッセンジャーボーイと言って雑用である。しかし、独学で簿記係の仕事を得て、二十歳で州立銀行の審査官にまでなる。その後はデトロイト銀行の執行役員、次に自動車ブランド「ダッジ」の販売代理店経営を務めるが、その時に一九三二（昭和七）年の世界恐慌で辞任する。その直後にはデトロイト国立銀行の設立に助力し、頭取になる。戦時中は陸軍内の軍需、価格調整、戦争契約の任を果たしていたが、戦後になると、ドイツ、オーストリア、日本を渡り歩くことになる。

雑誌『タイムズ』では、ドッジの性格は「頑固」とのこと。ボクシング経験者でもある。

自由主義とニューディーラー

戦後から一、二年経過した頃の日本では、食糧難で都会の者が農村部に行き、自分の着ている衣服一枚と食糧を交換する、という状態であった。再び食糧に困ったらまた一枚交換しに行く。また無くなったら、……と繰り返す現象があちこちで起きていた。皮を一枚一枚剝ぐことから「タケノコ生活」と呼ばれた社会現象である。

この頃の喜一の主な食糧は芋だった。大変だったようだが、喜んで食べていたという。

昭和二十四（一九四九）年二月一日、ロイヤル・陸軍長官一行が来日する。同行して来た者の中に、ジョゼフ・ドッジ・連合軍最高司令官財政顧問の名前があった。彼はデトロイト国立銀行の頭取でもある。

話の便宜上のため、経済に対する思想派閥を簡単に説明しておきたい。

【自由主義経済派】

ジョゼフ・ドッジ、池田勇人、喜一

【ニューディーラー派（社会民主主義的経済）】

ウィリアム・マーカット・経済科学局長、一万田・日銀総裁、シャーウッド・ファイン・経済顧問

「自由主義経済」とは政府があまり経済に介入をしない方針であるのに対して、「社会民主主義経済」は、経済にそこそこの介入をする。さらにかつての中国やソ連のような完全な「社会主義経済」となると、徹底的に経済へ介入する、といったところだろうか。

だからドッジが来る前まで、池田と喜一はGHQのニューディール方針にうんざりしていたところだった。吉田茂とマッカーサーは、悪く言えば放置の丸投げ状態で、良く言えばドッジと池田を大変信頼していた。マッカーサーとドッジは同じ共和党である。

池田と喜一はドッジがデトロイト銀行の叩き上げの人だと認識済みであったので、ドッジという人はなんとかしてくれる、ドッジはこっちの味方になると理解しており、池田にしてみれば、ドッジの考え方そのものを評価していた。

それまでの池田を始めとした大蔵省財政当局はニューディーラーにいじめられているという感じだった。財政当局というのは財政の緊縮を主張したい本能を持っていて、支出を減らしたい、金を出したくないので

ある。感情的にも鬱憤を晴らしたいため、ドッジに共感しやすかったのだ。

そこで喜一らは一計を案じる。占領当初は、アメリカ側が占領政策を円滑に進めるため、日本政府は策を入れられて、良いように使われてしまっていたのであるが、

「逆手に取りましょう。」

と、喜一は策を弄する。

divide and rule（分割統治）の逆の手で、権力者同士を内部で対立させ、その間隙に乗じる。兵法でいう「二虎競食の計」といったところであろうか。喜一はこれをドッジとニューディーラーに対して用いることにし、彼らのセクショナリズム（組織の排他性）を利用して、これを日本側で操作するようになった。

ドッジ登場

GHQ経済科学局のニューディーラー達は、新しい物価体系を作り、価格水準を補給金で確立しようとする。それに新しい賃金水準を合わせようとした。ところが、衣食住に困っている敗戦国では、何度試みても物価水準は闇価格に破られ、賃金水準が崩れ、賃金が物価に追いつこうとしてストライキが行われる。政府はその都度、十回近い補正予算を繰り返していたが、物価と賃金の悪循環を断ち切れないでいたのである。

ドッジらが来日してすぐ翌日、昭和二十四（一九四九）年二月二日、大屋・大蔵大臣とマーカット・経済科学局長の定例会見が毎週水曜日にあるので、喜一はついていった。この時の喜一は主税局兼大臣官房渉外課の所属である。

大屋「昭和二十四年度の予算案を三月十日迄に国会に提出したい。それまでに司令部と相談し、承認を得たいので、予算をなるべく早く司令部に提出したい。」

マーカット「早くしてくれ。それでは遅すぎる。何故もっと早くできないか。司令部としても十分研究する時間が必要だ。」

この時の司令部の参加者は複数いた。会議中であるにも関わらず、ドッジはそこにいる全員に聞かせるように演説のような話を始めた。

「早いに越したことはないが、腰を落ち着けてゆっくり予算を拝見したい。私は出立前にトルーマンに会って、色々話をしてきた。対日経済政策について、財政策を言われてきた。

アメリカから見ると、日本に与えている援助物資がどうも日本では上手に使われていない。本当ならば、援助物資は日本政府が国民に売ってその代金を有用に使わなければならぬ筋合いだが、日本の場合はそういう売上金がどこへ行ってしまっているのか分からない。これでは折角援助をしてもインフレを止めることにならない。

自分はこの際、日本の経済を立て直すためには、何がなんでも予算を均衡させることが一番必要だと思う。そのためには金を使わぬという以外に方法がない。もちろん、政府が十分金を使わないと仕事ができないから、国民は困るに決まっている。しかし、あんなに惨めな敗戦をした国民が楽をして立ち上がれるわけがない。今の日本政府や占領軍に一番必要なのは、国民に耐乏生活を押し付ける勇気である。それには、取るものは取る、出すものは出さない、そういうことに尽きるじゃないか。簡単に言えば、みんな一度夢を忘れよう。そうして最も非情な現実主義的な立場から出直す以外に方法がない。」

ドッジはこれまでのＧＨＱや日本政府とは別の方針で財政に取り組んで行く。

池田大蔵大臣

昭和二十四（一九四九）年二月八日、選挙が終わり、束の間のひとときを過ごしていると、宮島・元日清紡会長から池田に連絡が入った。

宮島「釘を刺しておくが、この話は絶対人に言ってはいけないぞ。」
池田「はあ。」
宮島「吉田さんと話して、次の大蔵大臣は君になった。絶対人に言ってはいけないぞ。」

すると、早速池田は喜一と黒金泰美（くろがねやすみ）（大蔵省理財局）に電話をかけた。

池田「宮澤君、ちょっと来てくれ。」

池田は信濃町に住んでおり、喜一がその家に行くと、池田は風邪を引いて寝てはいたが、機嫌がよかった。

池田「オイ今度大蔵大臣になることになったぞ。」
喜一「本当ですか。」
池田「本当だ。お前秘書官やれ。黒金と二人でやれ。」

黒金が遅れてきた。

池田「オイ大臣だ、大臣だ。」
黒金「何の話ですか。」
池田「オレが大蔵大臣だよ、お前、秘書官にしてやるぞ。」

喜一より九歳上である黒金泰美は、後に池田内閣で官房長官になる。北海道生まれの山形育ちで、米沢市出身の彼は東京帝国大学時代に肺結核を患い、卒業に七年かかる。その後、高等文官試験をトップ合格し大蔵省入りしたという人物だった。

そして、昭和二十四（一九四九）年二月十六日、第三次吉田内閣が始まると、池田・大蔵大臣が決まる。しかし、風邪かインフルエンザかで二週間ほど池田は病欠してしまう。その後でようやく大屋から池田へとバトンタッチされる。

喜一と黒金は池田の要求通りに秘書官に任ぜられるが、黒金はこの年の内に仙台国税局長となり転勤となる。その後任として大平正芳が指名された。

池田・ドッジ会談

ドッジは最初資料集めをしていた。その目処もつくと、昭和二十四（一九四九）年三月一日、予算編成の時に池田を呼び出した。これより日本の戦後財政を左右していく、池田・ドッジ会談が始まるのである。ドッジにはラルフ・リードという優秀な補佐官も付いていた。

話を進めるに当たり、当時の財政の一端を説明する必要がある。戦時中、日本では価格統制が行われていて、品物の「公定価格」を決めていた。この公定価格は、国民の購買力を考慮し、公定価格よりも生産費や輸入費の方が高い品物が多く存在した。そこで、これを埋め合わせるために「補給金」が政府から支出されていた。「公定価格」と「補給金」の合計が実際の「品物の価格」であるが、国民は公定価格で物を買うのである。

この制度で起こり得る現象として、品物が不足すると闇市場が生まれやすくなり、現にそのような事態が戦後の日本で起きていた。

次に、日本は飢餓や病気から守るための資金援助を受けていた。最初に受けた占領地域統治救済資金（Government Aid and Relief in Occupied Area Fund）は通称ガリオアと言い、対象は生活に関わる消費物資で一九四七年度からアメリカ陸軍で予算計上された。続けて占領地域経済復興資金（Economic Rehabilitation in Occupied Area Fund）通称エロアの対象は工業関連で一九四九年度から、これもアメリカ陸軍で予算計上された。

それで、先の補給金にガリオア資金を使っていた、ということが問題視され、ドッジが指摘していたのである。補給金の操作は占領軍がやっており、経理の出納記録が無かったことも問題だった。

吉田茂の民自党の公約の一つは公共事業を増やして取引高税をやめるということだった。池田と喜一はこれをドッジに説明する。しかし、ドッジは記者会見でも同じことを語るのだが、次のように反対方針を示してきた。

「そんなことをしていたらどうにもならん。私は耐乏生活しか道はないと考えている。日本経済は、価格補給金とアメリカのガリオア、この二本の竹馬の脚の上に乗っている。本当に大地に立った経済になるには竹馬（srils）の脚を切って行かねばならない。今迄の日本の財政では、実際上は補給金や補助の性質を持った金が、闇から闇へと使われていて、予算の上に姿を現していない。こういう隠れた支出を表に出す（expose）ことが、まず第一に必要である。

第二に、今迄日本では復興金融公庫が、敗戦後相当投資をしている。今年も大蔵省の提出した予算案では、新たに四〇〇億も政府から復興金庫に金を出す計画であるが、これはいけない。インフレで崩壊しそうな今の日本経済で投資などと称して金を出すことはむしろ罪悪である。今は水道の栓を閉じることが何よりも大切な時だ。

第三に、所得税を減らすとか、取引高税をやめるとかいう公約は、根本的に誤っている。

片方で水道の栓を止め、他方でダブついている水を吸い上げる。これが自分の二大方針であって、水を吸い上げる仕事は当然政府の役目である。取引高税は世間で悪税だと言われているそうであるが、どこの国どの時代でも『良い税』などというものは聞いた試しがない。」

余談になるが、喜一はここで出てきた英語の「stilts」を知っていたから「竹馬」と訳したが、実際にアメリカの竹馬とはどういうものかがわからず、しばらく不確かで不安でいた。実際には日本のそれと大差がないものであるとわかる。

話を戻して、前年末に発表された九原則を背景にして、徹底的な耐乏生活、財政縮小、そして円相場と為替の設定ぐらいまでが構想の中に入っていたのではないかと喜一は予想する。しかし為替のことについて、ドッジは一切途中ではしゃべらずにいた。

ドッジは歳出を減らして歳入を増やすしかないと考えている。どんな税でも、税をやめるという話には食いついてこない。補給金は増やすどころか無くしたいと言う。そして、この会談では、補給金の削減について池田はドッジに共鳴する。

ドッジ「補給金を切るというが、その結果物価はどうなると思うか。例えば鉄鋼の補給金を切れば、物価はどうなるか。」

池田「鉄鋼補給金をあれこれ削減すれば結果はこの程度だと思う。しかし、そもそも今ある統計などというものは、あまり当てになるものではないから、思い切ってやってみる以外に道がない。」

ドッジ「すると、ファイン博士によればドルに波及するかもしれないという議論があるが。」

池田「子供に泳ぎを教えるには、水の中に投げ込むことが一番早い。溺れそうになったとき助ければ良い。」

ドッジはニヤニヤしてそれを聞いていた。

こういったやり取りの間にも、星島二郎（にろう）・元商工大臣とか植原悦二郎（えつじろう）・元内務大臣とかが、ドッジのところに折衝に行ったりするが、厳しい結果であった。これから池田と喜一は三日と空けずに、ドッジの元へ通うことになる。ドッジとの会議のメンバーは池田と喜一、渡辺武・財務官、リードである。

昭和二十四（一九四九）年三月七日、ドッジ・ラインが発表される。予算の均衡、補給金の廃止、物価統制の廃止、インフレの打開、その後に出てくる一ドル三六〇円のレート設定などが含まれている。ドッジ不況は想定済みであった。

民自党の公約違反

ドッジが来てからは、予算は抑えられて減税も賃上げもできなかった。吉田民自党は景気の良い公約をしていた。所得税を減らし不人気の取引高税は廃止、公共事業費は千億円に増やし、煩雑な統制経済をできるだけ簡素化する。これらは全て無くなってしまった。

ドッジ「所得税を減らすとか取引高税をやめるとかいう公約は根本的に誤っている。」

池田は公約の一つか二つでも対応できないものかとドッジに抵抗した。しかし、それは絶対命令だった。世の中は金詰りし、資金繰りが危なくなってきたが、その真因を公表することができず、世間の風当たりはますます強くなってきた。ドッジが全ての原因ではあるが、池田は「自分の方針だ」と言って強行した。

それから池田は一年生代議士が大臣にさせられ、ただでさえ皆から嫉妬されているということもあり、「折衝しているのに全く逆のことをしたのでは、これはまずい」と悩む。この時、吉田は口出しはしていないし、池田も吉田にすがることはしなかった。党内で騒ぎになり始めた時に、ようやく吉田が大磯から出てきて抑えるということがあった。

しかしながら池田は、ドッジとリードに対して段々と信頼感も出てきて、彼らにも漏らしている。

池田「これはもう辞めなければいかんかもしれない。これでお別れかもしれん。」

実際のところ、吉田は「均衡財政ができた」と言って大変満足しており、池田に銀のシガーケースを送っている。箱の蓋に「今年均衡予算なる、これ池田蔵相の功なり」と書かれていた。吉田もマッカーサーも、池田とドッジに任せておけば良いと至極骨太の理解をしていたのだ。しかし、わかっていながらの不況になり、不評であった。

昭和二十四年度予算

ドッジ・ラインの発表から二日後、三月九日、定例会談があり、そこにはシャーウッド・ファイン・GH

Q経済科学局金融担当官も参加していた。

ファイン「自分はなんでもかんでも予算を均衡させればよいという考え方には必ずしも賛成できない。その結果、生産や輸出が減退したらどうなるか。一番大切なのは物価を安定させて生産を増やすことだ。」

池田と喜一は「そら始まった」と思う。

池田「私は大蔵大臣として予算の均衡が一番大切だと思う。物価の安定とか何とか言われるが、補給金に支えられた経済では、いつまでたっても外国と競争ができない。温室の花はどんなにきれいでも、外の風に当たったらしおれてしまうというのでは何にもならない。自分はこれから温室の硝子を破ることに努力したい。」

マーカット「それはファイン・スピーチだ。」

念のために説明すると、マーカット・少将は出席者のファインと「立派だ、楽しい」とかの意味の「fine」を掛けて使用したのである。マーカットは嫌な顔をしていて、からかってきたのだ。

ところでシャーウッド・ファインは後々にドッジがめちゃくちゃにしたと言っている。

ファイン「あれは全く無駄なことであった。自分達がやっていたことで上手くインフレが安定して、復興路線に乗るところであったのに、ドッジが来てぶち壊したんだ。」

同じ日の午後にドッジと会談する。

ドッジ「二、三日前の記者会見だが、新聞を通してメンタル・マッサージをしたつもりだ。」

喜一「どういう意味で？」

ドッジ「日本国民の頭にマッサージをかけて、段々自分の考えの方に向けるのだ。」

喜一はこれを聞いて、「あなたの頭にも少しマッサージする必要があるのでは」と思った。

池田「あなたの話を聞いていると、ひどく辛い予算ができそうだが、そうなれば失業対策を十分考えておく必要がある。」

ドッジ「私は行き届いた失業対策は失業者を作るものであると思っている。公共事業を起こして失業者を吸収するよりは、公共事業そのもののもたらすインフレ効果の方が恐ろしい。」

三月二十二日、ドッジとの打ち合わせの次の主題は補給金についてであった。

【補給金の案】

大蔵案　七〇〇億円
ドッジ案　二〇〇〇億円

アメリカの出せる予算がいくらになるか不明だったので、実のところ大蔵案はいい加減で根拠のない数字をこの時に出していた。ドッジは全て計算をしてみたと言う。

ドッジ「これでも切ったつもりなんだよ、全体がわからないんだからしようがないんだ。」

大蔵省財政当局からすれば、より大きい金額であるこのドッジ案は賛成となる。その後の補給金の年度推移を参考までに掲載する。

【価格調整補給金の推移】

昭和二十四年度　二〇二二億円

昭和二十五年度　九〇〇億円
昭和二十六年度　二二〇億円
（『均衡財政』池田勇人著）

それから一週間前後で、ドッジがメインとなって手直しした司令部予算案が換骨奪胎（かんこつだったい）される。
公共事業費：一〇〇〇億円の公約から五〇〇億円に減額
所得税、取引高税：現行のまま
鉄道運賃、郵便料金：五、六割上げ

ドッジ「これは最善の予算だと思う。これはデフレ予算でもなく、いわんやインフレ予算でもない。これはディス・インフレ（disinflation）予算だ。」

明らかに公約違反となったので、吉田は「公表を差し控えよ」と指示をする。池田は箱根へ逃げこもることにした。この間の喜一は池田抜きで一人ＧＨＱの仕事をしてしまうこともあったが、この頃には池田と喜一に一体感が生まれてきたという。

閣議では、池田・蔵相が独りしょげ返る騒ぎになるが、またもや吉田がこれを抑えるということがあった。
昭和二十四（一九四九）年三月二十四、二十五、二十八日、と三回続けてドッジと池田が折衝会談を行う。
所得税減税だけでもなんとかしたい考えであったが、ドッジは受け流した。

池田「選挙公約の一つでも守りたい。所得税だけでも納得できないか。」

ドッジ「税を決める方法もいい加減だ。特に減税ということは返事ができない。どうせ四月にシャウプという専門家が来るから、それまで待ったらいい。一切をシャウプに任せる。自分は口を突っ込まない。したがって取引高税の廃止も止めて、所得税の減税もそれまでは止めにする。」

四月に入っても引き続きドッジ・池田会談が行われ、予算の詳細について話が進む。この日は為替が絡んだ話を詰めていた。当時は商品によって、為替レートが異なっており、例を上げると次のようになっている。

【商品別為替レート】
綿製品　一ドル＝二七〇円
生糸　一ドル＝四二〇円
板ガラス一ドル＝六〇〇円
（『均衡財政』池田勇人著）

予算編成をめぐり、連日のように会談をしているが、ドッジが補給金を算出して、表に出そう（expose）とする時に、こんな会話があった。

ドッジ「為替レートを品物ごとに置いてみないと、どの分が補助分だかわからないでしょう。だから仮想レートとして三三〇円を置いてみた。三三〇円の場合に一体何が輸出可能だとか、そういうレートを考えてみた。」

池田「しかしレートとして三三〇円はきついでしょう。その上レートを決めるのは、二十四年度予算の施行を少なくとも半年ぐらい見なければ、目安が付きにくい。早くて七月頃に決まっても、せいぜい三五〇円でしょうかね。」

ここで注意したいのは、あくまでも為替レートの話が主体ではなく、補給金の話の流れであったのだ。池田と喜一は、これから財政を急激に縮めるわけだから、これが影響する経済の進捗を見なければ為替レートの話はできるはずがない、と考えていた。だから、レートの話などはかなり後の話だろうと思っていた。

昭和二十四（一九四九）年四月二十三日、朝刊ＵＰ通信（現在のＵＰＩ通信）のワシントン電報で次の報道が走った。

「円の対ドル為替レートは三六〇円で四月二十五日から実施される。」

後日談としてわかったのは、ドッジがワシントンに「三三〇円で行きましょう」と、アメリカの経済諮問委員会に伝えると、陸軍省から電報で、'We agree 330 yen, but strongly recommend 360 yen'（三三〇円に同意するが、三六〇円を強く勧める）という返信があったという。つまり、三六〇円とはワシントンによる決定だったのである。

昭和二十四（一九四九）年五月二日、ドッジは帰国する。そして、翌週の五月十日、昭和二十四年度予算の実施について閣議決定された。

予算の次は財政

予算は一旦片付いたので、次は財政に取り組みたい。

アメリカの援助物資の売上代金は、それまで補給金に当てられていた。ドッジはこれを区別して別の会計に積み立て、国債の償還や重要産業の設備資金への貸し出しに当てるような資金運用の仕組みを作ろうとした。この手法は前年度に西ドイツでも開始されていた「見返り資金（Counterpart fund）」というものである。一旦お金を積み立てておいて、そこから使用する特別会計になり、援助国と被援助国の間で物や金のやり取りをする際に、現地通貨を基金として貯めておくと、一時的に輸出入が楽になることがメリットである。喜一はこの「Counterpart fund」という言葉は初めて聞いたという。この仕組は後に日本開発銀行や日本輸出入銀行に受け継がれる。

次に金融面である。

ドッジ「やはり問題は日本銀行だ。私が見たところ、日本銀行には理事会があるのだが、実際は総裁のワンマン・コントロールで、あれでは理事会がボード・オブ・ディレクターズ（board of directors、取締役会）ではなく、ボード・オブ・マネジャーズ（board of managers、管理者委員会）に過ぎない。もっと政策を議論して打ち立てるような機構が必要だ。」

この考えは、後に日本銀行の政策委員会に発展する。ドッジはさらに、日本銀行の政策委員会の改変をしようとするが、これは失敗する。日本で一番高い給与にしろと、言い始めたからだ。

カール・サムナー・シャウプ

一九〇二年十月二十六日、カール・サムナー・シャウプ（Carl Sumner Shoup）は、カリフォルニア州サンノゼで鉄道幹部を務めていたポールの息子として生まれた。スタンフォード大学で法学、コロンビア大学で経済学を学び、博士、教授となっていく。付加価値税の管理を特定の国の能力に結びつけるという分類法を確立し、後に南米、アフリカ、ヨーロッパ、カナダで付加価値税の創設に参加する。英語圏で、付加価値税はＶＡＴ（value-added tax）と略されている。日本では消費税が類似するものとして存在しているが、商品やサービスの価値にかける税という考え方と消費そのものにかける税という考え方の違いがある。

一九四九年になると、シャウプはマッカーサーからお呼びがかかり、日本へ出向くことになる。

シャウプ勧告

横浜税関にアメリカ第八軍の司令部が置かれていた。税務署員には煙草の特配がされたりという雰囲気である。この頃は納税を拒否する運動が起こっていて、この反税闘争に対して第八軍がジープで廻って税金を督促するという事態になっていた。

税金の取り立てについてはどうやら怪しいとドッジは考える。反税闘争のこともあり、歳入減に繋がる話はとてもできないということである。

ドッジ「自分は正直に言ってわからないが、どうも日本の所得税の取り方は、アメリカのようにいわゆる、pay as you go（即金払い）制度ではない。戦争中は、〝所得調査員〟なんていう者が交渉をやっていたわけだから、どうも出鱈目(でたらめ)らしいということはわかっている。」

そこで、占領軍の中に税金の専門家を呼び、勧告を作ってもらおうという動きがあったのだ。

昭和二十四（一九四九）年五月十日、シャウプ使節団が来日する。次のような専門家が揃って来た。

ハワード・R・ボーエン（Howard R. Bowen）イリノイ大学商業・経営経済学部長、国税・地方税の調整、

再評価問題担当

ジェローム・B・コーエン（Jerome B. Cohen）ニューヨーク市立単科大学経済学部教授、間接税（取引高税含む）担当

ローランド・F・ハットフィールド（Rolland F. Hatfield）セント・ポール収税庁、税制調査局長、地方税担当

カール・S・シャウプ（Carl Sumner Shoup）コロンビア大学商学部教授兼政治学部大学院教授（税制使節団長）、総括担当

スタンレー・S・サリー（Stanly S. Surrey）カリフォルニア大学法学部教授、審査請求の処理、訴訟関係担当

ウィリアム・S・ヴィックリー（William S. Vickery）コロンビア大学経済学部教授、所得税担当、一九九六年にノーベル経済学賞受賞

ウィリアム・C・ウォレン（William C. Warren）コロンビア大学法学部教授、法人税担当

日本の新聞記事では、当初「シュープ博士」と書かれていたことに疑問を感じた喜一は挨拶がてらに質問をした。

喜一「Shoupは、どう発音するんですか？」

シャウプ「痛いときにouch（アウチ）と言う、あれと同じです。」

喜一「シャウプですね。」

池田は税に強い。税法と実際の税務行政について熟知していた。小料理屋が酒一升仕入れるとそれがどの

くらいの売り上げに化けるのか、米一俵から寿司屋がどれだけ儲けるのか、ということもよく理解しており、よく実態も知っていた。こういう角度から財政経済に入ったので、普通の人より話に実態感があった。

そういった理由からか、週末の休みとなると、池田は議論したいと言ってシャウプらを呼び出した。日光や、内田信也・元農商務大臣の別荘、あるいは軽井沢万平（まんぺい）ホテルなどに自動車で連れて行く。そこでは、半日以上の時間をかけて議論をした。

池田「取引高税みたいなものは駄目だな。」

などなどの話をした。

昭和二十四（一九四九）年六月一日、国税庁が発足する。国税行政の再組織に関する覚書は五月四日に成されており、シャウプは国税庁の生みの親になった。アメリカ内国歳入庁（ないこくさいにゅう）（IRS）から、発言力のあるハロルド・L・モス・GHQ経済科学局内国歳入課長という人がたまたま来ていて、その人のおかげで円滑にできた可能性があるという。モスはマッカーサーの側近で、ライダー・大佐と近かった。そのルートから国税庁ができたと考えられる。

翌週六月七日には、池田が税制について要望提示を行っている。

シャウプらに対する喜一の印象がある。

「極めて丁寧な人達だった。言葉遣いから丁寧で感心した。日本国中を占領軍の列車に乗って回って、よく勉強していた。ドッジは民間人と付き合いが無く、池田や吉田ばかりと話をしていた。シャウプは、そういう人達とは付き合いが無く、世間の話をよく聞いていた。だから、税は非政治的に処理されたのである。」

九月十五日この税の専門家により「シャウプ勧告」が出された。現代でも税の基本はシャウプ原則かもしれない。所得税、法人税に大きく手入れがなされ、多くあった間接税を絞った。地方税を強化し、税務行政も改善された。青色申告の開始もこの時である。

ドッジの財政、シャウプの税制というのがこれで整った。賛否両論は当時から現代まであるだろうが、これで日本は進んで行く。

ドッジ・ラインの推移とドッジとの会話

昭和二十四（一九四九）年九月十九日、イギリスがポンドの切り下げを発表する。一ポンド＝四ドル三セントから二ドル八〇セントに切り下げられた。日本の経済は安定兆候で、喜一も注意を払っていたところ、池田大蔵大臣室に、周東英雄（すとう）・経済安定本部長官と稲垣・通産大臣、一万田・日銀総裁、木内信胤（のぶたね）・外為委員長らが集まる。しかし、この件に対応する議論はあっさりと、

池田「関係ない。三六〇円で行こう。」

と、異論無く終わってしまった。そこで喜一から占領軍に連絡がされ、

喜一「そちらはどうするんだ？　日本は三六〇円で問題無いと議論が終わっている。」

GHQ「私達はまだ議論している。」

司令部は少し混乱して、結局ギリギリまではっきりしなかったが、

GHQ「それで結構だ。」

という結論に至った。

翌九月二十日、マッカーサーの渉外局発表があった。

「目下のところ円の対ドルレートは変更しない。」

十月三十日、ドッジが再来日した。

新聞「ドッジ再訪に際し、中小企業融資の承諾を得る。」

これは世の中では金詰りになり大変だということがわかる記事であった。それから、この年の夏から秋にかけて、新聞に次のような記事が掲載されていた。

「泥棒が入ってお金（現金）が盗まれる。」

この当時の喜一らの視点として、「物（衣料品、時計、砂糖など）」が盗まれたのではなく、「現金」だったことに驚きがあった。それまでの泥棒の記事といえば、盗まれたのは「物」ばかりだったのだ。これをドッジに伝えると非常に喜んでいた。つまり、インフレが鎮静化し、通貨に対する信用が生まれ始めたことを示しているのだ。ただ、国民生活そのものは低い水準だったので、耐乏予算を堪えていたに違いない。

ある日のこと、ドッジは喜一に質問をしてきた。

ドッジ「日本はこういう南方諸国で、どうやって財政をしていたのか。」

喜一「軍票（ぐんぴょう）を出していたんです。」

ドッジ「ははあ、そういう方法があったのか。」

軍票は戦時中の日本が占領下で発行した特殊通貨で、南方各地（東南アジア占領下）で使用されていた。大蔵省はこの軍票が発行されると財政の権限が奪われるとわかっていたので、マッカーサーの来日直後は軍票の発行を心配していたのである。

それから何かの拍子に、ドッジが「自分は労働基準法なんていうものがあるのなら、日本に来るんじゃなかった。」と話していることを聞いて、喜一は「ドッジは相当しっかりしている」と思ったという。

このように、池田と喜一はドッジ達とより親密になっていた。

二回目の日本での仕事も終えたドッジは十二月五日に再び帰国する。この時ドッジがマッカーサーに、

「池田大蔵大臣を一度アメリカに行かせたらどうですか。」

と進言していた。

昭和二十五年度予算は、昭和二十五年一月に国会に提出され、五月に実施という流れだったが、前年の公約違反と違って、この時は静かに事が済んでいた。

他方で、二十五年は参議院の通常選挙が行われるのだが、デフレ化の問題があり、ドッジのいない司令部では話にならないという問題も浮上してきた。これは、アメリカに行って話を詰めなければしようがないと吉田は気が付く。

渡米の理由①

昭和二十五（一九五〇）年一月元旦、マッカーサーは年頭教書に、「日本には自衛権がある」と発言する。

これに続けと、日本では独立の機運が高まりつつあった。また、中小企業の倒産が起こる一歩手前だという

ことで、ドッジ・ラインの緩和が求められ始めていた。

そんな時である。三月一日、池田が国会にて金詰りの状況を話すことになるが、これが後になって彼自身の進退へ大きく影響してくる。

池田「中小企業の一部倒産もやむを得ない。」

吉田はドッジを始め、アメリカ側と財政方針を固めるために池田渡米の話を進める。

吉田「先進国であるアメリカの財政経済事情を実地に見学させ、それによって将来の我が国の施策の参考にさせたい。また、過去一年間ドッジ・ラインを実行した結果の実状報告も兼ね、大蔵大臣を渡米させたい。」

マッカーサーに対して、吉田は渡米の目的について具体的な要点を濁して報告をしたが、実際にはシャウプ勧告で不十分だった次の点の議論をさせたかった。

【論点】
- 所得税などの減税
- 対日援助見返り資金が一向に活用されていないこと
- 債務償還（超均衡財政によって吸い上げられた租税を使った国債の償還）の緩和
- 輸出入銀行の設立

これらについて、ドッジのいない司令部では話が進まなくなったのである。この時妙な事があり、あまり仲が良い訳ではないマーカット・少将が池田に話しかけてきた。

マーカット「池田さん、アメリカに行きたいなら、自分からマッカーサー元帥にお願いしてみますが。」

喜一は「どういうことだろう。恩着せがましいな。」と思った。

吉田は当初、純粋に経済問題についての交渉で池田をアメリカへ遣ろうとしていた。池田はこの不況に対応するため、この年に行われる第二回参議院議員選挙をにらんだ形で、軌道修正をする準備をしていたのだ。ところで、昭和二十五（一九五〇）年になって「講和」という言葉が飛び交い始めている。マッカーサーは長すぎる占領は良いことではないという哲学を確かに持っていたが、もしかしたら、自分の政治計画のこともあったのかもしれない。

この頃は、米ソ関係の悪化が明確になっており、ソ連の講和参加は皆無と見られていた。このままアメリカと講和をすれば、アメリカ軍は撤退せざるを得ず、日本は無防備になりソ連が占領しようと攻めてくる、と軍人は皆考えていた。実際その通りであるという認識が占めており、講和という話は進まなかった。ソ連を警戒する動きの推移は次の通りである。

【ソ連に対する警戒まで】

一九四五年、米ソは二次大戦を一緒に戦う。

一九四六年、チャーチルがミズーリ州フルトンにて鉄のカーテン演説をして、米ソ関係の状態を浮き彫りにする。

一九四七年、アメリカ外交官のケナン（George F. Kennan）が、ソ連に対して封じ込め政策（Containment）を提唱する。

マッカーサーもアメリカ軍が沖縄かどこかに駐留ができないものかと模索をするが、良い考えには至らない。アメリカ第八軍にいたアイケルバーガー・中将は「日本をソ連に渡すことができるものか。」と講和に反対をしていた。

アメリカ側は自身から、講和した後にも軍が居続けたいとは口が裂けても言えなかった。吉田は知らん顔をして、この議論を避けていた。

池田の渡米の時期が近づいてくると、池田と喜一はマッカーサーに呼ばれる。喜一はここで初めてマッカーサーと直接会うことになる。マッカーサーは約四十分間、一方的に話した。

ところで、「通訳」というものについてであるが、現代の放送メディアや外国人の講演などでは、「同時通訳」が大半を占めている。読んで字のごとく、通訳者は聞いた瞬間に次々と訳してくれるのだが、その分非常に大変な作業である。これに対して「逐次（逐語）通訳」とは、話し手に一旦話を止めてもらって、そこでメモなどをしながらまとめて通訳をする。通訳の正確さも増すし、通訳者の負担も減るが、聞いている側も話している側もイチイチ待っていなければならない。

話を戻して、喜一が逐語通訳をしようとすると、

マッカーサー「すぐに訳せ。」

と注意してきた。同時通訳をしろということである。一人の話し手に一人の通訳者が付くのがベストであるが、この時の喜一は二人の話し手の通訳者を一人で対処した。

マッカーサー「今度、池田さんはアメリカへ行って勉強をしてくるそうだな。さて、金（GOLD）は何世紀もの間、人類の交易手段であったし、戦争の和解にも使われた。ところが、金は今やアメリカに集中して

しまい、しかも金に代わる交易手段はまだない。そのため、日本などは〝貧困による貧困〟に喘いでいるが、アメリカもまた〝過剰による貧困〟に喘いでいる。人類は何か金に代わる物を見つけねばならない。これをもって世界の貿易の量が制約されることは甚だ残念なことである。

——（話題が変わって）——

そもそも大蔵大臣というものは、憎まれることをもって任務とすべきで、国の支出はできるだけ切り詰め、国民の租税負担を軽くするのが仕事である。大蔵大臣というものはそういう苦労がある。古今東西の歴史を見るに、為政者が質素に身を持していれば政権は長く続くが、贅沢をすれば民衆は必ず起ち上がる。中国の王道も税金を減らすことが最高の目的だったのである。」

マッカーサーはコーンコブのパイプを咥えながら、室内をぐるぐる回って話す。彼のこの挙動は吉田茂も証言していたものである。

喜一はマッカーサーと池田の同時通訳をなんとか一人でこなした。

喜一「マッカーサーというのはせっかちですね。逐語通訳をさせてもらえなかった。同時通訳のまねみたいなことでしたよ。」

渡米の理由②

いよいよ池田と喜一は、アメリカへ向かうことになるが、直前の日に吉田が池田を呼び出した。

吉田「こういうわけだから、日本側から何かの形で、アメリカに基地を提供して日本にいてもらうようなことを考えてもいい、ということをワシントンに向かって伝えてこい。早期講和を実現するために、必要とあれば日本側から米軍の駐留を要請しても良い。」

これを聞いた池田は驚いた。池田は普段、吉田にも遠慮なく物を言っていたが、外交のことだけはさすがに一切何も言い返すことができないでいた。そして、吉田から池田に書翰が送られてきていたのだ。

「拝啓　老兄渡米の件は来週マ元帥に面談の砌切出し可申候処、本件は渡米間際極秘と致置かねば効果減損可致候間、是非共当分他聞は凡て慎み度事、如才も無之とは存候得共気付の侭為念得貴意候

敬具

（昭和二十五年）二月二十四日　　吉田茂」

【訳】

「池田さんがアメリカに行く件は、来週マッカーサー元帥に会った時にお話しようかと思うが、渡米直前の極秘として置かないと、その効果は下がるので、是非しばらくは全て内緒にして欲しい。抜かりが無いとは思うが、念の為、あなたの意見も欲しい。」

ここで、アメリカ側の「日本との講和」に対する意見の違いを簡単に整理しておく。

【アメリカ内部の相違】

［国務省］　講和を進めたい。

［ＧＨＱ］　講和を進めたくない。

マッカーサーはＧＨＱだが、国務省側の意見と同じである。次に講和にも二種類の選択肢があったので、おさらいをしておく。

【二種類の講和】

早期講和：民主主義国家群とだけでも早く講和をする。単独講和とも言う。日本の保守系政党がこれを支持。

全面講和：ソ連との戦争状態が解決できないので、同時に全ての国との講和が良いとする。日本の社会党、共産党がこれを支持。

早期講和の問題点は、現実としてアメリカの保護を受けるにしても、独立国家が他国の軍隊駐留を認め得るかどうかという点があった。吉田はこの問題点を払拭しようとしたのだ。

吉田は国会の「単独講和をすれば、米軍の駐留を認めるのか。」との質疑に対し、「それは仮定の問題だから、いざ起こった時にお答えする。」と述べたままに留めている。

池田の渡米理由の一つはGHQとでは埒が明かない財政の話と、もう一つは講和の話である。この二つを持って池田は密命を託された。これを機に、池田は財政専門の政治家に留まらず、喜一は官僚や通訳ということに収まらず、外交力を養っていく。

白洲次郎

明治三十五（一九〇二）年二月十七日、喜一の生まれる十八年前、池田の生まれた二年後に兵庫県で白洲次郎は生まれる。神戸の高校（第一神戸中学校）に通っていた時に自動車を買ってもらえるような家柄だった。祖父が神戸女学院創立に関わっていたため、白洲家には英語圏の教師が住んでおり、その人から英語を学ぶことができた。その後、イギリスに渡り、ケンブリッジ大学に入り大学院へ進む。帰国をして昭和四（一九二九）年には正子と結婚する。

働き口としては英字新聞『ジャパン・アドバタイザー』の記者の後、セール・フレイザー商会と日本食糧工業の取締役をこなす。その時に、正子の父である樺山愛輔・元貴族院議員の縁で大使館への出入りが始まった。そこで吉田茂と出会う。その後、ほんの一時期、近衛文麿のブレーンとなるが、戦時に入ると町田市にある鶴川という場所に、つまり武蔵と相州の間ということで「武相荘」と名付ける建屋を作る。

戦後は吉田茂のブレーンとなり、GHQを相手に、特にケーディスやホイットニーらとやりあっている。ウィロビーとは仲が良かったらしい。昭和二十一（一九四六）年の憲法草案時の白洲のコメントがある。

白洲「自分は字引をもって訳した。天皇はsymbolだと書いてあったが、象徴と書いておいた。」

彼は占領軍に頼りにもされたし、嫌がられもした。戦後は貿易庁や終戦連絡事務局に少し在籍していた。

喜一「次郎氏はまあ無愛想ではないが、普通の人ではないですね。プレーンスピーキング（直言）、〝それはちょっと困るなあ〞と言えばいいのに、〝困るよ〞と言う。」

密使渡米

昭和二十五（一九五〇）年四月二十五日、池田と喜一は日本からアメリカへ出発した。これに白洲次郎も同行してきた。吉田の配慮である。また、出発前に柳橋の料亭の女将が酒の一升瓶を届けてくれた。

四月二十七日、一行がワシントンに到着すると、そのままヴォリイズ・陸軍次官のところへ向かった。

ヴォリイズ「世間では、陸軍省が日本の講和条約に反対しているように言うが、本当に陸軍が心配しているのは、もし講和をしたら日本が丸裸になってしまうのか、米軍が去った後の日本はどうするのか、その点だけが心配なのだ。ただ講和に反対しているというのではないのだから、その点は間違わないでくれ。」

喜一達が泊るホテル・ワシントンは財務省の向かいにある。一泊七ドルの安ホテルである。

白洲「このホテルはひどい。こんなわびしいホテルがワシントンにあるとは知らなかった。俺は別のところに泊まる。」

池田「ワシントンでは高からず安からぬ中位のホテルだ。日本がアメリカから援助を受けている以上、すこし貧乏たらしくした方が良かろうという陸軍省の心遣いは納得できる。」

さて、池田は「ルームサービス」なるものに電話をして、トマトジュースを飲みたかったのだが、「トマトソース」と言ってしまう。届いのはケチャップだった。

洗面所の水道の蛇口には、やはり「H」のマークがある。これを捻ればお湯が出る。洗面器に熱湯を溜めて、そこで熱燗をした。女将の差し入れには福神漬もあり、晩酌を始めるのだが、池田と喜一は相部屋の上、椅子もテーブルも無い。ベッドの上にあぐらをかき、一升瓶を据(す)えて飲み始めた。ゴザを敷いて飯盒(はんごう)でご飯を炊いていた、というエピソードもどこかにあるようだが、それは後の喜一によって否定されている。

白洲は勝手に行動していた。彼の友人を訪ね歩き、ホテルも別である。自分の金で歩いていたようだ。白洲は友人か何かのバターワース・極東担当国務次官補という人物を訪ねたりした。

白洲は安保構想に賛成しない立場を取っており、それがアメリカ側に伝わっていたため、アメリカ国務省としては講和が捗(はかど)らないと捉えられている状況だった。

過密スケジュールとアイケルバーガーの話

池田と喜一はここでドッジと会う。アメリカで会うのは初めてのことだった。

ドッジ「あなた方の日本は被占領国だから、その大臣が贅沢をするわけにはいかないでしょう。悪いけれど、一番安いコストで旅をするのはやむを得ないことだ。」

宿については、この後に行くニューヨークでは良いホテルにしてくれたが、ワシントンでは皆の目があるからということであった。

そして、アメリカ側が用意したスケジュールを渡された。それには各省や銀行などの見学予定が二週間分埋め尽くされていた。

池田「我々は遊びに来たのではない。」

ドッジ「それはわかっているが、こうやっておかなければ東京の総司令部がうるさいだろう。君と私がマッカーサーの頭を飛び越えて日本の問題を決めたとなると後が大変だ。相談は夜でも日曜でもできるじゃないか。」

ドッジのそういった配慮もあり、昼は日程通りとし、夜と日曜日に仕事をすることになった。

到着して数日経った日に、アイケルバーガー・中将・第八軍司令官と会う。

アイケルバーガー「第一に、私はマッカーサーが早期講和を言い出したのは非常に困ったことだと思っている。今年はベルリン封鎖などがあり、アメリカはヨーロッパ防衛のために手いっぱいで、とても日本のことに軍事的な注意を向ける余裕がない。

第二に、陸軍としては形式上の講和よりは、日本の安全をどうやって保障するかがより大切だと思っている。

第三に、国務省は早く講和をやりたがっているが、その際には何か米軍駐屯の根拠を見つけなければならない。講和条約の実行監視のための駐留というのでは理屈にならない。

第四に、日本は中立的な立場に立てば良いではないかという議論は全く現実的でない。そんなものは十セントの値打ちもない。

アメリカが日本に対し、あまりに懲罰的な政策をやってきたのは根本的に誤っていた。こんなにソ連がのさばるなら、ヨーロッパはドイツにやってしまい、アジアは全部日本に頼んだ方がどれだけ良かったか知れない。もう一度フィリピンのパターンから戦争をやり直させてくれたら、こんなへまな真似はしない。」

少々過激な論調が混ざっていた。

密使の相手

池田は、密使の相手を誰にしたらいいかということも吉田から一任されていた。国務省の誰かか、あるいは陸軍省の誰かか、信頼できる者を現地で見定めたい。池田と喜一はこれを満たしている人物をすぐに特定した。

国務省の公使でもあり、陸軍省の顧問でもあるのはジョゼフ・ドッジであり、彼が良いと判断した。

五月三日土曜日午後、陸軍省のドッジオフィスに池田と喜一、そしてドッジとリード補佐官がいた。吉田からの講和密書についてドッジに打ち明け、池田が今後の日本の運命を決める二時間余の長い話をし始めた。リードはメモを取り始める。

池田「日本では色々な理由から早期講和を待望する声が強まっている。これに対して国会内では、共産党が中心に社会党の人々と合流して、全面講和でなければならないという野党連合が成立しつつある。この人々は、全面講和にならなければ、アメリカに基地を与えなければならないと反対している。

吉田内閣としては、もとより多数の国が講和に加わることが望ましいけれども、感情的に日本を敵視している国までも参加してくるのを待つことになるが、それまで占領を続けられるということは耐え難い。現在望み得る最善の講和をできるだけ早く獲得するという以外に独立への道はない。特にこれから行われる参議院議員選挙で、この問題は全国民をあげての関心の的になるだろう。ここで、吉田総理大臣からの伝言がある。」

【吉田首相の伝言】

《日本政府はできるだけ早い機会に講和条約を結ぶことを希望する。そしてこのような講和条約ができても、おそらくはそれ以後の日本及びアジア地域の安全を保障するために、アメリカの軍隊を日本に駐留させる必要があるであろうが、もしアメリカ側からそのような希望を申し出にくいならば、日本政府としては、日本側からそれをオファーするような持ち出し方を研究してもよろしい。この点について、色々な憲法学者の研究を参照しているけれども、アメリカ軍を駐留させるという条項がもし講和条約自身の中に設けられれば、憲法上はその方が問題が少ないであろうけれども、日本側から別の形で駐留の依頼を申し出ることも、

日本憲法に違反するものではない、というふうに憲法学者は申しておる》

池田「昭和二十四年の二月に陸軍長官のロイヤルが日本に来て、〝日本はアメリカの戦略上必要が無い〟という日本放棄論を出していたのを現在なお記憶している。その後に起こった中国と台湾の問題を見ても、台湾に対するアメリカの態度が不明瞭なので、アジア地域を本当にアメリカが最後迄守るつもりなのかどうかと、日本人は相当懐疑的になっている。

それに加えて、フランス領インドシナでは、共産勢力が次第に伸張し、南朝鮮に至っては甚だ安定を欠いているが、そこで万一のことがあっても、アメリカはこれを見捨てるという疑念がある。

このような日本人の焦燥感につけ込み、仮にソ連が先手を打って講和条約を結ぼうと言い出し、おまけにその中で樺太や千島を返す、とでも言って来たら一体アメリカとしてはどうするのか。

百歩譲り、どうしても今は講和ができないというのであれば、アメリカとしてはもっと政治経済上の自由を日本に与えて、できるだけ独立に近い体制——事実上の講和に近いところへ持ってゆかねばならぬ。日本の国民はそういう期待のもとに、吉田内閣を支持しているのであって、ここでそれができないとなると、再び政治の不安定が起こる恐れがある。」

ドッジ「米ソ関係が今日のように険悪になればなるほど、極東で日本を独り立ちさせるということは危険だ、という気持ちがワシントンでは段々と強くなっている。

米ソ関係の悪化に伴い、軍事的な或いは戦略的な考慮が外交的な顧慮よりも高い比重を持つようになるのは自然のことで、アメリカとして現在日本に持っている軍事的な立場をこれ以上弱めるということは日本のためにもよくないのではないか。講和条約に反対だというのではもとよりないのだが、その結果、ソ連に対する日米の立場が軍事的に今より弱くなるということがあってはならない。

いずれロンドンの外相会議で、この問題が議論されるだろうが、それで各国の方針がはっきりするかどうかは今からはよく分からない。

私が今言えることは、アメリカ政府としては、できるだけ早い時期に、日本と講和条約をやりたい。早くそれが可能になる条件が整うことを願っている——ということに尽きる。」

吉田船長の指示により、池田が舵を切るという瞬間であった。

池田が先に述べた彼及び日本政府の見解は、リード・補佐官により後刻その議事を記録し、改めて池田の承認を得たうえで、アメリカの国務省及び陸軍省の責任者達へその写しを送付することに池田は同意した。

この日の喜一の日記には、

「ドッジといろいろ議論をした。」

と、意図的に曖昧な言葉だけを記述していた。帰りの検閲を警戒してのことだったのだが、逆に言えばこの日が講和の話をした日であるとわかったという。

数日後、リードが議事の要録を作って持ってきた。喜一は池田の指示を受けて、二、三の微修正をした。

リード「これで良ければ、アメリカ内部にコピーを限定配付する。」

喜一「どこに配るか。」

リード「ドッジと相談にはなるが、バターワース国務次官補、ダレス国務長官顧問、マグルーダー陸軍次官補副官、あと、一、二通は然るべきところへ。」

要録の最後にジョゼフ・ドッジのサインがあり、五月六日には池田がサインをした。これは、国務省と陸軍省への限定配付だったが、日本にいるマッカーサー・元帥にも送られた。

この日本の申し出により、国務省の立場は良くなったようだった。当時アチソン・国務長官はロンドンで行われる各国の外相会議に出ることになっており、バターワース・国務次官補が責任者となっていた。

バターワース「これはいい。白洲次郎から聞いていたのとは違う。吉田さんがそういうオファーをするのなら、これはアチソンに伝えよう。」

バターワースがアチソンに要録を渡すと、彼はそれを持ってロンドン出張に向かった。

財政問題

講和の話とは別に本業の財政問題も解決しなければならない。

【財政の諸問題】

- 所得税の減税
- ドッジ・ラインの修正（債務償還の緩和など）
- 公務員の基本給引き上げ
- 金融のための輸出入銀行の設立（見返り資金の活用も含む）

池田と喜一は連日アメリカ側と経済の諸問題の会議をした。ドッジ・ラインを緩和できないか、輸出入銀行を作って欲しいとか、補正予算の編成などの折衝に追われていた。ドッジも各省庁の役人を集めて、フリートーキングをする。国務省などは、「なるほど、占領が長く続けばそうなる。日本は確かに困っているだろうな」などと非常に同情的であった。

だから池田の言うことは、事務当局の会議ではほぼ納得してもらっていた。

国務省「日本では金詰りで困る人が多くなっているのではないですか。」

池田「その通りです。だからこうやってドッジに頼みに来ています。」

さて、事務作業には困ったことが起きていた。この時はまだ大使館もなく、交渉に必要な計数や資料を整えるために、日本の大蔵省に連絡を取る必要があった。

時差を見計らい現地時間の深夜になってから東京へ電話をすると、国際電話局は応じるのだが、そこから仮住まいの四谷の小学校にいる大蔵省に繋がらない。ようやく繋がっても今度は話したい相手の担当職員がいない。そういったことを繰り返して、やっとの思いでなんとかなり、手書きの案「昭和二十五年度予算補正私案、輸出入銀行設立要綱」という資料ができあがった。ところが、今度はタイプライターも紙も印刷機もない。そこで陸軍省や国務省の人が「よし、こっちで作ってやる」と言って印刷等をしてくれた。

それをみんなに配付して議論したところ、賛同者が多く大筋は賛同してもらった。池田と喜一は一時的とはいえ、反対ばかりされる日本の占領下から逃れた環境におり、こんなに多くが賛成してくれるものかと自由な空気を味わっていた。

ところで、ワシントンで色々相談しているのは、マッカーサーに対してはとても印象が悪いため、色々事情を説明しているという内容で毎日のレポートをドッジが東京に送らせ、なるべく見物見学の類として交渉事等は無いように見せていた。だから講和がらみの話をしたことにもなっていなかったのである。

このように、てんやわんやの毎日を送っており、喜一は眼の前のことで精一杯だった。

五月十八日、アメリカにおいて国務省のダレス・国務長官顧問（国務長官はディーン・アチソン）を対日講和担当に任命すると発表される。トルーマン・大統領が対日講和交渉を早く進めたく、それについてダレスが正式な任命を受けて出てきたのだ。

さて、池田と喜一の帰国が間近になり、吉田総理から訓令があった。

吉田「参議院議員選挙のために遊説に出かけるから、五月二十一日に京都で会いたい。それに間に合うように。」

報道関係者には、日本の特派員がワシントンに二人いた。一連の件を中村正吾（東京新聞）と坂井米夫（朝日新聞）の両方が東京に打電している。

へそを曲げる司令部

池田と喜一は帰国の途についた。池田は羽田で声明を出さねばならないが、それを印刷するところがない。当時の飛行機は途中ハワイで降りて給油するので、ハワイの日系新聞社に頼んで、和英両文を印刷してもらうということがあった。

五月二十二日午前四時四十五分、池田と喜一は羽田に着いた。出迎えが多数いたのだが、吉田が参議院選挙の遊説で京都にいるため、訓令より一日遅れで、そのまま汽車に乗り京都へ向かった。汽車の中、喜一は逢坂山（おうさかやま）トンネルの手前で車掌から電報を受け取る。内容は英文だったが、和訳すると次の通りである。

【大蔵省渡辺財務官発京都駅長気付、大蔵大臣秘書官宮澤喜一宛】

一．今回の大蔵大臣の渡米の目的は、アメリカにおける事情の視察と、日本の実状の説明にあったことは、大蔵大臣が渡米前によく承知しておられたところである。従って今回の渡米を経済問題（ドッジ・ラインの緩和）についての政治的な交渉として扱うことは甚だしく妥当を欠く。

二．ドッジ氏からの手紙によっても、ドッジ氏は大蔵大臣に対して、日本の将来の政策は占領軍最高司令官の決定に従うべき旨を強調したいと言っている。大蔵大臣が直接アメリカ当局と話をつけたことはないはずである。

三．ドッジ・ラインの緩和を獲得したというようなことを政治的キャンペーンとして打ち出すことは、総理大臣及び大蔵大臣として甚だしく礼を失する（シリアス・ブリーチ・オブ・エティケット）ものと考える。もしそのようなことがあれば今後、経済安定計画の実行について総司令部との間に困難を生じることになろう。

これは、マーカットとホイットニーの両将軍から選挙運動に入る前に届くように命じられていた。マーカットとホイットニーは犬猿の仲であるから、一緒にこの命を下すということはよっぽどのことである。若かりし喜一は次のように思った。

喜一「何を言ってやがるこの野郎。〝困難を生じる〟なんてぇ卑しい表現だ。」

池田と喜一は京都に着いて、吉田に委細を報告すると、すぐにまた夜汽車で東京へ向かった。司令部の連中が怒っていてはどうにもならないので、なんとか宥めたいと考えたのである。

翌日になり、東京に到着してすぐにマーカット・少将のところへ出向くと、玄関に使いの者がいた。

「今日は忙しくて会えない。」ということで、とうとう会わず仕舞いとなる。そして、リード・補佐官からの連絡も来ていた。

リード「ドッジはワシントン会談の最後の部分まで東京の司令部に連絡を済ませたから、司令部でも一部始終を分かっているはずだ。」

早くしないと選挙に間に合わないという理由で、色々な人が奔走し、吉田からマッカーサーに許可を得ることができた。この混乱の対策として、過剰に杓子定規な手順を踏むことになる。

まず、大蔵大臣が総理大臣に報告を出す。そこで、ワシントンで合意したことを今後行いたい施策として述べる。総理大臣はマッカーサーに、その報告を添えた書翰を送って「指導と忠言」を求める。マッカーサーがそれに対して返事を書く。ということをやってようやく落着した。

五月二十五日のマッカーサーから吉田への返事は、次の通りである。

「池田の考えていることは来年度でなければ実行できない。来年度の予算編成の時に今年度の補正予算を出す。」

池田と喜一は帰国挨拶の申し出をしたが無視された。

結局、司令部とのごたごたは十日足らず続き、五月三十日には片付いた。喜一はこの一連の騒動がバカバカしいと思った。

その騒動も終わると、喜一はこの訪米の記録を大蔵省の雑誌『財政』八月号に寄稿することとなった。密使の内容については当然隠して置かなければならなかったが、その内容は、アイケルバーガーなどに会ったことや政治的な視点の他に、アメリカではオフィスの壁に写真を掛けておく習慣があること、ニューヨーク・タイムズには週に三、四回は日本についての記事があること、ホワイトハウスやペンタゴンについての解説、飛行機などの交通についての様子などという、ちょっとした旅行ガイドのようなことが記述されている。この表題は「大臣に随行して」となっている。

朝鮮半島からの影響

昭和二十五（一九五〇）年というのは、内外からの刺激が諸々あり、船の舵、馬の手綱、クルマのハンドルというものをしっかり握っていたいような、そんな年になっていた。六月だけでも多くの事が起こっている。

六月初旬には、ジョン・フォスター・ダレス・国務長官顧問が次の公表をする。

「近く日本を訪問するつもりだ。アメリカは対日講和条約との関係で、何かの形で太平洋の安全を防衛する機構を考えている。」

国内では六月四日に第二回参議院議員通常選挙が行われ、吉田自由党は十五議席増、社会党は十八議席増、緑風会は二十議席減、国民民主党は十一議席減で、吉田自由党は第一党を維持する。

アメリカ側では、六月十九日、ジョンソン・国防長官、ブラッドレー・統合参謀本部議長、マッカーサー・連合国軍総司令官が会談を行うが、意見の対立が見られた。

続けて、六月二十一日、講和の重要人物となるダレスがノースウェスト機で京城から来日、二十四日にはそのダレスと吉田との会談が行われ、マッカーサーも同席する。ダレスが講和後の再軍備を迫るが、吉田は経済復興と国内安定が先決だと言う。マッカーサーは調停役に回るが、「いかなる占領も三年が限度」という考えに加えて、日本は間接的にアメリカの兵器修理工場や造船産業に貢献できるのではないかという意見を持っていた。その一方で彼は、日本での直接的にアメリカ軍基地を維持することも模索していた。こういった議論がこれからという時に、あろうことかこの会談の翌日に朝鮮戦争が勃発する。

六月二十七日にはアメリカ軍に出動命令が出され、これが絶好のチャンスとなり、七月八日、マッカーサーが吉田宛の書翰で警察予備隊の創設を指令する。この時の日本の警察は拳銃等も無く、丸腰と言っても良い。治安にはアメリカ軍が当たっており、朝鮮人や台湾人の横暴にもアメリカ軍が対処しているのが現状だった。

池田が箱根で静養中の吉田を訪ねると、この指令について安堵している姿が見られた。

吉田「警察予備隊ができることになって本当に良かった。良かったね、良かったね。」

池田は喜一にこの時の様子を話している。何度も「良かったね」と繰り返していたという。

これは急ピッチで話が進み、八月十日、一ヶ月程で警察予備隊の設置が正式決定された。

経済と財政の話で言えば、九月、第二次シャウプ勧告が出された。一年前のシャウプ勧告の税制改正である。税率の微調整がいくつもあったが、基本的な路線は前年と変わらない。

この年の後半になると、インフレは急に収まり始める。朝鮮戦争特需があり、日本経済が自立し始めた。また、この年は安定恐慌の声が出始める。インフレが収まっても、金詰り、失業、中小企業は倒産一歩手前で、反米感情に転化する兆しも見られた。

そして、九月下旬、戦時下の象徴的な制度だった衣料切符が廃止される。新聞では「さよなら竹の子生活」、「買えぬ切符から要らぬ切符へ」という見出しが出された。この世相と関係があるかどうかわからないが、「チャタレー夫人の恋人」議論もこの頃である。

コメは昭和二十二（一九四七）年以降、食糧管理法で統制されていた。この年の収穫量は豊作の九五〇万トンで、かなり良い見込みである。コメの自由化はドッジも反対ではなく、今後は消費者保護から生産者保護への切り替えを目指したかった。そこで十一月上旬、閣内の意見を取りまとめ、政府も与党も昭和二十六年四月からの主食の統制を撤廃する方針が決定した。

ところが、しばらくしたある朝、池田と喜一は十月に来日していたドッジに呼ばれる。

ドッジ「コメの統制撤廃の件だが……」と、紙に書き始める。

「今日の事態において国民の治安の維持のために、最も必要なものは何であるか？」

「日本に食糧を輸入する船舶が、いつどこで爆撃されないと誰が保証しうるか？」

……と十二項目並んでいた。

喜一はそれぞれに対して答え始めるが、ドッジはまるで聞いている様子でなかった。撤廃論に賛成であったのに、ドッジの態度の豹変に池田と喜一は憤激した。

隣国の出来事がドッジの態度を変えさせたのである。朝鮮半島と中国の境にある鴨緑江（おうりょくこう）、ここまで進撃した国連軍は中国軍の南下反撃に遭ってしまったため、ＧＨＱは日本に飛び火してくると判断し、生産者のためにコメは統制し続けるという方針に変わっていったのだ。この食糧管理法は一九九五年まで続くことになる。

隣で起きている戦争は日本に良い影響も悪い影響も与えた。

ドッジのケアレスミス

昭和二十五（一九五〇）年十一月十八日、京都駅が火災に遭い、焼失した。駅舎内にあるホテルの食堂従業員が更衣室で使用したアイロンの不始末が原因だったという。

この事件の対応に当たり、国鉄職員へ一時手当を支払うかどうかの予算問題について、中央労働委員会が裁定することになっていた。政府は「予算に資金の余裕がある限り」という裁定に拘束されてしまっているので、支払いを進めなければならなかった。さらには、京都駅の復旧費用も必要である。これにはドッジの承認が必要であったのだが、この話を持っていくとドッジは嫌な顔をした。池田と喜一は法律上の決まりで仕方がないものであると半日説明して、夕方になってようやく観念してくれた。ところが、

ドッジ「ただし、予算の範囲内で裁定の一部を実行する。〝残余は予算が無いから実行不可能である。これはその他の公務員の先例にならない。〟、〝このために貨車の新造を中止せねばならぬ〟、ということを付け加えろ。」

池田「いやいや国会に出す議案には法形式がある。」

と、また一時間説明を要した。ようやく議案の英訳書にドッジは「ＯＫ」とサインをする。喜一は、ドッジの承認を待っていた民政局へ電話をすると、それが政府に連絡され、政府は一時手当を支払う議案を提出することになった。帰り際に喜一がかけた言葉がまたもやドッジを混乱させた。

喜一「予算の方もこれに従って修正をしなければならないので、その修正案は明日国会に出します。」

ドッジ「予算？　どの予算だ？」

ドッジの顔色が変わった。予算の修正はマーカット・少将の管轄になる。さらに給与についてはホイットニー・少将の管轄で、補佐官達が、「貨車を作る金を一時手当に廻すのだから、形式的な修正が必要だ」、と言ってもドッジは耳に入らぬ様子だった。

池田「ここにある紙にサインをした。それで予算は自動的に修正されるのです。」

ドッジは短い叫び声を出すと同時に、その紙は消えてしまった。ドッジは一目散にマーカットの部屋へ向かうが、すでに帰宅している様子で、電話をかけても話がつかなかった。

ドッジは何も言わず、部屋の隅のオーバーコートと帽子を取って廊下へ歩き出し、小さい声で「グッドナイト」と言って、そのまま帰ってしまった。

池田「一体これは何ということだ、諸君はこれをどう思う？」

補佐官「これはドッジが悪い。日本政府に誤りはないのだから、私達はいつでも証人になる。」

池田「それならその旨を書いてくれ。」

喜一はこの池田の依頼について、咄嗟に意味がわからなかったので通訳しなかった。国会へ戻ると夜九時半になっており、議案は出たが予算修正は未承認状態であったので、新聞記者が少し騒いだりした。ドッジのこのようなミスはこれきりだった。

ドッジは十二月四日に帰国する。

池田の失言ミス

昭和二十五（一九五〇）年十二月七日、参議院予算委員会にて池田が経済方針を語っていた。

池田「所得の少ない方は麦、所得の多い方はコメを食うというような経済原則に沿ったほうへ持っていきたい。」

この発言が問題となってしまった。報道各社は池田の発言を簡潔に伝えようとして、言葉が独り歩きした。

「貧乏人は麦を食え」

喜一は、「言い方の問題で、誰でもお金があるときは米を食べればよい。ちょっと手許が不如意な時は麦で我慢しなさい、とでも言えばまだ当たりが少なかったのではないか。大病の際の池田の人生哲学があったのかもしれないが、この人が将来総理大臣を志すとすれば、なかなか問題だな。」と思った。喜一は一応次のように池田に進言をしている。

「総理大臣になろうという人は、人間を貧富で分けるような考え方はしない方がいいんじゃないですか。」

講和への助走と文民統制

この一年間、岡崎勝男・内閣官房長官とディーン・ラスク・国務次官補は、平和条約発効後の基地をどうするかという交渉を一年間程非公開で行っていた。

昭和二十六（一九五一）年一月二十五日、大統領特使として、ダレスが二度目の来日をするが、喜一達は吉田とダレスの会談に備えて日本案四項目を用意する。

一．日本は今後、自由陣営の一員として行動する。

二．望ましいのは全面講和だが、この際は自由陣営との多数講和を選択することもやむを得ない。

三．アメリカの希望があれば、日米間で安全保障のための取り決めを締結しても良い。（日米安全保障条約の構想）

四．当面の問題として再武装に関して所見を求められるならば、それは日本の希望しないところであると考える。

そして、二十九日になり、吉田とダレスの会談が開催される。この時は集中的に吉田との交渉が行われた。この会談は秘密裏に行われ、中心人物は西村熊雄（くまお）・条約局長で、吉田に叱られながらも、忠実に対応していた。岡崎勝男はこの件をある程度把握していて、野党とも会談をこなしている。そして、ダレスは帰国の際に、吉田と共に言葉を残して行った。

ダレス「日本政府は米軍の駐留を歓迎している。」

吉田「アメリカとの安全保障取り決めを歓迎する。」

三月になると、ダレスは講和条約の草案を書き上げ、「三月案」ができる。この草案はすぐには公にされず、三月二十七日になって日本にも手交される。最終案は八月案になるのであるが、三月案と八月案の差分は賠償問題についてだった。ダレス自身は日本に賠償を求めようとしていない。何故なら賠償の請求権は、極東委員会では占領中に日本にかけた経費が第一優先とされていた。ということは、アメリカは二十億ドルの援助が経費になっているので、この返金が第一の賠償金となる。そうした場合、他国への賠償金は無くなってしまう状態になるため、賠償は求めない、と考えたのである。ところが、フィリピンとインドネシアはそれに納得せず、講和会議不参加の気勢を見せたため、最終案の中にやむなく最小限度の役務賠償を盛り込んだのだ。金銭以外を用いた賠償である。

もう一つ北方領土の規定も変わっている。「日本はソ連に対し南樺太及びその付属島嶼を返還し、及びソ連に対し千島列島を引き渡すべし。」この「ソ連に対し」の文言が削除され、「日本の一方的な権利」は、「返還」ではなく「権原の放棄」と書き改められた。

昭和二十六（一九五二）年四月十一日、マッカーサー罷免のニュースが流れる。講和が進んでいる中でもあったので、喜一は雷が落ちたかの如く驚愕した。

喜一「シビリアン・コントロール（文民統制）というものはこういうものか。多くの日本人は、それまで占領者として、いわば新しい天皇を気取っていたこの人が突然総ての権威を失い、激しい批判の対象になったということから、絶対者による占領というものがすでに崩壊しつつあるのを感じとったようだ。」

二、三日後になってGHQ内ではこんなことが囁かれていた。

「みんな、自分がマッカーサーの子分だと言っているが、誰が本当の子分なのかがこれでわかるな。」

そして、四月十六日、マッカーサーの帰国日となると、各官僚総出で羽田へ出向いた。池田も行くので、喜一もついて行くことになった。羽田は大変な人出である。マッカーサー夫人と子供、ホイットニー・准将も一緒で、日本の各閣僚と握手を交わし、ホイットニーはある閣僚に話しかけていた。

「Yes, We shall return soon.」（すぐに戻ってきます。）

横にいた喜一はこれを聞いて、「この男は一体何を馬鹿なことを言っているのだろう。」と思ったという。続けてホイットニーは吉田にも挨拶をした。

「God bless you.」（幸運を祈ってます。）

吉田は「God blame you.」（神に咎められろ、罰が当たれ）と言いそうになったが、言うのを止めた。吉田はホイットニーにひどいことばかりされたからだ。山崎首班事件などもホイットニーが糸を引いていたということもあった。

いよいよマッカーサーがタラップを上がって行く。良い占領者であったかもしれないが、我々を支配していたのは間違いなく彼であった。そんな思いがあったせいか微妙な空気が流れ、無言のままにマッカーサーを見送るような雰囲気が漂っていた。

すると突然沈黙を破った者がいた。

増田が「マッカーサー元帥万歳！」と大声で叫んだのである。それにつられて皆も両手で手を上げてしまった。ちなみに増田甲子七（かねしち）・幹事長という男は、吉田茂の前に行くと直立不動で「総理様」と言うような性格で、後にこの話を誰かにすると、「彼ならやりかねない」という反応が少なくなかったという。

こんな衝撃的なことがあったのだが、講和のスケジュールには影響が出なかった。マシュー・バンカー・リッジウェイ（Matthew Bunker Ridgway）という人物が後任としてやって来て、一年だけ占領解除に尽力した。

ダグラス・マッカーサー

一八八〇年一月二十六日、アーカンソー州に軍人の子として生まれたダグラス・マッカーサーは、西テキサス陸軍士官学校を首席で卒業し、ウェストポイント陸軍士官学校も首席で卒業する。トップランクの士官候補生はアメリカ陸軍工兵隊に任命されるのが通例であり、マッカーサーは少尉として任命された。一九〇五年には父親の副官として、東京の任務に就いた後、セオドア・ルーズベルト・大統領の要請で大統領軍事顧問補佐官になる。それから、メキシコのベラクルス州遠征で活躍し、第一次世界大戦では少佐としてフランス軍に味方をした。続けて歴戦をこなし、一次大戦終了後はウェストポイント陸軍士官学校の監督官となった後、フィリピン師団の指揮を執り、四十四歳で陸軍最年少少将になる。

一九三五年にフィリピン政府の要請もあり、マッカーサーはフィリピンの軍事顧問として陸軍元帥の階級を得る。しかし、フィリピンは日本の支配が進んできたため、オーストラリアへ脱出することになった。その後日本に対抗すべく一九四二年四月十八日、南西太平洋地域連合軍最高司令官に任命される。

戦後は日本にやってくるが、彼の野望には絶え間が無かった。裏ではフリーメーソンのランクを上げることに尽力し、マニラ・ロッジでは一位という地位を獲得していた。共和党内では、日本での活動内容について宣伝を活発にしていたが、日本の滞在期間が長かったせいかイマイチ人脈の伸びが悪かった。大統領候補選は結局、同じ最高司令官経験者であるドワイト・D・アイゼンハワーに負けてしまう。

吉田茂はマッカーサーの偉大な功績として二点挙げている。「ソ連の北海道占領を退けたこと」と「天皇の戦争裁判反対」である。

喜一のマッカーサーに対する評価はこうである。

「日本程度の国で長居していると嫌われるようになるということは、彼は本音で考えていたのではないか。

アイゼンハワーと並び称されるだけはある。マッカーサーは日本にとって比較的いい占領者だったと思う。日本人は彼に礼を言わねばならぬだろう。確かに偉い人だった。しかし、少し長く日本に居すぎたように思う。そこで天皇になってしまったという印象を与えた。だから片方でそれを裏書きするようにクビになった。」

昭和二十六（一九五一）年四月十八日、マッカーサーは退任演説をした。

「私は五十二年間の兵役を終えます。私が陸軍に入隊したとき、世紀の変わり目の前でしたが、それは全て私の少年のような希望と夢の実現がありました。ウェストポイントの平原で誓いを立てて以来、世界は何度もひっくり返り、希望と夢は消え去りましたが、当時最も人気のあった兵隊歌の一つが最も誇らしげに宣べていたことを今でも覚えています。〝老兵は死なず、ただ消え去るのみ〟。そして、その歌の古い兵士のように、私は今、軍のキャリアを閉じてただ消え去り、神のままに務めを果たそうとした古い兵士はその務めに出会える光が与えられたのです。それでは。」

講和に向けた国内調整

マッカーサー罷免のニュースから程なく、ダレスは三回目の日本訪問をして、各国との交渉経過の説明をして行った。

国内においては、安保条約の説明は十分とは言えなかった。草案も議論も無く、苫米地義三（ぎぞう）・国民民主党委員長が講和会議の全権団に参加か不参加かという問題にもなっていた。社会党は参加しないという見解であり、講和を進めるために勢力を固めるうえでは、自由党だけではなく、国民民主党の参加が欲しいところであった。ただ一人、吉田は納得をしていなかった。

昭和二十六（一九五一）年七月、国会では国民民主党から要望が出されていた。

国民民主党「講和会議以前に、臨時国会を開き、条約草案を十分に説明し、講和後の日米防衛体制をも明らかにすべきだ。」

自由党政府「条約の最終案は八月十三日頃アメリカから発表されるべきもので、それ以前に公の議題とすることは国際信義に反する。」

講和会議が一ヶ月前と迫った七月三十一日夜、この講和へ向けた与野党の連携に納得をしていない吉田を説得すべく、増田・幹事長、広川・総務会長、吉武・政調会長、小沢佐重喜・衆議院運営委員長（小沢一郎の父）が揃って、箱根の吉田邸へ向かった。到着するやいなや、全員が吉田に一喝される。

吉田「事前連絡もなく、何の成案もなく、ガン首を揃えて、互いの足を引っ張って、だらしの無い。もう民主党など当てにしない。臨時国会は開かない。」

そして、皆が帰った後、

麻生和子「それはあんまりです。第一、民主党を怒らせれば条約の批准の時に余計な手数がかかるでしょう。」

と、娘からの進言がなされた。

翌日、早速吉田は東京に出向き、岡崎・官房長官、増田、広川、吉武らと話をする。

吉田「やっぱり民主党工作はやろう。これは全権の選任の問題で、党務ではなくて国務だから、今後は官房長官の岡崎君が主になってやるように。」

さらにその二日後の早朝、吉田から池田へ電話がかかった。至急会いたいとのことなので、池田は八時半に東京を出て十一時過ぎには小涌谷(こわくだに)に到着した。

吉田「講和会議後、ワシントンを訪問したいので、このため池田蔵相と一万田日銀総裁を同行させたい。」

池田「承知しました。ただし一つ条件がありまして、首相がすぐに民主党の苫米地氏と会って、全権として会議参加を要請していただきたい。一昨日の夜のことは十分承知してます。」

吉田「わかった。」

池田「場所については一切任せて下さい。首相官邸がいいかもしれませんが、ダメかもしれないので。」

吉田「わかった。」

吉田はしぶしぶ承知して、苫米地邸へ向かった。数時間後、麻生氏から池田邸に電話があり、無事終わったとの知らせだった。三日間の臨時国会の後、苫米地は全権に参加することが決まる。

講和へ

夏の終わり、日本は講和へ向けて準備を進めていた。講和に当たっては各国と会議を行い、納得の上で条約の締結となる。ソ連など最初から締結に至らないと想定できたところもあれば、東南アジア諸国には日本に対する警戒感が拭えずにいるところも存在した。

そしていよいよ、日本の全権団の出発準備が行われる。警戒は厳重だった。荷物は鍵をかけないまま羽田空港に集められた。中身をチェックするためである。それから、透写器による検査や時限爆弾などの危険物チェックの後、ようやく格納庫へ収められた。その夜は、警戒兵が一晩中探照灯(サーチライト)を照らし続けていた。

八月三十一日、吉田茂一行の全権団は羽田から出発する。

【全権団】

苫米地義三・国民民主党党首

徳川宗敬（むねよし）・緑風会総会議長

一万田尚登（ひさと）・日銀総裁

星島二郎・自由党総務会長

池田勇人・大蔵大臣

これに加えて喜一や白洲、麻生和子や関係官僚なども同行した。

しばらくは全権団の飛行機にアメリカ軍の戦闘機が護衛についていた。それから、飛行機の中にはＦＢＩ職員も乗り込んでいる。この航空路は二通り存在しており、吉田の希望としては早く到着したいので、アラスカ経由の北方コースを取りたかったが、それはソ連領土圏に近く危険であるとアメリカ軍が判断して、実際のコースは安全のためにホノルル経由の南方コースとなったのだ。ホノルルに一泊するが、ここでも警戒は厳重だった。

九月二日、一行はサンフランシスコに到着する。講和条約の調印予定は九月八日である。

到着の翌日の朝、ドッジがホテルへ訪ねてきた。

池田、喜一、ドッジ、ヘメンディンガー・国務省東北アジア局長、この四人で二時間半程議論をする。

ドッジ「日本はガリオア資金を返す時だ。」

講和後の予算や占領中に生れた対米債務、「ガリオア」のことである。これに対して池田は見返り資金の貸付金利なども考慮に入れた支払い方式を提案した。これは翌年、ドイツから対米債務を取り立てる方式にも採用される。

吉田から、

「サンフランシスコが済んだら、ワシントンへ行こう。池田、一万田も来い。」

と、言われていたものの、ドッジやヘメンディンガーによると、ワシントンの日本問題関係者は一年近く講和の準備で忙殺されており、とても吉田の言うワシントンでしたいというビジネスの話には応ぜられない、ということだった。今度の条約はただでさえ日本に甘いと思われており、日本の総理が会議後にワシントン訪問となると、日本を依怙贔屓していると思われることも考えられた。これで吉田とのワシントン行きは無くなった。

この日の夕方、吉田はパレス・ホテルを訪問する。アチソン・国務長官とダレス・国務長官顧問とで約一時間の会談が行われた。

アチソン「会議はソ連の出席に関わらず、あくまで日本を平和社会に迎える儀式的な機会にしたい。したがって、条約案については一切修正は認めないつもりだ。その点は議事規則にもはっきりさせ、各国代表の発言は一時間に限る方針にする。ソ連やその衛星国は問題外として、パキスタン、セイロン(スリランカ)、インドネシアなどはどう出るかわからない。フィリピンは一番不満があるだろうが、アメリカとの永い間の関係から、何とか納得してもらえるのではないかと思っている。これらの国はいずれも、賠償を規定した十四条に不満があるわけだから、日本としては誠意をもって賠償交渉に応じるという意思表示をこれらの国々に積極的にしてもらいたい。」

ダレス「日本には未だ労働力が余っており、稼働停止状態の遊休設備も相当ある。これに対して賠償要求国が必要な原材料を持ち込んで、日本が無利益で加工して製品を送り返す、という構想に立っているので、日本にも就労の機会ができるし、双方で物資の交流も起こって将来貿易を盛んにするきっかけになる。」

今回の講和の時点では、未だに奄美大島が本土復帰から外され、現地ではハンガーストライキが起こっていた。これも話題になった。

ダレス「琉球などの南西諸島はアメリカが一時戦略的な必要から管理しようというのであって、領土的な野心が無いことは、主権を日本に残していることでも明らかで、これはあなた（吉田）にしばしば話したことだ。アメリカは日本の金塊も取らず、他国からの海運、経済制限に反対し、世界各国から寛大だと認められた。それが、ハンガーストライキのようなことは誠に以ての外で、日本国民にもう少し自制してもらいたい。」

加えてここでは、中国と台湾の議論もあった。ダレスは台湾寄りで、アチソンは冷徹な判断で中国寄りの意見だった。

翌日、吉田のいるマーク・ホプキンス・ホテルに上院議員であるスミス・アメリカ全権代理が来た。ソ連とは交渉中ということにしよう、とのことだった。

スミス「まさか日本は将来台湾政府を袖にして、北京政府と組むことはないですよね？」

吉田「中共貿易と言っても、いざ商売となると先方は勝手に自分達の条件を押し付けてくるに決まっているから、口で言う程うまい話にはなりますまい。ところでマッカーサーはどうしてる？」

スミス「一ヶ月ほど前ニューヨークで会っている。サンフランシスコにも来るかもしれない。」

しかし、マッカーサーが来ることはなかった。

この後、開会式以降のテレビの打ち合わせが行われた。日本のテレビ放送開始はこの二年後であり、日本の関係者にとって初めての経験だった。会場はサンフランシスコ市のオペラ・ハウスである。

アメリカスタッフ「テレビで全米放送されるので、皆さん時間を間違えずに議場に入っているように。」

生中継であるということで、時間にうるさかった。

この日はさらに、吉田はロムロ・フィリピン首席代表を訪問する。丁重に詫びを入れ、十分でないかもしれないが、賠償規定のある十四条は履行するという話をした。ロムロは日本軍にマニラの自宅を焼かれ、マッカーサーと一緒に逃れた経験があり、その話をされた。

ロムロ「サンフランシスコ滞在中にもっと具体的な約束をして欲しい。」

吉田「いつ、どこででも至急に相談する用意があります。貴国でも東京でも。」

吉田はこの日、インドネシア首席代表のスバルジョ・外相とも会見した。ロムロ氏と比べると、こちらは温和であった。これから行うスバルジョ氏の演説で「賠償問題についてはいつどこででも交渉開始の用意がある」という言葉を引用するので協議をしておきたい申し出があり、その日の午後に西村熊雄はアリー・インドネシア駐米大使と案文の相談をする。

続けて、吉田はジャヤワルダナ・セイロン首席全権とお茶会をする。次には、パキスタンのハーン・首席全権とも懇談。日本にとって、この空気感は極めて良好であった。吉田にとっては安心の一言であったことだろう。

サンフランシスコ講和会議と平和条約

昼間の重圧のかかった会談の数々もひとまず終わり夜になる。午後七時、サンフランシスコ講和会議の開会式が始まった。トルーマンの演説が行われ会議が始まる。

講和会議では、条約案の提示をしたうえで、各国の全権が演説や意見陳述を全員の前で行っていく。例の三月案なども比較のために配付された。同時に先の吉田のように各国と日本の要員とで独自に会談が行われたりもした。アチソン・アメリカ国務長官が議長で、スペンダー・オーストラリア首席全権が副議長だった。会場ではIBM製の無線翻訳機が貸し出されており、聴きたい言語のチャンネルを切り替えることができた。全員での会議と各国との個別会議がこれより毎日続くことになる。

九月五日、本格的な講和会議が始まる。ダレスが平和条約案の説明の中で、千島列島関係の領土問題について言及した。

同じ日にこの陰で、西村・条約局長とマカパガル・フィリピン下院外交委員長、他数名と彼らのいるセント・フランシス・ホテルで長時間の会議が行われた。かなり具体的な話をして信頼を引き寄せることができた。

九月六日、グロムイコ・ソ連外交官が意見陳述（外務省HP「サンフランシスコ平和会議」日本語版、八二頁）をして、やはり難癖をつけてきたがスペンダー・副議長が牽制した。

同じ日、翌日の受諾演説を吉田が英語で行う予定であったが、急遽日本語に書き換えられることになった。これは白洲が「占領から解放されるという時に、相手側の言葉で書く馬鹿がどこにいるか！」という指摘の下で修正が始まったのだ。チャイナタウンで紙と墨を用意することができ、それで書き直そうということになった。宿舎であるマーク・ホプキンス・ホテルの中にある吉田首相のスイート・ルームの前に細長い廊下があり、そこの絨毯の上に巻紙を並べてつなぎ合わせ、その長くなった紙に皆で手分けをして書いていった。

九月七日、池田はフィリピンのマカパガル・下院外交委員長、メレンチオ・大使と会談する。

本会議においては、ソ連が津軽海峡や対馬海峡などの航行について近隣諸国だけが許されるよう提案したが、これついてダレスが怒り、皆の前で大きな地図を使いその状況説明をしたうえで、地図を後ろに放り投げながらソ連の提案を一蹴するという一幕もあった。

その日の夜になり、全体会議で吉田の受諾演説が始まる。原稿の巻紙はトイレットペーパーのようだと揶揄された。吉田は、途中でくたびれて読み飛ばしたが、演説がテレビ中継されていたと知って後悔をしていたという。この吉田の読み飛ばしには、島内敏郎（島内憲・後のスペイン大使の父）が通訳を行っていて、上手くそれに合わせていた。

昭和二十六（一九五一）年九月八日午前十時、調印式が行われ、条約は参加五十二ヶ国のうち、ソ連、ポーランド、チェコスロバキアの三ヶ国を除く、四十九ヶ国が署名する。

吉田が席に戻ると、二列ほど後ろに喜一が座っていた。喜一が吉田の顔を伺うと、笑うでもなく怒るでもなくへの字口にしていた。喜一には、その様子が泣いていたようにも見えたという。

この日の調印後、吉田はイギリスの首席全権のモリソン・外務大臣と会談する。

モリソン「イギリスの中には、まだ日本に対して釈然としない者がかなりある。これを氷解させるために、日本は占領中に行われた社会改革をよく実践してもらいたい。」

続けて、労働党内閣の考え方などの講釈の後、日英問題の話にもなった。

モリソン「戦前の在日イギリス人が損害を受けたという話もある。」

吉田「それは二ヶ月ばかり前に補償を行うべき旨の閣議決定をした。」

これは日本での外国人捕虜の抑留の話だと思われる。この外にも全権団随員の何人かは関係国の随員達と何度も話し合いをしていた。

そして、トルーマンが調印式にやって来て、舞踏会（Ball）も行われた。

トルーマン「とにかく日本と平和条約ができるので結構だ。日本も民主主義が非常に進んでいるらしくて、最近どこかの日本の地方選挙の投票率が七十何%だったそうだ。そんな高い投票率には、アメリカも早くなってもらいたい。」

対イタリア講和条約（パリ条約）は一九四七年二月十日に締結されたが、それは米英仏ソの四大国の批准で効力が生じることになっていたのに対して、対日講和条約は日本の批准で効力が生じることになった。日本に対しては温和な対応だったことがわかる。

静かな安保条約

この日はまだ終わっていなかった。午後五時、市内プレシディオ・アメリカ陸軍第六軍司令部で別の署名の作業が行われた。アメリカ側はアチソン・国務長官ら四人、日本側は吉田首相一人であった。吉田が無理にでも一人になったのは、将来必ず禍根を残すとわかっていたからである。この責務を自分以外に負わせたくなかったのだ。この時点より安保条約というものの存在がなんとなく公になっていく。もしも最初から安保条約が公になっていた場合、国内議論はもちろん、会議参加を表明していたソ連はどう言ってくるのかが全く不明であった。外交機密に属するとは言え、吉田の安保条約は強引なやり方ではあった。

このことを知っていたのは西村熊雄・条約局長と岡崎・内閣官房長官であるが、西村側は逆に、池田と喜一の動向を知らなかった。ちなみに池田と西村は高校が一緒である。

吉田はこれを進めるにあたって、辰巳栄一・元陸軍中将に何らかの相談をしていた可能性がある。ウィロビーに推薦された、東條英機の秘書官である服部卓四郎・陸軍大佐は退けていた。

吉田は国会やインタビューで安保条約について質問されると、こう答えた。

「それは先のことはわからないよ。」

後に喜一は、安保条約についてコメントをしている。

「我々が頭を下げてお願いします、という形でアメリカに守ってもらっていると思うから色々な間違いが起きるんだ。アメリカだって、何も慈善のために日本を守っているわけではない。

要するに日本を友達にするか、敵にするかは、アメリカにとって大変な違いだから日本を守ろうと言っているんだし、守ってくれているからと言って別に〝借り〟があると思わなくてもよろしいというのが私の当初からの考え方だ。」

講和会議が済むと一行はすぐに帰った。吉田内閣の支持率は五十八％。講和後の帰りの飛行機でこんな話があった。

白洲「吉田さん、これで辞めなさい。あなたの仕事は終わった。今が一番いい時期だから。」

喜一も後に思う。

「吉田さんは何故あの時やめなかったのだろうか。しかし、政治家というものの任務は、こういう無理が潜在している段階で早くそれを見つけ出し、国民の気の付かないうちに対策を考えるところにあるのであろう。」

ドッジ最後の訪日

ジョゼフ・ドッジはいつも次のように力説していた。

「賠償、外債の償還、警察予備隊の増強、一人前になるに従って入用になる支出が相当大きい。減税などという話は感心しない。」

講和が終わって一ヶ月余り経った昭和二十六（一九五一）年十月二十八日、喜一は池田に命じられ、横浜港で税関の小型蒸気船に乗り、沖合に碇泊しているプレジデント・ウィルソン号に辿り着く。小型船では前もって日本に来ていたラルフ・リードと一緒であった。その他にも官僚が二、三人付いて来た。ドッジが来日したので、迎えに行ったのである。

起き抜けのドッジはあまり機嫌が良くなかった。部屋には案の定、「減税は独立を迎える日本のために良くない」という声明文の原稿が五十部ばかり用意されていた。リードと喜一はドッジが嫌がる中、取り下げてもらった。そのため、これから待ち受けている記者会見は走り書きのメモで行うことになったが、記者も勘所を抑えている。

記者「日本政府は来年度も減税をするつもりだが、どう思うか。」

ドッジ「そのことに触れまいと思ったが、聞かれたから、こっちも聞きたい。世界各国の中で、二年間減税をし続け、三年目にもそれをやろうという国が、他にどこにあるか。世界の趨勢はまさに反対だ。」

ドッジは減税について注意はしたが、日本政府が減税策を変えることはなかった。今や占領下ではないと、ドッジは目をつぶった。池田との最後の会談では、日本国内の遺族支援金についても、痛烈な批判をしてきた。

ドッジ「そんなことをすれば、きっと賠償交渉でフィリピンにやられる。日本に殺されたフィリピンの兵隊の遺族の気持ちが諸君にはわからないのか。」

また、再びコメの統制撤廃の話が持ち上がった。コメ生産者のための統制撤廃と自由販売はドッジもいよいよ了承しそうになったのだが、今度はコメ生産者側から、「統制撤廃となると、危険な値上がりとなって困る」という陳情投書がドッジ宛に送られてきていた。池田は諦めざるを得なかった。

十一月二十九日、ドッジはこれを最後に帰国した。

喜一は、講和条約の記録を大蔵省の雑誌『財政』十二月号に寄稿することとなった。内容はおおよそ本書のこれまでに述べた通りで、表題は「世紀の調印式を見る」である。

講和後の行政と政治

昭和二十七（一九五二）年一月の終わり、ディーン・ラスク・国務次官が大使として来日した。喜一は、折衝中の行政協定の草案を確認する機会があった。

（行政協定草案）「アメリカは駐留を希望する施設及び区域について、講和発効後九十日以内に日本側と協議し、日本側の同意を得なければならない。但し九十日以内に協議が整わなければ、整うまで暫定的にその地点に居て良い。」

喜一は期限のところで疑問を感じた。

「まとまる迄居て良いというのでは九十日と限った意味は全く無い。独立する意味がないということに等しい。この規定を削るように。」と、喜一は外務省に指示を出した。ところが、「岡崎・ラスク交換公文」の中にはこのままの規定が残っており、これを知った時には調印もすでに終わっていたという不可思議なことが起こっていた。

昭和二十七（一九五二）年四月二十八日、サンフランシスコ講和条約が発効された。同じ日に、日華平和条約（台湾）も締結される。

この頃、喜一が池田に聞いたことがあった。

喜一「吉田さんは、（戦後初の）初代大使として、ワシントンで少しぐらい意識的に喧嘩をして煙たがられる人間を選ぶつもりか、それとも人柄も良くてアメリカ官辺（かんぺん）から愛されるような人間を選ぶつもりか、どちらでしょう。」

池田「聞いてみる。」

……

池田「聞いてみた。初代大使は皆から信用され愛される人間が良いと言っていた。」

六月になると、新木栄吉・元日銀総裁が戦後初の駐米大使となる。また、六月九日には日本とインドの日印講和条約も締結され、新たな外交の一歩を踏み始めている感があった。

しかし、それに反するかのように国内では政争の空気が流れ始めていた。福永幹事長指名事件が発生する。一年生議員の福永健司が幹事長に就いたが、これに対して鳩山系反吉田派が造反に動いたため、幹事長は辞退し、代わりに林譲治が幹事長となる。

記者「幹事長、ご抱負は何ですか。」

林「なりゃいいんだろう。」

こんなゴタゴタが始まり、八月二十八日には衆院が解散される。吉田は那須かどこかにいて、閉会中の国会解散だった。

このような政争が始まっている中ではあったが、八月一日には警察予備隊と海上警備隊が「保安隊」になり、防衛省の元となる保安庁が発足した。

IMF（国際通貨基金）

日本が国際社会への復帰をし始めると、様々な活動が活発化していた。池田と喜一はビルマ（ミャンマー）と賠償交渉を行っており、交渉者は草履で来ていたが、よくできる人だったという。アジア進出を成功させたい池田らは、賠償を絶好の機会だと見ていた。

池田「アジアへのコンタクトを取り付けないといけないな。」

喜一「賠償という特権を通じて、アジア諸国への進出ができますしね。」

そして、昭和二十七（一九五二）年八月三十一日、日本はＩＭＦへの加盟を果たすことができた。これにより池田と喜一はＩＭＦ年次総会に出席するため、東京から開催場所のメキシコシティへと出発した。メキシコシティには開催日である九月三日に到着したが、午後になったため開会式に間に合わなかった。

現地に着くと、ユージン・ロバート・ブラック・世界銀行総裁と一時間だけ会談することができ、池田は電源開発資金、特に只見川の問題を話すと、話に乗ってきた。

ブラック「できるだけ早く調査員数名を派遣する。」

池田「吉田首相は、あなたの予定が許すならできるだけ早く招待したいと言っています。」

ブラック「行ってはみたいけれど……。」

と、自分自身が行くのは消極的であった。

午後九時にはメキシコ中央銀行でメキシコ大蔵大臣が主催するディナーが開催される。これには各国の大蔵大臣と中央銀行総裁が招待されたのだが、池田はこれをとても嫌がり参加を拒否した。言葉も不自由ということもあり、喜一に出席を迫ってきたのだ。喜一だって大臣でも総裁でもないからと断った。この日もブラックとの会談だの大統領拝謁だのと仕事が終わったところ、夜になり大使館の人から喜一へ、「あなたも出席すると連絡したから行きなさい」と強く勧められた。喜一は致し方なく行くことになった。

喜一は一人でメキシコ中央銀行の二階か三階の大きなホールに入る。すでにたくさんの人がいたのだが、アジア人の顔はまず見当たらない。さらに立派そうな人ばかりで、気後れしてしまった。

四十代という若さのマーティン・アメリカ連邦準備銀行総裁を見かけると、一度話したことがあると思ったが、そんな肩書の人は大モテで人だかりがあって近寄れない。

喜一「ドッジはいないのか。嗚呼、彼は大臣でも総裁でもないからいないのか。」

今度は座れる席が無いかと探した。招待状には「(ドレスコードは)黒のジャケットで」と書いてあったので、白いタキシードのジャケットを見かけると、喜一はボーイの大将だと思って話しかけた。

喜一「座れる席は無いか?」

と聞いたところ、それはどこかの国の大蔵大臣らしかった。良いか悪いか英語が通じず冷や汗をかいた。もし英語のわかる人だったらと思い、さらに冷や汗をかく。今度はホールの隅に動かない人を見つけて、メキシコのFBIみたいなものだろうと話しかけたところ、その人がメキシコ政府関係者を連れてきてくれた。今度は予想が当たった。

メキシコ関係者「もちろん、あなたはご招待してあります、どうぞお気軽に。」

気軽にとは言われたものの、全く気軽になれなかった。扉が開いて人が流れ始めたので、それに付いて行く。着席表には喜一の名前が書かれているのを見つけた。閣下という敬称までついていて、やれやれと思った。喜一は席につくと東京からここまでの汗とさっきの冷や汗で、タキシードのカラーが気持ち悪くなっていた。

メニューを見たところ、フランス語で八段もあり、夜中の十二時は過ぎると思うと、喜一はさらに悲しくなった。ディナーが始まり音楽バンドが入ってきて、演奏が始まる。スペインのマドリガルのような音楽で、女性歌手が現れる。フープで大きく広げたスカートと裸にショールだけを肩がけしたような格好で、やはりスペイン系美人だ。

四、五曲で終わるかと思ったら、一向に終わらない。客の酒も廻って「ヨーホー」と騒ぎ出す大臣や総裁が続出した。誰かがその女性歌手に名前を聞き出したようで、「ヴェロニカ」という名前のようだった。ノリノリの彼女は、各国の大臣・総裁を歴訪し、手を握ったり、頬にキスをしたりしていた。年寄りのスナイダー・財務長官のところでは、背中に手を廻されていた。喜一より十歳少々上であるマーティン・連邦銀行総裁は逃げ出し、みんなに笑われていた。踏み込んだ表現は避けるが兎に角エロティックであったようだ。ヴェロニカはそれから四、五曲歌い、デザートコースが近づくと、誰かのメニューを取り上げ、オートグラフ（特に有名人のものを指すサイン）をもらって歩き始めた。

喜一の隣の某国大臣は、万年筆のインクが出ずに「この頃は俺のも出ないよ、歳のせいだな」と言うと、ヴェロニカを始め全員を笑わせた。そして喜一の番がやってきた。

喜一「私は大臣でも総裁でもなく……」

とモゴモゴしていると、

ヴェロニカ「あら、あなた名前が無いの？」

と、言われて慌てて重々しくサインをした。ヴェロニカは、どうやら日本の芸者に近いような職業らしいと後でわかった。

翌日、スナイダー・財務長官と五十分ばかり会談をする。この総会にはドッジ・国務省顧問も来ており、同席することになった。

スナイダー「アメリカの最高首脳部は日本が安保条約で定められた防衛力の漸増を急いでくれることを希望しており、日本経済を助ける意味で、日本でのドルによる調達を考えている。」

これは防衛力増強を正式に持ち出した最初の話し合いであったかもしれない。

翌々日、ドッジと二時間の会談をする。この時に初めて防衛問題について込み入った話が始まる。

ドッジ「アメリカ側には、警察予備隊を今年度中に十八万（当時の勢力は十一万）、二、三年先には三十二万五千人に達することを目標にできないか、というような話が国防省の研究の結果、ちらほら出ている。ワシントンは来年度（一九五三年七月〜一九五四年六月）三億ドルぐらいの軍事援助を日本に与えるように陸軍の予算を検討している。」

ドルはできれば欲しいのでどんな援助になるものかを把握したい。しかし、不用意な深入りは避けることにし、池田と喜一は聞きっぱなしにすることにした。朝鮮半島の休戦で予算に相当の使い残りがあるらしく、これは後にMSA対日援助と呼ばれる話に繋がる。

別の日には、ドイツのシェファー・大蔵大臣とエアハルト・経済大臣を訪ね、エアハルトから自由経済論について講釈を受ける。

エアハルトは、後に日本のOECD加盟にも助けになってくれる。また、GATTのケネディ・ラウンドでは、ジスカール・デスタン・フランス蔵相とハーター・アメリカ特使（元・国務長官）との激突を仲裁して妥協案を出す、というようなこともやっている。彼は英語もフランス語も一切話さず、必ず女性通訳を連れていた。この通訳は国際会議の場はもちろん、カクテルパーティーでもディナーでも一緒であるため、喜一は男同士の話をしたくてもできずに困った、という思い出があった。

メキシコの在外事務所長でメキシコ大使でもある千葉皓(こう)には妻がいた。この妻は石橋湛山の長女・歌子である。台所の設備は日本と勝手が違うらしく、炊飯しにくいところであったが、ご飯を用意して池田と喜一の二人をもてなしてくれた。

当時のこういった国際的な集まりは、お祭りの色が濃かったようである。

保全経済会詐欺事件と湛山の除名

メキシコから帰国して少し経った九月二十五日、喜一は朝から池田邸にいた。すると、そこに広川弘禅(こうぜん)・農林大臣が未知の男を連れてやって来た。喜一は池田とは別の部屋にいたが、声の通りは半分筒抜けだった。

広川「お前はあっちで待っておれ。」

未知の男は別室で待機する。そこで池田と広川が終始、石橋湛山と河野一郎の除名について話をしているのが聞こえた。そうして未知の男は何もせずに帰っていくのだが、この未知の男が一年半後に逮捕される。当時話題となった「保全経済会詐欺事件」である。被害者は十五万人で被害額は四十四億円。未知の男は伊藤斗福(ますとみ)という者で、彼の証言によれば「九月二十五日に広川と一緒に池田蔵相から保全経済会の法制化のため謝礼の話をした」としているが、喜一はそんな話は聞こえてこなかったので、伊藤の思い込みだったのでは喜一は推理する。

さて、先の話の通り、九月二十九日、池田の指揮の下、湛山と河野は分派活動をしたという理由で自由党から除名される。広川弘禅はまだ、石橋・河野側ではなく吉田側であったが、次第に河野側に傾いていく。メキシコでは湛山の娘の世話になったばかりで、なんとも歯がゆい対応を強いられたのである。

池田の不信任

この年は喜一の忘れられない年となる。

昭和二十七（一九五二）年十一月二十六日、衆議院議員本会議で、社会党右派の加藤勘十（かんじゅう）は池田を追い詰めようとしていた。池田が経済審議庁長官も兼務している時である。

加藤「池田通産相は二年前、倒産した中小企業者の五人や十人自殺しても止むを得ないと言ったことがあるが、今でも心境に変わりはないか。」

池田「インフレ経済から安定経済に向かう過渡期に、思惑その他の普通の原則に反した商売をやった人が五人や十人倒産することはやむを得ない。倒産から思い余って自殺するようなことがあっても、お気の毒だが止むを得ないことをはっきり申し上げておく。」

野次「中小企業を倒産させてよいのか。」

池田「それならそれで、しようがない。じたばたすることはない。」

喜一は秘書官として同席しており、池田が席に戻ったところで、助言した。

喜一「今の話は訂正した方がいいですよ。」

池田「何が悪い、ちっとも悪くないよ。」

新聞記者に対して、喜一は「ジタバタは広島の方言で……」となんとか釈明したが遅かった。十一月二十七日、野党は池田への不信任案を提出する。午後になり、自由党の代議士会にて池田は謝罪をした。

池田「自分の真意は中小企業育成のため万全の施策を進めるにあったが、不用意な発言のため皆様にご迷惑をおかけしたことを深くお詫び申し上げます。」

少々傲慢だった池田は、ここにきて神妙になったところで周りは冷ややかだった。

夜になり、引き続き衆議院議員本会議で不信任案が上程された。

【不信任決議案の可否】

賛成　二〇八

反対　二〇一

やかましい議場内で、不信任案は可決された。吉田茂は「への字」口で立ち去り、それに池田も続く。官僚秘書官だった喜一は、満員の傍聴席から見ていた。前日の傍聴者数は一八〇〇人で新記録という騒ぎの中である。

喜一にとってその光景は、仁王立ちになっている池田に、味方であるはずの自由党の席から槍衾（やりぶすま）や矢がブスッブスッと突き刺さって、ついにどさっと倒れる、そのように見えたという。終戦以降初めての閣僚個人に対する不信任案の可決であった。

池田は記者会見には応じず、皆を連れて四谷信濃町に引き上げた。池田邸はすぐに閂（かんぬき）をかけ、面会を一切断った。大平以外は皆酒に強かったので、飲んで呑んでのみまくった。

この池田学校の校歌というのは、霧島昇（のぼる）が歌う「旅の夜風」というもので、作詞・西條八十（やそ）、作曲・万城目正（まんじょうめただし）、映画「愛染（あいぜん）かつら」の主題歌である。

〽花も嵐も踏み越えて　行くが男の生きる道

深夜になり秋雨が降っていた。

明くる朝、喜一は辞表を提出した。池田の秘書になって三年。思う存分仕事をさせてもらった。役人であるにも関わらず好き勝手させてもらったし、随分わがままもさせてもらった。このまま大蔵省に戻るのも、気が進まなかった。すると、森永貞一郎・大蔵省大臣官房長（後の日銀総裁）が止めに来た。

喜一「ありがたいことですが、やっぱり辞めます。」

そして十二月一日、依願免職の辞令が正式に発令される。喜一は無職となり、六十円程の退職金をもらった。

喜一「しばらくはブラブラしよう。」

喜一、政界へ

昭和二十八（一九五三）年正月、池田から話があった。

池田「次の参院選に出ないか?」

喜一「お断りします。」

池田から第三回参議院議員通常選挙への出馬要請があったが、喜一は断った。

喜一はブラブラしていた。父裕のいる熱海へ行くと、父もブラブラしていた。週一、二回、大東文化大学の講義に出かけるのは見かけたが、裕の政治参加できないという寂しさが滲み出ていた。裕は前年落選し、政治家としての引退を決めていて、意気消沈をしているのが分かった。

裕「政治はこれからだっていうのになあ。」

池田は喜一を大蔵省に誘った時のように、懲りずにやって来る。

池田「君のところは三区、俺は二区だ。俺は三区でも随分と人の世話をしているからどうだろう。二、三区を合わせると参議院の選挙がやれるじゃないか。」

喜一「わかりました。親孝行できるかなと。」

日本と世界との劇的な政治を間近に見て過ごした官僚時代に、喜一は、経済、財政、外交、英語力、役所のノウハウ、法律、折衝、思想などが磨かれていった。池田の傍らにいて諸々の経験をさせられた。そんな人物が政界で走り出すのだった。

第三章

政治参加から経済企画庁長官就任、池田勇人退陣まで

第五次吉田内閣

昭和二十八（一九五三）年二月二十八日、衆議院予算委員会で、吉田が社会党右派の西村栄一の質疑に答弁をした際、席に戻ってから「バカヤロー」と呟く。三月二日、社会党右派から懲罰委員会にかけられ、三月十四日には内閣不信任決議案も可決、衆議院解散の運びとなる。公職追放が解除されて戻って来たグループは吉田批判を始めていた。この造反に広川弘禅が加担し始める。追放解除組は、鳩山一郎を中心に、石橋湛山、河野一郎、三木武吉、安藤正純などがいた。これを機に鳩山一郎の分党派自由党ができるが、吉田内閣の中心である党人御三家と呼ばれた、大野伴睦、林譲治、益谷（ますたに）秀次は加担していない。

そんな状況下ではあるが、四月十九日に第二十六回衆議院議員総選挙が行われた。吉田自由党は二〇〇近い一九九議席、分党派自由党は予想より少なく三十五、社会党左派が伸びて七十二、右派も少し伸びて六十六。改進党は大きく落として七十六となった。

朝日新聞社説は「改進党も分自党も振るわず、自由党が勢力を維持したのは、結局再軍備の問題ではないか。」と書いた。

衆議院の選挙に続き、五日後の四月二十四日には第三回参議院議員通常選挙が行われた。喜一は参議院議員として初当選する。八万九三二六票を獲得し二位通過だった。広島選挙区の定数は二名で、吉田派自由党、三十三歳新人としてデビューをする。

そして、吉田の最後の内閣が始まる。

ある日、池田と喜一の間でこんな会話があった。

池田「吉田さんは再軍備をしないと言っているが、あれは所謂(いわゆる)国会答弁だ。本心はもちろん改憲論者だよ。」

喜一「さあ、どうでしょうか。吉田さんは、あの方針でやっていくつもりじゃないかと思いますが。」

この当時、中ソ同盟条約を締結していた中ソの仮想敵国は日本であった。吉田の中国観は次のようである。

「中国はソ連のような共産主義国家にはならない。中ソはいずれ一枚岩ではなくなる。」

MSA（日米相互防衛援助）

朝鮮半島の情勢は、最初から最後まで日本に影響を与えた。朝鮮戦争が終局になると、アメリカでは軍事予算や軍備が不要になり、日本に対しても多くの予算が予定されることになった。日本の財界は再軍備に積極的であり、関心を持っていた。

朝鮮の休戦で余った新鋭兵器の贈与受け入れは、一見賢明ではあるが、兵器の種類によっては軍備拡張に発展し、道具が人を引っ張るかもしれない。また、修繕維持費や兵器の更新にも費用がかかり、財政の負担になる恐れもある。それよりも、余剰軍備を受け入れると、国としてある程度の軍事義務が課され、つまりは憲法問題に波及しかねないのである。

選挙が終わって間もなく、ＭＳＡ（Mutual Security Act, 相互防衛援助）という言葉が飛び交い始めた。日本の保安庁（後の防衛庁、防衛省）とアメリカ国防総省の情報共有は漏洩されないようになっていたので、真意はわかりにくかった。そこで、吉田からワシントンの新木・大使に次の情報を調べるよう訓令された。

一．日本はアメリカに対し、未だMSAの援助を求めたことはないのに、ダレス国務長官が対日援助の用意があると言っているのはどういうわけか。

二．この場合対日援助はMSAという純軍事的なものに限るか、あるいはアメリカが日本にドルを落として調達するいわゆる域外調達をも含むか。

三．MSA援助を受けるについて、新しい軍事的な性質の義務を引き受けねばならぬか。或いは日米安全保障条約に定められた範囲で十分なのか。また、保安隊の増強について、長期の約束をする必要があるか、あるとすれば、アメリカはどの程度のことを期待しているか。

四．援助の金額はどのくらいか。

吉田は財政面の話であるということもあり、この話の正体を確かめるべく、池田に渡米してもらいたいと考える。

吉田「池田君、ワシントンへ行ってこい。」

同じ時期にアメリカで記者会見が行われた。

ダレス・国務長官「日本の国内治安及び自衛の目的のためには、最終的に保安隊が三十五万、アメリカの標準でいえば十個師団まで増強されるのが、アメリカの暫定構想である。もっともこれは、日本政府と国民が決定すべきだが。」

吉田はMSAについて、やはり懐疑的になる。池田と喜一は三十五万というのはメキシコシティで聞いた数字だ、とすぐに理解する。しかし、喜一にとって防衛関係はまるで門外漢であったので、保安庁の専門家から防衛問題について教えを受け始めた。

吉田は池田にMSA関連の資料を求め、八月六日、池田はこれに応じて防衛力増強など到底できないと書かれた資料を提出する。

ダレスは米韓相互防衛保障条約（仮調印）を韓国で結んだ後、八月八日に来日し、吉田と三十分程の会談を行った。

ダレス「イタリアは国民所得の七%を防衛費に使っているが、日本は二、三%しか支出してない。」

吉田「国力や憲法の制約により、なかなか口で言うようには簡単に行かないのだ。保安隊の増強は当面、せいぜい二、三万だろう。」

吉田は池田に対して、ただ渡米せよ、と言うだけで目的は話していなかったという。

喜一「ははあ、何をしに行けと言うんですか？」

池田「いや、いつもの通りそこははっきり言わない。相変わらず外資導入という話はあったけれども。」

喜一「どうかなりませんかね。」

池田は仕方がないという表情をした。なんとなく防衛問題だろうな、という察しはついていたのだが、池田と喜一の渡米が決定する。

吉田・重光会談

与党と言っても過半数には遠く届いていないため、ＭＳＡに対する考え方を将来どうするかということは、吉田の自由党だけで決められないのが実状だった。政局的にも社会党と改進党が組まれると心配だということもあり、積極軍備論者だった改進党の重光葵と吉田を接触させたいところであった。

そこで、佐藤栄作・自由党幹事長と緒方竹虎・官房長官との組が、吉田・重光会談の実現に苦労させられる。吉田が良いと言わないのだ。ちなみに緒方は池田のライバルとされ、これは先人争いの色彩を帯びていた。重光側もはっきりした返事をしてこず、佐藤が吉田の文書を持って、行ったり来たりをしていた。

これに加えて重光にモリソン屋敷を提供した林彦三郎と、慶応大学の同窓生である秋山孝之輔が一緒になって重光を口説いた。

日比谷にあった三信ビルに林の事務所があり、池田も重光とは何度か会談をした。重光は愚図っており、重光だけでなく、側近の大麻唯男、松村謙三が障壁になっていた。

秋山は大麻とも接触し、ようやく重光が折れ始める。

重光「時局は極めて重大である。これは国の大事であるから、池田さん、あなたがアメリカに行かれることの意味はわかったから、考えましょうか。」

ここで喜一らは吉田と重光のどちらも納得できるような政策草案を文書化する。

【吉田・重光両党首合意案文書】

一・この際長期の防衛計画を立て、自衛力を増強する方針を明らかにする。

二．さし当たり保安隊を自衛隊という名に改め、直接侵略にも対抗出来ることにする。
三．この結果起こってくるかも知れない憲法問題は別に協議する。
四．また経済の面では、長期経済建設の政策を協議する。

斟酌して書いてはみたが、どのへんまで吉田がウンというか皆不安であった。池田が吉田にこの文書を見せに行く。喜一としては、「直接侵略にも対抗出来る」と「憲法は別に協議する」というくだりについて吉田が懸念すると考えていたが、これは池田も同じだった。

吉田「ああ、いいよ。これでいいじゃないか。」
池田「総理も思い切る時は思い切りますね。」
吉田「私はそんなケチじゃない。」
池田「吉田さん、鎌倉にお出かけになって、重光会談をやって、合意してください。」
吉田「じゃあ、いいよ。」

と吉田の方は鎌倉へ行くことに納得した。
吉田は池田に甘いのではとも思われた。前の緒方・佐藤による会談の試みには吉田はいい顔をしなかったからだ。
次は重光にこの文書を見せた。

重光「〝憲法について協議する〟と、〝経済政策〟の二点を削ってください。」

喜一達にとってはありがたい修正箇所だったので二つ返事で承諾する。改進党の党内議論も分かれ得る二

点であると推測された。会談の件も、

重光「それでいい。」

という返事で問題無いようであった。ところが、重光が吉田にいつ会うのかということについて、一向に返事をよこさないという事態が起きた。

喜一「吉田さんに、重光氏宛の手紙を書いてもらって、同封した政策の件でお会いしたいが如何がでしょう、という文章を封入して、使者に重光邸の玄関から持たせてやれば良いでしょう。そうすれば新聞記者が気がついて騒ぎ出すから、重光氏も決心がつきやすいのでは。」

池田「そういったことは駄目だ。」

この件はすぐに、大麻が握っていたことがわかり、池田が大麻に会いに行くことになった。

大麻「重光総裁から聞きました。吉田さんが来るそうですね。その時に総裁は紙を自分にちょっとだけ見せたが、よく見せなかった。だから何が書いてあるのかわからない。そんなわからない話では困るんだ。」

と、また話が頓挫するかに見えたが、

池田「それじゃあ、あなたにも見せる。」

ということで、納得してもらい無事に話が進んだ。

昭和二十八（一九五三）年九月二十七日、吉田が鎌倉にある重光私邸を訪ね、自由党と改進党の合意がなされた。翌年には、自衛隊が発足することになる。

【最終合意内容】

「現在の国際情勢及び国内に起こりつつある民族の独立精神に鑑み、この際自衛力を増強する方針を明確にし、駐留軍の漸減に即応し、かつ国力に応じた長期の防衛計画を樹立する。これとともに差当り保安庁法を改正し、保安隊を自衛隊に改め、直接侵略に対する防衛をその任務に付加えるものとする。」

池田・ロバートソン会談①

吉田は訪米直前に皆を集め、次のように語った。

吉田「諸君は皆大蔵省出身で、借金を値切ることばかり考えているだろうが、あのガリオアだけは逃げないように。私はダレスに、返すと何度も約束している。日本はサムライの国だからね。ただ、返せるように新しく金を貸してくれ、といつも頼んでいるのだ。

外資導入については、どんな外資であっても雇用が増えるのだから良いではないか。国内産業が競争で負けるというのは、自動車が入ると人力車が廃れるというのと同じだ。」

昭和二十八(一九五三)年九月二十九日、池田と喜一らの訪米団は日本の今後の防衛と財政の行方を探るべく出発した。池田と喜一は国会議員であるため、国会法により政府を代表することはできず、池田は吉田の個人的特使として参加をする。政府代表は愛知揆一・大蔵政務次官で、官僚は鈴木・財務官と村上・主計官も参加する。相手はロバートソン・国務次官補やドッジ・予算局長官ら数人で、長い期間の交渉が始まる。

十月一日夜十時、訪米団は到着した。新木・駐米大使とドッジ・予算局長夫妻、ロバートソン・国務次官補が出迎えてくれた。

翌朝、日本大使館で新木・大使、武内、渡辺両公使らと打ち合わせをする。午後にはドッジのオフィス、その後に国務省のロバートソンを訪問し、今後のアジェンダを打ち合わせた。

【アジェンダ】

一．日本の防衛問題及びアメリカの援助
二．東南アジアとの経済交流及び賠償問題
三．中共貿易
四．ガリオア（占領中に日本が負った対米債務）問題
五．日本の外資導入及び借款
六．その他日本の国内問題

ここでは声明文の草案も確認し、「防衛計画」とあったので、「日本の経済に関係する諸問題について議論する」と書き改められたりもした。

土日を休んだ後の月曜日午前十時半、ロバートソン・国務次官補が司会を行い、ドッジ・予算局長官、アンダーソン・商務次官補、サリヴァン・国防省代表、それから国務省、国防省、財務省、対外援助局、商務省、予算局などの代表者二十名が参加し、二時間半の会議が始まった。

池田は「日本経済の現行と諸問題」という経済白書を簡潔にしたような資料類を配付し、一時間程かけてこの説明をした。吉田がダレスに示した意見書も配付される。

この意見書は大まかに、日本の現状の説明をしたうえで問題点を列挙し、それを議論したいと述べられている。

【日本の現状】

「現状は、朝鮮戦争休戦とはいえ共産勢力が衰えたわけではない。日本の繁栄は経済提携を通じて、東南アジア諸国と共にある。東南アジアの安定勢力として、日本は防衛力漸増を考える時機である。日本経済を拡大するには、重要産業設備の近代化が必要だが、資本不足だ。戦争の打撃がまだ各地にあり、現状の生活水準では共産主義に向かう恐れがある。」

このような考えの下、問題点が列挙された。

a　日本の防衛問題：防衛力漸増の検討を始めたが、経済、賠償、その他の要素と絡むので単独決定できない。

b　賠償：東南アジア諸国との賠償問題を出来るだけ早く解決したい。

c　ガリオア：これは債務と心得る。ただ、外債と賠償があり、完済は難しい。

d　MSA：朝鮮特需の激減によって、日本の外貨は危ない。MSAでドル不足を助けて欲しい。

e　借款：世界銀行に四千万ドルの借款。今後も借款を申込む予定。アメリカから民間資本を入れることは日米関係を密接にするのに最も効果がある。

f　東南アジア連携：アメリカも経済上及び外交機関などから極力助力して欲しい。

g　COCOM、CHINCOM※：日本も英国並に禁輸緩和をしたい。

h　領土問題：琉球諸島について、早く行政権を返してもらいたい。小笠原島民も。

（※対共産圏輸出統制委員会、対中国輸出統制委員会）

池田「日本の経済は未だ極めて弱く、その上に〝憲法問題〟という大きな難点がある。また、アメリカ側の極東政策、特に朝鮮戦争の解決や中国共産党との関連などで、今後のアメリカ駐留軍の撤退計画や、さらにアメリカの対日援助の見通しについて、十分かつ総合的な検討をしなければ、日本としても計画は立てにくい。従って今回の会談の最初の段階では、そういう点について関係各省のご協力を得たい。」

ロバートソン「ガリオア債務返済についてはどうか。」

池田「当然返済すべき債務であるというのが日本政府の見解であるが、支払うべき金額、方法などについてさらに貴国と相談しなければならない。また日本の経済力——特に外貨の問題や賠償との関係もある。」

ロバートソン「東南アジア諸国への賠償はどう進めるか。」

池田「友好関係上、なるべく早く片付けたい。岡崎外務大臣が視察を兼ねてこれらの国を歴訪している。」

ドッジ「日本に何度も行った経験では、日本人は占領中にアメリカがあれだけ色々な物資を送り込んだことを、すっかり忘れてしまったような顔をしている。今度の防衛問題にしても、本来日本は自分自身の金で、改めて防衛力を作り上げなければならないはずで、それをアメリカが最も金がかかる飛行機や軍艦はただで譲るとか貸すとか言っているのに、理解している者でもそれは当たり前という程度で、理解していない者はそれがアメリカのよこしまな野心の現れのように考えている傾向がある。どうもその辺がよく分からない。」

サリヴァン「日本では再軍備が憲法違反だという議論があり、あなた自身も防衛的性格を超えた自衛隊の増強は憲法に触れる、というご意見のようだ。聞くところ、最近吉田と重光が防衛力増強の意見の一致があったようだ。ということであれば、日本の方針は今後変わってくるのではないのか。」

池田「吉田・重光会談で〝長期の防衛計画〟を立てるという約束になった。改進党側はこれを解釈して、保安隊を自衛隊に改めるということは、〝戦力〟を持つことを自由党の吉田総裁も承認したと受け止められたようだが、そんな約束を吉田氏は全くしていない。自由党の立場はあくまで、〝戦力〟になれば憲法に触れるのだから、仮に名前が変わっても、それは〝戦力〟以下のものでなければならない、ということである。」

ロバートソン「戦力になればいけない、戦力以下ならよい、というのはどこに線を引くのか。仮に十万なら良くて、三十万では悪い、というのはどういうことなのだろう。もしかすると、今年は十万が精一杯と思っていても、二、三年経過すれば〝まあ三十万ぐらい迄は許せる〟ということになるのではないか。それは虹のようなもので、そこ迄行けば突き当たると思っても、そこまで行ってみるとまだまだ大丈夫ということではないか。」

池田「支那には五十歩百歩という諺があるが、それは抽象的な思惟(しい)についてのことで、現実の政治では五十歩と百歩とは五十歩違う。現実の問題は、『量』の問題と『質』の問題とにはっきり分けられるものではなく、ある段階で『量』の問題が『質』の問題に転化する。一つの国民心理と一定の経済力と、それに加えて文字に書かれている憲法とがある場合、ここまでは許せる、それから先は無理だという一定の限界というものは自ずから存在するものだ。

自分は永年大蔵大臣として予算配分などをやってきたが、千億円までは出す、しかしそれ以上は一文も出せない、と言うようなことを良く申した。これも貴下のように議論をすれば、何故千一億円ではいけないのか、ということになって、それでは現実の問題の決まりはつかない。ここにも予算で苦労しておられるドッジ長官がご列席だが。」

池田はドッジに触れて、みんなで大笑いした。

ロバートソン「それでは本格的な軍備は憲法を改正しなければ、できないと解しているのか。」

池田「私はそういうふうに解釈している。しかも、憲法改正などは軽々しく論じる問題ではない。」

ロバートソン「何年ぐらいすれば憲法を改正できると思うか。」

池田「憲法が簡単に改正できるとは思わない。仮に衆議院が改正する気になっても、参議院議員の任期は六年間、今から二年半は絶対問題にならない。二年半経って改選があっても、どうなるか分からぬ。だから、最善の方法としては、必要最低限のいわゆる漸進計画でゆくしかないと思う。」

ロバートソン「自分の国は自分で守らなければならないという原則論については、現内閣は異議がないと思う。国民に対しても段々そう思うようなパブリック・リレーションはやっているのか。」

池田「その原則には異議がない。非常に注意深くではあるが、そういう啓発はやっている。最近一番効き目のあった啓発は、韓国の李大統領が、竹島を不法占拠した。あれで成程と考えた国民も少なくはないだろう。しかし最もいけないのは、生活水準を切り下げても防衛をやれという考え方、これは絶対駄目だ。今の日本国民の生活にはそういう余裕はない。むしろ生活水準を上げて、守るに値する生活を作り上げることの方が、健全な防衛意識を高めるのに効果がある。」

ロバートソン「日本は外資導入に対して非常に熱心なはずで、そのための法律まで作っている。それにもかかわらず、具体的な話になると、いつでも国内産業に重大な影響があるとか、持ち株比率が不適当だとか、ケチをつけるのはどういうわけか。」

池田「うーん。」

池田はこの回答には困った。吉田が外資導入に熱心であるのに対し、池田や愛知・通産大臣にとっては消極的な話だったからだ。

ロバートソン「今まで話を聞いていると、本格的な防衛は憲法の関係もあって無理だということだが、それに至らぬ程度の〝漸進的防衛計画〟について、具体的な議論をされる用意があるのか。」

池田「色々MSA援助とか、日本からの調達だとか、そういうアメリカ側の日本の援助方針を後日承り、その上で一案を研究したい。」

議論は続き、その他にはインド貿易の話などを少しした。

日本側の作戦としては、

・日本経済の実状と社会的風潮を詳述

・大きな防衛計画は不可能

・アメリカ援助の見通しが無いと、防衛計画は立てられない。

と、このように話を始めた。ところが、ロバートソンとドッジは、ガリオア債務の返還問題を出してきた。財政関係者としては、債務は値切って、長期間かけての返却としたいのだが、議論はまた別日に持ち越される。

池田・ダレス会談、他

この日の午後四時、ダレス・国務長官を訪問する。

池田「今回は吉田総理大臣の私的代表として、日米間の懸案について意見を交換するために来た。特に自衛力増強の問題については出発直前に吉田・重光両総裁の会談が行われたことはご承知のことと思う。」

ダレス「吉田首相は、東京で会談した際、アメリカ訪問を考慮しておられる模様であったが、その際お伝えした通り歓迎する。特に吉田氏がもし保守党の強い結合（コアリション、coalition）を背景に来ていただければなおさら結構である。」

池田「ここでの話合いに目途がつき、国内の政局安定が好転すれば、訪米を勧めようと思っている。」

ダレス「世界では、政府が議会にて多数にならず、議会工作に頭と時間を使う傾向があちこちにある。民主主義の弱みであるが、議会工作は元来ポリティシャンの仕事で、ステイツマンの仕事ではない。だから吉田首相が、政局を安定されてステイツマンとして来られることを期待している。

私は講和会議の前後から日本と縁が深いが、日本人の国民性は非常に優れていると思っている。早く極東で指導的な役割を果たしてもらいたいと期待するあまり、時として日本に色々要望し、またそれが多少せっかちであったきらいがあるかもしれないが、日本国民を高く買うあまりのことだという点はわかってほしい。」

この二日後、ブレアハウスに招待され、スタッセン・対外活動局長官とインドについて話し合った。

その次の日の十月八日には、バージェス・財務次官を財務省で訪問した。元ナショナル・シティ銀行副会長である。この時の話題は、イギリスのポンドがconvertibility（兌換性）を回復できるかという点で、これについて、かつてケインズに四十億ドル近いクレジットを与えたアメリカとしては、世界政策の上からかなり関心を持っているらしかった。この時、円の兌換性回復については、価値回復はまだ厳しいと判断している。当時の香港の闇相場が一ドル＝四四二円だった。

池田・ロバートソン会談②

バージェスを後にして、この日の池田・ロバートソン会談では、日本側は経済問題から入っていき、最後に防衛問題にするよう文書を作成し配付したが、結局は終始軍事問題になった。一週間後の十月十五日にアメリカ側から回答文書が来るが、ここではその回答も合わせて記載する。

【十月八日文書】一九五三年十月八日の日本側の文書と十月十五日のアメリカの回答

一．長期の防衛計画を立てるとすれば、それ以外に将来如何なる財政負担があるかを検討してみる必要がある。その最も大きい一つは賠償であろう。賠償は将来東南アジアの繁栄に直接関係するものであるから、その意味でもこれについてのアメリカの意見を承知したい。

（米回答）早期解決に賛成である。

二．フィリピン、インドネシア、ビルマ（ミャンマー）が主な賠償関係国であるが、その要求ははなはだ大きく、且つサンフランシスコ条約の十四条（役務賠償）の枠内では承知しそうもない。

三．この賠償問題とも関連するが、

a アメリカの東南アジア諸国への諸援助と賠償とを組み合せることの可能性。

b アメリカが大がかりな東南アジア開発計画を持っているとすれば、日本の資本財参加を認められたい。

（米回答）従来ともそのつもりで相手国の説得に努めている。必ず日本も入札に参加してもらうことになっている。

c　日本と、東南アジア諸国のどれかとが、合弁事業を開くことに交渉が成立した場合、アメリカの参加の用意は如何がか。

（米回答） 具体的な計画を聞かせて欲しい。

四．韓国の復興については、できる限り日本経済の参画を考えてもらいたい。

（米回答） 韓国で調達し得るものは韓国でできるよう極力努めている。場合によっては日本でも調達するが、その額がどれ位になるかわからない。（日韓感情問題を避けている。）

五．ガリオアについて、われわれは未だに当時の援助を感謝しているが、日本には現在及び将来にわたって幾多の支払うべき債務があるので、そちらを優先せざるを得ない。現在、問題の、防衛のための支出などもあるのでなおさらである。

（米回答） 日本の経済はこの二年で強化した。アメリカは待っていられない。会談終了までに、両国代表が、然るべき時と場所とを決定してそこで本件の協議に入るべきこと。その際、支払総額、金利、支払年限等を具体的に決定すべきこと。

六．MSA援助については、

a　日本に対するMSA援助は、艦隊、航空機の如き完成品（エンド・アイテム）ばかりでなく、昨年迄ヨーロッパ各国が与えられたような「直接には軍事に関係しない」種類の援助も考慮されるか。

b　近く国防省、対外活動局等にわたって機構改革があるようであるが、MSAの援助はそれで突然打切られるようなことは無いと考えるが如何がか。

（米回答） 新たにMSA五五〇条による「余剰農産物の購入」によって、現地通貨による「域外調達（オフショア・プロキュアメント）」を行い得ることになった。これはほとんど軍事目的に使われることになるが、それによって減らされる域外調達を補充する意味はある。ご希望なら詳細の協議に入る。

七．国内での資本蓄積はあらゆる方法を講じているが、設備の近代化、生産性の向上はなかなか達せられない。従って日本への資本供与――直接投資でも借款でも――、が非常に望ましい。それから、ワシントンの輸出入銀行や、世界銀行などに対してもアメリカとしての好意ある助言を期待する。

（米回答） 国内に円が不足しているからドルを入れたい、という単純な考え方は駄目で、真にドルでなければ買えない機械や設備を必要とするものについての借款を考えるべき。それ以外は国内の資本蓄積に努力すべき。日本政府はもっと個人投資について奨励策を考えるべき。外資導入法が運営されていない。日本政府は、技術や設備についての外資導入は歓迎しているようであるが、株式の取得については極端に神経質で、投資者の意欲を甚だしく阻害している。

ここでナッシュという専門家が来て、ジェット機の如く早口で説明を始めた。喜一は、なんだか少しおかしくなるような人間だと思った。

ナッシュ「ソ連は極東に五十万から六十万の陸軍、航空機は五千から六千ある。対日戦争に入ると仮定した場合、落下傘部隊により空挺隊と水陸両用部隊が航空機基地を確保、同時に裏日本の何か所かに上陸用舟艇を以て上陸。日本に十個師団三十二万五千の陸上部隊が必要だとしているのは、こういう場合に対処する想定だ。日本の場合、戦車が自由に走れる道は多くないようだから、地上部隊の移動はかなり困難だ。どこから攻めるかは先方の勝手だから、ある程度の防衛部隊を置いておく必要がある。四方が海で海岸線が長いため、兵員の数が余計に入用になる。」

次にMSAの専門家でポールという男が話し始めた。

ポール「現在保安庁に貸与しているものは、フリゲート艦十三隻、上陸用舟艇五十隻。ジェット機の生産は間に合っていないが、パイロットの訓練が始まれば練習機はすぐに送ることができる。訓練費用はMSA予算に計上されている。陸上部隊は四個師団十一万の初年度装備が全て準備済みだ。さらに七万の増員に応じ得る。これは会計年度中、つまり来年の六月までに引き渡さなければ、改めて国会の承認が必要となる。韓国や台湾では、もっと多く早く欲しい、と言っている。

日本の防衛支出は年間一千億円だが、これは国民総生産の二％に満たない。これを倍額にできると考えている。朝鮮戦争特需で好景気であるのだから尚更だ。」

要するに、アメリカの現会計年度には相当金額のゆとりがあり、翌年度に繰り越しがきかないから使うなら今の内だということである。

その後、ロバートソンが朝鮮休戦の折衝経過について詳細説明があり、会議は午後四時半に終了する。

池田・ロバートソン会談③

二回目の土日を休んだ十月十二日、三回目の会談が行われた。サリヴァンが国防省を代表して防衛計画で想定される航空機と艦艇・舟艇の数、それから師団の数と要員数の説明を行った。

【アメリカ国防省の日本防衛計画具体案】

一・航空部隊

邀撃機（要撃機）　九連隊　二二五機
全天候機　三連隊　七五機
戦闘爆撃機　六連隊　一五〇機
戦術偵察機　三連隊　五四機
輸送機　六連隊　九六機
その他　二〇〇機
合計　八〇〇機

ただし、これらが全部整うまでには三、四年を要する。要員数三万名。現年度においてはパイロットの訓練に重点を置き、T33練習機若干を援助として送り、パイロット養成学校を開く。

二．海上部隊
フリゲート艦　一八隻
上陸用舟艇　五〇隻
掃海艇　四〇隻

三．陸上部隊
一九五四年六月末までに　六個師団
一九五五年六月末までに　八個師団
一九五六年六月末までに　十個師団
十個師団の人員は三十二万五千人

喜一「護衛駆逐艦等はどうするのか。」

サリヴァン「日本の造船能力で賄えるのではないか。」

実は素人の喜一にはよく分からず、付け焼き刃だった。本来、保安庁を連れて行くべきだったが、アメリカ軍事顧問を通じてワシントンに伝わってしまう心配があったので、それは避けていたのである。

ロバートソン「アメリカ国防省の説明は終わったので、日本側も腹案があるのならば、非公式にでも示してもらうわけにはいかないだろうか。」

池田「明日の昼までにロバートソンに案を届ける。但しこれは私案であり、コピーは一部しか送らない。適当と思う数だけご自分の責任で複製して欲しい。」

次がその池田の私案になる。

【アメリカに対する「防衛五ヶ年計画池田私案」】

下記は池田勇人氏による日本防衛計画についての個人的研究の結果である。日本で入手し得るあらゆる情報に基づき、かつ基本的には日本政府の最近の考え方を採り入れているが、公式のものではなく、また最終的なものでもない。

一．陸上兵力。来年度から始めて三ヶ年間に十八万人に増強する。これは十個師団及び軍団直属の砲工戦車隊二群より成る。

二．海上兵力。五年間に二一〇隻、十五万六五五〇トンを整備する。この中には商船護衛艦七十四隻及び掃海艇三十一隻を含む。これに要する兵員は三万一三〇〇人。

三．航空兵力。五年間に五一八機を整備する。第一線機としてはジェット戦闘爆撃機二個師団（F84G一五〇機）、ジェット全天候戦闘機一個旅団（F94C三六機）及びその他若干、計二一八機で、その他の練習機を三〇〇機とする。所要人員七六〇〇人。

四．航空基地兵力。航空管制及び警報部隊（レーダーなど）、航空戦闘部隊の補給整備を行う旅団一より成る。五ヶ年間に一万三一〇〇人を増強する。

五．以上の創設に要する費用は、ほぼ九〇〇〇億円であって、このうち日本側の負担は六二〇〇億円、残額二八〇〇億円がアメリカの負担である。但し、アメリカの負担の大部分は艦船、航空機、兵器等であるから、それらの帳簿価格を積算したもので、ドルにして約八億ドル程度である。

大きな違いは陸上部隊一個師団の人数である。一個師団をどれぐらいで編成するかが問題となっているのだ。前線部隊と後方部隊があるが、後方部隊には、アメリカではコカ・コーラを必要とするのだが、日本の保安隊では不要である。そもそも保安隊は海外活動ではなく、国内活動で本土防衛するのだから、直属の修理部隊も不要だ。一個師団がそんなに大きなスライス（slice）である必要はなくなる。アメリカ想定の一個師団（division slice）は三万二五〇〇人で、その内一万二五〇〇人は後方部隊だが、これらなどを節約して一個師団一万八〇〇〇人とできる。現にNATOは一万八〇〇〇人である、と日本側は主張する。アメリカはこれを渋々呑んでいく。

この時に日本側には十分な防衛力を持つことを妨げる四つの制約があることを覚書で伝えてある。「法律的」、「政治的」、「社会的及び経済的」、「物理的」というものだった。

喜一や池田らは次のように考えていた。

喜一「いたずらに兵隊の頭数を増やしても、自発的に自分の防衛をなんとかしようという国民の意思が盛り上がってこない以上、あまり効果はない。一番大切なのは生活水準の高い国を作り、守るに足るだけの価値をまず作り上げることが先決である。この時ほど憲法第九条の存在を有難いと思ったことはない。私達は思う存分九条を使わせてもらった。

三十二万五〇〇〇人をそのまま実施した場合、必要な追加経費は昭和三十一年までいくらであったかを試算してみると、八一二三億円になる。これだけの金がその方に喰われていたら、公共投資はそれだけ減ったはずで、その結果、たとえば道路の改良延長は昭和三十一年現在の八十七%、舗装延長八十二%、鉄道の電化延長七十五%、複線化延長八十六%、電話加入数六十六%（いずれも昭和四十年度末までの実績見込みに対比して）になっているわけだ。もちろんこれは参考の一つであるが。」

池田・ロバートソン会談④

この後も毎日、会談や会議をこなしているが、十月十三日、池田らが訪ねたのはジャッド・下院議員で、東洋に詳しいとのことである。

ジャッド「アメリカはヤルタ協定で日本周辺をソ連に渡し、敗戦後は新憲法で日本を骨抜きにした。今になって急に〝ソ連に対して立ち上がれ〟と言ったところで簡単にいくわけがない。アメリカが日本に注文をつけるよりは、日本の要望をできるだけ助けてやる、という態度が本当だと思う。」

十月十四日、マーフィー・国務次官補（元駐日大使）と会見する。午後はロバートソンが他の用事とのことで、ドッジの司会で会議が始まる。「日本経済強化のための諸方途について」という八頁の資料が配付された。これは「十月八日」文書のただの返事であって、まだ回答ではない。

会議の続きでは十月十五日午前、国防省からブラウン・少将他三名が出席し、「防衛五ヶ年計画池田私案」について専門家として意見が述べられ、周到に考えられていると認められる。純粋な防御だけを考えると、爆撃機を減らして遊撃機を増やすとか、工場地帯を防衛するための高射砲隊があった方が良いなどの意見をもらう。

さらにその日の午後、MSA規則の専門家らと会談する。ECA（経済援助法、Economic Cooperation Act）やMSAの法律は恐ろしく複雑で、法規全体を知っているのは数人だけとのこと。ここで、喜一達はMSAの規定からは軍事援助しか受けられないことを理解する。それ以外の援助やなんらかの贈与をする場合は、新たに協定を結ばなければならないということらしい。これはECAの系統に入るということがわかった。

そこで鈴木・大蔵省財務官が苦心して、スペインとアメリカが軍事基地設定の代償に「経済援助協定」を結んだという事例を発見する。これを振りかざして話を進めた。

後に「余剰農産物受け入れ協定」と同時に「MSA法に規定された経済協定に基づいて日米両国に結ばれる協定」というわかりにくい協定ができたのはこのためである。

この日の会議の夕方、「十月八日文書」に対するアメリカの見解が示された。回答は先に掲載した【十月八日文書】の（米回答）の通りである。そして、ロバートソンは改めてガリオア問題の折衝開始について求めてきた。

池田「今回は吉田首相の私的代表で来たのであって、ご希望の点は日本政府に電報で伝えるが、只今返事をする権限はない。」

その後、国内メンバーだけで協議を二日ほど行う。

月末も近くなった十月二十八日、喜一らは共同声明の準備を始めた。三十一日には飛行機に乗り、帰国するためである。そして午後、池田・ロバートソンの最後の会談が行われる。

ロバートソン「一両日前にも上院議員から、ドイツは片付いたのに、どうして日本には返済を求めないのか、という強い指摘があった。何とかお互いに満足の話合いができないものか。」

池田「現段階で日本国民は、アメリカが防衛問題について三十二万五千とかいう数字を押し付けられるかどうかを一心に見つめている瞬間である。幸いにして無理は言わぬつもりらしいが、その代わりガリオアが出てきては何もならない。自分が今約束しても国会では否決されてしまう。そうなれば、日米間の軋轢が両国民の面前で表面化する。」

ロバートソン「吉田首相が〝ガリオアは債務と心得る〟と言ったのはいつ頃か。」

池田「三、四年前から言っている。」

ロバートソン「今日になっても実現しないのは意外と言うより外はない。」

池田「私達が何とかしたくとも、国会の様子を考えてみると、どうにもならぬという実状は、あなたもアメリカの議会としばしば接触される人だからお分かりになると思う。」

翌二十九日の会談予定は中止になった。国務省から日本の提案について内部協議を続けたいとのことである。それから十月十九日の日本側の文書と十月二十一日のアメリカ側の文書を取り交わした。日米とも妥協しにくい相違があった。

アメリカを訪問して一ヶ月が経ち、最後の日である十月三十日を迎えると、次の反応があった。

国務省「今日中に結論は出ない。あきらめて共同声明の仕上げをやりたい。」

その日の午後二時半、池田はロバートソンを訪問し、永い期間の苦労を謝した。ガリオアの問題を今持ち出すのは両国のためにならないと真剣かつ荘重に説明した。ロバートソンは終始黙って聞いていた。会議室に戻ると、共同声明の仕上げ中だった。

マクラーキン「ガリオアの件ですが、〝東京で最も近い機会に日米代表が会議を開いて協議したい〟の文章にある、〝最も近い機会〟という語句について議論がまとまらないのですが。」

ロバートソン「ただの〝近い機会〟というので差し支えない。」

マクラーキンは意外な顔をして池田や喜一の方を見た。

マクラーキン「なるほど。別の課題で、共同声明を「communiqué」(コミュニケ)にするか「statement」(ステートメント)にするかだが、こちらはどうするか。」

喜一「ステートメントとしてもらいたい。」

Statement は意見や発言の意味合いが強く、Communiqué は権威のある発表に近いので、前者を選んだのであろう。日本語としてはどちらも「声明」と訳される。

午後五時、共同声明が日英両文で日本大使館と国務省から同時に発表された。これは、十月三十一日の朝日新聞夕刊に掲載される。

一、日本の自衛力増強は憲法問題を始め経済、社会的な諸理由によってアメリカの期待するような急激な増強が不可能であることがアメリカ側から認められたこと。

一、この日本の防衛力増強についてアメリカは援助を惜しまないこと。

一、防衛支持援助のための経済援助協定が日米間に結ばれることになり、純然たる軍事援助だけでなく経済援助への道が開かれる素地が出来たこと。

一、相互安全保障法（MSA）第五五〇条の規定に基づいて日本に供給する物資の額が五千万ドルを目途とすることに意見の一致をみたこと。

一、中共貿易について品目上の緩和が外交機関を通じて行われることになったこと。

一、ガリオア問題については近く東京で日米両国代表が会合することに意見の一致をみたこと。

夕刻、新木・大使が、大使館にロバートソン以下の会議関係者をカクテルパーティーに招いた後、日本の使節団のために小さな夕食会を催してくれた。

日本側はMSAを通して、産業強化のための援助を引き出そうとした。アメリカ側の専門家によればそれは無理であるとのことがわかった。しかし、MSA法を引き継いだ旧経済援助法（ECA）の条文を利用して、余剰農産物の援助を取り付け、その売上代金を非軍事目的に使えることがわかった。このために日米協定を結び、昭和二十九（一九五四）年二月に批准ということになる。最終的には、総額五千万ドルのうちの六割を非軍事目的に使用できた。

日本にいるアメリカ軍予算に再投入できるため、アメリカ側は全てドル建てではなく、一部は円でも良いという考えであったが、意見の全一致までには至らなかった。池田とロバートソンのどちらの背景にも議会からの評価が必要であるということが影響したのであろう。無理に結論を出すことではなく、日本としても努力をしたし、互いの妥協案の限界が一時終着点だった。

池田・ロバートソン会談の余話

当時のアメリカで一番評判のいい政治家は李承晩で、英雄扱いされていた。ロバートソンの部屋に入った時に、李承晩の掛け物があったという。対して、日本の吉田は評判が悪く、その仲間である池田が来訪したというのが、今回の会談であった。

この訪問では、池田一行のためにジョン・D・ロックフェラー三世がニューヨークのサヴォイ・プラザで昼食会を開き、大勢の人を集めてくれた。日本贔屓(びいき)の人物のようである。

MSA交渉はほぼ一ヶ月に渡って終えた。喜一にとっては政治家として初めての大仕事であり、はりきっていたのかもしれない。この時に取った膨大なメモの量が、それを物語っている。また、池田・ロバートソン会談について、喜一は意図的に日本の新聞記者にリークしていた。

昭和二十八(一九五三)年十月三十一日、一行は帰国した。

吉田内閣の支持率は三十三%に下がっていた。

緒方竹虎

喜一が評価する政治家には、石橋湛山の他に緒方竹虎の名前も挙げられている。緒方については小川平吉の葬儀副委員長を務めてもらったという恩義もあった。

明治二十一（一八八八）年一月三十日、緒方は山形で書記官の三男として生まれる。幼い頃に父が転勤することになり、福岡での生活が始まる。緒方の小中学校時代は、無遅刻無欠席、剣道の達人で、東京高等商業学校を中退した後、早稲田大学専門部に入る。そこでは頭山満の玄洋社に出入りするようになる。

就職先の朝日新聞で実力を発揮し、社長を凌ぐ声望を得るようになる。ゾルゲ事件の火の粉を被ったりもしたが、終戦前の小磯内閣に民間人の国務大臣として入閣する。戦後は公職追放されたが、昭和二十六（一九五一）年八月に追放解除となる。正式に選挙に立候補をして議員になったのは第四次吉田内閣で、そこでは早くも官房長官と副総理を務めた。

吉田がすっかり不人気になっていく第五次吉田内閣で、彼はその声望を裏付けるように東奔西走する。

緒方竹虎に対して池田は、内心穏やかならざるものがあった。政治家の格は緒方の方が上で、人脈で言えば頭山満の玄洋社を通じて、近衛篤麿から始まっていると言えるぐらいの人物である。緒方について、池田は良いことを口にしなかった。

池田「あの人は、清濁併せ呑むと言う言葉があるが、どうも濁濁併せ呑むだね。」

緒方は良い者も悪い者も拒まず、受け入れる度量の広さが評判であったが、池田から言わせれば悪い者と悪い者を受け入れている、と皮肉というより拗ねたような言葉を喜一に漏らしていた。池田は吉田一辺倒ではあったが、緒方は吉田が継続することによる不安定な情勢を見極めていた。緒方は白洲次郎と同じような言葉をかけている。

緒方「吉田さん、早くお辞めなさい。」

造船疑獄事件

自由党はもはや、第一党でも過半数でもなくなる可能性が高くなってきた。

昭和二十八（一九五三）年のある日、とある日比谷のビルの一室に、池田は喜一を連れて誰にも見つからぬように入り、ひっそりとした密談が始まった。相手は重光葵だった。

池田「保守合同をなんとしてもしなければならない。」

池田はすでに裏工作に動いていた。重光に対して強く語る様は力強く、演説のようだった。喜一はそれを横で聞いていて、「この人は総理になるかもしれない」と惚れ惚れしたという。

昭和二十九（一九五四）年一月、造船疑獄事件が発覚する。戦後の戦時補償の打ち切りがきっかけで、造船会社は大打撃を受けており、そこで政府は助けようとして計画造船を始めていた。ここまでは良かったが、造船をする際に融資をするには金利がかかっていたため、これをできるだけ下げたいとして、政治家や運輸省、開発銀行に贈賄を行っていたのだ。かつて、喜一の父裕が勤めていた山下汽船がこれに大きく関わっており、贈賄側が次々と逮捕された。喜一は「スキャンダルが起きない方が不思議なくらい呆れた物のやり方だった」と見ている。そして、収賄側の政治家も逮捕され始めると、いよいよ池田の名前も上がってきたのである。

この話が持ち上がってから、二、三ヶ月もすると、とうとう池田と佐藤栄作が司直の追及を受けることになった。報道では、池田が逮捕された後に佐藤栄作が逮捕されるという予定であり、池田はもはや決定的かと思われていた。そこで、池田周辺の喜一らは何とかしようと模索して奔走し、上申書を出したりなどという対応を行った。吉田周辺も何か動いているようだった。前尾、大平、黒金、鈴木善幸らが集まる。

大平「免れないな。」

喜一「いや、絶対大丈夫だ。」

記者が集まってきても、喜一は強気であった。

喜一「絶対に逮捕などということにはならない。」

後になってわかることだが、検察側の調査の都合で、池田と佐藤の順序が逆になってしまった。喜一らとしてみれば、工作の一つが効いたおかげで、池田に有利に働き始めたと思っていたのだ。現に佐藤の周辺はまるで無防備な上に、無抵抗状態に見えたからだ。

そうこうしている内に、昭和二十九(一九五四)年四月二十日、佐藤栄作の逮捕が決定する。ところが、自由党は追々物議を醸し出すような手段に出る。犬養毅の三男、犬養健(たける)・法務大臣が指揮権を発動したのだ。検察庁法には検事総長を指揮できる法律があるので、犬養健は佐藤藤佐(とうすけ)・検事総長に逮捕中止を指示し、法務大臣を辞任する、ということをやってのけたのだ。余計なことだが、検事総長の名前は、生まれた家が子沢山であったため、反転した名前を付けたとのことである。

佐藤栄作には汚名がついてしまったわけであるが、池田も佐藤も逮捕を免れた。佐藤は政治資金規正法違反で在宅起訴となるが、二年後の国連加盟で恩赦となる。

傾いた吉田自由党

疑獄事件で大荒れに荒れていた政界の中で、緒方竹虎は焦っていた。昭和二十九（一九五四）年四月十三日、吉田自由党と鳩山・三木の日本自由党と改進党の三党合流を、「爛頭（らんとう）の急務である！」と呼びかけたのだ。「焦眉（しょうび）の急」という言葉は眉毛（まゆげ）が火で焦げている状態だが、「爛頭」は頭が燃えてしまっている程もっと切迫している、という意味らしい。だが、鳩山と三木からは駄目出しをされてしまう。緒方らが吉田総理の継続を策していると見たからだ。

池田はこのような騒動や通産大臣の不信任案の後ということもあり、自由党幹事長になることに戸惑いを見せていた。

池田「役についてしまって良いのでしょうか。」

吉田「そんなことは気にするな。」

池田と争っていると思われた緒方竹虎も池田が幹事長になることを承認している。こういった吉田の独裁対応が不穏な方向へと進ませたようだが、緒方もこういった感覚は鈍っていたのかもしれない。

吉田茂

喜一の尊敬する政治家として緒方と湛山を上げているが、最後にもう一人「別格」として吉田茂の名前も上げている。最初の二人は宰相としての実績が無かったので、〝見果てぬ夢〟の意味も込めているという。吉田の場合はしっかりと実績を出した宰相とのことである。

明治十一（一八七八）年九月二十二日、吉田茂は幕末の志士だった竹内綱の五男として生まれる。母親は、出生地も横須賀なのか神田の駿河台なのか、はっきりしていない。父親である竹内は反政府陰謀罪で捕まってしまい、幕末の志士仲間であった吉田健三の世話になる。茂はそのまま吉田家の養子になるが、健三は四十歳という若さで早世したため、十一歳で巨額遺産を相続する。十六歳になってからの学校は入学と退学を繰り返し、学習院大学科に入学したところ、それが閉鎖されたために東京帝国大学へ試験もせずに転入となる。その大学も二十八歳で無事卒業すると、外交官になった。満州勤務を長く務め、昭和三（一九二八）年には外務次官になっている。

ここで、喜一と吉田の会話を紹介しておく。

喜一「……はい。祖父は小川平吉です。」

吉田「外務次官の時に、外務大臣の使いで二、三度、内幸町の小川さんの家を訪ねた記憶がある。」

史実の年表から推測すれば、平吉は昭和四年に五私鉄疑獄事件で留置されてしまうので、平吉と吉田が接触できるのは、吉田が外務次官になってから一年の間ということがわかる。そうすると、この時の話題というのは張作霖爆殺事件以外にあるだろうか。平吉は鉄道大臣だったのである。

話を戻して外務次官の後は、イタリア大使、イギリス大使となる。太平洋戦争は開戦阻止に動くが、実現に至らなかった。終戦直前にも終戦策を講じようとしたところ、憲兵隊に四十日程捕まってしまう。しかし、この行動がアメリカの信頼を得て、外務大臣、総理大臣という務めを授かっていくことになる。

喜一の話に吉田と池田のエピソードがある。吉田らが皆でお座敷に行った時、吉田はからかい半分で芸者の悪口を言うと、これは大変にウケた。ところが、池田が同様に、からかい半分で芸者の悪口を言ってもウケなかったのだ。

池田「どうして俺がやるとだめなんだろう。」

喜一「吉田さんは出任せで言っているようで、その瞬間色々と考えて言っている。池田さんのは考えないで出任せを言うからダメなんです。」

池田「ふーん。」

喜一が車の運転手から聞いた話では、戦後間もなくの予算が無い時に、吉田総理の車に遺族会の人達が群がって来て、「総理大臣、遺族金を出せ。会って話せ。」と強い陳情があった。すると、遺族に会わずに車を発進させて大磯に向かってしまう。吉田は「予算があったらやるのに」と涙を流していたという。

喜一「吉田さんは、ごく大事なところだけ自分でして、あとはそれぞれの担当者にまかせておけばいい、というふうだった。あの人は大変チャームのある人だった。」

日本国憲法、平和条約、安保条約、自衛隊法、マッカーサーやＧＨＱとの渡り合いといった困難を乗り越えるには、彼と彼の周りに集まった者達が適任だったのであろう。そんな大任も役目を終わりつつあった。

吉田の安全保障の考え方がある。

「一国だけで安全を全うできるなんていう議論は書生論に過ぎない。」

吉田、欧米歴訪へ向けて

昭和二十九（一九五四）年九月二十六日、吉田は前年から計画していた欧米七ヶ国歴訪に出発した。吉田はまずヨーロッパへ向かう。

喜一「〝吉田引退の花道〟、そう思っていない人があったとしたら、それは吉田首相自身であったろう。」

翌十月十七日には、喜一達もアメリカで行われる吉田・アイゼンハワー共同声明の事前準備のため、吉田に先駆けてワシントンへ直行する。メンバーは愛知・通産大臣を団長に、田中・秘書官、武内・外務省欧米局長、大堀・通産相通商局次長、と喜一である。遅れて東畑・農林省次官、鈴木・大蔵省財務官も合流する。吉田は十一月二日にアメリカに到着し、共同声明は十一月十日の予定であり、それまでに片を付ける必要があった。

十月二十日、喜一達がワシントンに到着すると、事務打ち合わせでロバートソンを訪問する。

愛知「吉田首相のワシントン滞在はわずかに数日であるので、これから二週間ばかりを決まったアジェンダに従って協議を進めたい。アイゼンハワー大統領と吉田首相の共同声明についても、併行して進めていきたい。」

【アジェンダ】

・日本国内経済と防衛問題
・東南アジアと経済連携
・余剰農産物の買入
・ガリオアの解決
・外資の導入と借款
・その他の政治的問題——戦争犯罪人の釈放、移民、領土問題

そして、週明けの十月二十五日夕方、会議が始まる。

アメリカでは中間選挙のおかげで、アメリカ政府首脳部の動きは止まっており、余剰農産物の買入準備が全く進んでいなかった。そこで、喜一達は吉田が来るまでになんとかしようと、ワシントンにいる閣僚級の人々を訪ねて回った。十日の間に、国務省でマーフィー・次官補、農務長官のベンスン、商務長官のウィークス、対外活動長官のスタッセン、財務省のオーヴァヴィ、大統領顧問として余剰農産物処理問題委員長をしているクラレンス・フランシスを回り、決定を急いでくれることを頼んだ。

その結果、今後三年間で処理する農産物七億ドルの内、翌年は四億ドルを売り渡すことが決まった。そして、日本以外の申し込み国が十四あるというところまで話が進んでいった。

日本の食糧事情は好転していて、買入れは不要になっていたので、日本の農業と競合しないような種目にしていくことと、買入れた後に売上げたお金を如何に自由に使用できるかというのが問題だった。アメリカとしては輸出がやめられない状態にあった。

交渉が進み、買入総額は八五〇〇万ドルというところまでアメリカが譲歩してきたが、そこで売り上げた金額の中で日本政府が自由になるのは三九〇〇万ドルだと言われて日本側は当然憤慨する。この話の原因を聞くと、残りの四六〇〇万ドルは、アメリカ内の各省それぞれが、日本や東南アジアで行いたい計画があるので、予算の取り合いがあったというのだ。それで日本の取り分が減ったということになるのだが、納得し難いこの議論にはなかなか埒が明かず、嫌気のさした喜一はわざと大声を出した。

喜一「こんなにまでアメリカのお手伝いをして、一体余った麦を買う必要があるのか。」

マクラーキン・国務省東北アジア局長が、喜一を見て何かを言いたそうにする。

喜一「いや、今のは独り言。」

マクラーキン「それは失礼、つい独り言を盗み聞きしました。」

一同は大笑いした。

「吉田総理大臣とアイゼンハワー大統領との間の共同声明」では、この件についての事柄は第二項目第二段落に反映されている。

(共同声明抜粋)「…アメリカは、日本に各種の農産物を売却し、(それで得た)日本における売却代金の相当額は、日本の国内経済の改善、防衛支持、及び地域的な経済発展に使用されることについても意見の一致をみた。」

(声明の英訳)「It was further agreed that the United States would sell to Japan agricultural commodities and that a substantial portion of the proceeds of these sales will be used for Japan's domestic economic improvement and defense support, and for regional economic development.」

ウィルソン国防長官との会話

ウィルソン・国防長官というのは、多少失言癖があったようだ。喜一らが訪米する二週間前くらいに、ウィルソンはデトロイトで中間選挙の運動中に失業者増加の件で、失業保険受給者を揶揄するような発言をした。

ウィルソン「同じ犬でも可愛がられて肉を食って一日小屋の中に寝ている犬もあれば、主人に従って猟に出て、獲物を追って走り回っているのもある。前者はケンネルドッグ、後者はバードドッグで、バードドッグの方がはるかに同情に値する。」

これが労働者を犬に例えたとして批判を受ける。

愛知と喜一は、事前会議を続けている中で、ウィルソン・国防長官と会見する機会があった。その時にたまたまではあるが、いつも会議にいる少将も同席していた。少将は日本の話をするというので、ついでにということだった。

ウィルソン「日本の労働者は勤労意欲があるか。」

喜一「それは皆バードドッグです。ただ、国が狭くて、資源が少ないから、獲物が十分なくて困るのです。」

ウィルソンは補佐官の方を見て大笑いした。話題は仕事に移っていく。

喜一「折角保安庁が駆逐艦を造ろうというのに、ワシントンの返事が一年経っても決まらないというのは、いかにもひどい。」

ウィルソン「それは全くそうだ。日本側の案で結構ではないか。」

こういう返事であったので、喜一達の問題の一つが解決してしまった。そのまま会議室へ戻ると、案の定その件でアメリカ各省が議論していた。

各省が予算の使い道について、「駆逐艦で良い」、「陸上部隊に使いたい」、「他のあれこれがある。」とやり合っている。

喜一「たった今、愛知代表と二人でウィルソン国防長官に会ってきた。日本の希望通り駆逐艦で異議は無いそうだ。」

一同はシーンとなった。

マクラーキンと大喧嘩

ウィルソンとの会見の翌晩のこと、モイヤーという人物が日本公使に赴任する、その送別会としてカクテルパーティーが開催された。会場へ行くと、喜一と一緒に皆の笑いを取ったマクラーキンが喜一を探しているとのことだった。

喜一「何か用か。」

マクラーキン「まあ座って話をしよう。」

二人はその辺の椅子に座った。

マクラーキン「昨日の駆逐艦の件だ。ウィルソン国防長官が、あれを承認したのは本当か。」

喜一「もちろん本当だ。疑いがあるなら直接聞いてみなさい。」

マクラーキン「ウィルソンは閣僚でも一番偉い人だから、そんな細かい話はよく知らないのだ。それなのに、そんな相談を仕掛けるのは少しひどいではないか。」

喜一「それがそうではない。ウィルソン一人なら言うつもりはなかった。ちゃんと専門の補佐官の少将がいたのだから、少しも悪くない。」

マクラーキン「あれは各省間でまだ話がまとまっていないから取り消すことにして欲しい。」

喜一「それは駄目だ。双方の閣僚が話し合ったことを貴下が勝手に取り消せるはずはない。」

マクラーキン「取り消すわけにいかないか。」

喜一「ウィルソン長官が、ちゃんと署名した文書で取り消してくるなら、勿論異議はない。それ以外の〝取り消し〟は、〝取り消し〟にならない。」

マクラーキン「それでは、こういうことにする。自分は国務省からあのウィルソンの言葉は取り消してくれという依頼を受けた。そこでその伝言を貴下にお伝えする。」

喜一「そんな伝言は受領を拒否する。」

この問答は二十分以上続いた。仲裁が入ろうとするが二人とも受け付けなかった。この話は喜一の逃げ切りで終わった。

マクラーキンの後日談がある。翌年の四月にマクラーキンが来日した時に、喜一は一緒に晩飯を共にしている。喧嘩をした仲とは言え、二人にとっては些細なことだった。その時にあの喧嘩の思い出話をして互いに笑い合った。

また良い友人ができたと思っていたその一年後、彼はロンドンで脊髄髄膜炎により突然亡くなったという。

吉田と合流

喜一は吉田が到着する前の昭和二十九（一九五四）年十一月二日の晩に、ワシントンからニューヨークへ飛行機で向かった。朝早く波止場へ行き、ヨーロッパからのクイーン・メリー号を迎えるためだった。吉田が到着し、船上の記者会見の時に、カメラマンのフラッシュバルブが破裂するというハプニングが起きたりした。

その日はニューヨーク郊外のジョン・D・ロックフェラー三世の別荘へ行く。その晩はアメリカ中間選挙の得票発表があり、明け方までタイムズ・スクエアが賑わっていた。

次の日、喜一は一旦一人でワシントンに戻る。吉田はニューヨークにいるマッカーサーを訪問するとのことだった。

喜一はワシントンで一日かけて準備を整え直し、十一月五日、再びニューヨークへ向かう。ウォルドルフ・アストリア・ホテルでジョン・D・ロックフェラー三世による晩餐会が行われた。来場者は一二〇〇人もおり、日本人としては前例のない盛大な会になった。以前、池田が来た時にもこのロックフェラーには世話になっている。

晩餐会から二日後の夕方、吉田はようやくワシントン入りすることができた。そして、吉田はワシントンの大使館で皆とこんな会話をした。

吉田「ナショナル・シティ銀行やチェース・ナショナル銀行の頭取達がやって来て、日本には随分預金してもらっているから、何かお役に立ちたいと言ってきた。それで、日本人を南米に移民させたいと思っているが、日本には金が無いから、それを貸してもらいたい、と言ったら、お安い御用です、という返事だった。だから、君達のうち誰かニューヨークへ行ってこの話をまとめなさい。」

この仕事には鈴木・財務官が対応した。以後、戦後の移民協定が南米の数ヶ国で結ばれていき、海外移住会社が出来て、その企業にドルを貸し付けることができるようになった。

吉田は喜一と愛知を部屋に呼んだ。喜一が行ってみると、吉田はブランデーを飲んでいた。

吉田「君達、ここまで迎えに来てくれてご苦労だった。ところで聞くところによると、君達はアメリカから借りた金であるガリオア援助の返済を値切ろうとしているそうではないか、今日限り、そういう折衝はいっさい許さない。君達は即刻東京へ帰りたまえ。」

ここで吉田はニヤリと笑い、話を続ける。

吉田「金なんてものは返すときにちゃんと返せば、また貸してくれるものだ。そういうことが一番大事な話なんだ。」

少し冗談を含めた訓示であった。すぐに帰らなければならないのは別の理由で本当になる。

十一月八日、吉田のワシントンでの二日目は、ナショナルプレスクラブで記者による午餐会が開かれた。出席者は三六五名で、吉田は記者会見に応じる。

記者「今年の三月に行われたビキニ環礁(かんしょう)の水素爆弾の実験の結果、マグロ漁船〝第五福竜丸〟に乗った日本人が被爆し、死傷した。日本の新聞では非常に心配しているようだが。」

吉田「それはそれで良い。ああいうものはどんどんアメリカに出したいと思う。」

一同は唖然としたが、通訳の島内氏が耳打ちをする。

吉田「失敬しました。マグロという言葉が聞こえたので、ツナ缶に高い関税をアメリカがかけて困る、という話だと思った。」

Tunaが、ツナ（まぐろ）缶の話と思ったらしい。不謹慎ながら爆笑となった。この話、日本の新聞記事では、放射能汚染でマグロが食べられなくなるがどうか、という話として掲載されている。

吉田のワシントンでの三日目、アイゼンハワーからホワイトハウスでの昼食会に招待された。アメリカ側はアイゼンハワー、ニクソン・副大統領、ダレス・国務長官、ウィルソン・国防長官、ハンフリー・財務相、スタッセン・対外活動本部長官、アレン・ダレス・中央情報局長官、アレクサンダー・スミス・上院議員、日本側は吉田、愛知、新木・大使、佐藤栄作と喜一が参加した。他愛のない話をしていた。

ニクソン「日本に行った時、日本の子供達から、ニクさん、ニクさんと歓迎してくれた。」

アイゼンハワー「そういえば、ドイツの子供達から、ヘイ、アイク！と呼ばれたものだ。」

この食事中にダレス・国務長官が急ぎ報告をしてくるということがあった。二日前にアメリカのB29が歯舞の上空で墜落が確認されたのだが、やはりソ連機に撃墜されていたことがわかったとのことである。その際に興味深い言葉を口にしている。

ダレス「歯舞というのは日本の北海道沖の、いやむしろ北海道の一部ですが小さな島です。」

喜一は「アメリカは歯舞を北海道の一部と認識しているんだ。」と思った。

四日目に入った十一月十日、日本とアメリカの水面下で色々とやり合いながらも練り上げられた、アイゼンハワー・吉田の共同声明が出された。

「日米両国の国交の基本である友好的な協力の精神を再び確認した。」という文章から始まる、この共同声明の大要は、日米とアジアの平和と繁栄のために今回合意した具体案として、GATTの加入協力、農産物売却とその売上は日本経済の改善に使われる、ということだった。また、ビキニ環礁の実験における日本人被害についての遺憾の意と、琉球と小笠原の復帰についても述べられていた。この声明で注意しておきたいのは防衛問題、再軍備について触れなかったということだ。喜一によれば、この声明文は六回も書き直しをしたとのことである。

帰国要請

ようやく共同声明の仕事も終わったのも束の間、十一月十一日に幹事長の池田から電話があり、国内政情がかなり不安定で、吉田内閣倒閣の動きが強まったという。共同声明も済んだことだし、吉田は佐藤栄作と喜一を一足先に帰国させることにする。

ワシントン発の帰りの飛行機の中で、喜一は佐藤と二人になってしまった。喜一は造船疑獄事件のことを思い出して、気まずい思いをしていたのだ。

喜一「実は造船疑獄の時、私は捜査の順序を変えるよう工作するという余計なことをしています。」

佐藤「君、そんなことはもちろん分かっているよ。いいじゃないか。」

喜一は「ああ良かった。余計度量の広い人で有難いことだ」と思った。この時から佐藤と喜一との信頼関係ができたと考えられる。

この飛行機内で読んだ『ニューヨーク・タイムズ』紙には、日本の新・保守党の記事が見られた。重光葵と鳩山一郎のことで、重光は改進党を解党し、鳩山一郎は自由党内から三、四十名を引き抜く予定だという。

流れ始める政局の源流

アイゼンハワー・吉田の共同声明が行われる前日の十一月九日、日本では自由党幹事長の池田が、石橋湛山と岸信介が反吉田新党に合流しようとしているとして、彼らを除名した。湛山の除名はこれで二度目である。湛山は積極財政主義者であるので池田と同じである。池田と湛山は馬が合わないわけがなく、湛山は池田を弟子扱いしている。

恩人湛山への思いか、この政局に至った責任か、あるいは今後の動きを見据えたかで、池田は吉田に幹事長辞職願を提出する。しかし、吉田はこれを保留した。

吉田がアメリカから帰国して一週間後の十一月二十四日、鳩山一郎を総裁として、重光葵、岸信介、河野一郎らにより、日本民主党が結党される。日本改進党（重光葵）と日本自由党（鳩山一郎、河野一郎、三木武吉）と自由党からの脱党者（反吉田派、岸信介）により結成されるに至った。

民主党の主たる党是は「憲法改正と再軍備」を主張しており、これに対して、吉田自由党は改憲も軍備も反対する。この吉田自由党の主張が保守本流と言われる。

この時の日本民主党は、衆議院で一二一名、参議院で十八名の第二党だった。

この事態は急速に進み、十一月三十日、吉田内閣不信任案が提出された。これを受けて喜一らが池田邸で待っていると、夜遅くに池田が帰って来た。

池田「刀折れ矢つきた。」

喜一らは沈黙する。

池田「総理がかわいそうだ。」

昭和二十九（一九五四）年十二月七日、目黒公邸で政府与党首脳会議が行われる。解散にするか辞職にするか。解散は総選挙のし直し。総辞職は総選挙をせずに、総理の決め直しだけ。池田と佐藤は、「解散して国民に問い直したい」と言う。緒方竹虎はそれに反対だった。

緒方「解散の閣議決定には署名できない。政治をやめて郷里へ帰る。」

池田は吉田に、皆のいる中で泣きなら訴えた。

池田「大勢(たいせい)いかにも非であるから、総理はお辞め願う他ありません。」

吉田「緒方副総理を更迭して、解散する。」

池田「緒方さんはあなた自身が後継者としてお決めになり、議員総会で決定している人です。緒方さんを罷免することは、総理の見識にかかわります。…それでも総理がおやりになるなら、おそらく党が割れて、五十人か八十人になるかもしれません。それでもなお、やろうとおっしゃるなら、私はどこまでもお供します。」

吉田は二階に上がって行った。しばらく時間が過ぎ、時刻は十二時二十分になると、吉田は下りてきて皆に言った。

吉田「それでは、みんなの意見に従おう。」

そして、吉田はまた二階に戻っていった。池田も泣きながら二階に上がった。吉田と池田はサンドイッチと紅茶を口に入れながら話をした。

池田「幹事長の辞職願を受理して欲しい。」

吉田「そうか止むを得ない。」

吉田はシェリー酒を取り出し、

「お互いに辞職を祝って乾杯しよう。」

と言った。

吉田内閣は総辞職になる。内閣不信任決議案が国会に提出されたが、内閣が総辞職したため、本会議へ上程されることはなかった。

昭和二十九（一九五四）年十二月十日、吉田内閣は終了する。

『東京―ワシントンの密談』

吉田内閣が終わり、喜一は「もう関わりがない」と感じた。関わりたくないとも思ったのかもしれない。軽井沢に籠って、自分の持っている資料や記録を整理し始め、そして、貴重な歴史資料にもなる『東京―ワシントンの密談』の執筆を開始する。これは、昭和三十一（一九五六）年十二月に発行され、その後も一九七五年と九九年にも再出版された。

もうすぐ五十五年体制となるのだが、喜一としては追放復活組の連中は明らかに戦前の思想の人達なので、とても付き合いきれず、「俺の知ったことではない」と漏らしている。

昭和二十九（一九五四）年十二月十日、鳩山一郎内閣が始まると、自由党は緒方が総裁に就任する。翌年十月、今後の政局を左右する政党の動きが見られた。十月に社会党の右派と左派が統一される。そして、翌十一月、保守合同して自由民主党が発足する。この動きに吉田と佐藤はしばらく参加を見合わせている。第三次鳩山一郎内閣が始まり、五十五年体制が始まったのである。

喜一本人による言及が見つからないが、自分の所属する党の変更などは全て池田に委ねていたと思われる。

宏池会

鳩山一郎内閣の頃、大役から遠ざかることになった池田達は結集を始める。

池田の大蔵省時代の友人に田村敏雄という男がいた。池田の満州行きが決まった時に、天疱瘡（てんぽうそう）という病に伏したため、代わりに行くことになったのが田村である。彼は戦後シベリア抑留を経験した後に帰国する。失意の人生かに見えたが、池田の後援に活路を見出す。彼は政治経済関連の論文を掲載する機関紙『進路』を発行しており、この機関紙を題材にした勉強会を始めた。

このメンバーは次の通りである。

【経済学者】

・下村治（経済学博士）

・高橋亀吉（経済評論家・経済史研究者）
・平田敬一郎（日本開発銀行総裁）
・櫛田光男（元大蔵省理財局長、国民金融公庫総裁、後に日本不動産研究所理事長）
・山本勝市（かついち）（経済学博士、衆議院議員）

彼らは毎週集まった。中でも下村は昭和三十二年頃から、「日本の経済は興隆期に入る」という論説を持っており、彼が原動力になっていた。

大磯に隠棲中の吉田・元首相が高木という男に呼びかける。

吉田「池田くんというのを、これから少し財界人達でも応援してやってくれないか。」

【財界人】
・星野直樹（旭海運社長、ダイヤモンド社会長）
・稲葉秀三（ひでぞう）（国民経済研究協会理事長、後に産経新聞社長）
・高木陸郎（日本国土開発株式会社創業者）
・永野重雄（実業家、財界四天王、後の日本商工会議所会頭）
・桜田武（実業家、財界四天王、日清紡績元会長）
・小林中（あたる）（実業家、財界四天王、日経連総理事）
・水野成夫（しげお）（実業家、財界四天王、国策パルプ工業（日本製紙）社長、後のフジテレビ社長）

運用資金については財界人が金を作ってくれたというよりは、経済の興隆が資金を作ってくれたという感じだった。吉田の真意とは別に、特に池田を総理にするという雰囲気ではなかったという。しかし、ここでできる支援団体は「末広会」となっていく。

喜一「池田という人は、この人を助けてやろうやという感じを相手に自然に呼び起こすタイプの人ではない。人が集まったのは、不信任案を受けたり、吉田内閣が終わったりということがあったからに思える。」

それと、彼らは政治活動をしたわけではなかったという。集まる経済学者と財界人は勉強に励んでいたのだ。そして、残念ながら、これに集まり始める代議士達は、あまり勉強に励んでいなかったとも喜一は漏らしている。

【代議士】
・益谷秀次
・林讓治
・福永健司
・鈴木善幸
・小坂善太郎
・周東英雄
・大橋武夫
・前尾繁三郎
・大平正芳

・黒金泰美
・小川平二
・丹羽喬四郎
・宮澤喜一

これで派閥ができ始めた。鳩山内閣から岸内閣にかけて、彼らは御用無しという状態だ。喜一は戦時中に、大蔵省内で下村治からケインズの一般理論の講義をしてもらっている。下村は病気がちで結核にもなるが、このことが彼を自由にさせ、官僚でありながら、学問の世界に行ったり来たりするという異端であった。そのため、こういった行動が取れたのだという。下村は昭和二十七年にケインズ理論の動態化を取り上げた「経済変動の乗数分析」で博士号を取得。昭和三十三年に宏池会から出した論文「経済成長実現のために」の中で、日本経済は歴史的な発展の転機を迎えていると主張した。この下村理論と中山伊知郎の「賃金二倍論」が結びついて、所得倍増論となる。下村は後に、日本開発銀行理事や日本経済研究所会長になる。

実のところ喜一は、下村がメインになる会への参加を何度も見合わせていたという。

喜一「下村さんは時々見込み違いをするからなぁ。よく間違えるからな。」

自由民主党ができると、総裁は一人ではなく、総裁代行委員というものが作られ、鳩山、三木武吉、大野伴睦、と緒方が就任した。それから間もなくのことである。

昭和三十一（一九五六）年一月二十八日、緒方竹虎死去。

喜一は銀座のバーで朝日新聞の親友二人と飲んでいた時に連絡が入る。弔問に行かねばということになり、信濃町の池田邸に行く。

喜一「色々あったことは知っているけれど、もう仏様になったんだから、これから行きましょうや。」

池田「車がない。」

などと、池田は駄々をこねるが、結局喜一の車で港区の緒方邸を弔問した。

この年の三月には大蔵省がようやく四谷第三小学校から引き上げることになり、昭和三十一（一九五六）年十二月二十三日、石橋湛山内閣が発足する。大蔵大臣は一万田尚登に代わって、湛山の弟子である池田が指名された。外貨準備は五億ドルを割り込み、ＩＭＦから二度の借り入れがされ、少々の景気回復だが、貿易収支は赤字、急いで引き締めたいというデフレ基調の政策が求められた。時代は〝ストップアンドゴー〟、景気を抑えようとしたり、良くしようとしたりを繰り返す状態だ。

そこで池田は、緊縮予算の呪縛を振り払って、完全雇用の達成と生活水準の向上を目標に昭和三十二年度予算案は「千億減税、千億施策」という方針を打ち出す。一般会計は一兆一〇〇〇億円台に上っていた。

ところが昭和三十二（一九五七）年二月二十五日、湛山は不遇の病に倒れる。これに代わり、岸内閣が発足するのだが、岸という人物は典型的な追放解除組の一人だったのである。

まるでこの動きに相対するかのように、六月、宏池会が発足する。例の池田のメンバーに加えて、若手企業幹部で後に社長や会長になる者も集まった。今は改築された赤坂のアメリカ大使館前にある日本自転車会館一号館に事務所が設置される。短波放送、あるいはラジオＮＩＫＫＥＩのビル、と言えば通じる人が多いかもしれない。

中国後漢、馬融の上奏文の一文、「高崗(こうこう)の樹(うてな)に休息し、以て宏(ひろ)き池に臨(のぞ)む」(高い丘にある高台で休み、広い池を見る。)から、安岡正篤(まさひろ)・陽明学者が「宏池会」と命名した。吉田自由党の池田派が自由民主党宏池会になったという見方もあるが、出入りする者を見れば、純粋な勉強会という見方もあった。

警察官職務執行法

昭和三十三(一九五八)年十月、警察官職務執行法の改正案が上程された。警察官の警告、制止や立入りの権限を強化し、また「凶器の所持」調べを名目とする令状なしの身体検査や、保護を名目とした留置を可能にするというこの法改正案は、特別高等警察が闊歩していた戦前回帰を連想させた。

喜一は、自治庁長官の愛知揆一に「警職法というものは、おかしいではないですか」と、何度も話している。愛知とはワシントン、ガリオア交渉、吉田・ダレス会談、と同行を繰り返しており、派閥は違えど親しくなっていた。

この警職法改正の反対運動は激しかった。社会党や共産党といった政治グループだけではなく、日本労働組合総評議会、全日農、護憲連合、児童文学者協会、日本写真家協会、日本シナリオ作家協会、日本キリスト教女子青年会、全国の旅館業者、同人雑誌グループ、山岳会など幅広いグループからの参加が見られた。スローガンとなった「デートもできない警職法」は、週刊明星が取り上げた記事から用いたものだった。この岸に対する国民の反発はかなり大規模なものであったと思われたが、一年後になるとさらに激化する。十一月二十二日、警職法改正は断念される。

この十一月に、池田は第十回コロンボ計画会議に国務大臣として出席し、喜一はこれに同行する。南アジア、東南アジアの経済協力機構である。国内の騒動もあったが、池田と喜一は世界の経済情勢を見る機会も与えられていたのである。

そしてこの年の大晦日、警職法については自民党内部でも反発があり、審議未了と国会混乱の責任を追及し、池田勇人、灘尾弘吉、三木武夫の三閣僚が辞任して抵抗した。

所得倍増論の始まり

昭和三十四（一九五九）年一月三日、読売新聞朝刊に中山伊知郎・中労委会長（経済学者）が「賃金二倍」を提唱する。要約は次の通りである。

中山「日本は福祉国家を目指している。戦後は貧乏となるが、その未来像に近づけるためにあえて賃金二倍を提唱する。低生活水準の下での経営者は反対する。しかし、生産能率が二倍になれば、拒否する理由はない。アメリカの経済開発委員会は賃金倍加の要請をした。現在は少しずつ賃金は上昇していっているのだからいずれは二倍にも三倍にもなる。いずれ来るのであれば先んじてそれを目標にしてしまおう。労使の共通目標として有効な一歩となり得る。」

この記事を喜一はリアルタイムで読んでいたが、池田にこれを紹介したのは、白神勤・読売新聞編集局次長であった。池田とは同郷である。

しばらくして、二月二十二日に自民党広島県連の会合があり、池田の記者会見が終わった後、市内の旅館での昼食中に、賃金二倍の話を思い出しながら、池田と喜一と大平は話し合っていた。

喜一「〝月給〟だと、サラリーマンだけを連想させる。農業や事業所得も含めて〝所得倍増〟と言ったらどうだろうか。」

この夜にも池田は広島市内の小学校で演説会を行うのであるが、そこで初めて「所得倍増論」という言葉を使用する。

その翌日の新聞には小さく「月給二倍論」の記事が掲載された。

「設備投資によって生産を増やし、輸出だけでなく国内消費を増やさねばならない。そのためには最近言われている月給二倍論は有効だと思う。」

この話をしている時期を見てもわかるように、実は岸政権の時に長期経済計画として「所得倍増」の検討が始まっており、経済企画庁が下村治による「七年倍増計画」を出していたり、中山伊知郎が「賃金二倍論」を提唱したりしていた。岸はこの種の政策を拾い切れていなかったのが実状だった。

池田のモーニング

昭和三十四（一九五九）年六月十八日、第二次岸改造内閣が始まると、池田は通産大臣に任命され、これを受けた。前年の大晦日にあれ程息まいて岸批判をしていた男が、頭を撫でられておとなしくなってしまったように見えた。

喜一「何故通産大臣ぐらいで岸さんに尻尾を振っていくのか。」

大平「モーニングなど組閣本部へ届けるな。」

この時、満枝夫人までもが一緒になってモーニングを隠してしまっている。とはいえ、当時の朝日新聞を確認すると、池田はモーニングを着ており、別の宏池会メンバーが着せて官邸に向かわせたという話のようだ。

池田は、秘書の木村貢（宏池会結成から平成十二年まで事務局長であり、大平、宮澤の首相秘書官にもなる）に対して言い訳をしている。

池田「こうなると段々権力の中枢に近いところにいないといかんのだ。岸さんは〝俺のすぐ次に弟というわけにもいかないからな〟なんてことを言ってるし。」

池田は岸とウマが合ったことはない。それでも、この後の安保騒動中、池田は足を引っ張ることはしなかった。

喜一はこの年、文部政務次官であった。この時の文部大臣は松田竹千代で、当時の文部省と日教組の軋轢は激しい状態だった。そもそも日教組の源流を辿ると、ＧＨＱの民主主義のための指令による教職員組合だった。そして、類似組織が一つになり日本教職員組合が生まれるわけだが、日本の再軍備方針の頃から、彼らの心はＧＨＱや政府に反し、左傾化していったように見られた。反発の矛先は案の定文部省にも向けられた。

松田「こうした断絶状態はよくない。これまでのいきがかりやメンツに拘らず日教組と話し合いたい。」

松田は日教組の会合に出向くなど、断絶の打開に一所懸命だった。しかしどちらも、下部組織からの強いプレッシャーで苦労する。この時期、水面下では双方がかなり良い関係であったが、残念ながら具体的に実を結ぶことはなかった。

ずっと後になって喜一は日本の教育を次のように評価している。

喜一「教育改革の中で日教組ができて、それが果たしたことは教育だけに取り返しがつかないところがある。これは一番悔やまれる。ついで、〝恥を知る〟、〝品の良さ〟みたいな心の持ち方が減った。また、全般的に活字を読まなくなったことはどうにかしなければいけないように思う。」

安保闘争

吉田茂が一人で交わした安保条約の正文は第五条までである。これに対して、岸内閣の時に交わした新・安保条約は第十条までである。これについて、双務性が高まる条約になり、戦争に巻き込まれやすくなった、と考えられている。または最初の吉田安保そのものから反対という者もいたかもしれないが、基本的に安保の反対者は、新安保第三条の「自助及び相互援助」と、新安保第五条の「各締約国は…対処する」という言葉がその焦点であるとしている。

ところが、内情を知っている喜一としては、条約文だけを見れば反発する理由がわからないという。吉田安保の第一条の「大規模な内乱と騒擾（そうじょう）（秩序を乱す騒ぎ）」が新安保で無くなったことで言うと、アメリカ軍の恐れているような「大規模」の事態は想定しにくい世の中になり、その上で警察力も高くなったので、単純に省略されただけと考えられる。

吉田安保は五条あると言っても、その内の一つは批准の効力なので、実質は四条しかない。あまりに大雑把な書き方なので、新安保ではもう少し具体的な文章にされたようである。新安保の三条と五条はそう見ても良いのではないか。

また、吉田政権時代であっても、個別的自衛権は存在していたので、新安保で想定されている「攻撃される対象範囲」も「日本の領域」ということであるから、これも大きく変わったというわけではない。アメリカ軍配置の「協議」は吉田安保の第三条に対して、新安保では、第四条と第六条がこれを詳細化した条約文に過ぎないからこれも大差がない。

なんと言っても本来岸が入れたかった条項がダレス・国務長官の批判によって叶わなかったというのだ。だから、後年になっても喜一は首を傾げて、「安保闘争というものは、〝岸〟という戦前に戻ろうとしている何者かへの反発である」と解釈している。

喜一 「安保騒動というものにsubstance（中身）が無かったと思っているんです。つまりは非常にけしからん条約が誕生することになるかというと、そんなに様変わりになる部分は無いわけです。岸さんの回帰路線、戦争犯罪人容疑者、軍部と腹を合わせてやった人かのような印象が騒ぎになったのではないか。

民主主義でいうと、隊長と隊列があまりくっついてもいけないし、あまり離れてもいけないので、これだけ離れてしまうと、もうどうしようもなかったという感じがしますね。

あの程度のことのために、あれほどの騒動をしなければならなかったかどうか、私は今日でも疑問に思っているが、とにかくこの仕事は岸さんが内閣を賭して成しおおせた。しかしあのとき盛り上がった安保反対、岸内閣打倒のエネルギーは一体どこにあったのだろうか。」

補足として、喜一は引退後にこの時の安保改定は心の中では賛成ではなかったとも述べている。

その新安保条約承認に向けて一歩を踏み出そうとした衆議院で混乱が始まった。昭和三十五（一九六〇）

年五月十九日、衆議院で議事は打ち切られ、警官を導入し会期延長をする。これは安保改定をアイゼンハワー来日に合わせようとしたものであるが、翌日「民主主義の危機（自民党の単独可決）」という見出しでニュースが広まる。これをきっかけに安保闘争の火がつくのである。

六月十日、ハガティ・新聞係秘書（ジェイムズ・キャンベル・ハガティ、James Campbell Hagerry）が来日するが、安保反対集団から包囲され、ヘリで救出されるという騒動が起こる。当時の新聞やニュースで、「Press Secretary」は、「新聞係秘書」と訳されていたが、現代では「報道官」と訳されている。

喜一は、料亭で池田と食事をしながら、ハガティについて話をした。

喜一「池田さん、ハガティというのは〝新聞係の秘書〟なんて言っているけれど、そうじゃないですよ。アイゼンハワーにとっては、そこらの閣僚よりよっぽど偉いぐらいの人ですから、これは大事件なので、一刻も早く臨時閣議を求めた方が良いです。そしてこれに対応しないと偉いことになると思いますよ。このまま放っておくと国民が動揺し、岸内閣に対する反発が一層厳しくなる。」

池田「わかった。」

その晩に池田は岸へ進言を行う。

この日米安保闘争デモの乱闘で、六月十五日、東大生の樺美智子（かんばみちこ）さんが死亡するという痛ましいことが起きた。その翌日に、臨時閣議が開かれることになる。

政府声明「国会周辺のデモは国際共産主義の企図により踊らされた計画的行為である。暴力は絶対排除する。」

池田「国民を安心させるための措置を取れ、全国から必要な警官を動員し、不法デモを逮捕して警備に万全を期せ。そのためには金に糸目をつけるな。」

日本政府はアメリカにアイゼンハワー訪日の延期を要請した。

非情に激しいデモが最後まで続いていたのではあったが、六月十九日、結局、新・安保条約が批准される。翌日になると、世の中は一気に元通りになり、特に多くの学校と学生は、何事も無かったかのように授業が始まったという。

この騒動が終わった六月二十三日、岸は辞意を表明した。

池田周辺

岸の辞任によって、池田の周辺はざわついていた。

周辺①「安保騒動で混乱したこの時期に政権を担当すれば傷つく恐れもある。この際は出馬を見送った方がいい。」

周辺②「こういう場はちょっと池田さんの出る場ではないんじゃないか。」

池田支援者「池田は保守の本命だから火中の栗を拾うことは避けた方がいい。ここは自重すべきだ。」

そして、朝日新聞論説主幹の笠（りゅう）信太郎は喜一を呼び出した。

笠「池田君について話したい。ちょっと来てくれ。」

喜一「じゃあ行きますよ。」

喜一は笠と会うことにした。

笠「現在のように安保で混乱した局面は、床の間を背に座って、なんとなくおさまりの良い人でないと収拾は難しいのでないか。

今度は池田君も立候補するようだが、君から彼に伝えて欲しい。安保でこんなに荒れた後、池田氏は力のある人だが、ここは力で収める場合ではないと思う。この局面は石井光次郎さんのように穏やかな者でないと後の処理は難しいだろう。笠がそう言っていたと池田君に伝えて欲しい。」

喜一「言うことは言いますよ。池田とあなたの間だから私はここで反対はしません。なんと言うか知らないが、その通り伝えますよ。」

そして、喜一はそのまま池田に伝えたところ、次のような反応であった。

池田「ふん。」

池田は保守本流のホープであるとして、池田支持者の代表格は次に上げられる。

【財界四天王】

- 小林中(あたる)(日本開発銀行総裁)
- 桜田武(日清紡社長)
- 永野重雄(富士製鉄社長)
- 奥村綱雄(つなお)(野村証券会長)

これに加えて、次の者もいた。

- 菅礼之助(すがれいのすけ)(東電会長)

・松永安左エ門（電研理事長）

池田の剛腕は世間では不安となっていた。しかし、実際にはその後の国の動きは非政治的な方向へと向かう。喜一達も舵を切ったのである。池田とその周辺は次のような方針を持つことになった。

池田派「日本の若い民主主義の段階では議会主義のイロハが国民に定着することが、最も大切であり、そういう母胎の健全な発達を危うくするような問題の提起は、できるだけ避けるべきだ。議会主義の健全な発展のために、やりたいことは互いに六分七分で我慢しよう。」

喜一「その意味で安保騒動は若い議会主義の〝反面教師〟の役割を果たしましたね。」

この時点で池田の周辺には、ブレーンの精鋭集団が出来上がっていた。これは宏池会と重複する。メンバーは、前尾繁三郎、大平正芳、黒金泰美、鈴木善幸、宮澤喜一、小坂善太郎、下村治、田村敏雄であり、他にも出入りする者が複数いた。今日から振り返ると、錚々たるメンバーだと言っても良いのではないだろうか。池田を除いても、この内の三人が総理になる。

池田は演説で、湛山について偉そうに語っていたことが、喜一にとっては印象深かったようだ。

池田「私は石橋さんを二度も除名したんだ。」

池田内閣、「寛容と忍耐」

自民党総裁公選は、昭和三十五（一九六〇）年七月十四日、日比谷公会堂で行われることになった。立候補者は池田勇人、石井光次郎、藤山愛一郎の三人だった。決選投票になり、三〇二票対一九四票で、池田は石井を破り総裁に選ばれた。

その夜の池田邸。

満枝夫人「あなた、大事なのは辞め時ですよ。そのことを考えていてください。」

池田のブレーン達が集まり、キャッチフレーズを考えることになった。

大平「安保で荒れた世相を考えると、やはり大事なのは忍耐だな。とにかくここは、池田さん、〝忍耐〟しかないですよね。」

喜一「学生の時、ミルの自由論を読んで、〝寛容〟（tolerance）という言葉が何度も出てきました。〝寛容〟とは、少数意見や自分と違った意見、或いは異端であるかもしれない意見に対して、寛容でなければならないということです。〝私はあなたと意見が違います。しかしあなたがたの意見を言う自由は命をかけても守ります。〟と、複数の価値観を認めるが故に議会政治というものが可能になり、有意義であるのです。〝寛容〟というのはどうですかね。」

池田「よし、〝寛容と忍耐〟で決まりだな。」

「寛容と忍耐」の池田政権が始まる。

余談として、池田が記者と雑談している中で、軽く口約束したものが新聞記事に掲載されてしまうということがあった。

【池田の約束】

・芸者が出るお茶屋へは行かない。
・ゴルフもしない。

池田は本来寛容でもないし、忍耐もない。しかし、人というものは段々自然とそうなっていくので不思議である。そもそも池田は料亭にもゴルフにもあまり行かない。ゴルフと言っても、箱根の別荘で、誰もいない方向に打っているぐらいだった。

吉田には、安斎正助という秘書がいて、手紙などは郵便を使わず彼が届けてくる。だから消印が無くて、その後の歴史家などは困っているらしい。そんな安斎が池田に手紙を持ってきた。

「なんで〝寛容と忍耐〟なんだ、お前の本領はそうじゃないだろう。料亭をやめるとかゴルフをやらないとか、そんなのは政治の本質じゃないはずだ。」

昭和三十五（一九六〇）年七月十九日、池田内閣が発進する。

浅沼稲次郎・社会党委員長刺殺事件

昭和三十五（一九六〇）年十月十二日、浅沼稲次郎・社会党委員長が東京・日比谷公会堂で演説中に、十七歳の右翼少年、山口二矢（おとや）に刺殺されるという事件が起きた。当日の喜一は金庫番で、金集めをしろと言われていたため、党の事務所にいた。この一報を聞いた喜一は、池田に働きかける。

喜一「ちょっと間違えれば、すぐに自民党に責任転嫁されます。自民党のせいで起こったものと世の中に受け止められては大変なので、自民党が率先して喪に服しましょう。」

喜一は事務所のあるビルの入口の一階の柱に箱を置き、そこに黒い喪章を沢山入れておくよう、事務当局に指示をした。

喜一「皆さんこれをつけましょう。お互いに喪に服そうじゃないか。」

その日の数時間後には、全党員に喪章をつけさせた。党本部の入り口にも喪章をつけた党員を配置した。これをやったのは自民党だけだったという。

池田秘書の伊藤昌哉が秀逸な追悼文を書いた。ただ、この秘書について少々注意を述べると、金光教の深い信者でお告げみたいなものをされるので、池田は困っていることもあったようだ。それでも池田の亡くなるまで親密ではあったという。

昭和三十五（一九六〇）年十月十九日、

【池田の追悼演説】

「沼は演説百姓よ　よごれた服にボロカバン

きょうは本所の公会堂　あすは京都の辻の寺」

池田「これは、大正末年の日労党（日本労農党）結成当時、浅沼君の友人がうたったものであります。委員長となってからも、この演説百姓の精神はいささかも衰えを見せませんでした。全国各地で演説を行なう君の姿は、今なお、我々の眼底に、彷彿たるものがあります。

〝演説こそは大衆運動三十年の私の唯一の武器だ。これが私の党に尽くす道である〟と生前君が語られたのを思い、七日前の日比谷のできごとを思うとき、君が素志のなみなみならぬを覚えて暗たんたる気持にならざるを得ません。」

所得倍増計画

この頃、「所得倍増」と言っていても、木に竹を接ぐような話だった。しかし、所得倍増政策については、下村治、喜一、大平、黒金らといったブレーンには自信がたっぷりとあったのである。

昭和三十五（一九六〇）年十二月二十七日、池田政権は、「国民所得倍増計画」を全面的に出し、昭和三十六（一九六一）年から十年間の年平均成長率を七・二％（最初の三年は九％）にすると閣議決定された。これはケインズの乗数理論を具体化したもので、優しく言えば、「お金を出して、世の中の物を買ってくれる人を増やして、お金が入り易くする」。少し言い方を難しくしていくと、「投資をして消費を増やせば、所得が増える」、「消費意欲が上がれば、乗数、つまり所得と投資の増加比率は増える」ということだ。これを踏まえて、投資と消費意欲を促して、所得が増えるであろうという政策を取ることになった。

そして、インフレが始まると国民は一時不安になる。

池田「所得が増えればクリーニング屋の店員の給料も増える。クリーニング代が上がるのは当然です。経済はこの池田にお任せください。」

喜一「高度経済成長のヒズミと言われるものの一つは消費者物価である。確かに、一年間の消費者物価の上昇が、金利水準を上回るようなことがあると、これは経済政策を根本から見直す必要がある。しかし、長期的に見れば、総評が組織労働者に、ヨーロッパ並みの賃金を望みながら、理髪や洗濯賃だけ日本並みに据え置けというのはできない相談であり、また、そうであってはならない。」

投資対象と消費意欲を促す材料が日本にはふんだんに存在していた。投資は工業地帯を中心としたインフラ整備、農業基本法による改善、自由貿易、科学技術の推進、教育投資といった文教振興、エネルギー政策、社会保障。消費で言えば、家電製品、これから始まるオリンピック需要、スーパーマーケット、レジャーブーム、と、個人でも家庭でも会社でも欲しい物が沢山あった。その後の経済はご承知の通りである。

このブレーン集団は次のようなことにも気を付けることにした。

「党内の大物実力者がまだまだ幅を利かせている。我々秘書官の前歴がある者は、なるべく姿を隠していた方がいい。」

前尾繁三郎

池田内閣が始まって一年後に前尾繁三郎（しげざぶろう）は自民党の幹事長に就任する。池田総裁と前尾幹事長は、何日も顔を合わせないでも平気だったという。

前尾「顔なんか見なくてもわかっているよ。」

池田も前尾になら少し無理を言ってもいいや、という横着なところもあったようだ。前尾も好きなようにやっていたし、議論にはならず互いに良くわかり合っていた。

明治三十八（一九〇五）年十二月十日、繁三郎は京都府宮津町（現・宮津市）に、瀬戸物屋の三男として生まれる。家が貧しかったせいで、二人の兄は高等小学校（中学）を卒業すると、丁稚奉公に出された。神童であった前尾は、小学校の教師に「学費が足りなければ自分が援助する」と言われ、進学に至る。そして、第一高等学校から東京帝国大学法学部に進学し、高文試験もパスすると、大蔵省に入る。しかし、しばらくして病のために長期間休職してしまう。回復に至らないため退職とはなるが、五年後に再び大蔵省に復職する。この経歴はどこか池田に似ていて、類は友を呼ぶとでも言うのだろうか。

和歌山税務署長を務めている時に、池田・大阪玉造税務署長と出会う。どちらも酒好きであり、肝胆相照らす飲み友達になった。その後、名古屋、大阪、東京と移り、戦争に突入すると、インドネシア・マカッサルに司政官として現地財務に取り掛かる。ここで視察に来た喜一と会って話を交わしている。戦後になって本土に戻り主税局長になるが、GHQに反抗してしまう。予定申告納税制度や割当課税に激しく抵抗をして、

「私一人くらいは犠牲になって進駐軍に反省を促すのもいい。」

と、主税局長を更迭され、大阪の造幣局長に左遷される。前尾は辞めて政治家になろうとするが、森永貞一郎・秘書課長と池田に留められる。前尾の行動は、GHQへの当てつけになってしまうので、今は勘弁して欲しいというものだった。

池田「前尾、仕方がない。（左遷先へ）行ってくれ。そのうち二人でやろう。」

これは有言実行され、池田と政治家の道を歩み始める。池田は人の言うことを聞かないが、前尾の言うことはよく聞いた。前尾は池田のためなら、苦労してもしようがないと思っていた。

池田首相の訪米

六〇年安保の騒ぎも落ち着いて、日米間の行き来も問題がないのではないかと思われた時に、池田が訪米

する話が持ち上がってきた。政府内部に限らずアメリカからも要請があった。

ライシャワー・大使「翌年、訪米したらどうか。」

前年にはアイゼンハワーの訪日中止となってしまったが、次の大統領はケネディと決まっていた。日米間の前年のことは気まずい状況にあったが、中国の国連代表権が問題になっていることと互いに新政権であることが、互いを強く引き合わせた。喜一も同行することに決まる。

また、池田夫人の同行も決まったのだが、まだそういった習慣がなかった時代である。前年に、女優の田中絹代がハワイ帰りに羽田空港で投げキッスをしたというだけで、随分と新聞社に叩かれていたのだ。これについて喜一は川口松太郎・小説家に問いかける。

喜一「大丈夫ですかねえ。」

川口「大丈夫だよ、そりゃ。そんなことは気にするな。」

隔世の感があった。池田夫人もファーストレディとして務めを果たしたことや、池田がレディファーストをして、満枝夫人を先に自動車に乗せたことが話題になったりもした。

昭和三十六（一九六一）年六月二十日、池田らは訪米する。

JFK

一九一七年五月二十九日、ジョン・フィッツジェラルド・ケネディ、またはジャック・ケネディと呼ばれている彼は、マサチューセッツ州ボストン郊外で生まれ、プロテスタントの洗礼を受けた。ビジネスマン兼政治家のジョセフと慈善家のローズを父母に持ち、父方の祖父は、マサチューセッツ州議会議員であった。

ジョンという同じ名前を持つ母方の祖父も下院議員とボストン市長を務めている。兄が一人、弟が三人、妹が五人である。兄弟の中で彼よりも早く先立つものが二人いた。

祖父母の家系はアイルランド移民であり、このために時々差別を受けることがあった。ボストン州辺やブルックラインで幼少・小学校生活を送り、十三歳になるとコネティカット州にある八年制のカンターベリー学校に入るが、虫垂炎で去ることになる。

今度は同じくコネティカット州にあるチョートローズマリーホールという寄宿学校に入るが、ここでケネディは不良学生になってしまう。ファイアー・クラッカーを使用してトイレの便座を爆破する事件を起こしてしまうのだ。アジア圏で見られる爆竹とは違い、それは少々強烈であった。礼拝堂の集会で校長が便座を振り回して激怒した、という話が有名らしい。

そんな中でまたもや健康問題が出てきた。白血病が疑われたが、しばらくしてから大腸炎ということがわかった。その後プリンストン大学に入るも、胃腸が悪いせいで退学する。しばし牧場で働いた後、今度はハーバード大学に入り、ようやく落ち着いて勉学とスポーツに励む。セーリングスポーツ（ヨット）では、ナンタケット海峡で行われたキールボート・チームレースで優勝をしている。彼は大学の研究テーマに基づき、イギリス大使になった父に付き添う形でヨーロッパを回り、情報収集を行った。そして、卒業論文「ミュンヘンの宥和」が完成する。後に「Why England Slept（英国は何故眠ったか）」という本にされ、ベストセラーになる。この表題はチャーチルの「While England Slept（英国が眠っている間に）」を模しているらしい。彼は成績上位者二十五％前後に送られる cum laude（優等）として卒業する。ちなみに、その上の上位十％前後は magna cum laude、さらに上の上位二％前後は summa cum laude という学位の取得レベルがある。

一九四三年八月一日、海軍に入ったケネディは、日本の駆逐艦天霧(あまぎり)にやられる。死傷者を出したが、彼はなんとか生き延びることができた。ここでまた健康不良が起こり、マラリアと背中の痛みで除隊に至り戦後となる。

新聞記者に転身したケネディは、チャーチルの落選を取材したりしている。しかし、パイロットの兄が戦死していたため、父はケネディを政治家にしようとする。ケネディは民主党に入り、下院議員から上院議員へと駆け上がり、そこでもまたアジソン病という健康不良と闘うことになるが、「活発で影響力のある民主党員」という評価を受けると、一気に大統領選挙運動に打って出る。経験不足を指摘されながらも、宗教問題、人種問題で世論を味方に付け、テレビ討論会でも大いに受けた。

大統領になった六月、フランスのド・ゴールと会った後、フルシチョフと会談する。その後、ソ連との緊迫感が一段、二段と上がっていくわけであるが、この六月の後半には日本人の首相と会うことが決まっていた。闘病経験のある二人のエネルギッシュな政治家が引かれ合うように出会うことになる。

池田・ケネディ会談

首相になって一年の池田と大統領になって半年足らずのケネディ。昭和三十六（一九六一）年六月二十日、この二人による会談が行われる。議題は、核実験の禁止、ベルリン問題、中国と韓国、沖縄問題、途上国支援などである。会談は二日間で、本来は外務大臣と事務当局が皆一緒に入って首脳会談が行われるものだが、二日目の会談はケネディが別の場所でやると言い出した。

ケネディ　「ポトマック川に大統領専用の〝ハニーフィッツ〟号という大きなヨットがあります。明日はその中でやりましょう。」

その晩、池田と喜一はアメリカ合衆国大統領の賓客が宿泊する施設であるブレアハウスに泊まっていた。酒を飲みながら、どういう話に持っていくかと軽い打ち合わせをする。

喜一「明日どういう話をしますかねぇ。」

池田「やはり沖縄の話になるな。まあいいや、俺の方が年上だからなんとかするよ。山より大きい猪は出ない。」

喜一は面白い発想だと思って聞いていた。この当時の沖縄はまだアメリカの統治下にあり、アメリカ軍の猛反対により、日本の国旗を掲げることなどは許されずにいたのだ。

六月二十一日、二日目のこの日は、前日にケネディが提案した通り、会談のメンバーはポトマック川に浮かぶ大統領専用ヨット「ハニーフィッツ（Honey Fitz）」号に乗り込んだ。その時、船を乗り降りする際に、ケネディは腰が悪くて杖をついていた。ヨットの船室を選んだのは椅子の関係で都合が良かったからかもしれない。

小坂・外相とラスク・国務長官、それから事務当局はデッキで会談を始め、船室内には、ケネディ、池田、喜一、通訳のウィッケルが入った。この会談の記録は外務省の通訳が入っていないので取られていない。

ケネディ「ウィーンでのフルシチョフとの会談では、地下核実験停止、ベルリン問題を申し入れた。しかし、ベルリンの状況はどうもあまり良くない。秋までにベルリンで大きな危機が起こるかもしれない。」

これは、二ヶ月後の八月十三日にベルリンの壁ができることを示唆していた。

次に中国の国連代表権問題と台湾の保全について議論する。中国との民間貿易についてケネディは理解を示すが、合意には至らなかった。

それから、韓国では軍事クーデターが起きており、朴正熙（パクチョンヒ）政権に移っていた。ケネディはこの軍事政権に対して非常に批判的であった。池田は、政治的安定が極めて大切だと主張する。

続けてケネディは池田に、綿製品の輸入規制について日本の協力を要請した。

そして、いよいよ沖縄の話になる。

池田「沖縄返還の件がある。」

ケネディ「沖縄の基地はアメリカの軍事力の中核だ。その問題があるというのはわかっているんだが、フィリピンの政情が不安定で、とにかくフィリピンの基地はいつ問題が起こるかわからない。クラークフィールド（フィリピンの空軍基地）やフィリピンの基地が十分に当てにならないとすると、沖縄が無ければハワイまで後退するしかないだろう。それはアメリカとしてはとても問題なので、なんとかして沖縄の基地だけは置いておきたい。」

池田「今すぐ返還とは言わない。沖縄の生活水準を国内の最低線より上にしないと沖縄県民にすまない。」

船室で三時間くらい経過した後、小坂とラスクが船室内へ合流してきた。

ラスク「実は先程日本の外務大臣と相談して、沖縄には正月に限って日の丸を掲げていいことにしました。」

沖縄では日の丸を掲げることが禁止されており、せめて元旦だけでも国旗を掲げたいというのは、屋良（やら）朝苗（ちょうびょう）・沖縄教職員会会長（後に沖縄県知事）の九年前からの願いであった。ところが、池田と喜一はようやく決まったこの話をさらに転がし始めた。

喜一「そんな馬鹿な話はありませんよね。」(喜一はこれを日本語で話す)

と、喜一は池田に通訳をしながら、一言加えた。日本語のわかるライシャワー・大使がこちらを見る。

池田「そのご厚意はわかりますけれど、そういうことをしているから沖縄の民心がつかめないんです。正月に掲げていいものが、他の祭日に掲げて悪いという理屈がどこにありますか。」(通訳のウィッケルがこれを英語に訳す。)

ケネディは少し考えてラスクに聞く。

ケネディ「沖縄に祭日は何日あるのか。」

ラスク「十数日はあります。」

ケネディ「よし、じゃあそうしよう (I will do it)。それでは祭日には全部国旗を上げても結構です。」

ケネディは、通訳という障壁を利用した池田と喜一の連携プレーに引っかかったのだ。これで、アメリカ勢は唖然としてしまう。

ラスク「大統領がそうおっしゃるなら、そういうことに致しますが、この発表は高等弁務官にやらせてください。というのは、今ここで日本側に押されてワシントンで決断しちゃったということになれば沖縄統治に具合が悪いので。」

喜一「それで結構です。ただし、それはいつ発表するのか?」

ラスク「二十四時間以内にやらせる。」

ところが、二十四時間経過しても発表はなかったのだが、二日後になってようやくリリースされた。結果としては実施に至っていたが、このもたつきは若い大統領と軍との屈折があったのかと喜一は推測している。

この会談の後に喜一らは、ブリーフィングを行っている。

喜一「今回の会談の結果、アメリカには今後は重要な外交政策について、積極的に日本政府に連絡しようという気構えが生まれてきたと思う。日本は英国と同様、アメリカのパートナーであるというのがこの度の姿だ。

ケネディについては、非常に勘が速い、判断も速い、大変物分りは速いけれど、すぐ決めなければいけないと思い過ぎるところがある。時間をかけて待つということはあまりしない人だ。日本のこともよく知っていた。日中関係、日本が貿易国家として世界に出たがっていることも的確に理解されている。」

ケネディ夫妻が招いてくれた午餐会に、アイゼンハワー・前大統領夫妻を呼んでくれた。前年の訪日が叶わなかったからである。これにはケネディやライシャワーの配慮があった。池田は日本大使館で返礼の晩餐会を行う。しかし、予定では大統領が来ることになっていたが、結局は腰痛による発熱で出て来られなかった。代わりにジャクリーン夫人の方が来てくれた。ここで池田は昼にスーツ、夜に羽織袴、満枝夫人は着物の姿で出迎えた。

最終日の昭和三十六（一九六一）年六月二十二日には、「池田勇人首相とケネディ米大統領の共同声明」を発表した。この声明文は日米関係をどんな言葉で表現するかという視点で注目される。この時の日本の世相では、同盟（Alliance）という言葉を避けたがる傾向があったのだ。やはり前年の安保のことがあると思われる。そこで、提携（Partnership）という言葉を代わりに用いたのだった。

宮澤私案

昭和三十六（一九六一）年七月十八日、第二次池田内閣（第一次改造）が始まると、喜一は自民党経理局長になる。経理局長の喜一は、最初に経団連へお願いしに行ったりした。石川一郎・経済団体連合会初代会長や、植村甲午郎（こうごろう）・元経済団体連合会事務局長などにである。しかし、結局は経団連で色々考えてくれて、各団体に割り付けてくれたのだが、この仕組は、後に政治献金を取り纏める財団法人、国民政治協会となっていく。そういう意味では、経済同友会所属の会社も経団連でまとめてくれていた。

これに加えて、喜一は参議院運営委員長にもなった。

当時の参議院は労働組合勢力の最も強かった時期で、すぐに牛歩戦術にかかっていた。議案の期日を延ばそうとして不信任案を出す。そして不信任案について長い演説をする。さらにその上で投票も牛歩をする。参議院の自民党は年寄りばかりで、社会党は若く、肉体的に不利だということもあったが、なんと言っても馬鹿馬鹿しい。一牛歩（ひと）三時間くらいで、議場は騒然というより寝ている。それぞれ、賛成の札（ふだ）と反対の札は六枚で、賛成・反対おのおの三枚ずつしかない。四回ぐらいやると札が無くなるので、補充のために、休憩となる。休憩と札の入れ替えで何時間もかかる。全く意味のないことを何日もやった。

喜一「いかにも無駄なことだな。」

誰か「そうだな。」

昭和三十六（一九六一）年十二月二十三日、このことについて、参議院の議員運営委員会で国会正常化問題が出ており、「宮澤私案」を持ち帰って検討をする、という話があった。つまり、牛歩対策である。

喜一「あなた方は数で行けばそれ（少数派としての抵抗）ができるのはわかったから、〝戦時国際法〟をやろう。これからあなた方がそういうことをやって今晩八時間稼ぐというつもりなら、それはわかった。そのかわり、俺が八時間休憩を宣言するから、みんな寝かせようじゃないか。それならいいだろう。皆を寝かせないで何時間も無駄に過ごすということは、とにかくよそうじゃないか。その代わりあなた方の頭数は認めてあげるから。」

これは、〝戦時国際法〟の中の「背任行為の禁止」のことを取り上げていると考えられる。具体的には休戦旗を掲げながら、攻撃を始めてしまうようなことはしてはいけないというルールだ。牛歩戦術が当時と比べて激減した原因は、こういう話を喜一が持ち込んだということでもあるが、それよりもテレビ中継が増えたことであると喜一は言う。

【宮澤私案】

一、今後常任委員長の選任は議長の指名によることとするが、著しく不正常な状態になった場合は、国会法第二十五条の規定（各議院において常任委員の中から選挙する）によることを妨げない。

一、各会派は「委員長の中立性」を制約してはならない。委員長が左記のような行為をした場合、国会法第三十条第二項（特に必要があるときは、院の議決をもって解任できる。）に該当するものと認める。

①正当な理由なく委員会を開会しないこと。②みだりに休憩や散開を宣すること。③故なく委員の発言を許さず、動議を議題にしないこと。④故なく速記を中止すること。

経済企画庁長官

昭和三十七（一九六二）年二月九日、GATTは「綿製品の国際貿易に関する長期取り決め」（Long-Term Arrangement on Cotton Textiles：LTA）を発効した。綿製品が流入することで国内市場が崩壊する恐れがある場合に、輸入国と輸出国の間で二国間協定を結べると定められているが、これは綿製品に限られていたこともあり、日本は化学繊維に切り替えを図っていた。すると、アメリカは日本の化学繊維や毛製品の輸入に対して敏感になってくる。これが後に、大平と喜一、田中角栄に難題を突きつけることになる。

昭和三十七（一九六二）年七月十八日、第二次池田内閣（第二次改造）が始まった。当初は経済企画庁長官に三木武夫という話もあったのだが「ポストが軽すぎる」と辞退されてしまう。そこで、喜一は国務大臣である経済企画庁長官になり、初入閣することになった。四十二歳であり、若い閣僚である。

喜一「その前に議運の委員長をやっていましたからね、まあ順番からいって次はということでしたから、意外という感じはありませんでした。確かに閣僚になるのは他の人より早かったのですが、議運の委員長というのは、当時大体は閣僚ということになっていました。そんなわけで閣僚になっても不思議だという感じは持ちませんでした。」

実は官房長官という話もあったのだが、若い上に参議院議員では難しかった。議員運営委員長をやっているので、若さ以外では入閣することに無理はなく、また喜一からなりたいとも言ってないので、自然の成り行きでなったという感じだった。官房長官は黒金泰美が担うことになる。

経済企画庁長官になって、一番の仕事は物価のことで、特にコメの価格のことであった。生産者米価と消費者米価というのは、いつでも徹夜をするような問題であり、自由化は全くできておらず、物価の中では一番の大所である。他には公共料金、公営交通、電気料金、水道、それとバスなどといった公共料金は、閣議決定と物価問題関係閣僚会議の同意を得なければ決まらなかった。自由経済を重んずる喜一としては、国が料金を決めることに抵抗があり、不愉快だと思っていた。ちょっと値切ったところで、誰かが困るに決まっているからだ。値切って威張るというのはくだらないと喜一は考えている。

自由競争が働かないのが公共料金で、例えば、高知市のバス料金と神戸市のバス料金が競合・競争関係にあるというのは怪しい。私鉄も電気料金も方式はあっても、自由競争には問題があると、喜一は考える。

喜一は自分では情けなくなるような理屈で米価などを値切らせてもらい、そういうことが通計五年間の中で何度もあったという。主婦連から頼りにされているようなことを言われたりして、腹が立ったし、おまけに玉ねぎ、キャベツの類は、値段もくそもない。コスト計算もあったものではない。ただ値切っちゃえということで、輸入もできない。鳩山一郎の長男の鳩山威一郎からは、「エレベーターの針を動かしてもエレベーターが上がってくるわけではないだろう。」と言われ、喜一は嫌な仕事をさせられたと感じる。そこで少し中山伊知郎に助けてもらった。

中山「公共料金や物価が安定していないということは政治としてはよくないことだ。経済政策としてもそれは問題があるんだ。」

と、みんなを叱ってくれた。

閣僚に入ったことで、喜一は感想を述べている。

喜一「私がどうして自分の所信を曲げてまで政治家になったか、それは親父が志半ばで政治をあきらめなければならなかった。そのことと無縁でないのですが、私の親父は閣僚になれなかった。それを、跡を継いだ息子が閣僚になったからさぞ喜んでくれるだろう……こういった気持ちは確かにありました。直接聞いたわけではないが、池田さんにも同じような気持ちがあったのかもしれないと思っています。」

父の裕は神宮前の家に同居していたが、翌年の五月に他界する。

至急の親書とキューバ危機

昭和三十七（一九六二）年九月二十六日、韓国の要人がジャーナリストの清宮龍を通じて池田の側近との極秘会談を要望してきた。この頃は、李承晩ラインで日本漁船が拿捕されて死傷者も出し、反韓ムードである。要件は国交正常化だという。

喜一「いいですよ、会いましょう。」

相手をする日本のメンバーは次の通りだ。黒金泰美・官房長官、鈴木善幸・副幹事長、喜一・経済企画庁長官。内容の詳細は不明であるが会議が行われた。

そして、緊迫した会議が終わると、緊張をほぐすかのように切り出した。

喜一「拳闘（ボクシング）を見ましょう。どうなりましたかね。」

この日（現地アメリカでは二十五日）、世界で注目されたボクシングがあり、フロイド・パターソンはソニー・リストンに一ラウンドKOで敗れ、タイトルを失った。

喜一「この韓国を友人にできるか、あるいはこの韓国と争わねばならないかは、日本にとって非常に大きなプラスとマイナスになる。どちらかといえば過去には日本に対して恨みがあるのだから、常にこちら側から手を差し伸べるべきだと私は思っているのです。」

十月五日、経済企画庁により全国総合開発計画が策定された。新産業都市の指定をして、公共投資を行うという考え方だ。喜一は大臣であるが、この国土開発の神様は終始下河辺淳（しもこうべあつし）であったという。彼は経済企画庁総合開発局調整官で課長、後に国土交通省事務次官、東京海上研究所理事長も務める。その後も高速道路、新幹線、通信、港湾と手がけるのだが、下河辺氏は持て囃されもしたし、悪口を言われたりもした。

この計画には新産業都市の大陳情合戦があったが、感心なことにスキャンダルが起きなかった。経済企画庁はそういうこととは無関係だったようだ。

成功例が多かったが、中途で終わったものもあり、北海道が道半ばであった。苫小牧東（とまこまいひがし）（トマトーとも呼ばれる）は処女地であったので、効率的な開発ができるチャンスだったが、これは石油危機で頓挫した。喜一はずっと後も同情していて、引退後も気にかけることになる。

こうした仕事が続いていたのだが、十月二十三日の朝、定例閣議の日で閣議開始の前だというのに、ライシャワー・アメリカ大使が信濃町の池田邸に、ケネディの親書を持って来るという。喜一が至急呼ばれた。

池田「ライシャワー大使が来ると言っているから、すぐ来てくれ。」

喜一「はあ、わかりました。」

ライシャワーの親書は次のような内容であった。

「キューバの周りに来るソ連の船を臨検する。日本もサポートして欲しい。つまり、この海上封鎖について公表したいので、日本の了解が欲しい。」

喜一「アメリカの過剰防衛にならねば良いが。」

そこで首相官邸に首脳部が集まり、対応協議を始める。

外務省幹部「国際条約と慣例から言えば日本はアメリカの行動に制約されなくても良いのではないか。」

しばらく沈黙する。

喜一「自分もそう思う。」

また沈黙が続き、池田は天井を見上げている。

池田「国際条約や慣例は大切だが、今はおそらくそれが通用しない状況ではないかと思う。日本政府としてはケネディ大統領の決定を了承する。」

この時、政府も報道機関もほとんど事態を知らなかったのが実状である。やがて、十月二十八日になると、モスクワ放送で「陸上基地の建設はやめる。ケネディが攻撃的と呼んでいる機材はソ連に送り返す。」と流れる。

ケネディのせっかちな性格が心配されていたが、このキューバ危機を乗り越えた辛抱強さは見て取れたのであった。

キューバ危機直後

キューバ危機も避けることができると、十一月四日、池田は欧州訪問へ出発、喜一も同行することになった。当時の欧州は対日制限品目が設けられており、日本製品の輸入規制が行われていたため、これに対して日本は緩和を要求していた。

池田は最初の訪問先で、次期首相となる西ドイツのエアハルトと意気投合している。この時点での西ドイツ首相はアデナウアーなので、正式にはアデナウアーとの会談である。

次に池田は十一月九日、フランスのド・ゴール・大統領と会談を行う。主に中国の問題であったが、日本製品の話題にもなる。

池田「休みだったので、パリ郊外に行きましたら、日本のトランジスタラジオがウインドーに出ておりました。」

地元メディアで池田が「トランジスタの商人」と報じられたが、その真相は池田が日曜日に会談が無かったので、パリ郊外のフォンテンブローにドライブに出たところ、日本製のトランジスタラジオが店に陳列されているのを見かけて喜んだ。その話をド・ゴールにしたところ、翌日の新聞で奇妙に報じられていた、というものだった。

ド・ゴール「ちょっと縁側の方に出ましょう。」

と、池田と喜一をベランダへ連れて行く。

ド・ゴール「御覧なさい。こうやって向こうを見ると、人によっては地平線が遠く見えるものだ。」

ド・ゴールの身長は一九六センチで、喜一の身長は一六〇センチ。喜一は「嫌なこと話すなあ」と思ったという。

十一月二十日、池田と喜一はバチカンにも公式訪問し、ローマ法王（当時の日本の呼び名、現在はローマ教皇）に謁見した。これが終わると、池田らは帰国したのだが、喜一だけはそのまま残った。OECDの対応をするためである。

十一月二十六日夜、喜一はパリに移り、クリステンセン・OECD事務総長とOECD正式加盟について意見交換を行う。

その翌日には、OECD開発センター加盟を日本が閣議決定し、これを元に喜一はクリステンセンとの間で加盟に関する書簡の交換を行う。この時に参加した日本とユーゴの立場はオブザーバーとしてであった。

最後の十一月二十八日、喜一はOECDで演説を行った。

「開発援助委員会（DAC）の正式メンバーとしてOECDの活動に貢献してきたが、日本は正式メンバーになることを希望している。」

この日、日本の開発センターへの参加が認められることになった。これは正式メンバーへの足掛かりとなる。

次は十二月三日に行われる第二回日米貿易経済合同委員会があり、喜一はニューヨークに向かった。

ニューヨークでは、地下鉄の入り口などに全て「シェルター」と書かれてあるのを見て、喜一はびっくりした。こういった状況までは一般に伝わっておらず、キューバ危機は大変なことだったんだと思った。そこではJFKの弟と話す機会があり、核攻撃を覚悟していた様子を語ってくれた。

ロバート・ケネディ「自分が部屋から外を見ていると、職人がホワイトハウスの壁を塗っていた。今壁を塗っても、もうしようがないんだな、と思った。」

ホワイトハウスでの午餐の時、喜一の隣にロバート・ストレンジ・マクナマラ・国防長官がいた。マクナマラはメニューの裏に絵を描いて、キューバ危機の際のソ連船の状況をじっくり教えてくれた。

マクナマラ「向こうから船が進んできて、こちらがこうなって……」

"quarantine"（臨検）という言葉を考えたのは、彼らのようである。ついにソ連が「突破の意思なし」ということを確かめることができたものだったから、これはマクナマラにとっては自慢話の一つだった。マクナマラは後にベトナム戦争の懺悔録を書く。

経済企画庁長官の仕事①・GATT

経済企画庁長官の仕事は、外国との交渉、ケネディ・ラウンド、物価問題が上げられる。

昭和三十八（一九六三）年、四月三日から四日にかけて、喜一はスイスのジュネーブでGATTの対応をする。これは、これから始まるややこしい交渉への入り口であった。

五月十三日から二十七日にかけて、OECD関連で本部事務局のあるパリを訪問し、その内の六日間程は再びGATT閣僚会議の開催地であるジュネーブに入っている。GATTとは協定のことを示すが、その集まりは現在のＷＴＯと捉えて良い。

喜一はこれから始まる多角的関税交渉のため、昭和四十二（一九六七）年まで年に数回ジュネーブへ出向くことになる。ＧＡＴＴで掲げられた「ケネディ・ラウンド」が一つのテーマであった。ヨーロッパの攻勢に対し、アメリカが関税率の引き下げを狙い、前年の一九六二年一月にケネディにより提唱されたものである。今後五年間に農産物、工業製品の関税を一括して五十％引き下げ、世界貿易の拡大を目標とした。アメリカは日本やＥＥＣの関税に対して、一括引下げを狙っていた。以前までは二ヶ国間のみで個々別々に関税引き下げ交渉するということの繰り返しであったが、これに代わり、「多角的」つまり多国間に対し、関税の一斉引き下げを行おうというものである。

交渉場所のジュネーブでは、ウィンダム・ホワイト・事務局長が切り回していた。いよいよケネディ・ラウンドの始まる時で、喜一は各省庁の局長五、六人に一緒に来てもらっていた。当時、多角的ラウンドに参加できるのは工業国でなければならず、カナダやオーストラリアは先進工業国と見られていなかった。アメリカとＥＥＣは一つになりかかっていたので、実際上はそれが一体となって参加しており、これに対する日本という構図になっていた。当時、日本ほどの工業国は他になかったのだが、喜一が幸せと感じたのは、後に名を成す人達とラウンドの相手をすることができたことだった。

フランスのジスカール・デスタン（後に大統領）

ドイツのエアハルト（後に首相）

イギリスのヒース（後に首相）

アメリカのクリスチャン・ハーター（元国務長官）

アメリカのブルーメンソール（後に財務長官）というような年長の錚々たるメンバーであった。

日本がまだ大国とは言われない頃で、工業力が伸び盛りだから、多少の関税引下げに対して堪えることはなかった。しかし、交渉である以上は相手も手の内を見せてこない。

この話は一九六七年に続く。

余談であるが、エアハルトはこの年の一九六三年十月に首相になり、どこに行っても必ず一緒にいたあの女性通訳は後任のクルト・シュミュッカー・財務大臣に付いていていた。
喜一「あなたはボスと一緒に出世したと思ったのに。」
通訳「いいえ、私は経済省の備品ですから。」
と、笑顔で返された。

経済企画庁長官の仕事②・GATT

喜一でも先見の明が無い時はある。乗用車の関税引下げについて、内部交渉をしている時の話だ。
喜一「いいじゃないか、日本は外車を買えばいいんだ。」
通産省「冗談じゃない。日本はそのうち自動車を輸出するんですから、そんなことを大臣は言わないでください。頑張りますので。」
喜一「日本が自動車を輸出するなんて嘘を言うなよ。」

喜一の経験談として、次のようなことがあった。池田が東京から大阪へ行くのにあたり、記者団を乗せて飛行機をチャーターした。その飛行機が名古屋で止まってしまったので、名古屋からハイヤーに乗り換えたのだが、喜一らの乗っていた外車は問題無かったが、新聞記者が乗り込んだ国産車は坂になると遅れ始めるということがあったのだ。

喜一は通産省に反省を促したが、数年後には日本が本当に自動車輸出に転じたので、喜一は逆に深く反省したという。

対外交渉と言いながらも、対内交渉という側面もあった。多角的交渉というのは、とても厄介で難しいものだったようだ。

この頃は、外務省にも専門家が大使クラスにも出て来た。青木盛夫・外交官は最高の専門家だった。この青木盛夫の子の盛久は一九九六年十二月のペルー日本大使館占拠事件に巻き込まれる。

東京からジュネーブへ何十人という人員を連れて行っているので、大使の家ではいつもごちそうを作ってくれていて、その中にはおにぎりもあった。そのおにぎりの手伝いをしてくれていた一人に李香蘭＝山口淑子がいたのである。外務省の大鷹弘・事務官と結婚したばかりだった。

昭和三十八（一九六三）年七月十二日、経済企画庁として前年の全国総合開発計画が策定され、「新産業都市」に続き、六地区を対象にした工業整備特別地区の指定がなされた。

七月三十日、閣議において喜一が渡米することに決まる。アメリカのドル防衛政策のあおりを受けて、日本経済が混乱し、ダウが一挙に一四二〇円も下がったためだ。ところが、出発前日の夕刻、喜一は疲れもあってか急性盲腸炎にかかってしまい、代わりに大平・外相が行くことになった。

喜一はこの頃になって、そろそろ衆議院へという話があったが、

「六年の任期があるから、途中で辞めるわけにはいかない。」

と断っている。高橋等・議員と選挙区が被ることもあり、これには池田も反対していた。

十一月十七日、喜一は第三回OECD閣僚理事会に向かう。ところで、OECD（経済協力開発機構）というのは、マーシャルプランの窓口機関となっていたOEEC（欧州経済協力機構）の後継機関である。ということは、一九六一年の発足当時から、そもそもアメリカ、カナダとヨーロッパの間だけの組織だったはずであるのだが、世界で何か役立ちたい日本と共産主義に対抗したい欧米の思惑は一致しており、最初の頃から日本が顔を出していたということになる。OECD開発センターへの参加はその一環であり、翌年の四月になって、OECDはアジアとヨーロッパの非共産圏に対して参加が解放されるのだが、日本は間髪を入れずに加入している。だから、喜一は挨拶と演説がこの時の重要な任務であった。

喜一はOECD閣僚理事会を終えると、十一月二十三日、ヨーロッパからエールフランス機で帰途につく。その後は、ラスク・国務長官が来日する予定だ。

ところが、空港に着くと、ケネディ暗殺のニュースとラスクがアメリカへ引き返しているという連絡が入り、暗然とするのであった。

経済企画庁長官の仕事③・予算編成

外国に出かけるのが何度もあった年の暮れ、予算編成との関連において、喜一は次年度の経済見通しを立てる作業をした。税収見積もりを立て、予算の歳出入も同じベースにし、建前としては財政当局が計算する。成長がどのくらいだと税金をどのくらいにするか、帳尻を合わせていく。理屈は後から見つける。この作業を喜一は七回ほどやることになる。

喜一は「またか」と思うようになるが、見通しが当たるだけのデータを誰が持っているか、これだけ大きな経済でそういう見当がつけられるものかと、政治的に厄介な問題になっていた。さらに消費者物価指数を算出し、

質疑「予め政府がそれを許容しているのか。」

喜一「そんなことはありません。」

といったやり取りなどが行われた。計算の中で、国際収支がおかしい時代もあったが、後に解消されていく。

翌年三月、喜一は第一回国際連合貿易開発会議（ＵＮＣＴＡＤ）に日本政府代表として出席し演説をしている。その主な内容は低開発国に対する支援方針についてである。先進国が足並みを揃え、無理せずに努力して、自由市場を保ちながら、低開発国の問題解決には、世界規模で世界貿易の拡大を図るべきとしている。そして、日本も低開発国の製品を支援する用意があり、すでに行っている技術協力は今後も継続すると表明

した。

ちなみに「低開発国」は、後に後進国、発展途上国、開発途上国、グローバルサウスなどという呼び名に変化していく。

池田勇人内閣総理大臣の辞任

第三次池田内閣となると、それが身内で固めているという印象が強まっていた。これについて、池田は記者会見で答える。

池田「うちの石だって据える場所はいつも考えているんだよ。」

とは言うものの、池田も内部反発を気にすることになった。

昭和三十九（一九六四）年七月十日、この日に行われた総裁選で、池田票は過半数を四票上回るだけであった。池田は、松村謙三・元文部大臣の「一輪咲いても花は花」という言葉に救われた。池田は三選目であり、第三次池田改造内閣では、身内の常連だった大平、黒金、喜一を閣僚から外すことにした。

池田「一回だけ辛抱してくれ。」

喜一や前尾は、少し長期政権になったことが気になっていた。

喜一「任期もかなり長くなったし。もういいんじゃないかですか。」

と池田に申し出たところ、喜一は叱られてしまった。九月はＩＭＦで、十月は東京オリンピックと続き、池田はこれに臨みたかったのだ。

ところが、夏も半ばの頃、池田が、

池田「喉が痛む。」

と言い出す。また、寒天を食べては、

池田「これは喉を滑って気持ちがいい。」

と言う。この話を秘書官から聞いて、喜一は心配になる。元々、難声で声が出にくかったのだが、どうも喉が通るとか滑るということから、医者に診察をしてもらった。池田の兄は癌で亡くなっていたのだ。すると、偉い医者が沢山集まってきて、「前癌症状」という言葉が出てきた。それで、船頭が多いと事はかえって難しくなり、各々の判断が違うし、誰が責任を取るかと言ったことも元来決まっているわけでもない。ある段階になると池田は、どの医者を信頼すれば良いかを見極めていた。

そこで、池田は国立癌センターに入院することになった。これを機に、前尾は「退陣」を「桂冠」という表現に替えて、池田を説得した。

昭和三十九（一九六四）年十月十日、オリンピックの開会式が行われるということで、池田は病院から会場へ向かった。

そして、オリンピックも終わり、閉会式の終わった翌日の十月二十五日、池田は辞意を表明した。癌センターに入院したままの総理辞任であった。

総裁選挙が始まっていた。川島正次郎・副総裁、三木武夫・幹事長、大平・副幹事長らが総裁選を実施する。池田が自分の意向をまだ言っていない中で自民党総裁選の人選が始まり、有力候補は、佐藤栄作、河野一郎、藤山愛一郎が出揃った。池田は病院で何もできずにいた。

十一月五日、喜一が池田の見舞いをした時のことである。喜一はあまり病院に行かないようにしていたが、たまたま見舞ったその日だけ池田は声が出ないと言う。

池田「なんだか声が出ないんだよね。」

メモ用紙を持ってきてくれと言うので、用意をすると筆談を始めた。

池田メモ「河野がウルトラCをやっている。」

池田メモ「最後にこれを前尾に伝えてくれ。」

と書いてメモを三枚渡された（その三枚の内容は正確に定かでない）。当時のオリンピックの流行語を用いて何かを伝えてきたのである。佐藤から何かあったか、吉田から何かあったか、その後の経緯について、喜一は知らない。

総裁選が近づいた十一月九日の早朝、川島正次郎・副総裁と三木武夫・幹事長が病院へ見舞いに来た。その時、新総裁は佐藤氏を推挙ということで池田が承諾した。

結局、総裁選の候補者は佐藤一人になったのである。

昭和三十九（一九六四）年十二月五日、総裁選も終わると、池田は退院し熱海で静養を始める。末広会にも出席した。三女の祥子の縁談が整うということもあった。

誰かに誘われてゴルフに行ったと言うが、「ゴルフ場に行った」というだけだった。満枝夫人は、池田の酒飲み、ワンマン、何を食いたいとか、池田のわがままに良く尽くしていたが、不安になる言葉を口にしていた。

満枝「とにかく晩ごはんというのは、私は今まで二時間ぐらいかかるものだと何十年心がけてきました。

それがこの頃はお酒も飲まずに十五分で済んじゃうんです。どうしようもない。」

喜一はこれをただ聞いているしかなかった。

昭和三十九（一九六四）年十二月、療養中でありながら、池田は赤坂プリンスホテル和風別館「弁慶橋清水」に宏池会メンバーを集めた。

池田「自分のあとは前尾先生にやってもらう。」

前尾が次の宏池会会長になった。

池田死去

喜一の後援会幹部から「次は衆議院議員に出て欲しい」と強い要請があった。

喜一は仕方なくこれを受けるしかないということで、昭和四十（一九六五）年六月一日、参議院議員の二期目が満了すると、三選目は出馬しなかった。

秘書の服部「本人も参議院では議院運営委員長も大臣もやった。もう参議院での勉強は済んだと考えたようだ。ただ、もっと仕事はしたいようで、政治をずっとやってゆくには、この舞台ではだめだ、と思って衆議院をやる気になったのだろう。」

喜一「他動的な話になるが、当時私が比較的若かったので選挙区の連中が、参議院を二期やったし次は衆議院をやれと言い出した。誰かが〝宮澤は四十四、五で閣僚にもなった。また参議院をやるなら応援をやめさせてもらう〟と言い、〝そうだそうだ〟ということになったようだ。選挙区でこう言われたので私もなんとなく動きが取れなくなった。

国会議員というのは根っこを切られると存在が無くなっちゃうんだなあ、どうしようもないもんだなあ、とそのときつくづく思いました。もし選挙区であいうことがなかったら、そのまま参議院に残っていただろうと思います。私は億劫がりの方だから、人を押しのけて迄やろうという気にはならないですからね。」

この行動について、喜一は池田からお叱りを受けてしまう。

喜一はこの浪人でいる間、次の選挙までの時間に余裕があったせいか、『社会党との対話』という本に携わっている。そこでは「自社の対立も長くは続くまい。東西冷戦の現実も長くは続くまい。」というコメントを出しており、後に注目される。また、ベトナム戦争についても一理を説いている。

喜一「アメリカはベトナムで共産主義を排撃するという。そこに、自由で民主的な政府ができるという保証はどこにもない。これはアメリカの威信に関することで、戦争には負けられないが、さりとてあいう土地柄だから決定的に勝つわけにもいかない。

アメリカが純粋に北京との対決の意味でベトナム問題を解決したいのであれば、これを自分の戦争にしたら良いだけで、ベトナムの誰が民主的であるとか、文民政府をどうのと考える必要はない。しかし、あくまでそこに自由と民主主義を打ち立てるつもりなら、それはこの段階では所詮できないので、北ベトナム爆撃などはやめた方がいい。明確に分けて考えなければ、徒(いたずら)に泥沼に引きずり込まれて身動きがつかなくなってしまう。」

昭和四十（一九六五）年七月、突然河野一郎が重体となったという知らせが入ってきた。喜一は池田の代理も兼ねてお見舞いに行った。大勢の見舞客や新聞記者の中で、白面の青年がテキパキと受け答えをしている。喜一は「この人はできる人だなぁ。」と思ったという。次男の河野洋平という者であった。河野一郎は残念ながら七月八日にこの世を去る。

池田の様子はといえば、癌が転移していることがわかり、昭和四十（一九六五）年七月二十九日、東大病院に入院することになった。そして、手術することが決まり、真夏の暑い日に行われた。それは気管切開手術というもので、七時間以上もかかるものだった。

医者「手術は非常にうまく行った。完全に成功した。これなら来年の春ぐらいには良くなってくる。」

喜一はこれを聞いて安心し、軽井沢へ遊びに向かった。

その数日後の八月十日、高橋等が死去する。喜一が衆議院への転身を決めた矢先に、同じ選挙区で同じ党の人物が逝ってしまうという巡り合わせが起こってしまった。人の不幸ではあったが、これで池田には何か言い分ができたのだ。ところが……。

昭和四十（一九六五）年八月十三日の昼、池田の容体は急変し、午後〇時二十五分、そのまま池田は死去する。喜一はゴルフプレー中に呼び出されて、東京へ向かった。夕方、池田は信濃町の私邸に運ばれたが、稲光の走る激しい雷雨になっていた。この年の八月に雨が降るのはこの日と二十一日の二回だけである。満枝夫人の兄は医師で、病院にも時々ついていたらしく、聞くと死因は胃穿孔（いせんこう）だという。

池田はもう少しやりたいことがあった。日本経済も良くなってきて、河野一郎がいて、藤山愛一郎がいる。佐藤に渡したいという気持ちにはなっていなかった。佐藤については吉田にも提案されたが、池田は困っていたようである。

池田の危惧としては、経済成長で若い人の心が変わっていくことだった。この頃はまだ環境問題などの意識が強くないし、具体的に何もできたわけではない。

池田「世の中変わったな、どうかしなければいけないんじゃないか。いつまでこういうことになるのか、教育を考えなければいけない。」

池田のずぼらなエピソードがいくつかある。

喜一「池田さんというのは不思議に昔のことをよく覚えているんだが、あれは不思議なひとですね。」

前尾「字を書かないからだ。」

池田「マス目（原稿用紙）に字を書いたのは、有価証券移転税の解説を書いた時の、ただの一遍だけだ。」

映画を見てもストーリー展開について語ることはなかった。

喜一「映画、どうでした？」

池田「月が出るところがきれいだった。」

【「池田勇人先生を偲ぶ」にて】

喜一「次官になった時はもとより、本省の局長になった時でも〝池田にやれるかな〟という先輩の声があった。しかしその都度、不思議に人に見直されるような力量を発揮した。その後政界に出て、大蔵大臣や幹事長としてのテストにも合格し、総理大臣としても後世に名を残すほどの仕事をした。棒高跳びの選手に似ている。バーが上がるたびに、なんとかそれを跳び越す。今度は無理かなと思われても、一、二度練習しているうちにまた飛び越す。」

池田も億劫な性格だったが、無縁だった大野伴睦と飲みに行って、気に入られていた。まめに顔を出していたという、そんな一面もあった。

喜一「池田さんは人の使い方がうまかった。あの人は本来頭の良い人なんですが、〝俺は秀才でない〟と何かで思い込んでしまったんでしょうね。そこで皆に〝お前はこれをやれ〟〝お前はこれを考えろ〟と言う。すると池田さんに信用されたような気になって結局うまく使われる。」

池田の口癖は「自分は頭が悪いから頼むよ。」だった。仕事が成功すると馬鹿みたいにドヤ顔をする。それが皆を引き付けた。喜一も引き付けられた一人だった。

暗かった安保騒動の空気を吹き飛ばし、高度経済成長というレールを敷き、レールに乗って走り出した。まだまだ日本の将来に懸念はあろうが十分に役目を果たしたのではないだろうか。そんな運命に別れを告げることもなく、池田勇人はこの世を去って行くことになった。

佐藤栄作

池田と佐藤は、二人とも一高を受験して二人とも不合格で第五高等学校に入った。結構仲が良く、何かあると佐藤は池田に譲るという場面が見かけられた。喜一の知る限り喧嘩は無かったという。

明治三十四（一九〇一）年三月二十七日、池田より一学年遅れて、山口県田布施町の裕福な酒蔵の三男として佐藤栄作は生まれた。長男の市郎は後に海軍中将、次男の信介は、婿養子だった父の実家である岸家の養子になる。佐藤の幼少期はアウトドア派で奔放に育っていた。次第に勉学に目覚めていき、高校を受験しに行くが、その時の宿に池田勇人がいたという。池田は二度目の高校受験であった。佐藤は順調に東京帝国大学法学部法律学科に進む。高等文官試験も合格し、鉄道省に入った。その十年後には在外研究員として、二年程欧米へ遊学する機会に巡り合う。戦時下では大阪鉄道局長として、大阪大空襲の対応をした。

戦後になり、兄の岸信介が公職追放に遭うのだが、佐藤自身は大阪にいるというディスタンスにより、この難を免れることになった。運輸次官になるものの一年そこそこで退官し、政治家の道を歩み始める。吉田茂からはすぐに声がかかり、彼に付いて行くことになるが、一方で吉田とは相反する兄が復帰すると、そちらにも引っ張られる。この経験はバランス感覚を養い、首相に至っては「人事の佐藤」と呼ばれるようになる要職配置を行う。

昭和三十九（一九六四）年十一月九日、佐藤内閣が発足する。池田から佐藤にバトンが渡され、乗る気の無かった高度経済成長のレールに乗ってしまうことになる。そして、池田が残した大きな課題である「沖縄」の解決に突き進んでいく。

第四章

衆議院議員への転身から大臣歴任、官房長官時代まで

浪人

喜一が参議院議員を辞めて、次は衆議院議員、とは言ったものの、参議院とは違って衆議院選挙はいつになるか不明である。戦後史上、衆議院が任期満了での総選挙を経験するのは、この十年後である。

昭和四十一（一九六六）年八月の朝、佐藤栄作から喜一に電話がかかってきた。

佐藤「内閣改造をするので、官房長官をやってもらいたい。」

喜一「今私は議席が無いんですから、有難いことですがお受けできるものではありません。」

佐藤「私も吉田内閣で最初に官房長官になった時そうだったよ。」

喜一「お言葉を返すようですが、その時とは昭和も四十年で時代が違います。」

佐藤「まあよく考えておいてくれ。」

喜一はこの件を内部で話をした。

喜一「政党政治では本来議席の無い者を閣僚に起用するのは避けるべきだと思う。」

前尾派「佐藤を助けるなどとんでもない。」

喜一「たとえ拙（つたな）くても器量は悪くても、小さいときから芸事をやってきた者がいるのに、それを無視して器量がちょっといいからとよその娘を連れてこられたのでは、長い間一生懸命やってきた者はやりきれない。丁度そんなものでしょう。」

この官房長官就任交渉の件について、無職状態の喜一は佐藤の内閣改造に格別な関心を持っていたわけではなかったので、多少の驚きはあった。佐藤とは電話でそういうやり取りもしたし、内部の反対もあった。それで済んだと思い、喜一は新聞記者にもそのように話しておいた。だが、佐藤の方は喜一の思いとはよそに、しばらく返事を待っていたのだが、そのことは数年経って、佐藤から知らされる。

ニューライト

二年前の一九六四年に喜一が出版した本『社会党との対話』には、副題がついている。「ニューライトの考え方」である。「ニューライト」は〝新右翼〟や〝新保守〟と訳されそうだが、横文字の感じが良かったのだろう。

アメリカでは、ケネディの後釜であるリンドン・ジョンソンに対抗すべく、共和党からバリー・ゴールドウォーターという男が大統領選に出てきたが、彼の活動が注目され、「new right」という言葉が広まった。さて、この「ニューライト」という言葉自体は少々厄介である。ゴールドウォーターという男は、後世に出てくるドナルド・トランプの姿勢にそっくりであるし、極右と非難されていた。また、世界各国では「new right」の解釈が大なり小なり異なっていて、「自由経済の上での社会的な保守」を意味することもあれば、政局の推移によって生み出された単なる派閥を示すだけのものもある。反共産の意味を持っているのは、アメリカの古いタイプの「new right」であり、ゴールドウォーターの時の「new right」は二番目のもので、ポルノの規制、中絶反対法、同性愛の犯罪化などを支持するキリスト教右派の傾向があったのだ。これに自由経済の色が強くなり、レーガン・アメリカ大統領やサッチャー・イギリス首相、ブッシュ親子大統領らが「new right」と分類されるようになる。

日本において、「新右翼」と漢字で書かれると反共産のイメージが強いかもしれない。喜一の本の「ニューライト」は、全体主義的な色が濃かった旧右翼に対して、自由主義と民主主義を前提にした「新しい右翼、保守」という意味で用いたと考えられる。

ところがこの本の中で、喜一自身は「新保守」という言葉を嫌っており、「ニューライト」という言葉を特段使用していない。本の出版に当たっては、戸川伊佐武（いさむ）・政治評論家、村上薫・政治評論家が大きく関わっていたので、彼らがこの言葉を拾い上げたと見られる。

喜一は「ニューライトの旗手」と呼ばれて、好感度を上げていた。佐藤はこの喜一の好感度と実力を見込んで、入閣への説得を繰り返したと考えられる。

昭和四十一（一九六六）年十二月、第一次佐藤内閣（第三次改造）が始まると、喜一は経済企画庁長官として議席なしの入閣をする。結局、佐藤と選挙区の後援会に押し切られてしまい、喜一は入閣してしまったのだ。

喜一「代議士は皆選挙区を背負っていて、そこから〝入閣してくれ〟、〝大臣になるのはまだか〟、とせっつかれている。これに対して〝いや、先輩もいるし〟とか色々言い訳しているのだが、それを外部から人を取るというのは〝党内に人材がいない〟ということになるので、代議士としては大変辛いことになる。」

経済企画庁長官の仕事④・ＧＡＴＴ

昭和四十二（一九六七）年一月、第三十一回衆議院議員選挙が行われ、喜一はトップ当選を果たす。喜一はこれで議席のある閣僚ということになった。今一度、経済企画庁長官の任を預かることになったのは、以前からの課題を片付ける必要があったからかもしれない。

喜一は数年かかって進められていた多角的貿易交渉であるケネディ・ラウンドの決着をつけるため、昭和四十二（一九六七）年五月八日、改めてジュネーブに向かう。

ケネディ・ラウンドでは関税引き下げの合意も終わり、最後の難問は世界穀物協定で開発途上国への食糧援助を義務付けたいということだった。話をややこしくしているのは、途上国に対し小麦を輸出して援助したいというのは欧米の意向だったのである。それは、世界的な小麦余剰という問題を抱えており、アメリカやＥＥＣの小麦生産国は余剰分を援助に回して、小麦の相場を有利に維持したいと考えていたのだ。

ところが、日本は小麦の輸入国であって、小麦の生産をまともにやっていないので、どこかの国から輸入して、それを寄付できないかと迫られていた。しかも、ケネディ・ラウンドは関税の話であって、援助の話は別であるということで、喜一は強く反対していた。

喜一「このケネディ・ラウンドというのは関税率を引き下げる話をするところであって、援助の話をするところではない。のみならず、日本は援助するほど麦はできない。自分でできないものを援助できるはずがないだろう。」

参加国は十四日の日曜日を妥結期限とすることで合意したのだが、十四日の午後十二時が迫っても、話がつかずにいた。このまま決裂かと思われたので、ＧＡＴＴのホワイト・事務局長は、会議場にある時計を止めてしまった。そうかといって、魔法のように時を止められたわけではない。

そのまま、翌日の十五日に持ち越されて、「ブリッジクラブ（カードゲーム）」と称して、日米英とＥＥＣの代表をメリヴィル・イギリス大使公邸に集めた。それで夜になってもまだ決まらない。

喜一「小麦生産国でもないのに輸出できるはずがないじゃないか。」
このことは、何度も何度も言った。そうしている内に、誰かがベンジャミン・ブリテン（Benjamin Britten）の「カーリュー・リヴァー（Curlew River）」という曲をレコードで流し始めた。これは能楽「隅田川」を模した曲で、喜一はそれに気づいていた。日本との関係を意識したのであろう。
欧米側「なんとか考えろ。」
喜一「それじゃあ、日本がわざわざ小麦を買ってそれを援助に回すということは絶対にしないが、援助は日本独自の方法でやる。それは、肥料や農業機械、コメなどをあてるということで一旦良いか。」
欧米側「それでよい。」
午後十一時頃、二十四時間遅れで終了した。喜一が帰ろうとしたら、メリヴィル・大使が、絶妙なタイミングでシャンパンを持ってきた。喜一も言うことは言ったので、シャンパンが駄目とも言えず栓が抜かれた。大手打ちである。
ホワイト・事務局長がポケットから一枚の紙を取り出し、終始力を尽くしてくれて、半年前に他界したハーター・元アメリカ国務長官の未亡人に交渉妥結の電報を打ちたいと提案した。いつの間にか交渉は終わった雰囲気になっていた。日付は十六日になっていたが、GATTの建物に戻り、正式に大団円となる。
ホワイト「交渉は成功した。」
喜一は挨拶をすることになった。
喜一「ホワイト氏の努力はノーベル賞に値する。」
そして、GATTの時計は再起動され、回り始めた。

ケネディ・ラウンドでは、非関税障壁とサービス産業については手を付けなかった。それと当時の課題として、カナダとオーストラリアを少しずつ参加させたいということがあった。また、喜一はコメの処理と農水産物を持っている限り、日本の問題が残り続けると考えている。

コメの問題はかつてはGATT、現在ではWTOとの間で最終的には未だに片付いておらず、自由化されずに何百%という関税で日本だけが実施している。これで自由貿易だなんて言ったところで、農産物の生産国とは対等の付き合いのやり取りはできないのではないかと喜一は懸念する。

こういった貿易の問題はこの後も続き、東京ラウンド、ウルグアイ・ラウンド、それから現在のTPPやFTAに繋がっていく。

この時のケネディ・ラウンド交渉については成功したと喜一は思ったのだった。

喜一、骨折

ケネディ・ラウンドが済んだ。たくさん新聞記者が来ているので、喜一らは翌日になって、ジュネーブ湖に船を出しての昼食招待を計画する。

五月十六日、昼までには時間があるので、喜一らは皆でゴルフに行くことにした。この日は、地元のイベントで、アサンシオン（Ascension）というキリストの昇天祭があり、基本的にはお休みの日であった。

喜一「実は日本から来て、夕べはかくかくしかじかということがあって、午前中だけでもやらせてくれないか。」

ゴルフ場受付「どうぞ、構いません。その代わりキャディはいませんよ。」

さて、プレーが始まり歩き回っているうちに喜一は足を滑らせて骨折してしまう。ショートホールで吊り橋が渡れなくなってしまったので、人に担いで運んでもらうことになった。スイスは登山国でもスキー国でもあるので、クラッチ（Crutch）という松葉杖がどこの家にもあり、それを借りることができた。この時ばかりは、和式便所でなく洋式便所で良かったと喜一は後に語る。

表向きはゴルフ場が閉まっていたので、新聞記者にはゴルフをしたと言えない。だから、記者の手前は階段で転んだことにした。

翌日の日本の新聞「十六日昼過ぎ。宿舎のホテルの階段で足を滑らせ、右足首の上部に軽いヒビ。公式予定を取りやめ、十八日朝に帰国を始め十九日着予定。」

予定していた帰国の日からは早まり、五月十九日夕に喜一は羽田に着いた。タラップから両手に松葉杖をついて出てきて、誰かが補助しようかというところで、笑顔で答えていた。

喜一「大丈夫、一人で降りられるよ。」

帰国後、GATT事務局長のウィンダム・ホワイトから「あなたは負傷兵として帰ったそうだな」という見舞状が届いた。

喜一はヨーロッパへ何度も通って痛感したことがあった。訪問の度に午餐会と晩餐会がある。そこでの雑談が始まると、フランス語が飛び交うようになるので、フランス語を勉強しなければと考える。理由はそれだけではない。フランス語は実に便利であり、一つの論法で白とでも黒とでも言えるようにできていて、そういう弁論は学校で練習するものかと、喜一は考えていた。

宮澤構想①

佐藤内閣において、宮澤構想なるものが発表され、世間を騒がせたことがあった。「宮澤構想」は、これも含めて全部で三つ存在する。昭和四十二（一九六七）年十月に発したのが一つ目で、昭和六十三（一九八八）年が二つ目となるが、一つ目と区別するために二つ目を「宮澤提案」と呼ぶ者もいる。それから平成十（一九九八）年に出たのが「新・宮澤構想」ということになる。ややこしいがそれだけ構想が多くあったということである。

【宮澤構想①】

「昭和四十三年度のわが国経済は、なお拡大基調を続けると予想されるので財政は景気抑制的なものであることが必要である。しかし、戦後、今日まで行なわれてきた諸制度や慣行の結果、財政の硬直化が目立つようになり、新規施政策を最小限度にとどめても財政は適正な限度以上に拡大しがちである。とくに来年度はそれが消費者物価を押し上げる大きな要素となるおそれもある。今日、再検討を必要とする制度は米価、公務員給与、健康保険、中央、地方の財源調整など数多くあるが、大きな問題であるので、改正の基本方針を固めるにはほぼ来年いっぱいかかると思われる。」

・公務員給与引上げは、あらかじめ予算に一定額、例えば消費者物価の上昇率の見込みを計上し、四月一日から実施する。

・生活保護費は、公務員給与のベースアップに使った一定率だけ、保護基準を引き上げ、他費の基準も同様にする。

・失業保険は、季節労務による分の圧縮を前提として、保険料率を引き下げる。

・食糧管理特別会計は、財源からみてやむを得ない場合は、関係法規を改正して一年限り棚上げすることを考える。

・生産者米価も据え置く。

・国税の減税は、特に輸出振興に必要な物を除き行わない。

・電話料金、国鉄運賃、タバコの価格は値上げをしない。

・公共事業と防衛費などで長期計画が策定されているものも、予算計上は政府の経済見通しによる経済成長率と同率の伸びに留めることとし、計画残は次の年度以降に繰り延べる。

・これらの措置によって出てくる四千億円程度の余裕金の一部を国鉄、電電公社など経営の苦しくなっている公共企業体に向け、それらの料金引き上げを止め、残りを新規政策費にあてる。

・地方交付税の税率引き下げは無理と考えられるが、既存債務の償還を行なうほか、地方財政計画を景気抑制的なものとする。その結果、浮いてくる資金は、地方交付税交付金から控除して次年度分に繰り延べる。

・以上の措置で年度内の補正要因は、ほぼ解消するので年度間を通じて見通せる財源は留保せずに、国鉄、電電公社等に財政投融資を合わせて振り向ける。必要最小限の新規施策を実施した上、なお、財源に余裕があれば、できるだけ国債発行額の減額にあてる。

この頃のコメの需給は不足から過剰になっており、消費者米価を抑えようとすると財政負担が大きくなる、という問題が起きていた。また、公務員給与についても注目を浴びていたが、実のところは予算編成期に間に合わせるようにしたい、というだけが本意だったようである。

この宮澤構想は賛否両論を巻き起こすことになり、例えば減税停止について、佐藤首相からは「減税は行なう」と反対公言される。

昭和四十三（一九六八）年夏頃のこと、喜一が経済企画庁長官の時にはこんなこともあった。ジョージ・W・ボール・国務次官から日本への提案発言がされたのである。

ジョージ「日本が航空母艦を作ってアメリカにリースしてくれてはどうか。」

喜一は「冗談じゃない」と考えていたところ、サイラス・R・スミス・商務長官が輪をかけて言ってきた。

サイラス「実際に私達はそういうことを考えているのだが、どうやればいいだろう。日本は造船技術に優れているし。」

喜一「そういうことは日本人の意識とあまりにかけ離れていて問題にならない。そんなことを考えるのはやめなさい。」

サイラス「何故?」

説明をいくらしても彼らは不思議がったのである。

ケネディ・ラウンドで外国との交渉の成果を見せた喜一は、昭和四十三（一九六八）年十一月三十日、佐藤内閣の改造に伴って、経済企画庁長官を辞任した。

日米繊維交渉①

昭和四十三（一九六八）年、アメリカでは大統領選挙があり、ニクソンは共和党で確実な勝利を目指して戦略を繰り広げていた。敵対する民主党基盤は南部にあり、なんとかこれを切り崩すということがいつもの難題となっている。この時争点になりそうな問題があり、共和党はそれに目をつけていた。

昭和二十年代初期、日本の綿製品は一ドル二七〇円（品目別為替だったことに注意）という高レートでも外国製品と十分に渡り合っていた。日本経済復興をリードしていたのは、関西の綿紡各社である。ところが、昭和三十年の中頃になると、アメリカで「一ドルブラウス」というものが問題視される。それは、昭和二十年代半ば、レートは三六〇円になり、アメリカでは日本製ブラウスが激安価格になったため、日本からの輸入が増え、不正などが疑われるという事態が起きていた。そこで、綿製品に関する規制の一つとしてLTA（「綿製品の国際貿易に関する長期取り決め」）が出来上がり、日本側は輸出自主規制をすることになったのである。

この種の貿易の話はケネディ時代から課題視され、次のジョンソンの時代では化学繊維も注目された。南部には繊維関係の業界団体が多数有り、日本の繊維が出回り困っているようだった。そこで、ニクソンは日本への繊維関係の規制を選挙公約にして、選挙に勝利をする。

ちなみに、ニクソンの南部方策では、黒人公民権に反対していた。これは元々民主党が取っていた政策方針であったのだが、ケネディとジョンソンの時に、黒人の受け入れ賛成という方針に切り替えていたので、その逆をついてニクソンが白人票を獲得するために、そのような公約をしたのである。

昭和四十四（一九六九）年五月、ニクソンが大統領に就任すると、モーリス・スタンズ・商務長官が来日し、繊維輸出の自主規制を求めて来た。世界の繊維生産と貿易は、綿、毛などの天然繊維とレーヨン系化学繊維が中心だった時代から、化学合成繊維が主体になる時代に移ろうとしていた。化学合成繊維や毛は規制されずに残っていた最大の項目で、それを狙ってきたのである。スタンズ・長官と大平・通産大臣が会談する。

大平「日本の業界は絶対に反対です。確かに日本の繊維、特に化学合成繊維は相当売上が伸びてはいるけれど、アメリカ側に大きな実害が生じているとは到底思えません。」

大平はスタンズの提案を自由貿易に反するとして拒否をする。納得せずにスタンズは帰ったが、国内ではすぐこれに反応して繊維業界が団結し始めた。繊維輸入制限問題連絡協議会を結成し、衆参両院商工委員会は、国会と政府と繊維業界が一致して対米反対運動を起こす、ということを全会一致で決議した。背景には、これまでのＬＴＡへの不満もあった。

昭和四十四（一九六九）年九月、日米閣僚会議で、スタンズは再び大平にプレッシャーをかけ、アメリカは次々に規制案を持ち出してくる。

スタンズ「早くどうにかしてくれ。」

大平「実害が無ければ規制ということは説得ができない。だから実害の調査をするために調査団を出すことにします。」

ＧＡＴＴの精神は自由貿易である。しかし、ＧＡＴＴ第十九条には、被害があった場合に緊急措置として輸入規制を認めている。このため、その被害を証明しなければならないと大平は考えたのだ。この条項を利用して、大平はアメリカへ調査団を送る。すると、対日輸入の割合は、鉄鋼、テレビ、乗用車に比べて格段に低く、輸入量は急増しておらず、被害の証明はできなかったのである。

補足として、日本側としては規制の話ならGATTの場でやろうという基本的な考え方があり、話が進まないのであった。

喜一・ハーマン対談、喜一・中山伊知郎対談

昭和四十四（一九六九）年。

喜一はハーマン・カーンという少し変わった学者と対談をしている。彼は、ハドソン研究所の創設者であり、未来学に従事していた。ハドソン研究所は当初、軍事面でアメリカ政府に貢献していたが、ハーマンが軍事研究だけに限定されることを好まず、様々な学者を採用した。そこで見出した未来の一つが、日本が経済大国になるという予測であった。

ハーマン「二十一世紀になると、日本の一人当たりの国民所得はアメリカの一人当たりの国民所得とほとんど肩を並べるだろう。そうなってくると脱工業化社会になっていく。」

情報、知識、サービスなどといった第三次産業の占める割合が高くなるというのだ。これは、彼の予想よりずっと早く実現していく。

また、喜一は中山伊知郎とも対談をしている。内容は経済学についての非常にマニアックな話と、「宮澤構想」の説明、それから未来、将来はどうなるかということを話題に上げているが、基本的に喜一が中山に

教えを乞う、という形である。

その中でも興味深いものとして、現在に通じる議論がいくつか見られる。例えば、〝企業の社会的責任〟である。中山は将来重要になってくるというのに対し、喜一は懐疑的でいる。確かに現在では欧米を中心に企業が「ＳＤＧｓ」を掲げているが、果たして本当の意味で企業はこの責任を果たそうとしているのだろうか。所詮利益追求から離れられないのではないだろうか。

また、労働者の日常に関して、喜一はこんなことを言っている。

喜一「この頃の若い人は、もしかすると五日働いたから二日休む、ではなく二日休むために五日働いているんだという考え方になるかもしれません。」

現代人の多くは心当たりがあるのではないだろうか。ちなみに、この時はまだ週休一日（半）制である。

美的感覚にも悩ましいことを言っている。

喜一「青年たちが服装やなんかいろんな格好をして、ステレオとかでも形や色について色々申してます。私どもは、家は雨が漏らなければ良い。着物は寒くなければ良い、それで十分と育てられてきましたが、どうも彼らにはそういう兆しがすでにあるかもしれません。」

それから、日本の貯蓄率が高いことが成長率の高さの原因であると二人は分析している。貯蓄していたものが工業化の投資に繋げることができたということである。ここでは、日本の気候と天災が（投資と貯蓄に関係する）消費習慣を変えないという話もしている。

この対談において、喜一が出してきた参考文献がいくつかあるので、紹介をしておく。

『断絶の時代』（ピーター・ドラッカー）
『イデオロギーの終焉』（ダニエル・ベル）
『Discipline of Power 』（ジョージ・W・ボール）
『（雇用、利子、貨幣）一般理論』（ジョン・メイナード・ケインズ）
『新しい産業国家』（ジョン・K・ガルブレイス）
『官僚論』（マックス・ウェーバー、『経済と社会』に含まれる論文）

通産大臣

昭和四十四（一九六九）年十一月十七日、ジュネーブでは繊維問題の予備会議が行われた。これには大平も手を焼いていた問題であり、この時の成果は無かった。アメリカは、要するに次のように主張する。

「日本は賃金が安いので、何もしなければアメリカの国内市場は日本をはじめ、さらに低賃金の韓国、台湾、香港などの外国製品に荒らされてしまう。」

これと並行して、十九日、佐藤・ニクソン会談がワシントンにて行われていた。そこでは、三年後に〝核抜き・本土並み〟で沖縄が返還されることが決まったのである。この時の共同声明では繊維問題には触れておらず、「沖縄返還の密約」の噂が流れていた。佐藤は密約について側近にも話していなかったはずなのだが。

さて、昭和四十四（一九六九）年十二月二十七日、第三十二回衆議院議員総選挙が行われた。すぐに正月ということもあり、閣僚が誰になるのかは未定のままで年を越す。

正月が明けた一月十一日の日曜日、喜一は大平からゴルフに誘われ、茅ヶ崎のスリーハンドレッド・クラブに行った。そこでは困っていた大平から、繊維交渉についてどうしたらよいか、GATTで培った経験による意見を求められた。

大平「新内閣でいよいよ日米間で話をしないと見通しはないのだが、なかなか逃げられない。」

大平・通産大臣が継続対応するということに対して、喜一は二度の経済企画庁時代の経験談から、惜しみなく助言をした。

偶然であるが、佐藤栄作・信二親子も同じ所でゴルフをしていた。喜一と大平はこのことを知らずにおり、佐藤栄作は「あそこに新旧通産大臣が歩いているな。」と話していたという。

一月十四日、閣僚人事が発表されると、喜一は通産大臣に任命される。通産省も予測外のことで、秘書官の用意もしていなかったとのことである。

喜一は通産相就任に伴い、五代目の万国博担当大臣にも就任した。通産大臣の仕事といっても、兎角繊維の話に終始することになる。

日米繊維交渉②・通産大臣の仕事

まさかの通産大臣指名であったので、喜一は準備不足に焦っていた。しかし、大平からパスを受け取った喜一は、なんとかゴールを決めたい。早速、大慈彌嘉久（おおじみよしひさ）・事務次官に輸出貿易管理令について聞く。法律を以て輸出制限に向かうことができないか、ということだった。

喜一「どうせ繊維問題について聞かれるだろうが、貿易管理令というのを繊維問題で発動できるものだろうか。」

大慈彌は「それは難しいです」と言って、次の点を指摘した。

1．純粋に法律的な理由だが、貿易管理令は「外国為替及び外国貿易法」から出来ていて、戦略物資の輸出を規制するためには通産大臣が許可を出すことでできる。具体的には、「戦略物資」を輸出させないために貿管令でそれを抑えるということだが、「戦略物資」とは〝国際的な平和及び安全の維持を妨げる〟、つまり戦争に必要な物資という文字通りどこかで戦争が行われている時に、戦略物資がそこに流れていくことを防ぐために、その場合にだけ貿易の管理ができるということになっている。

今回の日米繊維の話で例えると、日本から莫大な数の繊維がアメリカに入り、それが原因でアメリカの経済が狂って、世界の平和に差し障るという、現実離れをした想定をしないと到底あり得ないというのが、常識的に考えた法律上の理由である。

2．従来も鉄鋼とかテレビとかの輸出規制があったが、これは全てメーカー企業の数が少ないので、網をかけ易かった。仮に企業側の意志に反したとしても、製品の種類も少ないということもあり、強制制限しようとすればできる。実際には業者の承諾があって行われることがほとんどであるが、技術的には可能だ。ところが、繊維というものの実体は、実はあってなきが如しである。繊維というのは、「糸」から最終段階の「アパレル」まで、品物が千差万別である。だから規制と言っても、例えばブラウスが何ダースとか、ズボンが何本という規制をしなければならない。しかも品物に関してだけでなく、取扱業者も糸からアパレルまであり、特に中小企業まで含めると、数え切れないくらいある。

したがって、これを一方的に法令で規制することは、彼らの承諾がない限り、実際上は不可能だ。やるとしても、彼らが協力して組合などを作るしかない。だから繊維業界といっても千差万別だが、一致して反対という時には、その意志を無視して、通産省が強制制限をするような行政ができるかというと、実際問題としてそれだけの知識やノウハウが無く、それを実行するだけの仕組みを持っていない。

大慈彌「この両方の理由から、実際上は不可能でしょう。業界を説得して、〝良いですよ、わかりました。お縄（沖縄）を頂戴しましょうよ〟というような話なら、それは規制はできるかもしれませんが、そうでない限りはできません。法律的に怪しいし、実行問題として事務的には不可能です。」

喜一「法律的にできない話をやるというのは良くない。どんなに政府が望ましいと思っても、これだけはっきり規定されているものを、力ずくでやるということは、良くないと思う。私にはできない。」

喜一はなんとかこの件を整理する。

喜一「鉄鋼は自主規制ができた。そして、テレビもカメラも日本の輸出自主規制はなんとかできている。大抵のものは政府が説得すればできるというのが過去の例だ。だから繊維も技術的にはできる、そう考えて、佐藤さんは繊維の自主規制を自分の責任でやろうとされていた。ところが、繊維の場合は品物、メーカー、ディーラーがほとんど無限にある。そういった繊維業界の雑多性を理解しておらず、知るすべも困難だった。そういう基本的な違いに佐藤さんは気づかなかった。佐藤さんにしてみれば、仮に業界が反対しても貿易管理令を発令すれば権力でできるだろうと思ったが、それができなかったということだ。」

佐藤も途中から繊維の奥深さに気付き、困り始めていたが、ニクソンはそういったことを理解していないようだった。

喜一「多くの人は、大抵繊維の話をすると、最初の部分はすぐに理解をしてくれるのだが、急に内容が深くなる。遠浅（とおあさ）の部分が少なく、突然深みに入ってしまって、何のことかわからなくなってしまうのだ。」

繊維問題の一端を表す佐藤のエピソードがある。

ワシントンから外務省への電報の中に、通産省も見るべき繊維関連の商品名がのべつ幕なしに沢山入ってくる。それで、総理が電報を確認する前に、皆がそれを持って行ってしまうことがあった。こんな毎日が繰り返されているので、

佐藤「君達がおれのところから持って行った電報はないか。」

と探してることがあったという。

交渉ルートが多様化していたし、国際電話だけではやり切れない話なので、電報が多く使われたのだ。現在では電子メール等に置き換わっているだろうが、ここにも外務の問題でもあり通産の問題でもあった日米繊維問題の混沌とした状況が見られる。

喜一は就任早々、日米繊維交渉を歌舞伎の「勧進帳」にたとえる。関所の役人、富樫左衛門（とがしのさえもん）が義経・弁慶一行を検閲するが、騙されたふりをして通してしまうという話だ。大平の調査結果である「被害無し」について、目をつぶって進めようかという話に持っていく。これは関係者の間で「日本富樫論」と名がつく。

日米繊維交渉③

昭和四十五（一九七〇）年五月十八日、喜一はパリへ出発する。OECD閣僚理事会で、繊維業界代表も集まってくる。

ロング・GATT事務局長と下田武三・駐米大使もワシントンから来てもらい、そこで日米繊維問題について、GATTと関係があることを協議した。下田としては佐藤首相の話を成就させたい一心である。また、繊維業界はこの会議の動向に警戒していたのであるが、この時は何事もなく終わる。ここで喜一は、繊維問題に対する日本案を提示している。ちなみに、ここで提示した日本案は後の「宮澤構想②」に発展する。

【日本案】

一．自主規制の期間は一年とし、毛と化合繊のうちアメリカ側に被害が生じる可能性があるものについて総枠規制をする。個別規制を含む包括規制はとらない。

二．期間中にGATT主催の下に多国間協定を結ぶ。

個別規制とは、特定の製品について個別の量に制限枠を設けることだが、これは別の製品の量に振り替えたりすることはできない。これを踏まえて、包括規制とは、個別規制と輸出総量の制限規制を合わせた措置のことを言う。この包括規制という方法を取ると、繊維は流行に敏感な商品なので、需要が特定の種目に集中すると、その種目の業界は大きな損害を受けてしまう。

そこで喜一は別の製品の量に対して、振り替えることができるようにする「総枠規制」というものを案出したのである。

一方、アメリカでは輸出国との交渉に頼らず、国内法として輸入制限をする機運が高まっていた。ミルズ・歳入委員長が輸入制限法案を提出する。また、日本においては、業界内部間の利害関係も錯綜し、多層的で煩雑な上に、網状の相関関係と混乱する分類といった繊維業界の複雑性がそこに立ちはだかっていた。

ある時、佐藤と喜一のやり取りがあった。

佐藤「役人が言っているようなことを宮澤君もいつまでも言っていないで、なんとかしてやれないのかね、結局商売の話じゃないのかね。」

喜一「いかにもそういう風に思えます。しかし、やはり貿管令が引っかかるのです。」

佐藤「宮澤君ね、これは結局は商売の話なんだよ。売った買ったという話なので、理屈はある程度言ってもいいけれど、売った買ったにとことんまで理屈というものはないだろう。」

喜一「まことにその通りです。」

とは言え、なにぶん業界を取り抑えることができないという現状があった。

日米繊維交渉④・ワシントンにて

佐藤から喜一に、ワシントンで日米繊維交渉をしてくるように指示が下った。喜一はこの交渉が決裂することを想定し、愛知・外務大臣を連れて行けばロジャース・国務長官と破局的状況にはならないと備えておく。喜一は愛知揆一に相談を持ちかける。

喜一「愛知さん、すまないが、ちょっと力を貸してください。どうもスタンズとの話は合意できない。決裂するだろう。」

佐藤は「宮澤さん一人で」とのことだったが、結果は了承され、愛知は合流することになった。「常にものに備えておけ」ということであろう。愛知のスタンスは佐藤と異なっており、繊維の話を沖縄交渉に巻き込まないようにして、沖縄問題は愛知の方だけで対応したがっていた。

喜一は万難を排すために、かつてドッジの秘書役を勤めていた、あのリード氏（後に予算局次長）に電話をする。喜一とリードはその後も親交があり、非公式な連絡役を引き受けてくれていたのだ。

喜一「繊維問題は総枠規制を考えている。」

リード「問題は期間だ。アメリカ側は五年を主張するだろうが、最終的には三年までは妥協してくる。」

喜一「スタンズと会談したい件はどうか。」

リード「スタンズ長官は宮澤訪問を歓迎するとのことだ。スタンズに頼まれたことで、佐藤総理大臣がご存知の一枚の紙があるから、出発前によく読んで来てほしい、と言っている。私には何のことかわからないが、君に伝えてくれと言うから、伝えておく。」

喜一「わかった。」

喜一は佐藤に会い、リードの言っていた紙一枚の件の確認をした。

佐藤「そんなものはない。」

佐藤はまっすぐ喜一の目を見て言った。この件に関しては念のため、ワシントンへ出発する前にも佐藤に電話で確かめた。

喜一「いよいよ出かけますが、出発前に何か紙を見てきてくれと言う件はありましたか。」

佐藤「そんな紙などは一切ないし、自分は口頭でも具体的なことを約束したことはない。心配しないで行ってきてくれ。」

昭和四十五（一九七〇）年六月十九日、喜一は不安な事態を想定しながら出発した。

二十二日から三日間、ワシントンで閣僚による日米交渉が行われた。日本代表は愛知揆一・外務大臣と宮澤喜一・通産大臣である。愛知は別の訪問先のニュージーランドからサンフランシスコへ入り合流する。

以降、喜一の日記を引用しながら話を進める。

六月十九日（金）

「雨模様。毛及び人造繊維と、その製品の輸出自主規制についてモーリス・スタンズ商務長官と話をするためにワシントンへ出発。終日、空は暗く、自分の訪米の前途も同じように思われる。サンフランシスコにて愛知外務大臣と合流の予定。」

六月二十日（土）

「サンフランシスコ着。愛知外務大臣と合流、下田駐米大使ワシントンより到着。」

六月二十一日（日）

「ワシントン到着。スタンズ商務長官、ジョンソン国務次官、その他が出迎え。夜、我々に合わせてワシントン入りした日本の繊維業界の人達約三十人と会う。」

六月二十二日（月）

「一人で市内ウォーターゲートのアパートにスタンズ長官を訪問。彼は狩猟が趣味だそうで、室内に剥製の戦利品多数有り。象の足のスツール数個。趣味甚だ悪し。これでよく日本に対して捕鯨禁止を要求できるものだ。ラルフ・リード博士同席。

会談は昼食をはさんで四時間におよぶ。スタンズ長官の姿勢はきわめて強硬。残念ながら規制期間の交渉にまで至らず。途中、彼は佐藤・ニクソン両首脳の約束と称する一枚の紙を示すが、自分は読むことを拒否した。」（続く）

交渉一日目の二十二日について、改めて述べていく。喜一は朝になると、ウォーターゲートのアパートへ向かった。そこはスタンズのいる部屋で、喜一は椅子が象の足になっているのを見て、趣味が悪いなと思った。昼食をはさんで四時間ほど交渉が行われる。

スタンズの本職は公認会計士であったので、よく業界のことを知っていた。逆にそれが災いして、話が細かい事ばかりになり、議論が進まなかった。規制対象のズボンは何ダース…などといった感じだ。そうしている内に奇妙な話が始まった。

スタンズ「実はここに一枚のペーパーがある。君にも日本を発つ前に見てきてもらいたいと思ったんだが、それは昨年佐藤・ニクソン会談の時に作られたものだ。」

【ペーパーの内容】

一．自主規制の期間は五年間とする。

二．全ての品目を網羅した包括的規制とする。

三．年間の伸び率は、化合繊は五％、毛は一％とし、基準年は一九六九年のアメリカ会計年度とする。

（※"paper"には「紙」というだけでなく、「記録」という意味を持ち合わせているので、「ペーパー」という言葉を使用する。）

スタンズはこのペーパーを見せようとしたが、喜一は断った。

喜一「そんなものは存在しないということを出掛けに確かめてあるんだから、見る必要はない。そんなペーパーは無い。俺は見ないよ。」

スタンズ「繊維の自主規制は五年間やるということ、全部の品目を包括したものとする、つまり例外はなく全部を包み込む、一つ一つの品物について規制をするが、年とともに自然に成長もするから、基準年次は一九六九年にして、年間の伸びは、化合繊は五％、毛は一％にしようという趣旨のことが書いてある。そういうことが、佐藤・ニクソンで話し合われたんだ。」

喜一「そんなペーパーはない。そんなものは知らない。」

スタンズ「合意ができているんだ。」

喜一「そんなもの私は聞いていない。その話には乗れない。」

喜一はこれを聞いて次のように考えていた。

「五年間にするとか、年間の伸びはいくらにするとかいうようなことを佐藤さんが言うはずがない。何年にするか、繊維全部か、伸びはどうするか、というのを佐藤さんに言えば、〝それはまあ、事務当局にやらせましょうよ〟と言うはず。善処をするということは紙になりようがない。」

六月二十二日（月）

「会談は物別れに終わる。明日もう一度、商務省で会うことになった。一回の交渉だけで決裂という訳にもいくまい。夜、随行の通産省の諸君と協議。就寝午前一時。」

日米繊維交渉⑤・ワシントンにて

六月二十三日（火）

「午前十時、商務省にスタンズ長官を訪問。先方から規制期間五年を提案。これは話次第ではネゴシアブルであるというが、隔たりが大き過ぎる。交渉は決裂。記者会見。ケンドール氏と遅い昼食」（続く）

二日目に入り、引き続き会談が行われるが、スタンズが譲歩してきた。

スタンズ「少し譲歩しても良い。三年半がいいか。」

喜一「一年でも一年半でも日本の業界では考えられない。」

喜一は繊維業界から「期間は一年半までならば我慢できる。それ以上は倒産が続出する。」と言われていた。

リードの電話の通り、「三年まで」というのは、二年後の大統領選挙とその翌年一月に就任式なので、三年にすればそこまで持つという政治算術が考えられた。会談は三時間の予定を一時間半で切り上げることにした。喜一の秘書官の証言では、喜一はドアを蹴って出てきたとのことである。

その後、ドナルド・ケンドール・ペプシコーラ社長と昼食を一緒にする。今回の宮澤・スタンズが不調だった場合、「ケンドール私案」なるものの用意があると言う。内容は定かでないが、日本側も呑める内容だとのことだった。

六月二十三日（火）

「キッシンジャー大統領補佐官、ジョンソン国務次官が愛知外相を日本大使館に訪問。何とか宮澤・スタンズ会談を継続してもらいたい、との要望あり。私にはスタンズ長官から電話、明日午前十時にもう一度会いたい由。会談決裂の印象を避けるための工作である。」

「夜、万国博のアメリカ独立記念日（七月四日）の行事に出席するデヴィッド・アイゼンハワー氏を囲む晩餐会。隣席にニクソン側近のミッチェル司法長官。繊維の話を少々。通産の諸君に対し、繊維問題に関する日本の立場、提案を文書にまとめるよう指示した。明日スタンズ長官に最終文書として手交、同時に韓国及びロング・ガット事務総長にも渡すこととしたい。」

喜一のところとは別に、キッシンジャー・国家安全保障問題担当大統領補佐官とロジャース・国務長官が愛知大臣を訪問していた。

ロジャース「なんとかこの交渉を壊さないようにしてくれ。」

ロジャースはこのようなまともではない話には関わりたくない様子だった。国務省は関わっていないが、ホワイトハウスが関わっていた感じだったという。

キッシンジャーは繊維がわからなくても、全体の密約に関わっていた。後に次のように語る。

キッシンジャー「我々の要求が佐藤には重荷に過ぎたのだ。彼は約束して良いこと以上のことを約束してしまい、それを果たせなくなって、すっかり困り果ててしまったのである。」

日米繊維交渉⑥・ワシントンにて

六月二十四日（水）

「朝、宿舎の玄関に日本の繊維関係者約三十人。十時、商務長官室でスタンズ長官、ジョンソン国務次官、リード博士、私の四人で会談。〃一枚の紙〃に根拠なきことを確認。共同声明は「agree to disagree（不合意を合意）」と書くこととした。スタンズ長官が記念の商務省メダルをくれた。」（続く）

交渉三日目。喜一が商務省に行こうとしたら、ホテルに日本の繊維業界の方々が二、三十人待ち構えていた。通産大臣を激励、いや監視に来ていたのだ。

この日の会談では、スタンズ・商務長官、アレクシス・ジョンソン・国務次官、そして、リードと喜一の四人が出席者となっていた。スタンズが再び例のペーパーを持ち出すが、ペーパーの問題について、喜一はジョンソン・国務次官に詰め寄る。

喜一「あなた、そういうことを言うけれど、私はそういう話はないと承知しているんだ。国交の話だから国務省に聞くが、ジョンソン、あなたはそんなペーパーがあると思っているのか。あると思うならあると思うと言ってくれ。」

ジョンソン「それは第二次的な問題でしかないんだ。二義的な意味しかないんだ。」

喜一「そんなことを聞いているんじゃない。本当にペーパーがあると国務省が思うならあると言え。私は総理大臣からそんなものはないと聞いているんだ。はっきりさせようじゃないか。」

ジョンソン「私は日本の総理大臣のおっしゃっている通りだと思います。」

喜一「それならよろしい。どうせこの話は壊れるんだが、そんなへんてこなペーパーがないということがはっきりして、それでわかった。」

【共同声明】

「全ての角度からこの問題を十分に検討した結果、大臣と長官は、日本からのアメリカ合衆国向け繊維製品の輸出を自主的に規制することについて、この時点で交渉により合意に達することは可能ではないとの結論に達した。」

六月二十四日（水）

「会談後、その足で下院にミルズ歳入委員長を訪問、交渉不調を告げる。午後二時半、愛知外相、ロジャーズ国務長官が加わっての四者会談。愛知・ロジャーズ共同声明を出すことになり、それには日米関係が全般的には成功していること、日米安保条約の自動継続を喜び、沖縄の七二年返還を確認することを書く。ケンドール氏から電話。」

喜一は会談後、ウィルバー・ミルズ・歳入委員長を訪ね、話を聞く。彼は繊維関係に詳しく、両方の話に耳を傾けるなど、政府とは比較的違った歩調を取っていた。日本の業界からも一時頼りにされている。彼の意見には、日本だけを狙い撃ちにしたものではなく、多国間、二国間協定の締結を優先させる柔軟さがあったという。ミルズは決裂したのなら、それはそれでよい、とのことだった。

愛知とロジャースは二十二日にも会談して、決裂という形にはしないということで合意していた。しかし、翌日の日本の新聞では、「物別れ」、「不調」と報じられる。外務省と国務省の発表では「中断、recess」であったが、報道は「決裂」だった。

喜一はいかにも両方の話がかけ離れていて、到底歩み寄ることができない、もう壊すしかしようがないと思った。

六月二十五日（木）

「スタンズ長官が下院歳入委員会で証言。ニクソン政権としては日米交渉が失敗したので、ミルズ法案に消極的ながら賛成する、と述べた。午後五時半サンフランシスコ着。保利茂官房長官に辞表を認める。〝私が通産大臣に任命された経緯を考えますと、この度の私の使命は失敗に終わったと考えますので、辞表を提出致します。〟」

六月二十七日（土）

「サンフランシスコからホノルル経由で帰国。ただちに首相官邸へ行き、佐藤首相に交渉の経過を報告、辞表は山田秘書官から保利官房長官に届けてもらう。辞去するさい、保利長官に呼び止められ、〝総理は辞表を却下するといわれた〟と告げられる。帰宅午後十時半。」

一九七〇年の大阪万国博

喜一は通産大臣のかたわら、万博担当大臣としても活動していた。この仕事はいつもとは風変りな人達との接触があり、司馬遼太郎・作家や梅棹忠夫・京都大学教授（民俗学者、未来学者）に知恵を借りるということがあった。

昭和四十五（一九七〇）年三月十五日、大阪で日本万国博覧会が始まった。万博開幕直後には、佐久間良子・俳優と会談を行っている。

喜一「大阪万博の跡地利用ですが、全体で百万坪。どうしたらいいと思われますか。」

佐久間「そうですね。やっぱり住宅なんかですか。」

喜一「私なんかはやっぱり自然といいますかね、だんだん公害ということが言われてきたりしていますし、自然とか、文化とか……文化といっても、美術館とか、民俗資料のようなものは、全部収集したものを最低限残して。息抜きに行けるような、自然を楽しめる形にするのが本当ではないかと、私自身は思っているんですが。」

佐久間「外国に行きますと、緑がとってもきれいだってことですね。森があって、子どもづれとか、老人たちが話している姿を見たりすると、とってもうらやましいような、いいことだなあって思うんです。」

宮澤「そうですね。日本も少し豊かになってきましたから、そういう森とか公園とかいうのは、ある意味ではぜいたくなものでしょ。そういうことも考えなくちゃいけないんじゃないかと思います。」

喜一の跡地の考え方は万博記念公園としてほぼ実現されていく。

さて、ここでの万博担当大臣の仕事は外交儀礼のみならず、国内合わせて一一六館全て回ることだった。週末は一泊二日、平日は日帰りである。この多忙な日々は、喜一にとっては繊維問題からの解放もあり、楽しかったという。高度成長も目に見えた。ただし、負の側面として公害問題が明確に出てきたことも意識してきたとも言っている。

この多忙がきっかけで、その後の喜一は毎晩十時から二時間、記者クラブと懇談を続ける羽目になる。会見は公式なものであるのに対し、懇談はその背景を説明する。懇談の方がお互いに都合が良いことがあるのではあるが、庸子夫人が氷を買い出しに行く毎日で大変だったようである。

大阪万博が終わり、大阪府知事選挙が行われた。万博の功績が認められた左藤義詮（さとうぎせん）は四期目に入るかと思われたが、黒田了一（りょういち）に負けるという結果になった。

喜一「絶対勝つと思ったら負けちゃったよ。」

誰か「選挙民というのは、これからの約束には票を入れるけど、決して恩返しはしない。これこれのことをやってくれてありがとう、とは決して言わないものだ。」

多分この頃かと思われるが、ある朝日新聞記者が喜一のところに取材に来ていた。聞けば、近衛文麿の孫だという。この記者は細川護熙と言った。彼はこの後、自民党公認で参議院議員、熊本県知事となり、それから新党を結成し、衆議院議員、内閣総理大臣となる。

日米繊維交渉⑦・日本にて

ニクソンは選挙公約のプレッシャーがあり、佐藤は沖縄返還のプレッシャーがあった。

昭和四十五（一九七〇）年十一月、六枠十七品目の繊維自主規制案を繊維業界側が最終的に決めてきた。財界代表は、谷口豊三郎、大屋晋三などである。スタンズのとんでもない要求ではなく、日本の繊維業界としての妥協案をまとめ、日本側の自主規制案ができたのだ。

㈠ 規制枠は総枠方式（個別枠であると、流行品の場合、すぐにいっぱいになってしまう。総枠であると、融通が利く）

㈡ 輸出の伸び率を十％以下に抑えることには応じられない。

㈢ 基準年次は最新のものを取る。

㈣ 規制実施は日米二国間だけでなく、韓国・台湾・香港の極東三国と同時にする。

政府がこれを無視した妥結をした場合、業界は一斉操業停止を含む実力行使に訴える。

この中に三つの国があるのは、日本の支店や競合企業があるので、抜け駆けがあってはお互い困るということである。

昭和四十六（一九七一）年二月、アメリカ側からは色々な交渉が仕掛けられてきていた。ウィルバー・ミルズ・委員長は政府間交渉で合意できない場合は日本だけによる自主規制も良い、と提案する。これで日本側の一方的自主規制をする方針が固まった。

これを受けて、日本繊維産業連盟が民間による一方的自主規制宣言をする。七月一日から三年間、毛・化合繊・綿製品を加えた総量規制をするという。保利・官房長官は歓迎談話をし、ミルズ・歳入委員長も歓迎声明を出した。牛場信彦・大使から、日本は業界が自主規制をしたということで、政府間交渉の打ち切りを通告した。ミルズもアメリカ業界に受け入れ要請に動いた。

ところが協定に至らなかったホワイトハウスは不満だった。アメリカが要求する個別規制、品目間の振り替え制限が含まれておらず、ニクソンは日本を非難し、輸入制限立法を支持した。

三月十一日の新聞「ニクソン大統領が日本業界の自主規制宣言を事実上拒否、繊維輸入割当立法を支持する。」

このようなこともあったので、六月に喜一と愛知・外相は再びワシントンで交渉するが、これも失敗に終わる。結局決裂状態になり、喜一はとうとう辞任する。

【繊維業界の面々】

谷口豊三郎（元・東洋紡績社長。日本繊維産業連盟・初代会長）［喜一の印象深い人］

大屋晋三（帝人社長、元参議院議員）

宮崎輝（かがやき）（旭化成取締役、日本化学繊維協会会長）［中心人物］

近藤駒太郎（大和屋繊維工業社長、中小企業取りまとめ）

安居喜造（きぞう）（東レ会長、日本化学繊維協会会長）

近藤「そんな、上の方の人達だけの利害で妥結してもらったら困る。」

業界の大手は東レや帝人であるが、ブラウス、ズボンを売るような中小企業は強い抵抗を示していた。鉄鋼業界であれば稲山嘉寛（よしひろ）一人が号令を出せば進む話であったが、繊維業界というのは全くそうはなっていなかった。

経団連は「繊維業界は自分のことばかり考えてけしからんじゃないか。」と、本当は言いたいのだが、「何も知らないくせに」と言い返されるので、表立って言うことはなかった。

通産省は繊維局を中心に、規制には絶対反対の立場だった。繊維業界とは繋がりがあり、大臣に対しては、妥協するのではないかと注視していた。

外務省は、賛否両論の意見があった。

下田武三・駐米大使と牛場信彦・駐米大使は「これは国益だから総理の言うようにやるべきだ。」という意見である。

保利茂・官房長官は「なんとかまとめてくれよ。」という感じだ。

繊維業界による、決起集会も何度か起きていた。

業界は絶対反対、役所も当然反対。規制賛成という意見はどこにもなかった。日本側に規制させようと策略家のニクソンが考え、商務長官のスタンズ、司法長官のミッチェルが佐藤に圧力をかけていた。

喜一は木村武雄・元行政管理庁長官兼北海道開発庁長官から自分でも悩んでいることを指摘された。

木村「君はどうも政治に全力投球していないように見える。全力投球はしないのかね。」

喜一「これはこれは、私自身は結構全力投球しているつもりなんですが。そうは見えないんですかね。」

天才

これより十年後、一九八〇年代初頭の話であるが、喜一は記者や政財界人と会食中に、こんな話を持ちかける。

喜一「自民党で一番頭がいいのは誰だと思いますか?」

一同はキョトンとしてしまった。自分の頭がいいからって、自分で聞くものかと思ったからだ。すると喜一は一通り全員の顔を見た後に、こう言った。

喜一「それは角さんですよ。あのくらい頭のいい人はいませんわなぁ。」

大正七(一九一八)年五月四日、新潟県二田村(ふただむら)(現・柏崎市)の農家に田中角栄は生まれる。兄は早逝、その他の男兄弟がおらず、姉妹が六人いた。父の事業が失敗し、貧乏生活が始まる。二田高等小学校(中学校)を卒業後は、土建業に就職。東京で働くも一ヶ月で辞め、柏崎で同様の土建をする。十六歳になる時、働きながら中央工学校という工業専門学校の夜間部に入る。当時のこの学校は学校認可を受けていたわけではないので、最終学歴は中卒と呼ぶべきか。

中央工学校を卒業した後は、土建事務所に就くが、ここの主が軍に徴集されたため、自分で事務所を開いてしまう。また、働きながら錦城商業学校も通い卒業している。戦時下では、満州で兵役につくが、病で帰国し除隊となる。戦時中、結婚、事業拡大と躍進し、朝鮮半島に渡るのだが、そこで敗戦となる。事業資産は現地職員に全て分け与えた。

昭和二十一（一九四六）年、進歩党員として衆院選に出馬するも落選。翌年には、民主党員として衆院選に出馬し当選。しかし、炭鉱を国の管理下にすることに反対して離党する。次に「同志クラブ」というところに入党すると、すぐに「民主クラブ」と名前が変わった。これが吉田自由党と合流して民主自由党になり、吉田茂と出会う。岸内閣では郵政大臣、池田内閣では大蔵大臣を担い、自民党幹事長もこなした。

喜一「田中角栄という人は、良くも悪くもいろんな意味で最近の（閥務の）始祖。政治の進め方、派閥の作り方、一種の効率の良さは、独創的なもので、人が真似しようとしてもできない。」

喜一は彼を天才と称し、認めていた。

日米繊維交渉⑧・田中角栄通産大臣

昭和四十六（一九七一）年七月五日、喜一は通産大臣を辞任した。第三次佐藤内閣が発足し、次の通産大臣には田中角栄が就任する。大平、喜一とパスを回してきた繊維交渉というボールは角栄に渡った。デヴィッド・M・ケネディ・アメリカ大統領特使が執拗に政府間協定を求める。合意できなければ、アメリカ側は一方的に輸入割当をすると言う。

ところで、ニクソン・ショックと呼ばれるものは二つある。中国訪問ショックとドルショックだ。この年に行われるニクソンの政策は、世界の外交と経済に衝撃を与えることになる。

昭和四十六（一九七一）年七月十五日の第一次ニクソン・ショック（ニクソン訪中宣言）とは、ニクソン大統領の中華人民共和国への訪問を予告する宣言から、翌一九七二年二月の北京訪問に至る迄の「新しい外交政策」のことをいう。

昭和四十六（一九七一）年八月十五日の第二次ニクソン・ショック（ドル・ショック）とは、アメリカ・ドル紙幣と金の兌換の一時停止を宣言し、ブレトン・ウッズ体制の終結を告げる新しい経済政策をいう。これにより、二年後、固定相場制から変動相場制へと向かう。

日米繊維交渉の結末が見えてきた。十月十五日、ケネディ・特使が、田中・通産相との日米繊維政府間協定了解覚書に調印したのである。期間は三年、結局は個別規制と包括規制を受け入れ、輸出貿易管理令による強制的な制限が始まる。つまり、アメリカの言うことをほとんど聞いたという丸呑み決着になった。大屋晋三は呆気に取られていたが、それは怒りに変わった。

大屋「田中君は何もしてないに等しい、遺憾千万だ。各項目もなっていない。話ができないほど悪い。次の選挙では資金も出さないし、自民党に票も入らない。元はニクソンの選挙のための人気取りだ。」

しかし、それでは終わらない角栄は、昭和四十六（一九七一）年十二月十七日、閣議において、日米繊維協定に伴う繊維業界救済措置として一二七八億円の支出（設備買い上げ、長期低利運転資金の融資など）を決定し、補正予算を組む。繊維業界は万年不況であり、設備は余り滞貨も持っている。低利資金も必要だったこともあり、この政策で繊維業界は泣き止んだのだ。

最終的に支出が決まった時、通産省と繊維業界は一緒になって管理体制を作り上げた。あの複雑だった繊繊維業界も、その気になればわけがなかったということだったのだ。

そして、昭和四十七（一九七二）年一月四日、牛場・駐米大使とケネディ・特使との間で日米政府間協定が正式調印される。これにて繊維問題は決着した。

戦後しばらくは、日本がアメリカに助けを求めたが、今回のようにアメリカが日本に助けを求めるのは、初めての経験であった。喜一は法律で対処しようとして、できないと判断せざるを得なかった。角栄は巨額の補助金を出して見せた。

喜一「角さんは政治家で、自分は政治家でなかった。」

そして、繊維業界の欲得ずくの構造改善が行われた。

この後、ニクソンを始めスタンズとミッチェルはウォーターゲート事件で訴追されるのだが、繊維交渉の一連の動きを振り返ると、彼らは口八丁手八丁の連中と喜一は勘ぐらざるを得なかった。


繊維交渉が終わると、昭和四十七（一九七二）年三月十五日、沖縄返還協定批准書が交換され、その二ヶ月後の五月十五日には沖縄復帰記念式典が行われた。

沖縄返還を成し遂げた佐藤内閣は七月七日に総辞職した。この退陣記者会見の時に、新聞社に疑念を抱いていた佐藤は、「テレビカメラはどこかね。（略）ぼくは国民に直接話をしたいんだ。新聞になると違うんだ。偏向的な新聞が大嫌いなんだ。帰ってください」と机を叩いた。怒る佐藤の姿はテレビ時代を物語る典型的なシーンとなる。

喜一の「大学紛争」観

安保闘争から十年も経たない一九六〇年代末期、くすぶっていた学生達の運動の火が再び燃え上がっていた。学校紛争、大学闘争、全共闘と、呼び名も色々だが、しばしば暴力行動を起こす学生達に対して、政府も困っていた。この暴力はドイツ語を用いてゲバルトと言った。そこで使う角材や竹竿が「ゲバ棒」で、内輪もめする暴力は「内ゲバ」。後世では首を傾げる流行語だ。

政府としては、大学紛争で体制側の存在理由が問われていた。喜一は政治家で閣僚であるので、体制側の根幹にいることになる。そこで、坂田道太・文部大臣と議論をする。

喜一「中国、堯舜の時代の故事に〝日出でて作し　日入りて息う　井を鑿り飲み　田を耕して食う　帝力我に何かあらんや（鼓腹撃壌）※〟という言葉がある。坂田さん、どうやって説明しますかねえ。」

（※訳　日が出て起き、日が沈んで寝る、井戸を掘って水飲み、田んぼを作って飯食う、皇帝なんて関係あるか。）

坂田「うーん。」

喜一「食うことに事欠かない平和な世の中で体制は何のためにあるのかと言われれば、私は元々権力は小さければ小さいほどいいと考えている人間ですから、学生達の返答に窮するんです。」

そして、喜一が観ていた大学紛争の収束点は人と少し異なる。

まず、一九六九年のことであるが、田中角栄の尽力により、大学の運営に関する臨時措置法が制定される。紛争が確認された場合の大学運営停止が謳われているのだが、これは適用されることはなかった。そして、一九七二年のあさま山荘事件で、全共闘への支持が下がることになるのだが、それ以外の運動の火はまだ残っているという状況だった。

喜一の見立てでは、一九七三年に発生したオイルショックが分岐点だった。これで大学紛争は消えたと実感し、喜一は助かったと思ったという。

三極委員会、文化使節団、韓国人事件

佐藤内閣が終わり、昭和四十七(一九七二)年七月七日、田中角栄内閣が発足した。これより二年半弱の間、喜一は閣僚から離れるが、その間にも一風変わった活動を始める。

喜一はロックフェラー兄弟の末弟、デヴィッド・ロックフェラーにアメリカへ招かれた。吉田や池田を歓迎してくれたジョン・D・ロックフェラー三世は長兄である。

喜一はニューヨークから北へ六十キロほど行ったタリー・タウンにあるロックフェラーの別荘で三女のペギーことマーガレット嬢の部屋を空けてもらって泊ることになった。壁にはボナールの絵、廊下の階段にはモネの「睡蓮」があり、豪勢で煌(きら)びやかと思われたが、冷房が無い上に、網戸から蚊が入って来るようなところだった。

タリー・タウンでの用件とは、デヴィッド・ロックフェラー氏の肝煎りで、アメリカ、ヨーロッパ、日本の民間人会議を作ることになり、その準備会ということであった。ブレジンスキー氏(後のカーター政権で安全保障担当補佐官)が事務局長となり、三地域から集まった十数人が二日間みっちり話し合うということをした。これがきっかけで昭和四十八年秋、日米欧委員会、別名三極委員会の設立に至るのである。これは民間サミットとも呼ばれるようになる。世界各国から著名な政治家、官僚、財界人、学者などが参加し、政治・

経済の問題が討議され、各国政府や国際組織に具体的な政策提言をする。

発足時の日本委員会委員長は渡辺武で、大來佐武郎(おおきたさぶろう)、宮澤喜一、牛場信彦、永野重雄、岩佐凱実(よしざね)、土光敏夫、盛田昭夫、長谷川閑史(やすちか)がメンバーである。

昭和四十七(一九七二)年九月、角栄は中国へ行き、日中国交正常化を実現する。この時点では共同声明であり、六年後に条約が結ばれることになる。

昭和四十八(一九七三)年、喜一は東南アジア文化使節団団長になるよう頼まれた。その活動で、インドネシア、香港、タイなどを回るということがあり、この時の団員に衛藤瀋吉(えとうしんきち)という国際政治学者がいた。喜一は彼を評価する。

喜一「切り込みが見事で、中国語はもちろんだ。いかにも拘らない物の考え方をするし、見事で面白い人だ。」

彼は、「エリート教育、特殊教育を実践したユニークな学校」として知られていた満洲教育専門学校に通っていた。戦後は東大を卒業し、教授を務める。後に亜細亜大学学長になると、「一芸一能入試」を始める人物である。喜一は続ける。

喜一「こういう人が、芸能界などでもまだ生きていらっしゃる。満州で育ったという人が意外にいるんです。変なしきたりに染まらずに面白いものを持っている人がいるのに、惜しいことを致しましたね。今でも満州について惜しかったと思うのは、あそこで日本は人材を育てる機会を失ったと思うのです。日本の島国の、因循姑息ということから離れて、全く何もないところでそのまま育つ人がいるじゃないですか。この人、ちょっと違うなと思うと、その人は満州育ちだったということがありました。そういう人がもっと育つはずだったということが残念に思うんです。なんというか、一言で大陸的といえばそういうことになるんでしょうが、そういう人材を養う機会を満州では失くしましたね。そういう機会があり得たんです。」

この年の八月八日、「金大中事件」が起こった。韓国の金大中が東京九段のホテルから拉致され、五日後にソウルの自宅付近で解放されるという事件だった。日本の現場からは金東雲・駐日韓国大使館一等書記官の指紋が見つかり、韓国の公権力による日本の主権侵害が疑われ、大きな問題となった。

この事件に対して、十一月二日、金鍾泌・首相が来日し、田中角栄に遺憾の意を表した。韓国側は外務部長官、中央情報部長、駐日大使を更迭することにより、外交的に対処したということで、第一次政治決着となった。しかし、この件は鎮火に至らず、二年後に喜一が二回目の対応を始めることになる。

外務大臣の仕事

喜一「外交とは、一口に言えば国益を最大限にすることだと思います。」

昭和四十九（一九七四）年、ベトナムのアメリカ軍の撤退がようやく完了した。アメリカでは落ち着きを取り戻そうとしていたところであったが、八月九日、ウォーターゲート事件が発覚する。これによりニクソン大統領が辞任するという事態にまで至るのだが、現場となったウォーターゲート団地は、アパートとオフィスが混在した巨大ビル団地であり、そこはまさに喜一とスタンズが会議を行った場所であった。

共和党による工作員が深夜に、ウォーターゲート内の民主党の事務所へ盗聴器を仕掛けに入ったところ、御用となり芋づる式に色々な政府関係者が逮捕されたのだ。これには日米繊維交渉に携わっていた人物も含まれていた。ジョン・N・ミッチェル・アメリカ司法長官は事件への関与について偽証罪で有罪判決を受け、モーリス・スタンズ・アメリカ商務長官は、違法なキャンペーンなど複数の罪で有罪判決を受けた。

スキャンダルはアメリカだけではない。日本では田中角栄が金脈問題で退陣することになった。

これにより、昭和四十九（一九七四）年十二月九日、三木内閣が始まった。この内閣で喜一は外務大臣になる。外務大臣の仕事は、主にソ連問題、日中平和友好条約の問題、加えて突発して起きた韓国問題などであるが、この任務を通して様々な重要人物と出会う。

喜一は外務省幹部に次のことを訴えた。

喜一「田中内閣は日中国交回復を実現した。これは意義のあることだが、だからといって手の平を返すようにこれまで親交を続けてきた台湾を切り捨ててはならない。北京と外交関係を持ちながら、なおかつ台湾と外交を維持する。これが外交というものだ。」

また、外務省内で宿題を出してみたりした。

喜一「世界のどこかでどういうことが起こっても日本の損得に直接関係ない限り、我々は〝見ざる、言わざる、聞かざる〟をもって日本の全方位外交と言えるのか考えよ。」

「全方位外交」とは、特定の国とだけ親しい関係を持つのではなく、全ての国と平等な外交関係を保つこと。このデメリットには全ての国が脅威の源となり得るということがある。外務省内では激論が交わされたが、一年かかって、「結論が出ません。」ということであった。しかし数年後、日本はイランの人質事件によりイランへの経済制裁、ソ連のアフガニスタン侵攻によりオリンピックボイコットという対応を取るようになる。日本とは直接関係が無かったが、こういった外国に対する行動は戦後初めてだった。

外務大臣になって、こんな記者とのやり取りもあった。

記者「訪米はいつするんですか?」

喜一「今、訪米する気はない。アメリカ、アメリカというが、大臣が交代する度にまずアメリカに行くという考えには抵抗を感じる。首相や外相が用もないのにアメリカに行く必要はない。」

この頃、喜一の傍らに青色の表紙の本が回ってきていた。

田中秀征著『自民党解体論』

グロムイコ

一九〇九年七月十八日、ベラルーシのゴメリ近郊の村にある、出稼ぎ農家の貧しい家にアンドレイ・グロムイコは生まれた。父親は読み書きが多少出来る程度で、学校に通ったのは四年だけ。この父親は、日露戦争と第一次世界大戦のロシア・ドイツ戦に参加し、いずれも無事に帰国していた。この時、グロムイコにロシアへの愛国心が生まれたという。

母親は教育熱心になり、田舎を離れて学校に通わせようとグロムイコをベラルーシのホメリに向かわせる。

小学校七年、その後は職業教育、次にボリソフの技術学校に入り、レーニンの一派であるボリシェヴィキに入党する。技術学校を出た後は中等学校校長に任命され、さらに、ベラルーシ共産党の推挙によりミンスクの大学院で経済学研究の機会を与えられる。その後、ソビエト科学アカデミーの研究者になり、アメリカ経済を専門とした。

一九三九年、彼が三十歳になる時、ソ連共産党中央委員会から呼び出され、外交官業務をするようになる。第二次大戦が始まると、南北アメリカ局の局長になり、戦争の末期にはアメリカ大使として、ジョン・メイナード・ケインズやチャールズ・チャップリンに会っている。それからヤルタ会談やポツダム会談にも出席し、キューバ大使にもなった。

戦後になり、サンフランシスコ講和会議では、代表として猛烈に講和の批判を行った。そして、イギリス大使を担った後、外務大臣になっていく。

外務大臣のグロムイコは、「三億人の命を犠牲にする」と言った毛沢東からの対台湾参戦要求に腹を立て、中国との連携を一時断ち切る。キューバ危機ではケネディ・大統領やラスク・国務長官と話し合い、難を乗り切った。グロムイコの「武装解除は社会主義の理想である」という信念は、核兵器不拡散条約と核戦争防止協定の署名に向かわせた。

国連において、ロシアの拒否権行使の連続は現在も問題になり続けるのだが、その様相は当時からすでに見られており、アメリカ側から「Mr. Nyet」（ミスター・ニエット、Mr. No）と呼ばれていた。これは気難しい性格も表している。

そんな彼に日本との平和交渉という課題も背負わされていた。

喜一・グロムイコ会談①

昭和五十（一九七五）年一月十五日、喜一は外務大臣になって初めてソビエトに行くことになった。喜一がモスクワの空港に降り立つと、雪に覆われていた。それでもモスクワとしては五十年ぶりの暖冬だそうで、滞在中の気温は零度前後であるため、用意してきた毛皮の帽子や靴などの防寒具の世話にはならなかった。しかし、日射しは全く無く、空港にはグロムイコ・外相、トロヤノフスキー・駐日大使、フィリュービン・外務次官が出迎えてくれた。喜一はサンフランシスコ講和会議以来、二十四年ぶりに直接グロムイコを目の当たりにする。これからその男と会談をするのである。宿舎となる迎賓館まで、グロムイコの公用車、ジル（ZIL、旧モスクワ自動車ブランド）に乗せてもらう。車中、喜一はグロムイコに話を切り出している。

喜一「初対面ではない。サンフランシスコ講和会議には私も出ている。当時のことはよく覚えている。」

さて、交渉初日の迎賓館にて喜一がトイレに入り、用を足そうとしたところ、上げたはずの馬蹄型の便座が落ちてきた。この場合、男性にとって小用を足すには大変な苦労をする。喜一は部屋に戻り、ソ連の連中がその場にいないのを確認すると、日本の皆に文句をこぼした。

喜一「ソ連というのはしようがないな。ソ連は人工衛星スプートニクまで飛ばしている大国で先進国であるのに、消費部門には随分問題があるんだね。こんなこともできないのか。」

翌日になると、その便座はすっかり修繕されていた。喜一は事前に盗聴があることを注意されていたが、これは一つの笑い話である。モスクワの日本大使館の庭には、分厚い扉がついた小さな盗聴防止用の施設が一つ作ってあり、大事な相談はその中でするようにしていた。

当日、グロムイコ主催の晩餐会が開かれた。

喜一「北方領土が返還されなければ、日ソの関係は画竜点睛（がりょうてんせい）を欠く。ロシアの竜はどのくらいの大きさか。」

グロムイコは、親指と人差し指を広げて、

「これくらいだ。」

喜一はそれを見て、ネズミの尻尾程度の問題なのか、或いは竜を知らないのか、タツノオトシゴと勘違いしているのか良くわからなかったという。

喜一らはこれから二日間の間に計四回、延べ八時間の協議を行う。

グロムイコ「こういう問題は現実的に処理して、平和条約を結ぶべきだ。領土問題というのは無い。」

喜一「真の現実的ということは、現状に内在する問題を解決して友好関係を築くことだ。」

グロムイコ「北方領土がそんなに欲しいなら、もういっぺん元に戻ってやろうじゃないか。」

喜一「あなたのおっしゃる現実的とは、ソ連は戦争に勝って領土を手に入れた。悔しかったらもう一度戦争をして取り返せという話か。それはもう一度戦争をしようということなのか。」

グロムイコ「いや、そこまでは言っていないが、そういうことだ。第二次大戦の結果の現実というものが実際にあるので、それを肯定すべきではないかと言っているのだ。もう実際、その話は済んだんだろう。今になってそんなことを言ったってしようがないじゃないか。」

と、平和条約へ向けて、一向に要領を得ない。日本は領土を返して貰わないと平和が成り立たない。ソ連にしてみれば、領土問題無しで平和条約を結びたい。

喜一「来年はあなたが日本に来る番だ。」

グロムイコ「そうは思っているけれど……」

ここでは別の協議もあり、グロムイコ・外相やポドゴルヌイ・最高会議幹部会議長との会談で、北洋の安全操業や抑留漁民の釈放を求め、在ソ日本人の帰国や墓参などで進展を見せた。

喜一・グロムイコ会談②

グロムイコは「領土問題は無い」と言う。それに来日の予定も不明瞭だから、共同声明も書けないでいた。帰国する一月十七日となるが、喜一達の飛行機はチャーター機でも専用機でもなく、普通の民間旅客機の定期便なので、その時刻が迫り始めた。

喜一「もう共同声明なんか要らない、別にそんなものを持って帰ってもたいしたことない。向こうが嫌なら出すのはよそう。みんな荷物をまとめて飛行場へ行こうじゃないか。」

喜一らは迎賓館の「宿舎」で荷物をまとめて下に下りて行くと、そこにはグロムイコが座っていた。

グロムイコ「やっぱり共同声明はつくろうじゃないか。」

喜一「やりましょう。」

しようがないから適当に書いて済ませることにする。話を詰めた結果の共同声明は次のようなものが明記された。

（共同声明）「当該部分（第二次大戦の時からの未解決の諸問題）について、実質的な討議が行われた。そして、グロムイコ外相の年内訪日が予定される。」

これには「領土問題」という言葉は入らなかった。また、「年内」と急かせたのは、田中政権時代に約束したソ連の首脳陣の訪日が未だに実現していなかったせいでもあった。

喜一「来年は、日本にいらして下さい。」

グロムイコ「私が日本に行けば、日本の新聞の皆が色々批判的なことや領土問題を書くから嫌だ。君達が書かせるんだろう。」

喜一「新聞が色々書くと言っても、別に日本政府が書かせるわけじゃない。日本では政府がそんなことをしようとしてもできる国じゃないよ。」

夕刻になって帰りの飛行場へ向かおうとすると、グロムイコは同じ車に乗り込んで来た。

グロムイコ「飛行場まで一緒に車に乗っていく。」

空港に着き、特別室で茶菓子や酒のサービスが始まった。日航機定期便は出発時刻が過ぎているが、飛行機はまだ飛ばずに何時間も待ってくれている。

喜一「今、日本航空の飛行機が待っていて、乗客も皆待っていることだし、私だって急ぐんだ。」

喜一は腰を上げるが、

グロムイコ「いや、私が出ていいと言わない限り、飛行機は出発できないのだから、心配するな。」

そこから三十分ほど、雑談や乾杯を繰り返した。

喜一「専用機で来ていたら、もう一晩交渉させられるところだった。」

グロムイコは苦笑いをした。おそらく共同声明を出すに当たり、ぎりぎりまで議論したという形を取りたかったのではないかと思われる。

喜一がモスクワから戻ってくる頃、一月十九日、中国第四期全国人民代表大会が行われ、中国では新憲法が発布された。

（新憲法前文）「社会主義の侵略政策と戦争政策に反対し、超大国の覇権主義に反対しなければならない。」

この前文には、それまでソ連と揺るぎない友好を謳っていたが、社会帝国主義の侵略政策と戦争政策に反対し、「覇権国家」に反対しなければならない、という文に置き換わっていた。つまり、「覇権国家」はソ連のことであり、この時の中ソ関係は急激に悪化していたのだ。

このため、日中の課題の一つは、日中平和友好条約の中で、お互いに「覇権主義に反対する」という条文を入れるか入れないかであったが、最初に手を付けていた東郷文彦・外務次官と陳楚・駐日大使との間で折り合わず、進捗が無かった。昭和四十七年の田中角栄が行った共同声明の時には、「覇権を求めるべきではない」と書いてはいるが、日本としては、その覇権の国はどこを想定しているのかが問題となるのだった。当時の中国は、周恩来・首相の実務派と張春橋・副首相の文革派、そして、毛沢東がいた。

キッシンジャー

世界中でインターネットが使われるようになった時、ウィキリークスがスキャンダルを拾い上げていった。

このウィキリークスには、キッシンジャーの諜報活動記録も含まれていて、一九七五年三月十日に彼はこんな言葉を残している。

キッシンジャー「我々は違法行為はすぐにやる。違憲行為はもう少し時間がかかるがね。」

彼の諜報記録は「キッシンジャー・ケーブル（外電）」と呼ばれ、一七〇万件もの諜報と外交の文書があり、アメリカ外交公立図書館を通して誰でも見ることができる。意外にも、その中にはスキャンダル好きの記者が喜ぶようなネタはほんのわずかしかない。

一九二三年五月二十七日、ヘンリー・キッシンジャーは、ドイツ系ユダヤ人としてワイマール共和国に生れる。十代前半の時は、当時強豪の一つだったサッカーチーム「グロイターフュルト」のユースチームに所属しており、将来はサッカー選手になっていた可能性があった。十五歳になるとドイツナチスの迫害に遭い、サッカー場へ入れなくなる。そこで彼は忍び込もうとしたが、警備員から暴力を振るわれた。家族は逃げるためにロンドンへ、それからニューヨークに渡った。

キッシンジャーは昼間働き、夜はジョージ・ワシントン高校に通った。ニューヨーク市立大学でもアルバイトをしながら通うが、徴兵により中退する。陸軍に入った時、アメリカに帰化をして市民権を得ることができた。軍ではドイツ語通訳の人材不足であったため、諜報員として重宝される。

戦後になると、ハーバード大学の政治学で、学士、修士、博士を取得する。ここで、一九五一年の第十二回日米学生会議に参加し、学習院大学を訪問している。その後、国家安全保障会議のコンサルタントを務め、アイゼンハワーの核戦略を非難する著書を発表し、ネルソン・ロックフェラーの外交政策顧問となる。ネルソンは、ジョン・D・ロックフェラー三世の弟で、大統領候補を目指すが、ニクソンに敗れる。後にネルソンはフォード大統領の下で副大統領になるが、キッシンジャーはニクソン大統領の下で国家安全保障担当補佐官に抜擢される。

キッシンジャーの喜一に対する評がある。

「私は国務長官時代から宮澤氏とは敬意を持って付き合いをさせてもらっている。外務大臣当時は日本人の特色である粘り強さをもって立派な外交を行っておられたし、意思決定などについても色々と教訓をいただいた。」

喜一・キッシンジャー会談

喜一は外務大臣として、昭和五十（一九七五）年四月九日、ワシントンを訪問することになった。この訪問の目的は、三木首相の訪米を調整することで、キッシンジャー・国家安全保障担当補佐官に会いに行く約束をしていた。そこで探りを入れたいことは、核拡散防止条約、未だに共同声明だけで条約に至っていない日中平和条約、ベトナム情勢、アジア情勢の不安定さについてであった。

三年前の日米繊維交渉では、すれ違う程度で終わっていたキッシンジャーとは、初めて会話することになる。この時はベトナムのサイゴン陥落直前であり、キッシンジャーはベトナム撤退で孤軍奮闘中だった。

キッシンジャー「サイゴン撤退の状況であるにもかかわらず、議会が外交当局の予算を認めない。あれもこれも駄目と言われ、手が出せない。日本も駄目だと言うのか。」

喜一「私はアメリカの批判者、評論家として訪ねたのではない。日本人はアメリカのベトナムにおける努力が善意に基づくものであったと信じている。しかしアメリカの追求する自由、民主主義という政治的理想も、時と場所によっては不幸にして普遍性を失うのではないか。ただし自助の決意を持つ国々ではアメリカとの集団安保体制に対する信憑性は揺らいでいない。日本はアメリカのアジア政策立て直しの過程で積極的に協力する用意がある。」

キッシンジャー「三年前の繊維問題は外交問題ではなく、アメリカ国内政治の問題だった。私は全然関心が無く、基本的にはどうなってもよいと考えていたが、日本に関して良い勉強をした。日本では政治家が約束したから解決が得られるのではなく、社会全体が動き出し、それによっていつの間にか容易ではない決定がなされる。日本社会の規律は独特なものだ。」

喜一「日本の社会では問題が重要であり、しかも不人気なものであればあるほど、広汎なコンセンサスを求める努力がなされる。それは、もし失敗した場合でも一人の政治家なり社長なりに責任が集中することを避けるためでもある。結局そのほうが大胆な決定と、その後の執行を容易にするのだ。」

ホジソン・駐日大使も加わり、話が膨らんでくる。

ホジソン「国会で法案や条約を採決するときも、与党が多数を占めているにもかかわらず、事前に野党の了解をとりつけておくようだ。」

喜一「議会制民主主義の歴史が比較的浅い今の日本では、議会の運営上、そのような手続きを踏むことは極めて重要なのだ。」

キッシンジャーと喜一との議論は尽きることは無く、時間的に満足をしなかったキッシンジャーは、喜一が日本に帰ってからでも、書面でいくつか質問をしてきたのだった。これに喜一は全て回答を出している。

キッシンジャー「日本は終身雇用制が多いが、いつまでも安心して会社にいられると思うと、誰もが一生懸命に働かないのではないか。何故上手くいっているのか。」

喜一「今日のような技術革新の時代では、企業は絶えず従業員の技術教育にお金をかけねばならないが、金をかけたあげくに、よそへ行かれたのではたまらない。だから雇用が安定していることは企業、従業員の双方にとってメリットになる。」

キッシンジャー「企業の意思決定はトップの責任のはずだが、日本では下から順番に押印して決まる。それでは思い切ったことはできないのではないか。」

喜一「大きな危険を伴う決断は、みんなが参画して責任を分担する形で、はじめて可能になることがある。」

キッシンジャーは日本人の特性を理解しようと努めていた。相手の立場になってものを考える能力はユダヤ人と日本人だけの特質ではないだろうかと喜一は考えている。

キッシンジャーと喜一は〝ヘンリー〟、〝キイチ〟と呼び合うことになる。

ベトナム脱出とまだ持っていない政府専用機

ベトナムでは、昭和五十(一九七五)年四月三十日、アメリカ軍撤退により、北ベトナム軍がサイゴンを占領した。アメリカ頼みだった南ベトナム軍は、もはや力が無かった。この最終局面で現地には日本人が多く残っていた。

渡辺幸治・外務省参事官は、この混乱の中でも数日間は現地の郵便局から電報で現地の様子を打ってきていた。そのおかげで、喜一は現地情報について電報を通して知っている唯一の外務大臣だったという。

喜一はサイゴンから避難する日本人のために飛行機を出そうと考え、航空会社や保険会社と交渉を始める。するとすぐに難点が出てきた。こういった紛争時下において事態が悪化してくると、保険料が高くなってくる。最悪最終的には、その飛行機自身の損失填補だけでなく、他の飛行機を巻き込んだ事件や事故も想定されるため、膨大な金額になると保険会社から聞かされる。

喜一「こういう時に日本人を避難させる方法がないか。」

この時、政府専用機はまだ存在していなかった。日航機のチャーターを考えたが、従業員の都合と保険料の都合で実施できずにいた。そうこうしていると、依頼も要求もしていないのに、アメリカの助けでサイゴンのアメリカ大使館の屋上から逃げ出すことができたという。

政府専用機の運用が開始されるのは一九九二年からとなる。

喜一・喬冠華会談

昭和五十（一九七五）年九月、国連総会がニューヨークで行われるということで、これに外務大臣である喜一も参加することになった。そこでは中国の喬冠華（きょうかんか）・外務大臣と直接、日中平和条約の交渉をする目論見もあった。それは、九月二十四日と九月二十七日の二回に渡って行われることになる。

例の「覇権国家」という文言について、つまり対ロシア対策である反覇権条項について解決しなくてはならず、日本にとっての条約とは権利義務を定めるものであるので、「覇権国家」という言葉をそのまま条約の条文にするには困難があった。

そこで喜一の提案は、覇権ということを定義した上で、次の原則に基づきたいと考える。

【宮澤四原則】

① 特定の第三国を対象としない。

② 日中の共同行動を意味しない。

③ アジア太平洋地域に限定せず世界の普遍的原則とする。

④ 国連憲章の精神と一致する。

九月二十四日、会議は最初に日本の大使公邸が使用された。

喬冠華「今両国の関係は悪くない。この際無理して平和友好条約を急がなくてもいいじゃないか、天が落ちることはないだろう。」

この仕事の話は大体問題なく円滑であった。そして話が済み、一杯やることになる。丁度この日は、満月とはいかないまでも九月の仲秋であった。

喜一「李白の峨眉山月半輪秋（がびさんげつはんりんのあき）がありますね。」

喬冠華「それなら唐詩選（とうしせん）にある長安一片月（ちょうあんいっぺんのつき）、萬戸擣衣聲（ばんこころもをうつこえ）があるじゃないか。」

喜一「日本にも女が砧（きぬた）をうちながら夫の帰りを待つという能がある。」

喬冠華「それじゃ、私が長安一片月を舞ってお目にかけましょう。」

と、低い声でゆっくりと歌いながら舞い始めた。

喬冠華「若い頃、東京の本郷にいて桑木厳翼（くわきげんよく）博士にドイツ哲学を学んだ。妻の章含之（しょうがんし）は江青（こうせい）女史にかわいがられている。」

喜一とはウマが合った。官僚になり、政治家になってから漢詩を交わすというのはどれだけあっただろうか。

次の協議は中国大使公邸で行われ、そこには喬冠華の妻である章含之もいた。協議の話は進んだものの、毛沢東を巡る権力争いが複雑化しているという話も聞き、不安要素があるが、一旦ここまでということで、終わって別れた。

帰国後に喜一は条約について考え直し、日本語と中国語の漢字の微妙な違いもあるかもしれないので、一度英語にしてみることにする。それで、外務省条約局に英文訳を指示し、それを中国へ伝達するように頼み、ニューヨーク駐在の日本国連大使から中国国連大使へ手交することになった。ところが、その英訳文書はこのまま消えて無くなってしまう。その後の彼の消息も不明となるので、喜一は大変残念がった。中国は文化大革命の真っ最中だったのだ。

この三年後、文化大革命が終わり、凍結していた条約交渉が再開し、ようやく「日本国と中華人民共和国との間の平和友好条約」が調印される。

この条約には、宮澤原則の②と④が第一条–2項、③は第二条、①は第四条にそれぞれ反映された。（巻末「解説その三」参照）

とか。中国で起きる突然の失踪事件は、今日でも気を病む。彼に関してもそうだったのではないだろうか。

喬冠華と章含之

喜一は、この喬冠華(きょうかんか)のことを生涯気にかけていた。喜一が最後に聞いた風の噂は、香港にいたとかいないとか。中国で起きる突然の失踪事件は、今日でも気を病む。彼に関してもそうだったのではないだろうか。

一九一三年三月二十八日、江蘇省塩城(エンジョウ)市慶豊(ケイホウ)鎮東橋村というところで、喬冠華は事業家の子として生まれる。幼少期から才能を発揮し、「一度目を通せばすぐ暗唱できる（过目成诵）」と周辺からも評され、学校は飛び級を繰り返し、十六歳で清華(せいか)大学哲学部への入学を果たす。そこではマルクス主義に触発される。卒業して次に行った先は東京帝国大学である。ここで二年程哲学を学んでいたが、日本の共産党活動に出入りしていたため、国外追放となる。次に入るのはドイツのテュービンゲン大学で、やはり哲学を専攻する。博士号を取得した時はまだ二十三歳であった。

日中戦争が始まり、香港でジャーナリストになるが、その後重慶で編集長などをやっているうちに、周恩来から声がかかる。この辺りから外交に加わり始め、周恩来の右腕となっていく。

戦後、中華人民共和国が設立され、彼は外務省内の国際情報局局長、中央人民政府総局副局長などを担った後、外務副大臣になる。この間、国連安全保障理事会の出席、朝鮮半島を二分する板門店(はんもんてん)での朝鮮戦争休戦交渉、中ソ間武力衝突の交渉、といった重要な外務を務めあげ、第二十六回国連総会では演説も行う。ニクソン訪中の際にもキッシンジャーと米中共同声明を作り、田中角栄・訪中でも共同声明作成に参加する。

彼はこの活躍の中で、一人目の奥さんを亡くしているとも言われるが、東京在住の時に日本人と結婚しているという不確かな情報もあるので、一人目か二人目かの真相は不明である。

一方、章含之（しょうがんし）という女性にも是非触れておきたい。彼女はシングルマザーの子として上海に生まれた。実の父は武将の子息であったが、その家柄のせいで別の男に彼女は託された。彼女は中学生になると、洪という大学生と熱愛関係になる。彼女は大学にも行くが、洪とも結婚をする。北京外国語大学を卒業すると、毛沢東の英語教師になる。そこでは、毛沢東の四番目の夫人である江青の目に止まり、外務省で出世をする。局長なども任されたようだ。

順風満帆と思えたが、実は旦那の洪が浮気をして負けじと彼女も浮気を何度かしたようである。最終的に出会ったのが喬冠華だった。彼女は洪と離婚をして、再婚に至る。

この二人がようやく落ち着いた頃に日本の宮澤と仕事をしたのだが、その後間もなく文化大革命の嵐に遭遇する。二人は江青などの逮捕に引きずられて解任され、海外との接触はシャットアウトされてしまう。喬冠華と章含之はしばらく自由を奪われる。

一九八二年十二月、自由を取り戻した喬冠華は中国人民対外友好協会の顧問をしていたが、翌年癌で死去する。

一九八三年、章含之も自由を得ると、国務院発展研究センター国際部長などに就任したり、中国作家協会へ参加したりと活躍、二〇〇八年に死去する。彼女の死後、中国国内のメディアでは、この波乱万丈の人生を送った彼女を取り上げることがあったようだ。

日本ではほとんど知られていない二人である。これらの情報は日本国内の文献からは得ることが大変難しかったため、インターネットと Wikipedia 記事から検索した。これらの情報ソースに改めて謝意を述べておきたい。

金大中事件の解決

昭和五十（一九七五）年七月十日、日本と台湾、日台空路が一年三ヶ月ぶりに正式再開した。日中平和条約が壁となって台湾との関係が心配されたが、こうして喜一の懸念は払拭され始めた。

残念ながら台湾とは逆に、嫌韓の空気があちこちに漂っていた。前年の昭和四十九（一九七四）年には、韓国ソウルでスパイ容疑の日本人二人が逮捕、韓国が金大中事件の捜査中止通告、在日韓国人の文世光（ぶんせいこう）が大阪の交番からピストルを盗んで、朴正熙（パクチョンヒ）・大統領夫人だった陸英修（ユクヨンス）を射殺。こういった世相の時であった。

昭和五十（一九七五）年七月二十三日、喜一は訪韓することにする。韓国では金大中事件が未解決ではないかという世論がまだ激しくあり、この対応のために出向いたのである。

「金東雲に対する捜査は確証がなく不起訴処分となったが、公務員としての地位を喪失させた。」という趣旨の韓国政府の口上書を了承した。金大中については、裁判が終わり次第出国を含む自由があることを確認した。

喜一が対応したこの一連の案件は、第二次政治決着と呼ばれる。この了承について、喜一のコメントがある。

「それは意識的にしたんですよ。韓国はかつて日本の植民地だったこともある。これは日韓両国にとって不幸な関係の時代だった。そして独立後の韓国にとっては、日本に追いつき追い越すということが何よりも大きな生きがいであり、もっと極端にいえば、〝反日〟ということが韓国人の心を最も捉えやすいスローガンであった。李承晩時代には、それがやや表面に現れていた。しかし、私は韓国が潜在能力の高い国民であり、ことに経済面では、そうしたことが言えると前から思っていた。だから株にたとえれば、〝韓国は買いだ〟ということを私は昔から言ってきた。

韓国には金大中事件とか、色々あって民主主義がないと言うが、私は自分の国を考えてみろと言いたい。わずか四十年前、日本はどうだったか、よくそんなことが言えるなあと思っているんですよ。

台湾についても、そこが中国の一部であることは間違いないが、台湾の人達が幸せに暮らして欲しい、隣の人達だから、そう思うのは当然でしょう。

主権侵害という問題が残るとしても、金首相が事実上の謝罪をしたことの重みを認めるのが国家間の関係だろう。」

こういった姿勢を示していると、過激な反対派に遭遇することがある。九月十日、喜一の家に近くのアパートから火炎瓶が投げ込まれたのだ。計六本が投げ込まれ、その内の二本が玄関で炎上する。喜一は家におらず、喜一の母とお手伝いさんがいたが無事だった。日韓閣僚会議に反対する社青同解放派という過激派の犯行だった。

昭和五十（一九七五）年九月、喜一はこんな発言もして、少し物議を醸し出している。

喜一「日本国民は中国に対しては自然な親近感を持っているが、ソ連に対しては持ち得ない。」

十月十八日、キッシンジャーが訪中の予定を割いて来日。十九日朝に喜一と会談し、中国や朝鮮情勢の情報交換をした。

第一回先進国首脳会議

昭和五十（一九七五）年十一月、フランスのランブイエで第一回先進国首脳会議、通称サミットが開催される。大統領、首相、外務大臣、大蔵大臣だけが出席して、ランブイエ城で始まった。サミットはジスカール・デスタン・フランス大統領が提案したものである。自由に意見交換するため、議事録を取らずに、ざっくばらんにということだった。しかし、早速日本に指摘が入る。

「日本の総理大臣だけは通訳がついているではないか。それはフェアではない。」

要するに通訳がメモを取っているので、それは議事録を取ってしまっていることになるのではないか、ということだった。それで各国とも一人ずつ、自国の大使を呼ぶことになったのだが、各国とも大使全員が城内にいたので滞りなく始めることができた。そこでは、石油危機などの国際情勢がメインの話題になった。

喜一は西ドイツのシュミット・首相と会話をすることができた。

シュミット「石油危機がもたらした不況から脱出するために、日本はどうしているのか。」

喜一「公共事業を起こすしかないから、そうするつもりだ。」

シュミット「日本は公共事業ですることが沢山あって幸せだ。ドイツの場合は住宅に不足はないし、下水道もほぼ整備されているので、公共事業のやりようがない。」

これを聞いて、国における社会資本（インフラ）の不足というのは、マイナスではなく成長要因だと思えばよいと、喜一は開眼したような気持ちになったという。

グロムイコ来日、第二回先進国首脳会議

昭和五十一（一九七六）年一月十二日、グロムイコらが来日し、喜一との会談が行われる。モスクワでの前回と同様に平和条約交渉を行うが、どちらも譲らず前進せず。引き続き交渉をするといった当たり障りのない共同声明を出して終わった。

その晩、喜一は料亭「新喜楽」でグロムイコと晩飯を共にした。グロムイコはプライベートでは面白かった。ひょうきんで冗談を言う。何度も英語を使いたがり、英語を使い続けるとグロムイコの周りが「英語を使わないで」と止めに入ってくるのだ。

通訳が日本語で、「それは適当に措置致します。」と言うと、グロムイコが「ソチがどうした？」と言う。このように、オリンピックの開催地にもなった「ソチ」を駄洒落て口を挟んできたりもした。

ミスター・ニエット、グロムイコは気難しいという評判だったが、東京では笑顔を見せていた。

この年の六月、日本が核拡散防止条約を批准した。この時点で、この条約にはソ連が既に加入しており、中国は未加入、先進七ヶ国の中ではフランスだけが未加入だった。「自らの手を縛ることになるけど大丈夫だろうか」、と喜一は深刻に悩む。この条約は不平等条約でもあるのだ。

この月末、六月二十七日にプエルトリコで先進七ヶ国による第二回サミットが行われた。そこでの食事中に喜一はキャラハン・イギリス首相と話す機会ができた。

喜一「イギリスでも党首選挙のとき、候補者は色々選挙運動をするのか。」

キャラハン「日本はどうなのか。」

喜一「派閥がホテルに陣取って、あの手この手の多数派工作をする自民党総裁公選がある。」

キャラハン「イギリスでは、そんなことは全然やらない。」

喜一「じゃ、候補者は何をするんですか。」

キャラハン「じーっとしているんです。」

喜一「でも電話ぐらいはかけるでしょう。」

キャラハン「いや、そんなことをしたら、皆に馬鹿にされてしまう。」

喜一「イギリスがそこまでいくのは、随分苦心があったと思うが、そんな良い習慣はいつ頃確立されたのですか。」

キャラハン「電話が発明される前からです。」

サミットは、初めのころは簡素だったが、時代が進み段々制度化され、事務局はシェルパという名前が付けられた。その後サミットは拡大していくが、外国人記者は次のように比喩した。

「サミットはお互い背中を流し会う場。愚痴を言い合って慰め合う。」

喜一にとっては今昔の感を深くする。

アメリカからの評価

二十一世紀になって明かされていく機密文書について、公的に確認できるようになったウィキリークスで検索をすると、喜一の情報はたわいもないものばかりであると言っても良い。その多くは三木内閣時代のことで、喜一が外務大臣の時の情報が上がっていることを確認できる。

その中には「三木内閣は一九四〇年代以来の脆弱な内閣で、短命政権になる」というような、アメリカ内部での分析と予想が行われている。この辺の情報から宮澤喜一の情報を引き出すことができるのだが、元の文書はキッシンジャーかジェイムズ・ホジソン・駐日アメリカ大使が残した外交機密文書のようである。

本当にたわいのない文書の例を挙げると、アポロとソユーズのドッキング成功や火星へのバイキング1号の着陸についての祝辞とその返事、夕食会の招待メッセージ、キッシンジャーによるただの業務確認などが見られる。

興味深い話に絞ると、先の喜一とグロムイコや喬冠華との会談、訪韓の話などは全て把握されている。例えば、喜一のモスクワ訪問は注視されており、

「モスクワにいる時にグロムイコと四回合計八時間、ポドゴルヌイ・ソ連最高会議幹部会議長と一時間会っている。グロムイコと宮澤の間で議論された北方領土以外の二国間問題には、漁業問題、経済協力、日本人市民の本国送還、シベリアの日本人墓地への訪問が含まれていました。」などと報告がまとめられている。さらにホジソンは、ブレジネフの健康状態を察することができたかどうかについて喜一に探りを入れている。

この情報を踏まえて、アメリカはグロムイコの訪日タイミングや喬冠華と会うタイミングを見極め、それぞれの条約や交渉が上手くいくとかいかないとかを推し量ったりしている。

喜一が後になってもあまり語っていない事柄も複数存在する。一つは、ＯＥＣＤとワンセットで進められていたＩＥＡ（国際エネルギー機関）の件であり、アメリカとしては設立へ向けて積極的であった様子が見ら

れる。
他の喜一の動向として、サウジアラビア王のファイサルの追悼のためのリヤド訪問、天皇陛下初の訪米調整、タイ外相のチャチャイとの会談、イギリス外相のクロスランドとの会談、アメリカのマンスフィールドとの会談では台湾問題に言及し中国からのバッシングがあったり、ということがわかる報告文書が上がっている。

さて、アメリカは喜一をどう見ていたかというところも拾い出しておきたい。例えば、こんな内部の動きが見られる。

喜一が訪米するということで、「長官（多分キッシンジャーのこと）およびその他の上級部の役人は、宮澤外相の訪問を楽しみにしており……」という話の上で、喜一のために追加会議の手配をしている。

特にキッシンジャーとの間では、喜一の方からも会うのが楽しみだというメッセージを出していたりするのだが、このようなことが何度もある。

キッシンジャー「あなたのエネルギーと洞察は日本だけでなく、世界平和と繁栄の相互の目標に向けて、取り組んでいる国際社会全体にとっても有益です。」

それから、喜一についての総評のような報告書も確認できる。

「宮澤は私達と一緒に英語で効果的に活動してきましたが、必要に応じて言語能力のあるメモを取る人が側にいることを好むようです。彼はおそらく迅速でなく、こもった発音の英語では完璧ではないと思っているのでしょう。

ほとんどの日本人とは対照的に、英語と外国人に抵抗がない。国際経済と貿易の問題に特化したテクノクラート（技術官僚）として長い間知られている。彼の控えめな態度は欺瞞的である。自民党内に個人的な権力基盤を持たず、一般的にそれを達成する（首相になる）可能性は低いと考えられている。台湾関係を支持する一方で日中友好条約をやっている理由は、多分叔父の平四郎が北京で大使をしているからだ。

〝東京―ワシントンの密談〟という本を出している。宮澤は静かでやっかいだ。彼のリラックスした外観は、おそらく欺瞞的である謙虚さを示唆している。彼には首相になるという野心があると言う人もいる。彼は非常に知的で素早いと言われ、優れた英語を話し、国際関係の問題に対して異常に幅広いアプローチをとっている。彼は経済政策分野で素晴らしい経験を積んでおり、非常に強力なリーダーであると言われている。

宮澤氏はまた、日本とＡＳＥＡＮ諸国がインドシナに平和をもたらし、民族自決の原則に基づいて地域の安定を促進するための努力を行う〝アジアのフォーラム〟に関心を持っていると報告されている。」

ホジソンの主観も混ざっているようであるが、このようにアメリカ国内で報告がされていたということがわかる。

ここで、日本の新聞で見つからなかった情報が二点程あるので、メモの意味で記載する。

昭和五十（一九七五）年四月八日、ＥＣＯＮＣＯＭ（Economic Committee Meeting at the Cabinet level）を九月に開催できないか、というアメリカ側とのやり取りの中で、喜一は「立ち消え」したと回答している。この時の新聞報道には、オイルショック問題やベトナム問題が大きく扱われているので、それらにかき消されて具体的な話が見えない。

昭和五十三（一九七八）年、経済企画庁長官の喜一はアーサー・ディ・リトル社にＮＩＲＡ総研を通して資金提供をして、調査依頼をしており、各製品やサービスについての非関税障壁（ＮＴＢＳ）の特定と評価をしていたとのことであるが、その後どうなったか不明である。

億劫な政局

第二回サミットが迫っている中、河野一郎の息子、河野洋平が喜一を訪ねてきた。新党「新自由クラブ」についてのことだった。

喜一「あなたは自民党にとっても大変大事な人なので、何とか我慢してもらえませんか。」

と喜一は過去にあった新党の例を挙げたりして遺留に努めたが、河野洋平の決意は変わらなかった。

この年はこれだけで終わらない。「ロッキード事件」と「三木おろし」という騒ぎがあり、「ロッキード事件」では、七月二十七日に田中角栄らが逮捕された。

そして、大平は三木内閣の閣僚であるにもかかわらず三木退陣を迫った。これを「三木おろし」という。この夏の閣議は毎週火曜日のみで、それ以外の日を、喜一は軽井沢で過ごしていた。両陣営から避難をした喜一は非難される。そこで早速電話をかけてきたのは大平派の小川平二だった。喜一の叔父である。

喜一「三木首相の退陣要求なら、閣僚を辞めてからでなければ署名できないですよ。」

平二「単なる議員総会の開催要求だから。」

喜一「まあ、そういうことならいいでしょう。」

昭和五十一（一九七六）年八月二十四日、この流れで両院議員総会が開かれ、党議採択が取られた。閣僚十四名も出席し、そこには喜一もいた。

喜一「大平蔵相から、前日の三木首相との会談内容について報告したいから来てくれと言われたので、行ってその話を聞いただけ。総会出席は、とにかく来ましたよということを知らせるだけ。」

夜にも再び議員総会が開かれたが、喜一はこれには出席せず。

「もう定員数には達したんだから。」

と言って逃げ出した。

このような政局の中、昭和五十一（一九七六）年九月六日、ソ連軍の現役将校であるヴィクトル・ベレンコが、MｉG-25迎撃戦闘機で日本の函館空港に強行着陸し、亡命を求めるということがあった。これで助かったと喜一が思ったのかどうかはわからないが、三木批判の閣議が始まると同時に、九月十日、喜一は北方領土の視察へ向かう。

喜一「北方領土の視察は前々からその日に予定されていました。しかしミグ事件が無かったら視察は取り止めていたと思います。日本はミグ事件は徹底的に調査するという立場を取っていた。これに対し返還を求めるソ連側と返せいや返さぬとやりあっていたが、その間色々な形で脅かしもあった。だから、あそこで外務大臣が北方領土の視察を中止したら、ソ連は脅かしに屈したと考えるだろうと思った。当時その理由を言うことはできませんでしたが、そこで敢えて視察に行ったんですよ。」

それから、閣僚が徒党を組んで首相批判をやるのは、元来非常に趣味の悪いことだと思います。しかしあの場合、色んな状況からそうならざるを得なくなり、最後は私もそれに名を連ねなければならなくなった。だから北方領土の視察ということがなければ、私も福田さん達と一緒に心ならずも閣議に出ていたでしょう。ただ福田さん達の動きもあったので、出かけるとき井出さん（官房長官）に辞表を預けて行った。その意味は、閣僚は徒党を組んでいるが、三木さんがその閣僚の首を切り所信に向かって進むかもしれない。そう思ったから辞表を預けたのです。」

九月十五日、喜一は外務大臣を更迭される。

経済企画庁長官の仕事⑤

一年が経ち、昭和五十二（一九七七）年十一月二十八日、福田赳夫改造内閣が発足すると、喜一は三度目の経済企画庁長官になる。この期間は、後の書物やインタビューで語るようなことは無かったのだろう。特に述べている記録が見当たらず、業務を卒なくこなしていたと思われる。以前の経企長官の時と同様に、OECDの対応に尽力をし、日米欧委員会（三極委員会）の参加も活発だった。そこでは、講演、演説、挨拶の繰り返しの感があるので、目立った出来事は無かったものと考えられる。

具体的には、六月十日から十八日にOECDでパリ、六月二十四日から二十八日に三極委員会でワシントンに出張している。

昭和五十三（一九七八）年八月十二日、「日本国と中華人民共和国との間の平和友好条約」が調印される。

三年前に凍結されてしまった喜一の成果がようやく実ったのである。

大平正芳

昭和五十三（一九七八）年十一月二十七日、自由民主党総裁選挙の開票結果が出た。次の総裁は大平と決まった。現職首相が総裁選で敗れたのは現在までも福田赳夫だけである。

喜一は大平に声をかける。

喜一「今日はどういう日か覚えてますか。」

大平「うーん、なんだろう。」

喜一「池田さんが不信任をくった日ですよ。」

大平「そうか、おやじさんが救ってくれたのかなあ…」

大平内閣では喜一の閣僚登用は無かった。互いに遠慮したのである。

明治四十三（一九一〇）年三月十二日、大平正芳（まさよし）は香川県和田村（現・観音寺市）に、農家の子として生まれる。小、中学校と進み、十七歳の時、海軍を志望するが、中耳炎で不合格となる。さらにこの年の夏、腸チフスで四ヶ月の闘病生活を送る。貧乏であったが、親戚からの支援と奨学金によって、高松高等商業学校に進学、ここでキリスト教に改宗する。

卒業後は化粧品業に就くが、進学を諦められなかった大平は、別の奨学金を得ることができ、それで東京商科大学へ進む。高文試験に合格するが、同郷の津島壽一に引き立てられて大蔵省に入る。すると上司には池田勇人がいて、横浜税務署長や仙台税務監督局間税部長を担う（「間税」は間接税の略）。そして、大平が東京財務局間税部長の時に戦後を迎える。戦後すぐに、津島壽一・大蔵大臣の秘書官を務めるが、そこには喜一も一緒にいた。

昭和二十七（一九五二）年、池田の誘いがあって政治家になる。香川二区から衆議院選挙で当選を果たし、官房長官、通産大臣、外務大臣、大蔵大臣と、主だった閣僚を回って、総理大臣職に就く。

酒豪の集まる宏池会の中で、大平だけは下戸であった。キリンレモンと饅頭をつまんでいたという。「あー」、「うー」が口癖であり、アーウー宰相とも言われたが、記者達の間では、「言葉の中の〝アーウー〟を除けば、綺麗な文章になっている。」と評価されることもあった。

大平が喜一を評したことがある。

大平「とても自分では敵わない。大変な才能の持ち主だ。」

大平内閣での影役

昭和五十三（一九七八）年十二月七日、大平内閣が発足すると、喜一は閣外にいたが、大平のいる首相官邸から喜一の意見を求める使いが頻繁に来ており、多忙であった。例えば、大平と喜一とのやり取りはこんなものがある。

【内閣発足当初のやり取り】

大平「訪米をしたら良いものかどうか。」

喜一「問題があれば行くべきで、就任挨拶で行くべきでない。」

大平「クリスチャンだが伊勢神宮参拝に行っても良いものかどうか。」
喜一「キリスト教と関係なく行くべき。」
【しばらくして、雲行きが怪しく見えた時】
大平「一般消費税の導入を含めた財政再建と衆議院解散は両立できるか。」
喜一「一般消費税と選挙については答えにくい。」

昭和五十四（一九七九）年四月末、大平のために、喜一は訪米もしている。これは、三極委員会という用事もあったが、翌月に控えた大平訪米の地ならし役と見られた。喜一と大平は前尾繁三郎と池田の関係を目指したようにも見えるのである。

昭和五十四（一九七九）年十一月九日、第二次大平内閣が発足する。前月に行われた第三十五回衆議院議員総選挙で、過半数割れとなった自民党は、そこから内閣の発足までおよそ四十日の党内争いをしていた。これは四十日抗争と呼ばれている。

大平「たとえ皮一枚でもいい、なんとか繋げて党を割らず将来にそなえるようにしたい。」

大平による調整工作は失敗に見えたが、党の分裂だけは避けた。

その後も色々あった大平は政局打開のため、衆参同日選挙に打って出ることにした。この作戦が吉と出れば、あらゆることが好転するはずだった。

ところが、参議院議員選挙が公示された昭和五十五（一九八〇）年五月三十日、大平は緊急入院する。続けて六月二日に衆議院議員選挙も公示されたが、この激務により、彼自身に凶が出る。
昭和五十五（一九八〇）年六月十二日、大平は急逝する。

喜一「大平さんは晩年、権力亡者のように言われたが、決してそうではなかったと思う。彼は党内抗争で権力にしがみついたように見られているが、それは彼本来のものではない。実際はもっと違う人生に憧れていたのではないか。〝辞めろということは死ねということか〟と言ったあのセリフから窺えるのは、運命というものに弄ばれて、そこまで落とされてしまった、そういうケースだろうということだ。あの人は、〝人生は闘争である〟ということに徹しきれなかった人だと思う。だから不信任案を受けた時は最もがっくりしたのではないか。だが、側から〝ここまで来たら戦わねば〟と言われ、心を振り絞って戦った。それが体にきつかったのだろうと思う。」

大平が首相を目指している時、喜一は「大平の向こうを張ることは無い」と断言していたため、大平は安心していたという。

官房長官の仕事

喜一は大平の後継に、つまり首相候補に名前が挙がる。

喜一「いや、自分はその器ではない、誰か五十台の若い人になってもらって私は官房長官でも何でもやって応援する。」

と表明し、これは親しい仲間にも漏らしている。

日本が衆参同日選挙の準備で忙しかった昭和五十五（一九八〇）年五月、韓国での民主化を求める暴動、光州事件が起こる。これにより、金大中が死刑判決となるが、この後日本へも波紋が広がる。

自民党総裁に決まった鈴木善幸から、七月十六日、喜一に官房長官要請があった。

喜一「大平派には優秀な人材が沢山いるから、そういう人達を登用したらよろしいかと。私は特に官職につかなくてもいいと思っています。」

善幸「いや、派内のことは色々処置を考えているから、この際は是非私を助けて欲しい。」

喜一は承諾することにした。鈴木善幸内閣が発足すると、喜一は内閣官房長官となる。

少し変わった政策として、首相の週休二日制というものを喜一は導入する。最期の半年間が二日しか休養を取っていなかったという激務の大平の教訓を生かしたのである。夏の大型連休も然りであった。その代わり、喜一は官房長官として首相官邸で留守番をすることになる。

この年、日本はモスクワオリンピックをボイコットした。アスリートの残念がる姿も見られたが、喜一は次のように解釈している。

「国内でこれといった反論はなく、国民の意識が自然にここまで成熟してきたのであろう。」

官房長官就任後に間もなく課題に上がってきたのは、光州事件による金大中死刑判決に関することだが、角栄による第一次政治決着、喜一による第二次政治決着、これらに反するのではないかという指摘がなされたことだ。

喜一「日韓友好の見地からも、韓国当局が高次の判断による措置を考慮されることを心から期待している。」

喜一は、何故韓国に対してだけ干渉がましいことを、と内心苛立っていた。しかし、世論は民主化弾圧に繋がる死刑判決と見ていたのだ。崔慶禄（チェギョンノク）・大使は、日本と同じ立場のマンスフィールド・アメリカ大使と内密の接触を重ねていた。

そんな折の冬、幼馴染みの小川平五（養子に入り堤平五となっていた）が詩集を出すというので、兄の平二と喜一に端書きを頼んできた。

そこで喜一は、幼少期の話と本の題名になっている別荘の話を書くことにする。『帰去来兮：かえりなんいざ 句集』がささやかに出版された。

昭和五十六（一九八一）年一月、その後の韓国で動きが見られた。金大中が死刑から無期懲役になったのだ。

喜一「この問題は過去の経緯もあり、韓国の国内問題であるという制約の中で、日本としての関心を表明してきたが、今般の大統領の措置は高い次元から両国間の友好関係を考慮されたものと評価している。この問題の存在が両国間に影を落としていたことは否定できないので、今回、最終的に決着できることになれば、両国はより深い友好関係になるものと思う。」

その新しくなった韓国の全斗煥（チョンドゥファン）・大統領がワシントンを訪問すると、またしても記者達は日本は訪米しないのかと言ってくる。

喜一「何も無いのにアメリカに行っても仕方がない。もうそんな時代ではない。日米両国は共通の基盤の上に立っていて、互いに相手を気にしたりつまらぬことに気を使う必要が無いほど緊密な友人関係にある。だから、アメリカへ用も無いのにわざわざ出かけていくより、その分他の国との関係に時間と労力を使った方がいい。」

韓国問題が続いていたが、韓国教科書問題がもち上がってくるのもこの年の出来事である。

さて、ソ連との関係の話もあった。ポリャンスキー・ソ連大使が鈴木・首相との密談を画策して来ており、喜一も困っていた。

喜一「ソ連は日本の社会をよくわかっていないようだ。今度のことでもおかしいでしょう。やっていることは見当が違っている。日本は首相にこっそり会わねばならんような国でもないし、そんなことができる国でもない。開かれた我々の社会に溶け込む努力をすれば、もう少し日本のことがわかるのではないか。」

このように外交について注意を払っている最中、五月に入ると、鈴木善幸・首相と伊東正義・外相、高島益郎(ますお)・外務省事務次官との間で問題が起こる。

アメリカと日本が軍事協調をしていることが急激にクローズアップされたことがあった。それは批判的な報道であり、この火消しに善幸は発言した。

善幸「日米同盟関係に軍事的側面は入らない。」

これに対して、外務省側から次のような発言があった。

伊東「軍事的な意味は当然ある。」

高島「ないとする見解は非常識。」

この後この二人は辞任する。喜一は伊東に伝わるべき話が伝わっていない印象であり、迷惑な話だと思ったという。

こういった話がきっかけだったのか、善幸と喜一はこんなやり取りをしている。

善幸「閣務を勉強したらどうだ。」

喜一「あんな合理的でないことはごめんです。」

前尾の死

昭和五十六（一九八一）年七月二十三日、喜一のもとに前尾繁三郎が亡くなったという訃報が届いた。東京にいる喜一はすぐに秘書に電話をした。前尾は京都市の自宅で倒れたという。

喜一「棺をすぐこちらに持ってきてください。」

秘書「そう言われても京都で荼毘（だび）に付すと奥様がおっしゃっています。」

喜一「奥様は本当にそう言われているのか。」

官房長官である喜一は、職務上自ら身動きが取りにくい状態で混乱していた。

記者「前尾さんが亡くなりましたが。」

喜一「そうです。」

そのまま喜一は下を向いて黙り込んでしまった。会見場は静まり返り、喜一は涙を見せ始めた。記者たちは、あまり見せないこの喜一の姿を見て少し驚いた。喜一とは戦時中からの仲で、後に同じ宏池会で行動を共にしていた。

記者「前尾さんとは?」

喜一「人生のお師匠さんですね。言動、言葉、動作から教わることが多かった。」

前尾繁三郎、享年七十五歳だった。

昭和五十六、五十七年頃の雑談

昭和五十六(一九八一)年夏、喜一は何かのタイミングで、記者などとのやり取りを繰り返している。それは公式なものばかりではない。

記者「ソ連というのは困った国ですね。」

喜一「ソ連は自国に有利かどうかを唯一の判断材料にしている国で、ソ連にとっては我々の考えるような正義や道徳でなく、損得が物差しだ。」

記者「アメリカが日本を守ってやっているという感じですが。」

喜一「アメリカが日本のタダ乗り論をそんなに言うのなら、日本は核武装をしていいのか、と言ってやるとアメリカは黙ってしまう。」

そして、若い記者を見かけると、

喜一「あなた方はああいう不愉快な思いをしなかっただけでも幸せだ。毎日行政をやっておった者が、直接、毎日毎日占領者から命令を受けるという屈辱を味わったが。占領というのは非常に屈辱的だ。」

昭和五十七（一九八二）年十一月、鈴木善幸・首相の辞任後、喜一の官房長官という役割も終えたこともあり、善幸から提案があった。

「色々お世話になったマンスフィールド・大使と一度、一緒に食事をしたい。」ということで、三人で夕食をすることになった。ここで大使は名言を吐く。

マンスフィールド「政治家というのは権力を求めるものである。しかし、稀に権力の方が一人の政治家を求めることがある。鈴木さんは、まさにそのような人であった。歴史はあなたのことを、そう記録するでしょう。（History will be kind to you）」

喜一「今の言葉を鈴木さんに色紙にしたらどうでしょう。」

喜一は官房長官時代、善幸とはあまり打ち合わせをしていない。鈴木邸にも行くことはしなかった。しかし、互いに阿吽の呼吸であったと、喜一は述べている。

この頃に起きた興味深い話がある。喜一の幼馴染みである堤平五の娘、敦子が結婚をするという。相手はスキー場で仲良くなったとのことだが、蓋を開けてみると、その相手というのは鈴木善幸の息子、俊一であるとのことだった。善幸は「政略的なことはない」と言って回っていたという。

第五章

バブル経済の始まりから総理大臣時代まで

鬼才

昭和五十八（一九八三）年十二月、第三十七回衆院選挙直前のこと、伊東正義・元外相がある青年を連れてきた。高坂正堯・京大教授からの紹介があったという。喜一は「自民党解体論の男か」と思い出しつつ、彼が信州出身であるということに親近感を覚えた。

ちなみに高坂正堯は、喜一が高校時代にヘーゲルを教えに来ていた高坂正顕の次男である。

昭和十五（一九四〇）年九月三十日、田中秀征は長野県更級郡川柳村石川（現・長野市）の雑貨屋の家に生まれた。地元の学校へ通い、小学生の時にチャーチルと石橋湛山のファンになる。長野高等学校に通い、東大に合格する。教育に無関心だったという母は東京にいる秀征からの電話で東大合格と聞いても、「手続きして早く帰りなさい」と言うだけだった。この母は強盗の撃退経験がある。

東大では後に東大総長を務める林健太郎・教授の下で近代ヨーロッパ政治史を学び、六〇年安保の当時、駒場寮の寮委員長も務めた。その後、永井陽之助・教授を慕い、北海道大学法学部に学士入学する。この頃に喜一は経済企画庁長官をやっており、秀征はそれを見て「知的蓄積が抜群の答弁の巧みさ」に惹かれたという。ところが、永井教授が東工大に勤務することになり、それを機に林教授の勧めにより、学生のまま、石橋湛山の一番弟子である石田博英の政策構想を手伝う。

昭和四十七（一九七二）年、衆院選挙に立候補し、加藤紘一と与謝野馨と共に、東大同期の三人として注目を浴びる。この年に彼は『落日の戦後体制』、二年後に『自民党解体論』といった本を出版する。河野洋平の新自由クラブには一瞬だけ在籍し、すぐに離れている。連続落選の後、昭和五十八（一九八三）年になるとトップ当選を果たす。

彼も池田勇人や喜一と同じ性格を持っており、目上の人に挨拶するのが億劫であるため、新人だというのに田中角栄に会いに行かなかった。すると初登院の時に角栄の方からやって来て、

「君が田中秀征君か。十年間よくがんばった。立派、立派。期待しているぞ。」

と声をかけられ、秀征は恐縮した。隣の席にいた二階俊博からは「挨拶に行かなかったのか。」と驚かれたという。

喜一は、「私が非常に大事にしている人です。人間的には、田中秀征君のように信頼できる人もいるし、そうでない人もいる。彼は珍しく才能のある人で、〝鬼才〟という言葉がピッタリするでしょう。」と評している。

喜一は長い間、様々な首相のブレーンとして活躍してきた。秀征はそんな人物のブレーンになる。そして、喜一とは後に袂を分かつのであるが、その後は、日本新党の細川、社会党の村山、自民党の橋本龍太郎を助け、最終的には自民党の小泉純一郎から「小泉首相と談論する会」の座長を請われることになる、類稀な人物である。

ホテルでの格闘

中曽根政権が始まって一年数ヶ月、昭和五十九（一九八四）年三月、喜一は宏池会の会長代行（会長は鈴木善幸）として、若手の世話などをしていた。この頃、自民党の支援者である庭野日敬（にわのにっきょう）・立正佼成会会長とは懇

意にしていたこともあり、彼とやり取りをすることもあった。

そういった関係からか、三月七日、喜一宛に秘書から伝言があった。

「庭野さんが会いたいと言っておられて、明日の朝、ホテルニューオータニの部屋で待っている、とのことです。」

翌日の八時三〇分、喜一はホテルニューオータニ本館三階の三八六号室に入ると、眼鏡をかけた秘書らしき男がいた。ベッドを見ると寝起きした後であったので、喜一はそれが庭野氏のものだと思った。

喜一「朝から大変ですな。」

男「もうすぐ庭野さんが来られるから待っていてくれ。まもなく会長のいる部屋に案内するので。」

テーブルを挟んで椅子に腰掛けると、その男が「ちょっと、これを見てくれ。」と、喜一に紙を差し出してきた。

「竹下氏が二〇〇〇万円。宏池会秘書と連絡を取れ。一七〇〇万円を二回に分けて出せ。」

喜一は何を言いたいのか良くわからず、顔を上げたところ、ナイフを突きつけられた。

八時四〇分、喜一の側に男が回ってくると、「頭がおかしい人かもしれない。俺もこれで一生の終わりか。」と思うやいなや喜一の体も反応して動き、取っ組み合いが始まった。喜一も男も格闘術を知らない。喜一は普段から「暴力はいけない」と言っている男である。

男「金を出せ。」

喜一「ここでお金を持っているわけはないし、お金を取り寄せたら、人が来るし困るでしょう。どうするんですか！」

男は少し困りながら、

男「いや、自分の仲間がもうすぐやってくる。」

喜一「おまえ、何をして欲しいんだ！」

まともな問答には全くならず、組んず解れつを繰り返している内に、喜一はナイフを取り上げることに成功する。その間にも喜一は意図的に大声を出し続け、なんとか外に気づいて欲しいと思う。それから男に灰皿で何度か殴られながらも、なんとかドアの方へ向かおうとするのだが、その度に後ろから捕まれ引き戻される。喜一も負けじと抵抗しているから、男の眼鏡が飛ぶ。喜一の顔は血だらけで、男の方もナイフを取られた時の傷を負っていた。

男「あんた、声を出さなきゃ決して殺したりはしない、あんたがギャアギャア言うし、こっちの顔も見られてしまった、どうせ新聞にも載ることだし。」

喜一「よくわからない！」

男「一千万円……」

今度は荷造り用のロープで首を絞めようとしてきたが、首とロープの間に指を入れて、なんとか助かった。そして、またドアノブを摑み、ドアの内側へ開けても、勢いで閉まる。ほとんど無言でドタバタして、かれこれ二十分が経ったか。男の言っていることもはっきりしない。相手の希望がよくわからない。ドアを一瞬開けた時に、従業員が通り過ぎるのを一人、二人と見かけるが、こちらに気付かない。ドタバタと音がしているんだから、気づくだろうにと、喜一は思ったが……。

地方の某名士が隣の三八七号室にいた。隣の部屋の異変に気付いているが、フロントに届けるのを躊躇していた。何故ならその男は女性と一緒だったからだ。そうはいっても怒号と物音が二十分以上は止まずにいたということもあり、ようやくフロントへ電話をした。

九時一〇分、

三八七号室の客「隣で騒ぎが起きているようだ。喧嘩らしい。」

駆けつけてきた客室係三人が部屋に入ると、男が喜一の両手を押さえ込むような格好になっていた。

喜一「私は宮澤議員だ！　犯人が窓から逃げないようにしてくれ！」

客室係はオドオドして、グズグズしていた。

喜一「早く警察と救急車を呼んでくれ！」

ようやく客室係の三人は男を引き剥がし、喜一を廊下へ連れ出すことができた。男は部屋に閉じ込められた。

ホテルのマネージャー「とにかく私の部屋に行きましょう。」

喜一「あなたの部屋に行っても意味ないじゃあないか。それより早く救急車を呼んでくれ！」

そして、ようやく警察が来ると喜一は早速訴えた。

喜一「とにかく三八六号室に犯人がいるはずだからちゃんとして欲しい。」

警察が部屋に入ると男は自殺を図ろうとしていた。

警察「犯人は抑えました。救急車に乗る前に面通し（めんとお）をしてください。」

喜一「この男に間違いありません。ただ、この男は始めメガネをかけていた。格闘中にメガネが飛んだのを見ているので、部屋のどこかにあるはずです。紐もあるはずです。」

九時五〇分、救急車が到着した。

救急隊員「虎ノ門病院にしますか、警察病院にしますか。」

喜一「虎ノ門病院にして欲しい。」

喜一は救急車の中で、血まみれ汗だくでぐったりしていたというのに、警察というのは容赦が無かった。聞き取りを始めたのだ。

警察「一体どういう状況でやられたんだ。」

喜一はこの警察の仕事っぷりに半分腹が立ったが、半分感心したという。

病院では、応急手当の後、CTスキャン、X線撮影、傷の縫合が行われた。主に灰皿による打撃で、前頭部、後頭部、目、上顎がやられていた。灰皿は上顎を強打し、目も治療という手術に至った。病院には八日間入院することになり、その間も警察の事情聴取が続いた。

さて、本物の庭野本人は会う約束など全くなく驚いたとのこと。男は庭野の名を騙って、電話をしてきていたのだ。

男は企業に言いがかりをつけて金を取っていたり、賭博容疑や脅迫容疑の逮捕歴があった。事業が失敗し、生活費欲しさにやったという。姉は立正佼成会の教会長で、この姉からも無理矢理金をせびり、政治家を呼び出す方法を聞き出していたとのことである。

治療直後には弟の宮澤弘・参議院議員に雑務処理を依頼していて元気だった。見舞いには鈴木善幸から田中角栄まで多くが駆けつけた。

喜一は記者会見に臨んだが、頭にガーゼらしきものが貼られて、傷を隠すためにサングラスをかけて登場した。

ところで隣の部屋にいた男は、チェックアウトのときに謝罪の伝言を残して行ったという。

自民党政策綱領改正案①

喜一の傷も完治すると、「資産倍増論」が文藝春秋一九八四年七月号で発表された。これを基に本を出すことになったのだが、田中秀征から、「資産倍増論の著書のタイトルは〝美しい日本への挑戦〟というタイトルを付けるべきです。」との助言があった。

これにより、高坂正堯との共著という形で、『美しい日本への挑戦』(一九八四年十月)が発刊される。池田勇人の「所得」から「資産」へ、「フロー」から「ストック」へと政策的関心を移し、高齢化の波が来る前に、産業基盤、生活基盤の充実強化、特に、住宅、上下水道、緑地、公園などの拡充を重視し、「生活大国構想」として目玉政策を掲げていく。

翌年、田中秀征は地元の年頭講演で重大な宣言をする。この年は自民党結党三十周年に当たり、この機会に「新しい自民党綱領を作る」というものだった。喜一はこの行動について、助言をしながら注視し続けることにした。

四月に入ると、早速秀征が自民党綱領改正の件について金丸・幹事長の了承を得ることができたので、喜一は一緒に喜んだという。そこで喜一は秀征に、

「改正委員会の委員長は井出一太郎先生がいいよ。あの方は格の違う人なんだよ。どんなことがあっても井出先生の一言で党内は治まる。それに君もやりやすいから。それと、この件は君抜きでは考えられない。どういう形になっても、うち（宏池会）は君（秀征）を（委員会に）出す。」

と話した。喜一は根回しの一つとして、渡辺美智雄にも声をかけておいた。

喜一「田中秀征君の名前を覚えておくように。」

渡辺「そんな代議士いたかい？　宮澤さんがそんなことを言うのは初めてですね。」

この改正委員は、井出一太郎を委員長に、渡辺美智雄・委員長代理、海部俊樹・事務局長、委員は佐藤栄佐久、扇千景、小渕恵三、浜田幸一などの顔ぶれであった。

プラザ合意

昭和六十（一九八五）年七月、ニューヨークのジャパン・ソサエティーで、喜一とジョン・D・ロックフェラー三世・会長の会談が行われた。弟のネルソンは大統領になり損ねたものの、ニューヨーク州知事を四年務め上げた。その時にロックフェラー三世が「私は心配でしようがなかった。一族の知名度や友人、知人に不足はない。しかし、皆が交際してくれるのは、こちらが金持ちだからであって、自分達は本当に愛されているのだろうか。今まで私達は皆に大事にされちやほやされてきたが、本当はすごく憎まれているかもしれない。もし内心では反感を持たれているのだとすれば、選挙は大敗する、と考えると不安でたまらなかった。投票というのは皆が初めて本音を言うことなんだ。だから自分は本当に心配でしようがない。幸い弟は当選し、ロックフェラー一族はそんなに憎まれていないことがわかったので一安心した。」と語っていたことが印象的である。

昭和六十（一九八五）年九月二十二日、喜一が自民党総務会長の時である。喜一は家にいて、ニュースを見守っていた。アメリカ、イギリス、フランス、西ドイツ、日本といったG5の蔵相がニューヨークのプラザホテルに集まり、為替レートに関する合意をした。この時の大蔵大臣は竹下登である。実務者協議が水面下で進められていたため、ここでの会議は二十分程で完了した。

ドルの金利は二十%にまでなっており、ドル買いが止まずアメリカの輸出が減り、貿易赤字になってしまう。このドル高に対して、五ヶ国を中心とした協調介入によるドル安を目指そうということになったのだ。

プラザ合意の発表というだけで、大きな波が押し寄せてくることになる。このインパクトをもろに受ける日本は、固い器ではなく薄い膜でできたよく膨らむ器を用意するしかなかった。その膨らみにも限界があるのだが。

十四年前の第二次ニクソン・ショックに対応して行われた、固定相場制から変動相場制への移行の後というのは、為替が大体一ドル二三〇円を中心に、プラスマイナス一〇円が安定して続いていたと捉えておけばよい。だから、当時は円が簡単に二〇〇円を超える（数字的には二〇〇円以下になる）と予測していた人達はいなかった。それが、次のように最初のインパクトが起こる。

【昭和六十（一九八五）年九月二十三日】

一ドル　二三一円八九銭

【昭和六十（一九八五）年十二月三十日】
一ドル　二〇〇円五〇銭

この頃、城山三郎という小説家が喜一を何度か訪ねている。日米学生会議について調べているとのことだった。あの十波会の一人である奈良靖彦の後輩とのことである。喜一は少々の受け答えに加えて、城山にフローラ・ルイスというジャーナリストを紹介したりした。城山はこの取材での渡米時に、エドモンド・ピウという男のところで、「首相」といたずら書きがされた喜一の写真を見かける。

自民党政策綱領改正案②

十月になると、田中秀征が取り掛かっていた自民党綱領の改正案がひとまず完成した。その内容は、「特別宣言」として、日本の世界貢献や（世界）全面軍縮、美しい景観などを掲げ、「政策綱領」では、党の基本姿勢を始めに、名誉ある国際国家、自立と責任の国民精神、新しい経済飛躍、新しい国民生活などが注目された。

また、よく目を凝らすとこの改正案には、少し変わった言葉が使われていた。秀征が喜一にこの案を見せた時の会話である。

喜一「ここにある〝社会資産〟という言葉は君が作ったのか。」
秀征「はい。社会資本だとフローの意味が強いですが、社会資産はストックを意味します。」
喜一「ほう。」

これらの喜一と秀征の一致する考え方は、前年に出された著書『美しい日本への挑戦』や共著の論文、所信表明演説の全文の元となっている。だから、喜一はこの改正案に目を見張っていたのだ。中曽根・首相の第一声は「よくできているのではないか」とのことだった。

この起草作業は当初順調に見えていたが、中曽根が「風見鶏」という異名を持っていた理由がわかるように、事態は変化していく。改正案にある「基本姿勢」で述べられている「日本国憲法の原則と精神を尊重するとともに、それらが時代の変動に即して有効に発揮されるよう絶えず厳しく憲法を見直す努力を続ける。」という文章に対し、改憲派の過敏な反応が始まったのである。一見、改憲にも護憲にも有効な文章であるはずだが、そのことが改憲派を刺激することになったのかもしれない。中曽根はすぐに改憲派と同じ立場を取り始めた。

この後秀征に対する怪文書事件や誹謗中傷が多発する。代表的なものでは世界日報一九八五年十月二十五日号（統一教会の新聞）の第一面全体に、秀征に対する誹謗中傷が掲載されたのである。

〝自民党解体論者が、自民党綱領改正を通じて党を骨抜きにしようとしている、秀征はソ連のスパイとのことらしい〟、という内容だった。

結局、自民党綱領は二転、三転し、昭和六十（一九八五）年十一月、最後には「自主憲法の制定は立党以来の党是である」との表現で改憲派の旗印を残すことになった。

昭和六十一（一九八六）年七月六日、第三十八回衆議院議員選挙で田中秀征はわずか千票台の差で落選する。統一教会との因果関係は不明としておくが、この時の選挙で統一教会は六十億円以上を使っている（毎日新聞、二〇二三年一月三十一日）。また、この年の前後は統一教会がレーガン・大統領と中曽根・首相に最接近していた時期でもあった。

大蔵大臣の仕事①

七月二十二日、第三次中曽根内閣において、喜一は大蔵大臣になった。この時の大蔵大臣の仕事は、プラザ合意による影響への対応に時間が割かれることになる。この時のレートは次のようになっていた。

【昭和六十一（一九八六）年七月二十二日】

一ドル　一五五円五〇銭

円高が止まらない。ベーカー・アメリカ財務長官が連絡を取ってきた。

ベーカー「ともかく新しい大蔵大臣と話をしたいから日本へこっそり行きたい。」

喜一「こっそりは無理だ。九月のLabor Day（労働祭）の頃の休みに、私がサンフランシスコに行きましょう。」

八月三十一日、ベーカーとの約束の前に、喜一は長野スケートセンターに来ていた。浪人になった田中秀征の応援のためである。喜一は長野経済懇話会の最高顧問に就き、小川平二も同時に顧問になる。喜一は秀征の代わりに地元の陳情を聞くなどのフォローも行った。また、長野を気にかけている喜一は、宏池会の研修会の中でこんなことを言っている。

喜一「飯山って知っているかい。あんないいところはない。周りがすごい観光地だ。そこに新幹線が行かなければ。物干し竿で突っついても届かないようなところになってしまう。もったいない話だ。気の毒な話だ。」

北陸新幹線の延伸により、飯山駅が新幹線駅として開業するのは平成二十七（二〇一五）年になる。そして、秀征が国会へ返り咲くのは三年半後となった。

九月六日、喜一は約束した通り、サンフランシスコでベーカーと会って話をした。

喜一「あなたは日本に内需を振興せよと言うが、こんなに円が毎日毎日上がったのでは、企業家は投資しないし、経済成長もできっこない。それはわかりますね。」

ベーカー「わかる。」

喜一「それなら、少しこのテンポをゆっくりしてもらわないと困る。」

ベーカー「わかる。その代わり、あなたの方も金融なり補正予算なりをやってくれ。とにかく日本が内需をつくって、なんとかこの事態に対応して欲しい。」

喜一「それは理屈としてはわかる。内需も起こし、金利も下げろという理屈はわかる。金利のことは、すぐに返事ができないが、それはよくわかった。日銀総裁にも伝えるが、内需を起こそうとしても、企業活動がほとんど麻痺しているから、起こしようがない。何か少し落ち着かないと、こっちもやりようがない。補正予算は九月だから、ここまで来てこれから組むといったって、そんなに急なことはできない。せめて年末ぐらいになって組めるかどうかで、とても補正を組むということは難しいだろう。」

喜一はこれを吉野・大蔵省次官に伝える。

吉野「わかりました。やりましょう。ただし省内や各省を説得するのに二ヶ月ほどかかります。」

そして喜一は澄田智（すみたさとし）・日銀総裁に利下げの話をする。「それはやむを得ないだろう」と、日銀は対応することになった。

新聞では次のように報じられた。

「宮澤・ベーカー第一次会談、米側が日本の利下げを求める。」

為替対策

喜一は二つの対策を講じることにした。

一．大蔵省と日銀による介入

二．思い切った減税と公共事業

毎日毎日、多い日には何十億ドルと投入したが、全く相場には反映されないでいた。喜一は朝に出勤すると、すぐに役所関係者と会議が始まる。

喜一「今日は二十億ドルぐらい買ってみるか。」

当時の為替で三〇〇〇億円を出すことになる。ドルを買えばドルが高くなり、円高にブレーキがかかるはずなのだが、一向に相場は動かない。

夜の財界人との飲み会では、「今日は二円下がったな。」という話題が挨拶のようになっていた。

財界人「こんなに急激に円が上がり、しかも上がり続けているのに、それに対して政府は何をしているのかね。理屈はわかっているけれど、事業計画を立てるにも、もう立てようもない。こんなことで、政府は何をやっているんだ。」

このような日が繰り返される。

喜一「ブラックホールに毎日投込んでいるようだ。こんなものを毎日一所懸命買っている馬鹿な大蔵大臣が一体あるか。情けない、本当に情けない。」

経済活動が困難で、有効求人倍率にも影響があり、〇・一%になる。昭和六十一(一九八六)年九月末に、喜一はワシントンで再度ベーカーと会談を行った。なんとか為替の状況を打開するため、この一ヶ月後の十月三十一日に、宮澤・ベーカーの共同声明を出すことになる。

【共同声明】

・為替レートの不安定は安定した経済成長を阻害するものであること。

・プラザ合意を実現した円ドルの調整は今や両国経済のファンダメンタルズ(根本)とほぼ整合的になっていること。

・従って、両国は今後為替市場の問題について緊密に協力をすること。(必要に応じ介入)

この声明は翌年二月に行われるルーブル合意の先駆けとなった。後年になってわかることだが、この時は円高であったため、これを機にＡＳＥＡＮへの投資が加速したのである。

新聞は「宮澤・ベーカー、共同声明、利下げと引き換えに為替安定を強調」と報じた。

この翌日、公定歩合（金利）が、三・五％から三・〇％に引き下げられる。

そして、予算編成の作業が終わると、吉野良彦・大蔵事務次官が切り出してきた。

「大臣が気が焦っていらっしゃることはよくわかっていましたが、ともかくここで補正を組むということで各省に根回しを始めましょう。」

補正の実施だけが大蔵省の首脳部で決まった。

税収は減り始め、財政も思うように行かない。各省とも全く違う方向を向いている。半年ぐらいはなすところなく過ごすことになった。毎日毎日円が上がっていく。大臣室の隣にある次官室では相場が電光掲示板で表示されているのだが、喜一はこれを見ていると胃が痛くなった。次官は胃潰瘍になりそうだと言っていた。

ドルを買うための円の流出をして、国債を出してもいいから減税と公共事業をやろうという財政政策の両方でこの危機を脱していく。この政策変更で税収が猛烈に沢山入ってくるようになり、結果的に赤字国債の発行も不要となっていくのである。

この年は、細川護熙が、知事選へ出るということで、喜一と少し会話をしている。また、他の出来事として、喜一は河野洋平の平塚の後援会へ出向いている。河野が自民党への復党を果たしており、そこで喜一は擁護するように訴えた。

「この十年間は決して無駄ではなかった。」

しかし、これに対して旧田中派は拒否反応を起こしていた。

ルーブル合意

昭和六十二（一九八七）年一月二十一日、為替レートは一ドル＝一五〇円の一線を越えようとしていた。喜一はワシントンにいるベーカーに陳情しに行った。

「これ、困っちゃう。アメリカもよくわかったというようなことにしてくれよ。」

一応ベーカーの了承を得て、後に協調介入を少しやってくれることになる。

この日のワシントンは大雪であったため、帰りが大変だった。喜一はワシントンにある大使館から飛行場まで行けなくなったのだ。そこで軍の飛行機を呼んでもらい、なんとかシカゴまで送ってもらうという一幕があった。

この年はアメリカで公定歩合の引き上げがあり、為替に気を取られている喜一にしてみれば、どの時点で公定歩合を引き上げられるのかということは思いも及ばなかった。この引き上げがブラックマンデーを引き起こすことになる。

昭和六十二（一九八七）年二月二十二日、喜一はフランスに向かった。プラザ合意の時のアメリカ、イギリス、フランス、西ドイツ、日本に加え、イタリアとカナダが加わったG7が集まり、パリのルーブル宮殿で、プラザ合意とは逆の「ドル安に歯止めをかける」という合意に至る。これはルーブル合意と呼ばれる。

そこでは、日本以外の国が一五〇円で決めたがっていた。

喜一「一五〇円なんて、そんな無理を言いなさんな。そんなもの高すぎる。」

合意を取り付けたものの、歯止めは効かなかった。

【昭和六十二（一九八七）年四月二十七日】

一ドル＝一三七円

このような異常事態に対して、昭和六十二（一九八七）年六月、補正予算六兆円が緊急対策で用意された。地価公示、東京都平均上昇率五十三・九％。安田火災がゴッホの「ひまわり」を購入した（五十八億円）。日本の経済は過剰流動性となり、緊急経済対策も必要だった。「過剰流動性」とは通貨の供給量が正常な経済活動に必要な適正水準を上回る状態である。天下を回っているカネが異常に多くて速いのだ。この溢れたカネにより、東南アジアへの企業進出も少しずつ進む。東京の地価は五十数％も上がっているのに、造船の城下町である因島は有効求人倍率が呆れるほど下がるという現象も起きていた。

バブル経済、宮澤構想②

昭和六十二（一九八七）年十月十九日、NYダウ平均が前日比五〇八ドル安、二十二・六％の下落で大暴落が始まる（ブラックマンデー）。これに引きずられ、日経平均は、三八三六円の暴落で、十五％の下落となる。

喜一「どうもニューヨークで大きな下落がある、ここは日本がしっかりしないといけない。日本がむしろ頼られているような状況になるな。この時点まで来ると、日本の対応としてやや落ち着きみたいなものが生まれてきている。」

一九二九年の世界恐慌の一番の原因は金欠であったので、アラン・グリーンスパン・FRB（Federal

Reserve Board、連邦準備制度理事会）議長は、これを考慮した対応発言を出す。

グリーンスパン「兎に角、Fed（FRS、Federal Reserve System、「フェド」は連邦準備制度の通称）は、金は絶対に惜しまずに出すから、安心してください。」

昭和六十二（一九八七）年十一月六日、喜一は副総理を任ぜられ、引き続き蔵相を担うことになった。その年の大晦日、東京へ帰っている喜一の車に、友人が電話をかけてきた。

友人「どうも円の具合がおかしい。もしかすると、お正月に一二〇円を抜けるかもしれない。そういう雰囲気があるから、大蔵大臣も気を付けておかれた方がいいですよ。」

大晦日に言われても、役所は動いてないしと困っていたが、なんとか役所の人間を捕まえることができた。

喜一「お正月に名刺交換会を三田の共用会議所——昔の渋沢敬三さんの家——でやる。その時はまだ世の中は休んでいるわけだから、相談しようじゃないか。」

【昭和六十三（一九八八）年一月一日】

一ドル＝一二〇円四五銭

喜一は正月明けの昭和六十三（一九八八）年一月四日、株式市場と特定金銭信託の市場の対策を密かに決めて、市場にリークすることにした。

一二〇円というのは超えてはならない関門という意識が強く、なんとかそこだけは守ることに成功する。数週間が経ち、市場も落ち着きを見せてきたところで、喜一は和歌を用いてコメントを出した。

「ながらへば　またこの頃やしのばれむ　憂しと見し世ぞ　今は恋しき」

辛く苦しいと思っていた昔の日々も、今となっては恋しく思い出されるということだが、過剰流動性の増大に対して、喜一らはこれを「バブルという形」で対応をしていた。

そして、税収が猛烈に伸びる。赤字国債を止めるのは、翌年か翌々年になるが、その見込みが立ってしまったのだ。税の弾性値は三以上だった。普通は一・一とか一・二であり、日本の税収のピークと言える。

国内の対策と合わせて、喜一は世界に対しても手を打っている。昭和六十三（一九八八）年九月、IMF・世界銀行合同総会において、喜一はある構想を正式に提案していたのだ。この案はブレイディ提案と融合されていく。

【宮澤構想②】

一．債務国が中期の構造調整プログラムについてIMFと合意すること。

二．このプログラムを前提に、債務国と債権銀行の話し合いにより既存債務の一部を額面で債券化し、他はリスケジュールを行なうこと。

三．銀行は参加・不参加を自由に決定できる。債権の一部分だけを対象とする参加も認める。

四．国際金融機関と先進国はこれを支援するための資金フローを強化すること。IMFはより長期の資金を供給すること。

五．民間銀行団は新規融資を行なうほかリスケジュール金利を軽減すること。

日米繊維交渉の時はGATTを活用して柔軟な対応を取ろうとした。そのことを応用して、ここではIM

Fを活用して柔軟な対応を取ることができるということを示したのである。

平成へ

この年、リクルート事件が発覚した。贈収賄事件である。リクルートコスモスの未公開株が譲渡されていたことが問題となった。収賄側の範囲は、自民党だけではなく、社会党、公明党、民社党までに及んだ。政治家以外にも官僚やNTT役員も含まれていた。収賄側の一人として喜一の名前も上がっていた。実際に受け取った者は公設秘書ということであった。「秘書が自分の名前を利用した。」という。

喜一は子供の頃、祖父である小川平吉が五私鉄疑獄事件で逮捕されたのを見ている。市ヶ谷にあった監獄にいる平吉を見て、相当なトラウマになっており、そんなことに手を付けてしまうような政治家なんかにはならない方がよいと思っていた。池田に誘われて入った政治家の道で、このようなことは無いように注意していたつもりだった。

贈収賄に使われた「未公開株」は、現金とは異なり高価な映画のチケット程度に思えたのかもしれない。あるいは、法的に誤魔化せる代物だと吹き込まれたか。そのため、配る方も受け取る方も多岐に渡り、みな油断していたとも考えられる。

昭和六十三（一九八八）年十二月九日、喜一は大臣を辞任した。街中のインタビューでは「他に悪いのがもっといるだろう」と同情の声が少なくなかった。年末に竹下登は内閣改造を行うが、半年後には宇野宗佑政権に変わる。

喜一は後に「あの時、徹底弁明しておけば……」という声もかけられたようだが、その時の空気と重圧に対するには辞任しかなかったのだ。だから、内部事情を理解している者からすれば、「クリーンなイメージ」というのは保たれていたのである。

十二月二十四日、税制改革関連法が成立し、翌年度からの消費税導入が決まると、一つの時代が終わりを告げることになる。

昭和六十四年一月八日、昭和が終わり、平成が始まる。

平成元（一九八九）年五月三十一日、日銀の公定歩合が引き上げられ、二・五％から三・二五％になった。六月に始まった宇野内閣であるが、翌月にはすでに退陣表明をしており、七月二十四日になると、金丸の消費税リコール発言が飛び出した。

喜一「昨日（二十六日）からそういう話は聞いていた。この間、竹下、金丸の激論があったようだ。金丸さんは（総理を）やっても消費税を廃止してさっさと辞めるだろう。」

翌日になり、金丸の発言があった。

金丸「（総理候補に）出る気はさらさらない。」

平成が始まった一九八九年は矢継ぎ早に国内外で色々なことが起こった。短命の宇野内閣の後には海部俊樹内閣が発足し、三菱地所がロックフェラーセンターを購入、ドイツではベルリンの壁が崩壊、そして、日本の経済指標を示す日経平均は、最高値の三万八九五七円四四銭になった。

そして、自民党内の派閥争いの結果、宏池会に十四人が流れ込んでくるということが起きた。その中には大鷹淑子という人物が含まれていた。かつての李香蘭である。

李香蘭

大正九（一九二〇）年二月十二日、山口淑子（よしこ）は満州で山口文雄とアイの間に生まれた。父親が北京語の講師をしていることや友人に中国人が多かった関係で淑子は北京語が身についていった。父親の親友に李際春（リージイチュン）将軍という者がおり、この土地の友人間ではよくある習慣とのことだが、淑子はこの李の養女となる。ここで淑子は中国名を授かることになるのだが、これが淑子の運命を左右していく。

李香蘭、そう名付けられた彼女は中国の学校に通い、中国の友人やロシアの友人ができる。ひ弱だった淑子にロシアの友人からはオペラを習うように勧められ、それに応じたところ、歌の才能が開花し自身の歌をレコード化するまでになった。しかし、この満州という場所での境遇は決して穏やかな生活を許さなかった。

プロパガンダ映画を作ろうとしていた満映（満洲映画協会）は、中国語と日本語ができ、なおかつ歌が歌える人材を探していた。そこで目をつけられたのが李香蘭だった。

当初は歌声だけの出演ということで了承したはずの映画だったが、淑子は騙されて姿も映し出されることになる。しかし、映像出演に抵抗していた淑子も慣れてくると俳優業の面白みを感じるようになっていた。

しばらくすると、満映の理事長に甘粕正彦が就いた。関東大震災の混乱に乗じて、アナキストなど三名（内一名は六歳）を殺したにも関わらず、無罪になった男は異常者と見られていたが、次第に周辺の受ける印象は変わっていく。現地中国人も含め俳優陣の賃金を二倍以上にしたり、李香蘭が酒の席でお酌に回らなくてもよいようにしたのは、甘粕なのであった。また、当初の国家主義的な印象とは異なり、国策の意図とは別に面白い映画作りをすると公言していた。

李香蘭の人気の凄さは、昭和十六（一九四一）年、日本で開催した日劇のリサイタルで、待ち行列が七周り半にもなったことがそれを示している（本書「日劇七周り半事件」参照）。出演者である李香蘭自身が一時入場できない程だった。

戦後、淑子は「中国人が日本に加担した」という罪で死刑になりそうだったが、自分が日本人であることを証明し、なんとか罪を免れ日本に来ることができた。それ以後は、李香蘭と名乗るのは止め、日本やニューヨークで芸能活動を続けていたが、もはや李香蘭の時の輝きはなく、この間に結婚と離婚も経験していた。それでも芸能活動として外国をあちこち周るうちに、外交官である大鷹弘と出会い結婚し、専業主婦になった。この頃に夫に付き添い、ジュネーブの大使の家で経済企画庁長官の喜一と会っている。

ところが、日本のテレビはそんな人材を放っておくことはなく、フジテレビの「3時のあなた」のジャーナリストとして活躍の場を与えられることとなった。

テレビでの活動の中で淑子は、パレスチナの取材中に難民の赤ん坊を養子として引き取ることになったり、当時では珍しく動物愛護を政治視点で取材したりしていた。また、日中共同声明の発表時には、テレビ中継の最中に自分の運命と重ね合わせ大泣きする場面もあった。

そんな活躍が見られていたからだろうか、今度は自民党の田中（角栄）派から声をかけられ、政治の世界に加わることになった。時を経て、平成二（一九九〇）年六月七日、淑子は共感した宮澤派に移り、政治人生を全うするのである。

世界著名人座談会

キッシンジャーの提案で、一九八〇年頃から年に一回、誰かの国に集まり、二日ほど缶詰になって議論するということをしていた。

ジョージ・シュルツ・アメリカ国務長官
ヘンリー・キッシンジャー・アメリカ国務長官
エドワード・ヒース・イギリス首相
ピーター・キャリントン・NATO事務総長
レイモン・アロン・フランス評論家
レイモン・バール・フランス首相
ヘルムート・シュミット・ドイツ首相
リー・クアンユー・シンガポール首相
ジャンニ・アニェッリ・イタリアの自動車会社フィアット社会長

などがメンバーで、ここに喜一も加わっていた（肩書と順序は適当に記載）。場所は持ち回りで、東京で開催したこともあったという。

シンガポールの迎賓館で実施した時は禁煙だったため、夜の夕食会になって皆いっせいに煙を吐き出すと大笑いになった、という思い出がある。

人口、病気の根絶、奥地から出てくる病気（推測するにエイズを始めとした伝染病）、遺伝子、イスラム原理主義、国際通貨、日本の中国と東南アジアへの援助、など多くのことが議論されたという。

日本について

キッシンジャー「これだけ経済力がある日本が、やがて自らの軍隊を持ち核兵器を持つに至るのは歴史的必然だ。」

喜一「日本はそんなことにはならない。」

キッシンジャー「それがいいとか悪いとかと言ってるのではない。歴史とはそういうものだ。」

リー「日本は二〇一五年には潜水艦搭載の核兵器を持つ。」

喜一「本当にそう思っているのか。」

リー「北朝鮮のことなどを考えると、そうじゃないかと思う。」

中国について

キッシンジャー「自分が親しく付き合った国についてはdecision making（意思決定）がどのようになされているのかは大体分かっている。ソ連も分かる。ただ中国だけは分からない。北京に五日滞在して中国の五本の指に入るような要人に連日会っても、本当の政策決定がどこで行われているのか分からない。そういう人達だけではなく、どこかで何かの仕組みがあって決定がなされるのだろうけれども、自分にはそれが全然見えない。」

リー「一番大事なことは、中国がどんな体制になろうとも、世界の平和や繁栄に寄与する仲間にエンゲージさせる、引き込むことだ。」

シュミット「中国では政権の継承のルールが確立されていない。これから二十年や二十五年の間には政権の継承が何回かあるだろうが、それが十回も二十回もあったのではいけない。せいぜい三回ぐらいが適当ではないか。政局の安定が必要だ。それと軍需産業が大きくなり過ぎないことだ。」

喜一「鄧小平が先頭に立って経済改革を進めたが、政治体制はほとんど変化していない。現在のところ中国は覇権主義的な傾向があると思わないが、核実験や高性能ミサイルについては考え直すよう言っていくべきだ。毛沢東思想とマルクス・レーニン主義が二十一世紀にはどうなっているか。」

リー・クアンユー

一九二三年九月十六日、シンガポールのカンポン・ジャヴァで漢民族の血を受け継ぐ李(リー)家の家族に子供が生まれた。中国名で光耀(クアンユー)、英語名でHarryと名付けられた彼は、シェル石油会社の店主をしていた父を持ち、少々裕福ではあったが、その父はギャンブル依存症であったため、事実上母親に育てられた。イギリスの植民地下ということもあり、英語を中心に英才教育を受けた。彼はマレー語を話すが、中国語を学んでいない。

イギリスの統治下では一般教育修了資格が設けられており、インド、ジャマイカ、マレーシア、パキスタン、シンガポールでも〝ケンブリッジ試験〟というものが行われていた。ここでクアンユーは、ジュニアケンブリッジ試験とシニアケンブリッジ試験のどちらもトップを取る。その後、ラッフルズ大学へ行くも日本軍の占領により学業を断念する。

シンガポール華僑粛清事件で、日本人に殺されるであろう区域内にクアンユーはいた。彼は脱出しようとしたところ、日本軍によってかき集められている人々を見かけ、危機を察知する。憲兵隊からこれに加わるよう言われたが、「服を取ってくる」と言って逃げ、友人宅で一泊した。翌朝脱出に成功するが、先の集められていた人々が浜辺で全員処刑されたことを後になって知る。

戦時下、日本語と中国語を勉強し、日本の占領軍に就職すると、連合国の無線を傍受する役割を与えられた。そこで日本の敗戦を悟った彼は、いったん農村部へ疎開した。

戦後、イギリスでケンブリッジ大学を首席クラスで卒業し、弁護士となった。シンガポールへ戻り、法律事務所で働いたが、左翼雑誌を弁護したことをきっかけに、反英運動のリーダーになっていった。そこから人民行動党を設立し、書記長となる。イギリスからは共産支持であると非難された。

一九五九年六月五日、政治家の道を歩み始めてから数年足らずで首相に就いた。三十年余りその任を担い、その間、イギリスから自治権を獲得し、マレーシアの一部となることを経て、一九六五年には共和国として独立を果たした。その後、キッシンジャーと出会い、彼を介して宮澤という日本人を紹介される。首相退任後は、世界や日本に対して提言をする著書を出している。

世界変動

平成二（一九九〇）年八月二日、コロラド州の標高二五〇〇メートルという高地にあるアスペンで、アスペン研究所の創立四十周年記念シンポジウムという国際会議が開かれた。アスペン研究所では「アメリカと世界が直面する最も重要な課題の解決を支援するため、対話、リーダーシップ、行動を通じて変化を推進する」ことを掲げている。シンポジウムのメインテーマは「地球共同体の形成」というものだった。これに喜一は演説者の一人として出席していた。同列の演説者には、イギリスのサッチャー・首相やブッシュ・大統領がいた。

この日、皮肉にもイラクがクウェート侵攻を開始するという事件が起きた。ブッシュは演説だけしてすぐにその場を離れたが、サッチャーがブッシュを激励していた。後に戦争へと発展していく湾岸危機である。

喜一がこの日のために用意していた演説がある。

「米ソの冷戦が終わったのは大いに歓迎すべきことである。ただ、それによって世界には新たな不安定要因が生じようとしている。これまでは米ソ両陣営の諸国が紛争を起こそうとしても、それがきっかけで米ソが武力対決するようになると大変なことになるので、両超大国は自分の陣営をしっかりと抑えていた。その重しがはずれた今日では、核や化学兵器を持っている国が地域紛争を起こそうとする危険性はかえって大きくなってきた。我々は今後、そのような事態をいかに防ぐかを真剣に考えなければならない。」

事態がもう少し遅れてくれたならば、先見の明を誇れるはずだった、と喜一はほんの少しだけ悔しがったという。

アスペン会議の参加者は皆その湾岸危機をテレビで見ていた。

ある参加者「欧米はイラクから石油を買わないことに決めたと言っている。君の国はまだ決心しないそうだね。日本はまたずるいことをしている。」

喜一「日本はずるいことはしない。」

からかい気味に言われた喜一は反論した。実際にはこの後の八月五日、日本はイラクとクウェートの両国からの石油の輸入を禁止し、イラクへの経済制裁に踏み切っている。

その後の「金だけ出して済ませようとしている」という批判について、喜一は反論をしている。

喜一「アンフェアだと思う。新税まで作って出した金ですから、そんなことを言われる理由はない。」

四十億ドルの支出は決して安くなく、同様の立場であるドイツは二十一億ドルであったのだ（最終的に、日本は一三〇億ドル、ドイツは七十億ドル）。

この翌月に喜一がヨーロッパ外遊をしていた時の話である。ドイツのボンでは、コール・首相と一時間ほど会談をした。そこで東西ドイツ統合のコールの思いを聞いた。

コール「ドイツ統一が一ヶ月足らずに迫った今、私は夢を見ているような気持ちだ。今世紀中に統一が実現するとは考えたこともなかった。一九八九年十一月九日にベルリンの壁が崩壊した時ですら、これで何年かは統一が早まるだろうと思った程度だった。それがわずか一年足らずの間に現実のものとなり、しかも、自分が統一の責任者という役割を担ったことを思うと、誠に感慨無量だ。

宮澤さん、あなたが今座っておられる椅子に、しばらく前にソ連のゴルバチョフ大統領が座っていた。ドイツの統一はソ連にとっては大きな脅威であり、ワルシャワ条約体制を壊すことでもある。だからゴルバチョフ氏は、統一ドイツは中立でなければならないと強く主張した。それに対し、私はドイツが中立ではやっていけないということを何度も繰り返し説明した。最終的にはゴルバチョフ氏も、新しいドイツが西側のＮＡＴＯ（北大西洋条約機構）に属するという結論に到達せざるを得なかったが、それは随分苦悩した決定だったと思う。

会談の休憩時間に、私はゴルバチョフ氏をライン川に面した庭へ案内した。ラインの水かさは増えることもあれば減ることもある。しかし、その流れは誰も止めることはできない、誰が何と言ったって、ここでライン川が流れているように、東西ドイツ統合の動きは止まることはない。と私は話した。彼はわかってくれたと思う。

日本に関しては、ソ連との間に北方領土問題があることは私もよく知っている。これも時間をかけて考えれば、解決の方法はあると思う。差し出がましいようだが、今から日本もソ連との経済協力を前向きに考えていってはどうだろうか。」

このコールの話は喜一に響いた。

喜一・田中秀征雑談

喜一と田中秀征の間には、すでに信頼関係があった。諸々の会話や議論を重ねていた。

ある日、秀征は同郷の同志が自分に贈ってくれた、蕗(ふき)の薹(とう)や野性の滑子(なめこ)の裾分けとして喜一に贈った。喜一は「僕はこれが好きなんだ。」と照れ笑いをした。長野の名産は喜一の馴染みで好物である。

喜一の好きな食べ物は、フグ、松茸、タケノコ、たくあん、山菜の類、そしてやはり日本酒、洋酒も好んだようだ。

二人が共に尊敬する人物である石橋湛山についての会話がある。

秀征「人脈で言うと、先生も石橋先生の弟子ですよね。」

喜一「そう言われると光栄です。私は石橋さんが戦前、〝東洋経済〟で〝小日本〟ということを主張しておられた頃から心服していた。私も戦前から小日本主義に傾倒していた。」

秀征「戦後の経済、財政路線を敷いたのは石橋湛山だと言ってもよいですか。」

喜一「その通りだ。池田さんは心から石橋先生を尊敬していた。」

秀征「池田総理は石橋総理と人柄がよく似ているんじゃないですか。」

喜一「そうなんだ。よく似ているね。剛直で、策を弄するところがない。そこがそっくりだ。」

秀征「池田さんの失言によって、不信任案が可決された時、官僚の宮澤さんまで大蔵省を辞めてしまった。この出処進退は官僚のものではなく、政治家のものですよ。」

喜一「ほー。」

ある日、喜一は資本の流出が激しいという小さなベタ記事を読んで、議員宿舎の秀征に電話をした。

喜一「君、夕刊を読んだか。」

秀征「まだ見ていません。」

喜一「資本の流出が激しい。バブル景気の果実は下水道や公園緑地、住宅といった国民の生活基盤を整える内需の振興に使うべきであるにも関わらず、おカネが外へ流出しているのは問題だ。」

人物について語ることもあった。

喜一「自民党の若手で君が認めているのは誰ですか。」

いずれも喜一の苦手な相手ばかりが挙げられていた。

喜一「ほー、大事なことだな。」

秀征「国民におもねるところがないことです。」

喜一「三人の共通点は？」

秀征「小沢さん、小泉さん、平沼さんです。」

一九八九年からはベルリンの壁が崩壊し、ソ連の崩壊が始まっていた。

喜一「自分の目の黒いうちにこうなるとは思ってもみなかった。今のこの動きは、二、三百年に一度の歴史的変動だ。」

秀征「それでは、明治維新はもちろん、フランス革命の前までいってしまいますね。」

喜一「それほど大きな変動だ。それだけ大きな歴史的な転換だと自分は思う。」

この頃から喜一は変わった。それまで会話をする時は、椅子の背もたれに寄りかかって喋っていたのが、机に片肘を置き身を乗り出して話しかけるようになったという。それまでは、自分が総理などになるということは全く無関心のようであったのだが、秀征に次の相談をしている。

「総裁選出馬のキャッチフレーズを〝未踏への挑戦〟にしようと思うけど、どうだろう。」

そして、過熱した政治改革論議についても二人で語り合っていた。

喜一「それにしても、政治改革がどうして小選挙区導入になるんだ。」

秀征「全くです。」

平成三（一九九一）年五月、喜一と秀征が論文を発表する。表向きは喜一の名前だけであるが、共著である。「国連常設軍の創設と全面軍縮――国際安全保障体制の構築を急げ」（月刊ＡＳＡＨＩ・一九九一年五月号）

総理へ

大平が亡くなり、鈴木善幸が退いた。喜一は必然的に宏池会の会長になった。宏池会のある人物から「派閥というものは政権を目指すものだ。あなたはその旗なんだから、はためかなくてはいけません。」と言われた喜一は「どうやって、はためけばいいのか分からんけれども。」と返している。

「周りに担がれて行きがかり上なったが半分。権力について懐疑的なところがあって、体質的に合わないところがある。権力の使い方も下手だし、なるべく使いたくない。山手線が定時運行していれば運転手の名前を知らなくてもいいのと同じ。近代国家の場合は国全体があまりギクシャクしないで基本的に間違っていない方向に進んでさえいればいい。総理大臣が陣頭に立って方向付けをしなければならないような事態は一年に何度かあるぐらい。

普段は総理大臣が誰だなんてことは分からなくても何ら差し支えない。大きなタンカーをゆっくりと動かしておよそ間違いのない航路を進んでいく船長みたいである方がいい。」というのが喜一の本心だ。

喜一の総裁への意欲は国内の政局事情とは別のところにあった。それは冷戦の終結である。喜一の目は常に世界に向けられており、前年の外遊はそれを見定める機会だったと言えよう。しかし、その意欲が高まると、国内対応をしなければならないという現実もあった。

国内、というより党内の活動として、平成三（一九九一）年十月九日、喜一は盛岡にて小沢一郎の応援をしている。これもその後を見据えた行動だったのであろうか。

喜一「（小沢は）先見性、決断力が優れており、最も注目すべき政治家だ。もとより最大の総裁候補有資格者です。我々は宏池会の前会長、鈴木善幸・元首相の薫陶を受けたし、岩手は議会制度を定着させた原敬・元首相の出身地でもある。」

小沢一郎

昭和十七（一九四二）年五月二十四日、東京の御徒町で生まれた小沢一郎は戦時下で疎開をすることになり、父の実家である岩手県の水沢町（現・奥州市）に移った。中学二年まではそこで過ごしたが、三年になると御徒町近くの区立第六中学校に転校する。父親は吉田茂に付き、衆議院議員として安定していた。高校も近くの都立小石川高校に通い、大学は慶応大学経済学部に決まる。その後は日本大学大学院で法学を学んでいたが、その途中で父親が急逝してしまい、父を継いで衆議院議員に当選すると、間もなく田中角栄から寵愛を受ける。小沢は若くして癌にかかるが完治する。昭和六十年になると田中派「木曜クラブ」から抜け出し、竹下登と金丸信の「創政会」を結成した。「壊し癖」はここから始まっていたのかもしれない。それから二年経過し、大派閥「経世会」ができると、ここで頭角を表し、その後、政局を一変すべく何度も所属グループをスクラップアンドビルドして、成功と失敗を繰り返すことになる。

バブル崩壊が始まった平成三（一九九一）年六月、小沢は狭心症で倒れ、四十日程療養することになった。

謎の翻意

小沢一郎は少し困っていた。次期首相候補に小沢の名前が上がり、心臓の病の事と若さを理由に断ったのだが、今度は経世会からの首相候補がいなくなった。そこで、政局を左右する大派閥経世会は、三人の首相候補からヒアリングをして会の支持方針を決めなくてはならなくなったのだ。

金丸「小沢くん、あなたがやりなさい。」

小沢は早速動き、三人の候補者に連絡をする。

小沢「御三方に意見を聞いて回りたいので、お伺いします。」

すると、三候補者は口を揃えるかのように「いえいえ私達は、選ばれる側だからこちらから伺います。」と返答をしてきた。

金丸からも小沢の方から出向くように言われていたが、三候補者は言う事を聞かなかった。平成三（一九九一）年十月十日、小沢は致し方なく国会近くの十全ビル小沢事務所にて面会を始めた。俗に言う小沢面接である。

「昨日は大幹事長のお地元に行って参りました。」

と、喜一から始まり、渡辺美智雄、三塚博と面接が行われた。喜一は面接後に、三木派の後継者である河本敏夫を訪ねている。

その日の夜、小沢と金丸と竹下とで会談が行われた。

小沢「官僚じゃ面白みがない。」

竹下「みっちゃんは面白いんじゃないか。」
金丸「お前ら二人が言うんなら良かろう。」
次期候補は渡辺美智雄に決まった。
ところがである。翌日の朝になると、金丸は竹下と小沢を呼び出し、二人の手を握り、こう言った。
金丸「すまんけど、宮澤にしてくれ。」
竹下、小沢「はあ?」
金丸「頼む。」
小沢「わかりました。」
夕方になり、金丸邸で話があった。
金丸「永田町の考え方も大切だが、マスコミなど、国民の声も大切だ。非常に悩んだが、宮澤喜一君に経世会の一致した絶大な支援をいただきたい。」
金丸が何故、方針を翻したのかはわからないままである。しかし、この激動のグローバル社会が始まろうとする中、世界と通じていたのは喜一ぐらいだったのではないだろうか。

記者「小沢面接というのはどうでしたか。」
喜一「私は何とも思っていません。私は候補者ですから、相手が政策を聞かせろと言えば、行きますわな。あの時も、小沢さんが〝こちらから行きます〟と言うから、〝いや、こちらから出向きます〟と答えたんです。」

日本の政局が動いていた時、十月二十三日にパリでカンボジア・ベトナム戦争の和平協定が結ばれていた。しかし、この和平協定は、近い将来において日本と喜一に大きな影響を与えることになる。

宮澤ファンクラブ

喜一は選挙でもあまり福山に帰らないが、支持者に苦労してもらっているので非常に感謝をしていたという。しかし、記者からは「地元の面倒を見ていない」と評されていた。

喜一の後援会は備後会といって、一九八〇年代の会長は北川実夫（北川鉄工所・広島県府中市）であった。

北川「なんと言ってもお父さん、裕さんの遺徳が第一です。先生のお父さんは若い頃から刻苦勉励して立派な政治家になった。もちろん他にも理由は沢山あります。先生自体が語学に堪能で世界的視野を持ち、常に行政の先取りをするような政治をしようとしている。この識見と実力というものを選挙民はみんな知っているのです。

地元の面倒を見ないと言われているのも知っている。しかし、地元で不満を持っているのはごく一部です。秘書を通じて結構面倒を良く見ておられます。

金は目に余るような使い方は絶対にしません。会合は質素にやって、集まった人から金をもらってやるようにしている。だから、宮澤陣営では金儲けにならない。金目当ての選挙屋は寄り付かなくなりました。反面、我々の陣営には選挙など勤労奉仕が当然と思っている人達が沢山いる。それが強みです。」

選挙事務局長の登里豊は次のように言っている。

「本人は総理のソの字も口に出さない。ウチの票はわりと同情に弱い。しかし、無理したら長続きしない。堂々と淡々とです。」

服部恒雄・秘書官「金帰火来（きんきからい）は多忙のためできない。結婚式なども出られない。面倒見が悪いというのは異議があります。選挙区で橋の設置や学校の予算に尽力しても絶対に言わない。言った方がいいと何度説得しても聞いてくれないので、諦めたのです。」

備後会「毎週帰って来てあれやこれやと地元への貢献を吹聴する政治家とは違う。帰る時間があったら、先生には国家国民のために勉強してもらう。」

三好章・福山市長「本人が言わないだけ。福山駅三階化、日本鋼管（福山製鉄所）誘致など大きな仕事をしている。」

支持者らは、自分達のことを「ファンクラブ」と呼んでいたそうである。（AERA、一九九一年十月・二十九日号）

喜一は基本的に自慢や自己アピールはしない。しかし、記者から地元のことをあまりにしつこく言われた時にカチンときて、

「福山市の人口が増えていったのだが……」

と、少々長めに答えたことがあった。

宮澤喜一総理大臣

平成三（一九九一）年十月二十七日、自民党総裁選が行われた。

【結果】

	総数	国会議員	一般党員・党友
宮澤喜一	二八五票	二〇七票	七八票
渡辺美智雄	一二〇票	一〇二票	一八票
三塚　博	八七票	八二票	五票

（無効票は四票）

一般党員・党友約一七五万人の投票は全国各地二九一〇ヶ所の投票所で、午前九時から午後三時迄に行われ、全ての数は集約されて合計一〇一票となる。次に、国会議員三九五人の投票は、午後五時から永田町の党本部にて行われ、一人一票なので三九五票。合わせて全票は四九六票になるが、無効が四票あった。総裁は喜一に決まる。喜一は総裁就任歓迎会が行われている中、党内の三役人事に翻弄されるということがあった。

そして、喜一は秀征を呼び出す。

喜一「田中君、日曜、空けてくれ。」

日曜日になり、秀征が麹町の事務所に行くと、喜一は別室で原稿を書いていた。三枚ぐらい書き上げたところで、秀征に見せに来る。

喜一「どう思う。感じたことを率直に言ってくれ。」

秀征は物怖じもせずに指摘をすると、喜一はまたこもって修正を始めた。

平成三（一九九一）年十一月五日、第一二二臨時国会、衆参両院本会議にて、宮澤喜一は第七十八代、四十九人目の内閣総理大臣に指名される。喜一は七十二歳になっていた。

【所信表明演説】

「国際社会は今、激動の最中にあります。何百年に一度という大きな変化が起こりつつあると思われます。……」

大要としては、新しい世界の「平和秩序」の形成、PKO、日ソの平和条約、公正な社会、政治改革、アメリカとの関係、憲法の下で軍事大国にはならない、ASEANとの関係強化、日欧関係、ウルグアイ・ラウンド交渉（コメ問題）、生活大国、機動的な経済運営、雲仙普賢岳災害支援、自然災害対策、行財政改革の推進、証券・金融問題の法整備、について語った。

そして、次の政策を掲げた。

【資産倍増論】

1．マイクロ・エレクトロニクス、ニューメディアなどの新しい産業が、経済の新しい牽引力として登場し、日本の経済社会と産業構造を急激に変えつつあり、日本人も新しい技術社会、経済社会に踏み込みつつある。

2．これらの新産業を中核とした潜在的な成長力は、昭和三十、四十年代の成長期に匹敵するだけの可能性を持っている。

3．これによって得られた成長の果実は、赤字国債依存体質から早期に脱却を図りつつ、公共資本や個人の住宅を問わず、欧米に比べて極めて貧弱な国民資産の充実に優先的に充てるべきだ。

4．国民資産の充実は、日本にとって二十世紀最後の大事業であり、この時機を逃すと当分チャンスは巡ってこない。

第一項目で言っていることは、おそらく「ＩＴ」になるのであるが、残念ながら将来のこのチャンスは、アメリカや中国、ベトナム、韓国、台湾、ヨーロッパの一部に、持っていかれてしまう。それと、〝新しい産業〟には「新素材」、「半導体」、「バイオテクノロジー」も含まれている。

【生活大国五カ年計画】

高齢化社会を控えて、住みよい国を作る。国際的にも貢献できる国を作る。極力留意したのは、政治は国民を幸せにするということは厳密に言えばできない。国民が幸せになり得る環境をできるだけつくるというのが政治の務めであって、幸せかどうかは国民一人ひとりの主観的な心の問題だ。政治が心に立ち入るということは、あってはならない。政治は環境を間違いなくつくり、国民の一人ひとりが自分自身の生活設計ができる、そういう国でありたいと考えている。

つまり、国民一人一人が豊かさとゆとりを日々の生活の中で実感でき、多様な価値観を実現するための機会が等しく与えられ、美しい生活環境の下で簡素なライフスタイルが確立された社会としての「生活大国」への前進が図られなければならない。

この生活大国について、喜一と秀征の間で少し議論があった。「美しい生活環境」と「簡素なライフスタイル」という箇所である。経済審議会を前に喜一は秀征に電話をした。

喜一「簡素なライフスタイルというところに納得し難い。経済縮小の誤解を与えはしないか。」

秀征「これから社会資本整備に当たっては実用性、耐久性の他に美観も配慮すべきです。」

喜一「それ、どうしても必要か。平岩外四さんや関本忠弘さんといった錚々たる財界人に、経済を縮小均衡に向かわせると誤解をされるじゃないか。」

喜一は怒鳴って電話をガチャリと切ってしまった。しかしその後、

喜一「自転車は乗れればいい、トランジスターは音が聞こえれば色や形はどうでも良い。貧しい時代に育ったから、君達とは違うんだなあ。文質彬彬(ぶんしつひんぴん)という言葉もあるし、しょうがない。わかった。」

ということで、話が進んだ。

喜一は秀征を首相官邸に常駐して首相を手伝うことができないか検討し、石原信雄・官房副長官に相談するが良い方法がなかった。しかし、秀征は「生活大国構想」が世に出ることになるかもしれないと経済企画庁政務次官を自ら志願し、その任に就く。

次に喜一は、長谷川峻(たかし)・元法相に「政治改革について、再構築をお願いしたい。」と党政治改革本部長への就任を要請したところ、長谷川は受諾した。

さて、総理就任直前の十一月初めには、こんなことが起きていた。アルトゥール・ドゥンケル・GATT事務局長がペーパーを出すという。

喜一「その内容によって対応が違う。国会決議があり、政府もその方針で臨んでいる。ただ、ラウンド（多角的貿易交渉）というのは、同量の譲歩をしてまとまるわけだから、自分の方だけ犠牲を払わないという事は多角的ラウンドでは有り得ない。」

十一月四日、このペーパーを受けて喜一は、赤坂の全日空ホテルに加藤紘一・内閣官房長官、近藤元次（もとじ）・内閣官房副長官、石原信雄・内閣官房副長官を呼び出してこう語った。

喜一「この内閣でウルグアイ・ラウンドに始末をつける。これは覚悟がいる。最後は悪者にならざるをえない。」

この翌週に行われる、十一月十二日のベーカー・アメリカ国務長官との会談では、同じ話題が上がった。

ベーカー「グローバル・パートナーシップの精神に基づいて、日米がラウンドの成功に向け、リーダーシップを発揮していく事が重要だ。」

喜一「コメの市場開放問題を解決したい。他国の農業問題とともに日米の二国間ではなく、ラウンドの枠の中で解決するよう協力したい。それと、ブッシュ大統領の訪日を要請する。今後、五十年ぐらいの日米の協力関係をうたいあげる『東京宣言』を出したい。」

また、この日のソウルでは第三回ＡＰＥＣが開催されており、渡辺外相が参加する日韓外相会談で喜一の一月訪韓が決定される。

ウルグアイ・ラウンドについて、十一月二十一日、ＧＡＴＴ事務局長からの言及があった。「例外のない関税化を基本に今後の交渉を進める」としたのである。日本においてはコメが焦点であり、この決着は次の政権まで待つことになる。

ＰＫＯ法案①

喜一は総理就任後間もなくＰＫＯ（国連平和維持活動）法の成立に向けて動きだす。

平成三（一九九一）年十一月十八日、ＰＫＯ法案の審議入りが始まる。当初はＰＫＦ（国連平和維持軍）の考えも含まれていた。

法案が通るまでの流れは、審議、修正、採決の後、可決か否決かを決めるというもので、これを順次こなしていくわけだが、この最初の段階に入っていた。前の海部内閣ではこの年の二月に湾岸戦争は終結しており、「日本は金を出したが人は出さず」という国際批判と国内議論により、これを反省する法案ということでＰＫＯ論議が始まったのだ。海部政権から携わっていた小沢幹事長が主導し、公明党、民社党に働きかけ、官房長官が事務方になって進めることになり、次の五原則を掲げた。

【ＰＫＯ五原則】

⑴紛争当事者間で停戦合意が成立していること

⑵当該地域の属する国を含む紛争当事者がＰＫＯおよび日本の参加に同意していること

⑶中立的立場を厳守すること

⑷上記の基本方針のいずれかが満たされない場合には部隊を撤収できること

⑸武器の使用は要員の生命等の防護のために必要な最小限のものに限られること

喜一はこれを引き継ぐ形となり、法律自身については俄勉強（にわか）をして頭に叩き込んだ。

大内啓伍・民社党委員長はＰＫＦの話を進める場合は、国会承認を求めるべきだという。それで、三党間のまとめはいつも米沢隆・民社党書記長であり、公明党と民社党の党益争いは大変面倒であったようである。

次に、ＰＫＯ特別委員会にて採決に向かう。

まずは審議で主な議論になったのは、「自衛隊の派遣期間はどのくらい経過したら、派遣継続の国会承認をするか」、つまり更新タイミングの期間をどれだけにするかということであった。各党の案の推移は次の通りである。

【派遣期間について】

・自民党案　　三年

・民社党案　　六ヶ月以内

その後の折衝の末、

・自民公明案　二年

となるが、民社党は譲らずにいる。そのため自民党はさらに譲歩するが、今度は公明党が譲らなかった。

・自民妥協案　一年以内

・公明党案　　二年以上

委員会では強行採決に近い状況になる。一度通ったはずだが、もう一度議長のところから再質問をするというように、委員会へ戻されることが起こった。結局、この採決は「二年」で通過する。喜一は記者の質問攻めとなった。

記者「この法案を通すのですか。」

喜一「いや、それは国会がお決めになることですから。」
記者「通して良いのか。」
喜一「皆さんが一生懸命やって下さったことですから。」

十二月三日、これに対して社会党、共産党はもちろん、民社党が反発し、国会は空転を見たが衆議院で可決された。

しかし、次の参議院の特別委員会ではねじれ状態で荒れ、継続審議となってしまった。宏池会は国会対策が不得手と言われ、加藤紘一・官房長官も、国対委員長も一所懸命色々接触していたのだが、総理大臣に報告するという余裕は無く、喜一は蚊帳の外にいた気分になる。不慣れというのはこういうことだな、とつくづく感じた。

喜一は秀征にこんなことも漏らしている。

喜一「ＧＨＱによる占領が終わる前後に何らかの形で自衛隊問題をきちんと整理しておけばよかった。」

喜一の著書『美しい日本への挑戦』がリメイクされ、再出版された平成三（一九九一）年十二月二十五日のことである。ゴルバチョフがソ連大統領を辞任した。翌二十六日には連邦解体を宣言する。この二日後の二十七日に日本がロシアという国を承認し、喜一はロシアのエリツィンに「北方領土を解決して日露関係の飛躍的改善を実現したい。」との訪日召請の親書を出した。

喜一はこの情勢を見て、中期防衛力整備計画の見直しに着手する。

「中期防策定後も国際情勢は大きく変化している。財政事情も、税収動向が厳しさを増している。」

この内閣においては、ＰＫＯばかり注目されていたが、十二月二十七日に国家公務員の週休二日制が閣議決定されるという、この時代の背景がわかるような一面も見られた。

年が暮れると、喜一は党内をまとめるため、金丸に副総裁になるようお願いをした。だが、金丸は「私はなんとなく反米だと思われているように思う。それを実は非常に遺憾に思っているのだが。」とためらっていた。

喜一は金丸のことを買っていた。喜一は反米などとは思わなかったのだが、金丸は気にしていたようだ。そこで喜一は翌月に来日するブッシュへ連絡をした。

喜一「ちょっと手伝ってくれよ。金丸という人の協力が党内で必要なんだ。あなたのディナーにも来た時に僕は合図をするから、一声をかけてくれよ。」

ブッシュ「いいよ、そういうことなら得意とするところだ。」

喜一・ブッシュ会談

平成四（一九九二）年一月四日、正月明けの伊勢神宮参拝後の記者会見で、喜一は椅子に座ってではなく、立ったままの会見をした。立った状態での会見というのは、当時珍しい試みであったが、次の政権からこれは常態化していく。

年始の仕事も終えると、一月八日にブッシュが来日した。自動車会社の幹部らなどの関係者をはじめ、実業家を連れていたが、これは自動車市場の開放を迫るためであった。

東京にある元赤坂の迎賓館で、ブッシュと二人だけの会談、閣僚を交えた全体会合、さらにはワーキングランチが行われ、合わせて約五時間かけて話し合った。主な話題はアメリカの自動車部品の購入である。

ブッシュ「日本の自動車業界はアメリカからもっと多くの部品を買うべきである。これから一年間、どれぐらい部品が買えるものか数字を示して欲しい。」

喜一「今はアメリカが困っているのだから、我々としてもできるだけ助けようじゃないか。」

日本の貿易黒字が大きくなる一方、アメリカは貿易赤字が大きくなっていた。ブッシュは日米貿易をなんとかしたいという考えで、かなり細かい計画を二人で議論して合意に達した。

日本の自動車部品各社がアメリカ自動車部品を輸入する目標額は次のようになった。

（九〇年度）九十億ドル　⇩　（九四年度）一九〇億ドル

そして、アメリカの自動車本体の輸入目標については、日本の自動車大手五社の努力で二万台近くを目標と公約する。これは渡部恒三・通産大臣を中心に、通産省が根回しをしていたものだった。日本側が対米協力をするということで落ち着き、共同記者会見を行った。

喜一「アメリカは今非常に大変だから、日本としてもできるだけの努力をして、こういうことをする。」

これに対して、アメリカの記者から「日本は変な事を言う。」、「これは自由競争に反している。」という指摘があった。

せっかくの協力案もアメリカ記者団にはやや反発されてしまった。そんな余計な同情は不要というのだ。自動車業界の反応としては良かったようだが、喜一は「物を言う時は気をつけよう」と思った。

そして、日米間における「世界成長戦略に関する共同声明」、（日米の）「東京宣言」、「行動計画（action plan）」の三文書が発表された。これらは日米の政策協調という声明を出したうえで、平和協力、安全保障、経済協力、相互理解と交流などの協力方針について細分化されたものを宣言し、さらにそれらについて、どの国にどんなアクションをするか、投資拡大の対象は何で、貿易はどうするか、ウルグアイ・ラウンドや自動車はどうするか、といったことが事細かに計画され、明文化されたものである。これは日米経済摩擦の解消に向かうものであった。

ブッシュの災難

喜一は、ブッシュとは大変気持の良い付き合いができた。

湾岸戦争を振り返って、こんな話があった。平成三（一九九一）年の湾岸戦争は二月二十八日に停戦したわけだが、実はバグダッドまではあとわずか、もう二、三日もあれば陥落できたかもしれない、というところでブッシュは戦争を止めたのである。

喜一「この時に始末しておけば、もしかしたら、現代にも繋がるイラク関連の状況は……。」

ブッシュ「もしそういうことをすると、イスラムとデモクラシーの戦争になる。そういう問題に転化することは自分は避けなければいけないと思っている。そういう意味で決断をした。」

喜一「いい決断だった。」

この夜には総理官邸でディナーが開催された。出迎えをするレシービング・ラインの列で喜一やブッシュが招待客と話している間、ブッシュが二度ほどその場を離れることがあったが、喜一は「電話かな」と思っていた。

そして、ディナーの前に、ブッシュは金丸に例の話をしてくれた。

ブッシュ「あなたのことはよく宮澤から聞いている。一つ助けてやってくれ。」

金丸は笑顔でブッシュと話すことができた。金丸はこの後副総裁を引き受けてくれることになる。金丸は色々な事件を抱えたが、「非常に頭がいいし、仕事はよくわかる。閣僚人事に注文をつけたことはない。遠慮しいしいで、秩序を重んじていた人であり、色々助けてくれて竹下派を抑えてくれていたので楽だった」と喜一は述べている。

皆静かに着席しているディナーの中で、誰かのスピーチが始まった時のことである。ふと喜一はブッシュの顔色が気になると、すぐにブッシュはふらつき倒れこんでしまった。警護の者と喜一は、同時にブッシュを支えた。ブッシュは嘔吐している。

官邸の大食堂は、高いところに楽隊のスタンドがあり、そこにあるテレビカメラが上から見下ろすように映している。そこへブッシュが倒れた途端にアメリカ人の警護や周辺の者が一斉に集まって来た。

喜一「君、そのままテーブルのところに立っていろ。ちょうどテレビカメラから真っ直ぐだから立っていろ。」(英語)

一人の男が喜一の言うことを聞き、カメラに映らないように立ち塞がった。喜一が両手でブッシュを抱えていたが、やがてブッシュは運ばれていった。喜一の横の席にいたバーバラ夫人は立ち寄ってきており、喜一はバーバラに話しかける。

喜一「挨拶はあなたが読むか。」

バーバラ「いや、大統領補佐官のスコウクロフトに読ませる。私はここにいます。ブッシュはみんなで運んで外に退場したわけですが、私が今ここを外すと、世界にwrong signal（誤ったシグナル）を与えるから、私はここにいます。」

喜一は感心した。「ああ、やっぱり常に核兵器のボタンを持っているアメリカの大統領というのは、米ソの対立が終わって世の中が変わったというものの、よく訓練されているな。」と思ったという。

バーバラ「実は自分の主人は今日、皇太子様とテニスをした。ブッシュ家の家系ではテニスに負けるわけにはいかないから、一所懸命やってしまったんだけれど、それが障ったかもしれない。」

フィッツウォーター・大統領報道官が状況説明の会見をした。

「インフルエンザによる胃腸炎を起こし、吐き気をもよおした。容態は良く特別な治療は不要である。」

政治資金問題

ブッシュの帰国後、一月十三日に元北海道・沖縄開発庁長官の阿部文男・宏池会事務総長が大手鉄鋼メーカー「共和」に絡む受託収賄容疑で東京地検特捜部に逮捕された。

自民党総裁選で、金がおおっぴらに動くようになったのは、岸・総裁、池田・総裁の時からだ。それでも単位は十万円だったが、田中角栄・総裁の時に単位は一気に百万円にはね上がる。ある候補者が角栄に呼ばれて事務所へ行くと、五千万円の包みを渡された。感激してお礼を言うと、角栄は「今度いつ来る？」という一言。喜一はこれを天才の言葉と評する。

そんな話があるが、政治資金の対策を練らねばならず、これが小選挙区制と結びついていく。梶山静六・幹事長はすっかりその考えに浸っているようだった。中選挙区に比べて選挙費用が安くなり、派閥争いが無くなるという狙いだったか。

梶山「一人区でないと国から公費を受けることができない。金のスキャンダルを解消するとすれば、国から公費を貰うしか無い。そう考えると一人区もやむを得ないのかな。」

喜一「政治家が活動資金を納税者の税金から貰うのは絶対良くないと思うけれども、これだけ贈収賄スキャンダルがある時に、それを解決する方法は唯一国庫の補助であって、そのためには一人区しか無い、と言われれば、これは論理として詰められてしまいますね。」

喜一はこれに関して残念な思いをする。奇妙奇天烈な金がないと政治ができず、それを止めるには納税者の金を貰うしか無く、そのためには一人区しかない。元の問題が直らない限りそれが答えだということになってしまうというのは、やはりおかしいのである。

元々小選挙区制は自民党が「憲法改正」などと関連して議論をしていた。動機は自民党員の数を増やすことだった。次には「派閥の悪」の解消、続いて金権スキャンダルの解消という流れだが、政治家がしっかり倫理観を持てばそんなことは起こらないじゃないか、と喜一が言ってみても、そんな主張はかき消されてしまうのだった。そんな正論が時に政治改革に不熱心、守旧派と言われてしまう。

自由民権は「官」に対する「民」の反抗、それが自由民権の精神である。それが官からお金を貰って選挙なんてとんでもない話なのだと喜一は言う。

このことについて、喜一は一九七五年頃にもあった政党法の議論でもすでに主張していたという。「絶対にそういったものは作るべきではない。政党というものは法律で縛ったりするものではない、これは自由民権の精神である」、と。

日韓対応と国連安全保障対応、喜一・エリツィン会談①

喜一の依頼により、増岡博之・国対委員長から梶山静六・国対委員長に替わってもらった。宏池会が公家集団と言われていることと竹下派が手慣れていることについて、喜一はなるほどと感じたからだ。また、有馬龍夫・外政審議室長も国会対策に動いた。

結局PKO法案は継続審議で次の国会へ持ち越されたが、公明党婦人部は批判的で、特に政府よりになっていることについて懸念を抱いていた。このため、市川雄一・公明党書記長はPKFの凍結を提案した。民社党の大内は、これについても反論をする。

大内「PKF凍結は必要ない。PKFは入用だ。自分の方は国会承認を言っているのであって、PKFをやめることとなんて賛成できない。」

まるで歩調が合う様子は見られなかった。

この間にも、喜一は韓国を訪問する。平成四（一九九二）年一月十六日から十七日、盧泰愚（ノテウ）・大統領と二度に渡って首脳会談を行った。主題は従軍慰安婦問題や日韓貿易摩擦である。記者団に対して、次のように話している。

喜一「あった事はあった事として、次の世代に言っておかなければならない。教育は確かにその一つで、教科書はその一番の例だろう。そういう事が事実として分かってきた訳だから、隠すことは良くない。」

こういった態度は、喜一が首相を辞める直前の河野談話へと話が繋がっていくわけだが、この後に韓国大統領となる金泳三(キムヨンサム)の「日本に物質的補償を求めない。」といった約束が後押しとなり、喜一は決着をつけておこうと考えるのであった。

喜一は日本の首相で初めて韓国国会で演説を行った。

「日韓両国は、アジア世界のダイナミズムの牽引車としての役割を果たす事が求められている。」

国連は五十周年を迎え、平成四（一九九二）年一月三十一日、国連史上初の安全保障理事会首脳会議が行われた。ニューヨーク国連本部に、ブトロス・ガーリ・国連事務総長や、ブッシュ、エリツィンなども集まった。喜一も参加し、十五分演説をすることになった。

「安全保障理事会が国際間の平和と安全を確保していく上で、国連の努力の中核としてその機能構成を含め、新たな時代に一層適合したものになるよう、絶えず検討を続けていくことが重要であります。もちろん我が国自身そのプロセスに積極的に参加していく所存です。」

主だった主張は次のようなところである。

【国連演説要約】

① 国連の時代に即した改革

② 安保理改革の具体策の検討

③ 財政基盤の見直しと確立

④ 国際紛争情報の国連事務総長に伝達する方途の検討

ここでは、多くのアメリカ人が喜一を訪ねて来た。安全保障が主な話になり、「日本はどうするつもりなのか。」との問いに、喜一は「日本はカネは出す、汗も流す。しかし、進んで血を流すことはしない。」と答えた。

また、この機会にエリツィンと一時間ほど会談し、来日を要請する。外務大臣の時の相手はグロムイコだったが、総理大臣としてはエリツィンと会うことになった。

喜一「色々ご苦心がおありでしょう。あなたは今年のサミットまでに各国を訪問して、それぞれの首脳とお会いになるおつもりのようですが、それなら日本にも来てくれませんか。」

エリツィン「サミットは七月だけれども、九月ならどうでしょうか。その頃ならロシアの国内情勢も落着いていると思うし、それまでの間に両国の事務レベルで平和条約締結準備プロセスを始めることができるじゃないですか。私が訪日するまでに、領土問題を含めて平和条約の全ての側面の準備のための検討をさせましょう。」

エリツィンはコズイレフ・外務大臣の手帳を取り上げ、「火曜日が良い。九月十四、十五日でどうだ。」という。

喜一はこれを聞いて、「ははあ、この人は本当に日本に来る気だな」と思い、あまり飛びつくのも具合が悪いと「宮中のご都合もありますから。」と答えたところ、エリツィンは、「はあ、そういうものか」という顔をしていた。

喜一「大体九月の半ばということにしますか。」

そこで会談は終了した。

これを機に、二月に入ってからモスクワで斎藤・外務審議官とクナーゼ・外務次官との間で平和条約の作業部会が開始された。

喜一は記者団に対してコメントを出した。

「北方領土の話は、段々時機が来ている。潮時だという風に思っている。」

総理大臣の仕事

総理大臣のルーティンの一つは毎週二回の閣議だが、あまり討論はしない。その前日に、次官会議を行い、そこで上がったものが閣議に出され、それに署名をして決められた発言をして済ませているので、フリーディスカッションになるということは少なかった。むしろ閣議は、議論沸騰や意見分かれになった場合の外部からの反応を嫌って、議論を避けていた。最近は懇談の時間があるが、この時はまだ無かった。喜一の閣議では本当に自由な発言がなされていた。奨励もしないが、止めもしなかったので、自由な雰囲気の閣議だったという。情報漏洩もあるので、頻繁に実施するのもよくない、という側面もあった。省庁間の権限の話も次官まででで大体解決している。役所には他人の役所のことに口を出さないという一種の仁義みたいなものも見られた。

平成四（一九九二）年二月、衆院予算委員会でこんなやり取りがあった。

武藤嘉文「働きすぎはいけないが、与えられた間だけはきちんと働くのは正しい勤労の姿だ。アメリカの人にわかってもらうよう日本は努力していくべきだ。」

喜一「アメリカはこの十何年、物を作るということ、価値を生むということについての解釈が非常にルーズになった。大学を出た若い人がウォール・ストリートに沢山入って高給を貰っている。その結果、物を作るエンジニアリングがどんどん減ってしまった。誰が考えても長続きしないことをここ十年余りやってきた。その辺のところに働く倫理観が欠けているのじゃあないかと思っていた。」

喜一としては、日本もバブル経済の時の仕事のやり方を見直したい、という意図で話したはずだが、アメリカの報道は「日本の首相がアメリカ人は働かないと発言した。」と曲解した。

喜一「間違って伝えられて非常に迷惑した。」

国内の対応も終わると、二月二十七日にロシアのエリツィンから宮澤宛の親書が届いた。

【エリツィンの親書】

①日本を「共通の人間的価値によって結び付いたパートナーかつ潜在的同盟国」とする。

②法と正義の原則に基づき、我々は領土画定を含む平和条約締結問題の解決を引き続き共同で探求していく決意である。

③ロシア極東地域に対する日本の緊急援助に感謝する。

首相は多忙である。平成四（一九九二）年二月二十八日の閣議では、国家公務員上級職の東大偏重を改めようと、東大卒業者比率を五年間で五割以下にすることが決まった。

翌月は自民党政治改革本部の長谷川峻から自民党の基本方針が提出され、議員の資産公開、定数是正、パーティ券購入の限度額、などが盛り込まれていた。これは宮澤政権下での「政治資金規正法」の改革となっていく。数日後には、日経平均株価が二万円を割り、これにも注意を払わなければならなかった。

そういった最中に事件が起きた。三月十六日、栃木県足利市、足利市民会館にて行われていた自民党参院議員の励ます会で金丸狙撃事件が発生する。金丸は無傷で済んだ。

三月二十日、喜一は、金丸に電話をかけた。

喜一「誠に申し訳ない。」

金丸「俺は悪運が強い。」

この頃、喜一は靖国神社にこっそり参拝している。

対中国、北方領土対応、ＰＫＯ法案②

江沢民・中国共産党書記長が平成四（一九九二）年四月六日に来日した。日中国交正常化二十周年に合わせ、陛下のご訪中について正式な招待を受けた。渡辺美智雄・外務大臣はこれに積極的であった。喜一も中国においてはセキュリティの問題は一切ない、無礼なことも起こることはあるまいと捉えていた。官房副長官をはじめ、皆が手分けをして関係者と渡りをつけていき、大変手間がかかった。橋本恕・中国大使が一番の功績者であったようだ。陛下自身はと言えば、前向きに関心をお持ちであった。

喜一の中国に向き合う姿勢として、中国とは議論はしないと決めている。何故なら、アメリカやヨーロッパは日本と価値観が一緒だから議論はできるのだが、中国の価値観は全然違うので議論をすると危ないと判断していたからだ。

喜一はブッシュの伝言を江沢民に伝え、その返事をブッシュに伝えるということもやっている。面白いことに、アメリカは中国のことを日本に聞いてくるし、中国はアメリカのことを日本に聞いてくる。両方の歴史や文化を理解できる日本としては、良い仲介役になり得ていた。

これに関連してか、平成四（一九九二）年四月、喜一の私的諮問機関「二十一世紀のアジア・太平洋と日本を考える懇談会」（座長は石川忠雄・慶應義塾塾長）を発足させた。喜一は「どう考えてもこれからの日本はアジアにしかない。」と、アジア外交について検討しようと思って作ったのだ。

この後、喜一はゴールデンウィークを利用して、フランスとドイツを歴訪した。七月のミュンヘンサミットへ向けて、北方領土の件を議題や声明に盛り込みたいのだが、喜一はフランスが厄介だと思っていたので、まずはパリでミッテラン・大統領と膝詰め談判をした。ところが意外にもミッテランは割と簡単に「任せてくれ。自分が取り上げてやろう。日本の立場を支持する。」と話に乗ってくれたのだった。

次に喜一はドイツのコール・首相にも後押しをお願いした。

喜一「G7或いはG8の間に領土紛争があるのは決して好ましいことではない。関係者はよく話し合ってもらいたいということを、エリツィン大統領が加わった席で議長として発言して欲しい。」

コール首相「わかった。私が発言する。」

この時、喜一は友人とボンへ行くのだが、コール・首相は二時間ほど会ってくれて、気配りがあり、コールという人を見直すということがあった。

イギリスのメージャー・首相にもエリツィンの前で取り上げてくれるという了解を取り付けた。

イレデンティズム（Irredentism）、領土などは民族的に歴史的関係の深い国によって制御されるべきであるという主義がある。G7の国は日本に対してこれを意識してくれたと喜一は考えた。

ここで国内政局の気になる動きがあった。平成四（一九九二）年五月七日、日本新党が結成されたのである。細川護熙は、たった一人で記者会見をし、一人で新党結成をした。それから政権としては不安となることも起こる。五月三十一日、渡辺美智雄・外相が倒れて緊急入院したのだ。

PKO法案関連の話が再開すると、五月二十六日、自民党、民社党、公明党の党首会談が行われ、PKFの凍結が決定した。それでも、社会党の激しい抵抗は止むことがなかった。

次に六月一日、PKO再修正法案が参院平和協力特別委員会に提出された。社会党、共産党はやはり激しい抵抗を始める。この対応は何日も要した。そして六月五日、自民党が質疑打切動議を提出し、採決に至る。本会議上程後も牛歩戦術などが行われ七十五時間後の六月九日、参議院本会議で修正案可決となる。

その夕方から衆議院でも委員会で審議が行われるが、また抵抗が始まった。翌々日の夕方に委員会から本会議に上程するが、またもや議員運営委員長の解任決議や牛歩戦術があった。

さらには、社会党と社民連は衆議院議長の櫻内義雄に辞職願を出すという抵抗もあり、これを受理すれば補欠選挙を始めるしかなくなる。しかし、櫻内・議長は辞表を預かったままの「店晒し」にした。自民党側の対抗措置としては、議会では珍しい内閣信任決議案が提出された。

平成四（一九九二）年六月十五日、衆議院本会議で可決され、ようやくPKO法が成立する。

喜一は、この法案について、「湾岸戦争の反省を踏まえ、今回の件で外国は日本の憲法を初めて認識するわけだが、それにしても何かできることを示せないか、という意味で、非常にいいものだ」と言っている。本心から積極的に法案を成立させたいと考えていた。

第十八回先進国首脳会議

平成四（一九九二）年七月、喜一はドイツで行われるサミットのために日本を出発するが、その前にブッシュ・大統領と会談をする約束をしていたので、まずはアメリカへ向かった。

喜一「サミットでの北方領土の件をよろしくお願いしたい。」

ブッシュ「わかった。大丈夫だ。」

一通り仕事が終わると、ホワイトハウスからキャンプデービッドへ、ヘリで向かう。そこで遅い昼食をする。

バーバラ「あの時はどうもジョージは駄目だった。あなた、洗濯代がかかったでしょう。」

ブッシュ「よせよぉ。」

と、仲睦まじい夫婦を見せられた。

その夕方、オペラ歌手のパバロッティのリサイタルがワシントンで行われるということで、ブッシュに連れられ、喜一も行くことになったのだが、天候悪化のためにヘリが出発できずにいた。

ブッシュの付き人「パバロッティの開会を少し遅くしてもらいましょう。」

ブッシュ「いや、そんなことをしたらいかん。多くの皆さんが来てるのだから、時間通りやってもらってくれ。こちらが遅れて行けたら行けばいいだけの話だ。」

喜一はこの様子を見て、ブッシュをきちんとした人だと思った。ちなみに、この時のブッシュは大統領の二期目を狙った選挙中であり、次のように話していた。

ブッシュ「ミヤザワ、自分にとって何かこの選挙は不吉（weird）なんだよ。なんだか、少しでも選挙をやっていると、感じが少しweirdなんだ。」

ブッシュはこの選挙でクリントンに敗北するが、喜一はその後もブッシュとの親交を深めた。ブッシュとは何度か会って話をしていたのであるが、次の会話は一九九七年頃になってからのものと推測される。

ブッシュ「息子のテキサス州知事の長男が大統領に出るとか出ないとか言っている。しかし、どうも皆の話では、弟のフロリダ知事のジェブ・ブッシュの方が政治家向きだなんて言うんだよ。」

喜一はアメリカを後にしてドイツ入りした。平成四（一九九二）年七月六日から八日、ミュンヘンサミットが開催され、声明の中には次の文章が入っていた。

「我々は、法と正義に基づいて外交政策を遂行するとのロシアの公約を歓迎する。我々は、このロシアの公約が領土問題の解決を通じた日ロ関係の完全な正常化の基礎となるものと信じる。」（「第十八回主要国首脳会議における政治宣言、新しいパートナーシップの形成」、第九項)。

この時、北方領土問題はサミットのレベルに押し上げられたのである。エリツィンは目の前にいて抗弁はしなかった。

クナーゼ・ロシア外務次官は終始、北方領土返還に前向きであった。ソ連が帝政時代から今日に至るまでの両国間で交換された文書を資料集として双方の共同責任でまとめるということを合意した。千島が日本固有領土という安政二(一八五五)年の日露和親条約も入っていて、これは細川政権で出される、(日露の)「東京宣言」に繋がっていった。

エリツィンとは以前会談をした通り、来日する予定は九月十三日から十六日と決まっていた。

経済の先見性

サミットから息つく暇もなく、平成四(一九九二)年七月二十六日、第十六回参院選が行われた。自民党は七議席減で、想定よりは乗り切ったといったところだ。社会党の増減は無く、三年前と比較すれば勢いは見られなかった。細川護煕の日本新党が四議席取得し、メンバーは小池百合子、寺澤芳男、武田邦太郎だった。

選挙が終わると、四ヶ月前の江沢民との会談が思い出された。八月十日、綿貫幹事長ら自民党四役を首相官邸に招き、陛下の訪中について話をする。

喜一「熟慮してきたが、天皇皇后両陛下の年内訪中ということで正式準備に入らせてもらう。」

喜一のこの方針により、八月二十五日、天皇皇后両陛下の訪中が閣議決定された。

経済に目を向けなおすと、八月十八日、ダウが崩落し株価も一万五〇〇〇円を割り始めた。

【平成四(一九九二)年八月十八日の日経平均株価】

日経平均　一万四三〇九円

日銀は数ヶ月ごとに公定歩合を下げている最中であった。喜一が軽井沢で夏休みを取っていた時の話である。

喜一「一万四〇〇〇円を割ったら東京に戻ろう。そして、取引所を一日閉めるしかしようがない。非常手段を講ずるつもりだ。」

喜一は三重野康(やすし)・日銀総裁に電話をかける。

喜一「もし、一万四〇〇〇円を割ったら、僕は東京へ帰るからね。総理大臣が帰ったら放っておくわけにもいかないから、みんななんとかしてくれるだろうと思うけれど。」

三重野「わかりました。その時は何でもしますから。」

大蔵省が喜一のところに、「金融機関の当面の運営方針」というものを持ってきた。喜一はこれを承認する。

この承認が得られた大蔵省は八月十八日、「金融行政の当面の運営方針」を発表する。これで八月末には一万八〇〇〇円台を回復し、相場については一時落ち着いていくのであった。

喜一「アナウンスの大切さがある。例えば規制緩和で起業が可能となると、皆が我先にと準備をする。土地を買ったり資金を借りたりする。それが景気を良くする。」

相場の落ち着きが見えた矢先、八月二十二日、朝日新聞に「金丸氏に五億円」の記事が掲載される。東京佐川急便からの闇献金が発覚したのだ。この一週間後の八月二十七日夕方、首相官邸に小沢一郎が来て、喜一に金丸の副総裁辞任の辞表を渡した。

喜一「副総裁辞任なんて承るわけにはいかない。何としても翻意してもらいたい。」

小沢「子供の使いじゃありません。」

そのまま小沢は席を立った。喜一は党四役を呼び、金丸に辞意撤回を指示するが、翻意することは無かった。

この日、金丸が献金の受領を認め、副総裁と経世会会長を辞任する。喜一は二十八日に辞表を受理した。

夏の終わりに、軽井沢にて自民党セミナーが行われた。この時に、喜一はあることを訴えようとする。それは、『ファイナンシャル・タイムズ』（一九九二年五月十六日／十七日付け）の国際欄に日本の銀行について掲載されたことがきっかけになっている。「Japanese banks face 'serious' debt problem.」（日本の銀行は、「深刻な」負債問題に直面する）。邦銀の不良債権が、四十二〜五十六兆円あると書かれていた。喜一はこの記事を見て、不安定な経済に対策を打つため、次の話を持ち上げる。

「今の銀行の不良融資の状況の中で、場合によっては、何か政府が公的な関与をする必要があるのではないか。

市場経済への政府関与は下の下の策と承知、しかし英米に前例がある。アメリカでは、金融自由化の結果、S&Lという貯蓄信用組合のようなどこの小さな町にもある金融機関が高い金利で預金を集め、それをカバーするために不動産投資をしていた。それが裏目に出て苦境に入るが、この時に十五兆円の公的関与をしている。また、イギリスでは一九六〇年代、ライフボート戦術で、英蘭銀行が救済されるということがあった。

だから、いいことではないけれど、日本だって致し方ない。政府はそのためにあるんだから。」

この喜一の考えは、メディアから役所まで支持を得られなかった。

銀行「何を言っているんだ。うちはそんなに悪くない。悪いところもあるけれど、それはそういうところの話であって、政府が銀行に金を出して干渉するなんていうことはとんでもないことだ。」

平岩外四・経団連会長「そんなことは余計だ。経団連としては無論賛成でない。」

大蔵省「もう少しすれば不動産の価格が回復するだろうから、今はそんなことをする必要はない。」

金融業界から大蔵省銀行局経由で「これ以上、変なことを言わないでください。」とも言われてしまう。

この喜一の不発に終わった先見の策は、時間が経つに連れて評価されていった。後の国会やインタビューなどでもそんなやり取りがされた。

質疑「何故それだけ気がついていたのに、ちゃんとそれを実行できなかったんだ。」

喜一「あの時何かやりようがあったかというと、それだけの状況が整っていなかった。」

喜一は後にこうも語っている。

「不良債権の問題を辿っていくと、プラザ合意のところに行く。実証的に議論はできないが、国の通貨価値の変動があったのは滅多にないことで、今の日本経済はその結果ではないかと思う。」

暗雲

平成四（一九九二）年九月九日夜、エリツィンから突然の電話があった。

エリツィン「訪日の件ですが、最高会議と政府安全保障会議との間に非常に激しい議論があり、時期を若干延期しなければならないことになりました。これは、我々側の事情であり、日本に対して不満やクレームがあるわけでは一切ありません。数ヶ月経って我が国の状況が良くなれば必ず訪問したいと思います。それまでの間に、領土問題について受け入れ可能な解決法を何とか見つけることを含めて、訪問が建設的なものになるように準備するようにと事務当局に指示しました。」

喜一「それは本当に残念なことだが、私としては、ああそうですか、とは簡単に言えない。とにかくロシアの方の事情ですよ、日本の事情じゃないですよ。」

エリツィン「ロシアにとって十、十一、十二月が一番辛い時なのです。決して日本側の理由ではなくこちらの色んな事情であり、数ヶ月経ったらどうにかなると思うので、ひとつ理解していただきたい。もちろん中止ではなく延期ということでご了解いただきたい。」

喜一「ロシアにおける色んな事情というのは、どういうことなのですか。」

エリツィン「今、最大の移行期で、ルビコン川を渡るか渡らないかという時なので、そういうときに大統領が国にいないというのはとてもできないことなのです。」

喜一「それでは重ねてはっきりさせておくが、今度の延期は日本の方に事情があるんじゃないということを、もういっぺん確認しますよ。」

エリツィン「日本に対するクレームがあることは一切ないし、そういうことを申すつもりも一切ありません。」

ここまで喜一が念を押したのは、渡辺・外相とゲオルギー・クナーゼ・外務次官との間で領土問題について議論があったからだという憶測があった。渡辺が四島返還を頑なに訴えたことがロシアの心象を悪くした可能性が考えられたのだ。

ロシアとの関係の雲行きが怪しくなってきた中、九月十七日、自衛隊施設大隊がカンボジアへ派遣された。ＰＫＯ法に基づく自衛隊の海外派遣は初めてであった。

平成四（一九九二）年十月十四日、副総裁を辞めた金丸が喜一に電話をしてきた。議員辞職をするという。

喜一「金丸さんには大変お世話になった。」

すると、経世会の会長には羽田孜か小渕恵三かという争いが始まってしまった。喜一は派閥活動に行き過ぎがあると警告する。

金丸の辞職が正式に確定した十月二十一日、渡辺美智雄・外相と喜一は会談をした。

喜一「このまま推移すると自民党全体に対する国民の信頼を損ないかねない。公務に支障はないと思うが、閣僚なのだから事態が早く収拾するよう努力して欲しい。」

翌日、経世会は小渕会長となる。

丁度この頃は、秀征と喜一も少し口喧嘩のようになっていた。

秀征「金丸さんの件だって、キチンと言わないとダメです！」

喜一「そんなこと、言えるか！」

秀征「今政治に起きている現象は、古い家が立派に役割を果たし終えて音をたてて崩れているんです。宮澤総理に私や国民が期待しているのは、古い家に代わる新しい家を先頭に立って建ててくれることなんです。」

喜一「……私も古い家の住人だよ。」

二人の言葉は途切れた。秀征は後に、これは〝お門違いの甘えであった〟と恥じたという。要するに、新しい家を建てるのは新しい人に課せられたことであると。ここで秀征は、一つの決意をしたのである。

少々の政治改革

平成四（一九九二）年十月二十三日、天皇皇后両陛下が中国訪問のために出発された。

喜一「お大事に行ってらっしゃってください、ということを願ってます。ご平安を祈ってます。」

陛下には政府で用意しようとした挨拶文もあったが、陛下お自らおっしゃりたいこともあり、そのようにしていただいたという。大変良い雰囲気で、この訪中は成功に終わり、天皇皇后両陛下が無事帰国された。

喜一「ほっとしました。天気も良くて肩の荷が下りました。」

国内からの心配も少なくなかったが、両陛下はご満足だったのではないだろうか。

平成四（一九九二）年十月三十日、第一二五臨時国会の所信表明演説で、喜一は不退転の決意を述べる。

「いわゆる佐川急便事件のような政治と金をめぐる問題や政治家のあり方の問題に関して国民の不信を招く事態が生じたことは誠に残念なことであります。私は、今日の国民の政治不信は、かつて経験したことのないほど深刻なものと痛切に感じており、政治家の一人として、また、国政を預かる立場にある者として、国民の皆様に対し、深くお詫び致します。……（省略）……

（金丸の件）この度の事態に関連して、政治家と暴力団との関係について指摘がなされておりますが、およそ政治家がこのような集団と関わりを持つべきではないことは言うまでもありません。」

喜一は、義理のある金丸が事件を起こしたことに対し、批判の言葉を世の中に発信することにした。

喜一「田中君、ウナギでも食べに行かないか。」

秀征「はい。」

この日、大蔵省は八月に実施した結果として、「金融行政の当面の運営方針の実施状況について」を発表したが、株価への影響は微弱な反応でしかなかった。

そして、この臨時国会では政治資金規正法などが成立し、部分的な改革がなされ、「政治改革の基本方針」が次のように列挙された。

【政治改革の基本方針】

①　小選挙区制の導入
②　政党交付金
③　派閥の弊害を除去する党改革
④　次期通常国会に関連法案を提出

この会期中、十一月三日にはアメリカでクリントンが当選し、大統領になることが決まった。共和党から民主党に代わり、喜一もこれに応変しなければならなくなった。

それから国会が閉幕した翌日には、国連総会で「安全保障理事会議席の衡平配分と拡大」という決議が採択された。これにより、日本も平成五（一九九三）年六月三十日までに安全保障理事会の議席の見直しに関するコメントを総会へ提出することが求められた。一九五八年以来、日本は非常任理事国として国連に貢献してきており、こういった話があると常任理事国入りを期待する者が出てくるのが常であるが、喜一は注意深くしていた。

平成四（一九九二）年十二月十二日、宮澤内閣が改造されることになった。郵政省に小泉純一郎を起用したところ、小泉は早速、少額貯蓄非課税（高齢者マル優）制度の限度額（引き上げの）撤回や郵便貯金の見直しに着手する。

そして、年が暮れる頃、喜一のところに一つのメモが届いた。人事関連の助言と、〝自由に行動させていただきます〟という言葉があった。秀征からだった。

安全保障の考え

平成五（一九九三）年、一月十一日から一週間余りかけて、喜一は東南アジアを歴訪する。インドネシア、マレーシア、タイ、ブルネイといったところである。

タイのバンコクを訪問した時に、喜一は次のような演説を行った。

「ASEANを通じて、政治・安保対話を深める。アジアへの経済協力、人材育成を推進する。二十一世紀に向けて、民主化と基本的人権の増進が肝要だ。〝インドシナ総合開発フォーラム〟を設置したい。二つの基本的な前提を置いて臨む。日本は二度と軍事大国になる事はなく、ASEAN諸国との話し合いのプロセスを大事にしていく。

東南アジアにおけるアメリカの存在意義は必要だ。外交的にはナイ・イニシアティブの主張に移っている。これはジョセフ・ナイ・アメリカ国防次官補のレポート〝東アジア戦略レポート〟に基づいており、日米安保の再定義を行い、〝冷戦後のアジアに十万人の米軍を残す。〟という戦略だ。」

平成五（一九九三）年二月十六日、ブトロス・ガーリ・国連事務総長が来日し、喜一と会談を行った時の話である。

ガーリ「PKOは国連の二十％、残りの八十％は人権、難民、南北問題、エイズなどで占められる。制約はどこの国も抱えており、日本の一層の貢献と協力が必要である。」

喜一「国連は物理的、組織面、財政面でも色々問題を抱えている。」

ガーリ「国連は、紛争国間のところへ割って入って、止めさせることもあり得る。」

喜一「それに日本が参加できるできないは別にして、国連が今そういうことができるとはとても思えない。」

ガーリは『平和のためのアジェンダ』という本を出しているが、〝力における平和（peace in forcement）〟という、国連が紛争に対して積極的に介入する方針を示している。これに対し喜一は疑問を呈して、ガーリと大議論をしたのである。

その後の国連はソマリア、ボスニア、ヘルツェゴビナなどでの活動で、介入への限界を痛感することになる。

また暗雲

政権に微妙な空気が流れ始めていた。渡辺美智雄・外務大臣が、平成五（一九九三）年四月六日、健康不良で辞意を表明したのである。そこで喜一は河野洋平・官房長官に指示を出す。

喜一「後任が決まるまで辞意申し出の事実を公表しないように。」

そうしておいて、閣議前に喜一から羽田孜に話を持ちかけた。

喜一「外務大臣を引き受けてもらえないでしょうか。」

羽田「こんなところで困ります。相談しなければならない人がいますので、時間を貸してください。」

喜一「いい返事をお待ちしております。」

羽田孜は辞退した。最終的に外相は武藤嘉文（かぶん）を起用し、副総理は後藤田正晴へお願いすることになった。

さらにカンボジアでも不穏なことが起こり始める。平成五（一九九三）年四月八日、中田厚仁・国連ボランティア選挙監視委員が襲撃され、殺害されるという事件が起きてしまったのだ。

平成五（一九九三）年四月十五日、ロシア支援をするG7外相蔵相会議が東京で開催された。そこで議長は喜一になり、コズイレフ・外相と会談を行った。

コズイレフ「日本を公式訪問したいとの大統領の希望を伝えたい。時期については、五月を一つの可能性として、いかがかと思っている。」

喜一「サミットで来るということは領土問題とは違うので、これは別の問題にしましょう。ただ日本に来ると言って延期したりしているんだから、本当に来たいのだろうか。」

前回と前々回のサミットでは、常連と決まったわけではないロシアを最終日に招待していた。日本での処遇をどうするかは議長次第なのであるが、喜一は手紙をエリツィンに出すことにした。

喜一「七月九日にサミットをやるので、おいで下さい。」

これに返事が来た。

エリツィン「ご招待を大変に感謝する。」

喜一・クリントン会談①

外相蔵相会議の翌日の平成五（一九九三）年四月十六日、喜一はアメリカへ向かった。そこで、クリントンと初会談を行う。

クリントン「日米構造協議（Structural Impediments Initiative, SII）に代わる新たな協議をしたいので、貿易に対して貿易黒字規制のための数値目標（numerical target）を立てて管理したい。」

喜一「そういうことは貿易管理につながるので絶対にできない。日本政府は色々と努力をするし、業界の方も自分の採算が合う限りは努力をしてくれると思う。しかし、日米両国は互いに市場経済だ。その限りにおいて、輸入額を数値的に約束することはあり得ないことだ。断然反対だ。」

と、喜一は真っ先に反対をして激論を交わした。「クリントンはこの短期間でよく勉強してきたようだ」と喜一は評価していたが、二人の記者会見は重苦しく快活ではなかった。平成四年度の日本の貿易統計速報値は一二〇〇億ドルの黒字だった。この協議は後に日米包括経済協議ができるきっかけになっていく。

喜一「日米の経済的繁栄は管理貿易や一方的措置の脅しでは実現できない。」

ブッシュは共和党で、クリントンは民主党である。この政党の違いについて、喜一は感想を述べている。

喜一「共和党より民主党の方がキツイ。役人的なキツさがある。」

前年と同様、喜一はゴールデンウィークを使い、四月二十九日から五月二日にかけて、オーストラリアとニュージーランドを公式訪問した。喜一はアメリカの貿易案に反対して、ここでもそれを訴えることになった。

喜一「自由貿易の原則に反する。実行可能性にも乏しく、第三国の利益にも反する。」

キーティング・オーストラリア首相も同調した。自由貿易推進という方針で一致する。さらにはボルジャー・ニュージーランド首相とも会談をして同様の反応であった。ＡＰＥＣ（アジア・太平洋経済協力会議）

の積極活用と、ASEANを生かす、ということで話を終えた。

そして、ニュージーランドのオークランドでは記者と懇談する。目まぐるしく変わる世界情勢に対応しようと布石を打つ喜一であったが、記者の関心は違っていた。

記者「政治改革はどうなるのか。比例代表並立でドント式だとかなんとかあるが。」

喜一「単純小選挙区制が良い。民間政治臨時行政調査会が連用制を呼びかけているが、今は民間が出てくる時じゃない。何かひどくわかりにくい案だ。政治改革はやる気になればやれるんだ。会期を延ばしたから、どうという事ではない。」

喜一は帰国し、連休中に軽井沢で休養を取ることにする。

PKOの覚悟

平成五（一九九三）年五月四日、高田晴行・岡山県警部補はカンボジア選挙対応のために現地へ赴任していた。国連から依頼されたのは現地警察への「助言、指導、監視」であったが、現地警察は組織として機能しておらず、現地住民からは警察自体への信頼がない状態だった。

だから実際には、文民警察官の仕事は国連ボランティアの警護をして、各地の村や町に赴き、住民達に「選挙とは何なのか」という説明や、有権者登録用カードの顔写真を撮影するなどといった業務支援が主になっていた。

彼らの部隊はアンピルとフォンクーという二つの村に分かれていた。そこは物資の届きが悪い地区であり、ある日のこと、日本からの水や新しい制服といった荷物がアンピルだけに届けられるということがあった。

この荷物をフォンクーにも届けたいのだが、危険地帯を通るしかない。無防備の彼らは、オランダ海兵隊の車列が出るタイミングに、これへ加わることになった。ポル・ポト派による選挙妨害が増えている最中のことだった。

フォンクーへの道を通過中、彼らはロケット弾と自動小銃による襲撃に遭遇する。オランダ海兵隊は皆重症、日本の隊員も全員が重軽傷を負い、その内の一人、高田晴行は三十三歳で殉職となった。

この事件は政府要請の下での派遣であったため、喜一は非常なる責任を感じていた。軽井沢にいる喜一のところに、東京から電話で逐一急報が入る。その日の夜、河野洋平・官房長官からも連絡があった。

河野「東京ではこれでもう、皆がカンボジアから自衛隊を引き揚げるべきだという意見が強くなっている。PKOを全部撤収すべきという意見が非常に強い。官邸内もややそういう空気だ。」

喜一「それは待ってくれ。私が戻るまでサインしないでくれ。どうせ夜中過ぎには着くから、もう少し待っていろ。」

喜一は軽井沢から夜通しで東京へ戻る。車中の喜一は、これは独断で対応しなければならない事件だという考えに至る。官邸に着くと、やはり「撤退したらいいじゃないか」、という雰囲気が漂っていた。

喜一「自分も色々車の中で考えてきたが、それには反対だ。これは継続して行うべきである。一人亡くなったからといって、国際的に約束した任務をやめて一斉に引き揚げたら、日本という国はいい加減な国だということになってしまう。そういう評価しか残らない。だから、引き揚げない。」

翌日の朝刊に出されるという、時間的なことも考えての即時継続決断だった。

平成五（一九九三）年五月五日、喜一は会見を行なう。

喜一「悲しみと憤激を両方感じる。残念でけしからんことだ。しかし、撤退はしない。」

後にこの事件について喜一は振り返る。

喜一「PKOのような行動について、多くの日本人は決して反対ではないが、人一人死んだということになると突然環境が変わってしまう。いかにも人が死ぬということになると、色々な判断が全部変わってくるということに心もとない思いがする。そこは実にヤワなものだなという感じを正直に言って持った。国連の委託を受けてやっている仕事が、たまたま人が一人死んだからそれでおしまいということは、とても世界に通るものではない。いかにも不本意なことである。そうかといって、もう一人二人引き続いて人が死んだら、私自身の立場も保てたかどうか。

PKFとは違い、危険の少ない仕事で、選挙を行わせるための活動であり、その間に生命の危険が起こるはずはない。そもそも紛争当事者の間では和平が成り立っているという前提の話だった。ところが、十三年も戦争をしていれば、そんなに簡単に和平が来るわけはなかった。そして、派遣の決心さえしなければ、高田さんは亡くならなかった。

べからずべからずと封じ手ばかりを並べざるを得なかったから、派遣された人達は大変だったろう。正当防衛と武力行使の問題もあった。」

この事件に対応して、平成五（一九九三）年五月十二日、喜一は記者会見を行なう。

「こういう事件の発生に対して、深い悲しみと強い憤りを感じます。そして、中田さん、高田さんの御冥福をお祈りし、ご遺族に衷心からお悔みを申し上げます。また、負傷された方々は一日も早く回復されることをお祈りしています。……（省略）……

今度のようなことがあって、誠に残念だし、辛い思いはするが、ここでやはりこの選挙をカンボジア人の選挙をカンボジア人によってやってもらうということが、尊い犠牲に対して報いる道でもあるし、本来それが我々がそういうつもりでこの行動に参加したゆえんだというふうに考えております。」

そして、五月十五日、喜一は岡山県倉敷市の高田氏の実家を弔問した。

喜一「私どもの安全対策が不十分だったからこういうことになって本当に申し訳ありません。」

ご遺族はよくわかって下さったという。

平成五（一九九三）年五月二十三日、カンボジアで総選挙が行われた。喜一はこれを見て、自衛隊派遣は良かったと考える。犠牲になった内の一人は選挙監視委員のボランティアで、もう一人も選挙対応のための警察任務であった。

先に亡くなったボランティアの青年、中田厚仁氏と後に亡くなった高田晴行氏だが、喜一はこの二人の名前を死ぬまで忘れなかった。後にインタビューであろうと会談であろうと、この話題に少しでも触れると必ず彼らの名前を口に出すのである。

嘘つき

平成五（一九九三）年五月三十一日、喜一はテレビ朝日の番組「総理と語る」に出ることになった。ここで、田原総一朗からインタビューを受ける。

喜一「ここで政治改革をしなければ、日本の民主主義は危機に陥りますからね。ですから絶対やらなければなりません。私はやるんです。今国会で必ずやります。」

田原「嘘ではありませんね。」

喜一「私は嘘はつきません。」

これはテレビで何度も流され、挙句に「嘘つき解散」と名付けられてしまう象徴的な番組だった。喜一は後に次のように反省している。

喜一「総理大臣というのは、記者クラブの規則とかで、テレビに出る機会は国会中継以外はびっくりするほど少ない。テレビの時代だということは十分に気がついていたのですが、実際にはついていけなかったケースだ。何度も〝嘘をついた〟とテレビで言うのはアンフェアだと思ったけれど、黙っているしかなかった。

政治改革、困ったのはこれはただの政策問題ではなくて、自分の命の問題。口で言うことと腹で思っていることが同じではない。だから余計深刻。特にマスコミが喧伝して、〝政治改革〟と言ってさえいれば免罪符になり、中身を検証する議論が省かれた不幸もあった。」

六月十三日、喜一はなんとか打開しようと、宮澤私邸で梶山と三時間会談する。

喜一「小選挙区を三百の並立制で党内調整をできないか、党首会談をやらせてほしい。」

梶山「ここでは静かに店を閉めるのがよろしいかと思います。」

反応が良くなかった梶山は翌日、「政治改革法案の今国会成立断念」と発表してしまう。

スピンオフ・周辺の動向①

ここでは話を主人公から少し遠ざけるが、物語にとって重要な経緯説明となる。

平成四（一九九二）年八月十九日、田中秀征と細川護熙は『週刊東洋経済』の対談企画に呼ばれた。「東洋経済」は石橋湛山が主幹を務めていたところである。

参院選の直後ということもあり、話題は日本新党躍進の評価から始まった。日本の歴史認識、政治や行政の仕組みを変えること、そして、秀征は細川の掲げた課題、「政府・内閣の調整力・統合力」、「行財政上の無駄、中央と地方の役割分担」、「政官財の癒着」というものを評価して共鳴した。また、秀征の人物の行動の判断基準として、「天皇制の尊重」、「戦争の歴史の解釈」、「現行憲法の尊重」であったが、細川はこれに同調する態度を見せてきた。

この対談の直後も細川は秀征との会話を要望し、続けてパレスホテルで三時間、二人だけで話し込む。秀征は宮澤という人に義理があるということも話し、宮澤政権が終わる時には離党と新党結成、そして同行を約束した。その後の二人は頻繁に連絡を取り合う親密さとなっていく。

この動きに伴い、秀征は武村正義、鳩山由紀夫（鳩山一郎の孫）らに声をかけると、抵抗なく次々と賛同者ができる。この工作には細川も加わっているが、関係者は皆、口も固く、この動きは静かに沸騰していた。

秀征「宮澤さんにとっての私は取るに足らない大勢の中の一員であったが、私にとっては最も大事な人である。」

喜一といえば、「田中君が官邸に来なくなったなぁ」と思い、議場の上から秀征を見ても苦い顔をしているので、それに何かを感じ取っていた。

細川の日本新党と武村・田中の新党は合同の約束を始め、早ければ平成五（一九九三）年十一月末頃が解散時期であるという想定をしていた。

経世会が支柱だった金丸を失った平成四（一九九二）年十月、小沢一郎は「改革フォーラム21」を結成し、派閥争いを激化させていた。経世会会長に就任した小渕に対して、羽田孜派を作り上げたのである。さらに小沢は梶山静六や橋本龍太郎とも確執を抱えており、権力闘争に執念を燃やしていた。

この後しばらく経った春の終わりに、小沢は羽田とテレビを見守っていた。喜一が政治改革を断言していたのだ。これを見て一度は安心したという。ところが、自民党内部での反発が始まり、とうとう断念に至ってしまう。小沢は、今の自民党では小選挙区制は実現できないと苛立ち始めた。いよいよ不穏な動きが始まり、不信任案が提出されることになっていく。

政治改革法案が進まないということがわかると、平成五（一九九三）年六月十八日、遂に社会党、公明党、民社党により内閣不信任案が提出された。小沢、羽田らはこれに同調し賛成票を入れる。これに対して秀征、武村らは反対票を入れる。この賛否が離党者を非自民党と反自民党に分け、それが後の村山政権実現を可能にすることになる。

同日午後九時、秀征、武村ら十人は離党届けを提出する。その三日後の六月二十一日には、新党さきがけが結成され、彼らは早速二週間後の七月四日に公示される選挙に取り掛かっていた。

その翌日、追いかけるように小沢、羽田ら四十四人が離党届けを提出し、六月二十三日になって新生党を結成。小沢は新生党内の牽引役となった。

小沢「私が行動を起こす時は必ず天下を取れる時だ。政権を取るから心配するな。」

喜一・田中秀征会談

喜一「田中君は色々なしがらみがあって、私と一緒に行動することができないと最後に彼は思うわけです。それで段々足が遠くなってきました。私も気が付いていた。」

平成五（一九九三）年六月十九日朝、秀征から喜一のところへ電話が来ると、秘書の保沢が受けた。

喜一「秀征君ならすぐ来てもらってくれ。」

保沢「もう今迄と違いますから、そんなわけにはいきません。」

喜一「そうなってしまったんだなぁ。」

喜一は電話で時間と場所を決めて、ゆっくり話をしたいと折り返した。

六月二十一日十七時、紀尾井町福田家、茶室風の小さな部屋で秀征が待っていると保沢・秘書が入って来た。

保沢「宮澤が大変お世話になり、ありがとうございました。宮澤は、田中先生は去年のうちに離党すると思っていました。宮澤はもうすぐ来ます。」

秀征「色々ありがとう。」

喜一が部屋に入ってきた。秀征が話を切り出そうとするのを遮るように喜一は話し出す。

喜一「もう、田中君分かっているよ。君の気持ちは何も言わなくてもわかる。君の気持ちは僕が一番わかっているつもりだ。何も言わなくていいから思うようにおやりなさい。」

秀征は姿勢を正し、

秀征「長い間、御指導をいただきありがとうございました。こんな形の離党になってしまい大変御迷惑をおかけして申し訳ございませんでした。」

喜一「不信任案……筋を通したんだね。立派だよ。」

秀征は喜一に新党さきがけの政治理念とそのメンバーの文書を見せた。

喜一「立派だ。良い人材ばかりを集めた。」

秀征「総理も若かったら必ず行動を共にしてくれると思います。」

喜一「(笑) 頑張ってくれよ。君は今年ずっと悩んでいたね。上から君の顔を見ていつもそう思っていたよ。」

四十分の話の後、部屋を出ていくとき、喜一は話しかける。

喜一「これからも付き合っていこうよ。個人的にならいいんだから。これからも仲良くしようね。」

日本屈指の政治の秀才と政治の鬼才は、別れてなお親密を約束する。

第十九回サミット、喜一・クリントン会談②、喜一・エリツィン会談②

平成五（一九九三）年六月十八日午後六時半、内閣不信任案が決議された。

白票　二五五

青票　二二〇

内閣不信任案決議は可決された。喜一は梶山静六や羽田孜と交渉したが、もはや流れは悪かった。歴代総理の中で、内閣不信任案が可決されたのは、吉田茂、大平正芳、宮澤喜一だけである。閣僚の不信任案可決は池田勇人のみだ。共通点は全員役人で、全員が保守本流だ。「政策が間違っていなければ必ず実現するというのが役人の物の考え方で、実現するとは限らないとわかっていても捨てきれない。人間関係が大きな要素を占めている、という認識が欠けていることを自覚した」と、喜一は語る。

この日、衆議院は解散した。

解散したとは言え、喜一の首相としての任務はもう少し続けなければならない。サミットに先駆けて、平成五（一九九三）年七月六日、喜一とクリントンの会談が始まる。

喜一「日米包括（経済）協議について、生意気言うようだけど、自分がまとめないと日本はまとまらないと思う。ところで、あなたとこうやって議論しているけれど、私はレームダック（lame duck、死に体）だと言われているんだ。これからの総選挙でやめることになるかもしれないし、そうならないかもしれないが、とにかく後の人が包括協議をまとめられるかというと、やれないと思う。」

クリントン「レームダックか。そうかね。でも、そういう話なら自分はレイト・カム・キッド（late come kid）だから、落ちたところからまた這い上がるのは僕の得意ですよ。宮澤さんだって、そうなるとは限らない。なんでも知恵を出すから、どういう状況になっているんだ。」

喜一「それはもうしようがないんだ。」

七月七日から三日間かけて東京の迎賓館にて第十九回先進国首脳会議（東京サミット）が行われるのだが、注目されているのは、エリツィンとの会談とクリントンとの会談ということになる。

このサミットでは、貿易黒字のある日本が世界経済の牽引役を務めることを各国揃って表明してきた。これに対して、

喜一「中長期的に内需主導型の経済運営をする。それによって経常黒字は収縮する見通しだ。」

と応えた。その他には、大量破壊兵器の不拡散、ロシア改革支援、ウルグアイ・ラウンドが議題に上がった。

ところで、サミットの会議中に母国への絵葉書を書いている首脳がいた。この人は、重要でないと思う話の時は、通訳のイヤホンを面倒で外したりしていた。この様子を喜一は議長席から見ていたが、困ったらシェルパがやって来るだろうと、特段注意もしなかった。

七月八日午後二時、エリツィンが遅れて日本に下り立ち、一人で声明を始めた。

エリツィン「去年九月に日本に来られなかったことは大変申し訳ありませんでした。次回は必ず参ります。過去のことは障害物を除き、両国関係の完全な平和的な正常化を実現するために、我々が能力を持っているということを確信しています。これは法と正義に基づいてやります。」

サミットの中で、喜一は領土問題を政治声明に入れる必要はないと言ったのだが、アメリカが後押しをしてくれた。

クリントン「去年のミュンヘンでもそうだったが、私達はあなたを助けようと思っている。あなたの方も法と正義に基づいて約束してくれるんでしょうね。」

エリツィン「それはもちろんいい。」

二日目の夜は、場所を変えてエリツィンと二者会談となる。

喜一「今回サミットにお出で下さることになって、あらかじめ申し上げたとおり、私は議長国の議長として、サミットでは日露両国の問題を取り上げるつもりは一切ありませんし、それを交渉する機会とも考えておりませんので、改めて申し上げておきます。あなたは今日空港でステートメントをお出しになりましたが、大変結構なことだったのではないかと思います。」

エリツィン「G7の議長として、二国間の問題は討議しないということを言ってくださったことに感謝しています。日本が色々援助してくださるのであれば、ロシア人の人心も次第に安定して、それを背景に領土問題の討議に入れるようになることを期待しています。」

喜一「ところで先程空港でのあなたのステートメントの中で、訪日は必ず実現するとおっしゃいましたが、それはいつ頃ですか。」

エリツィン「日本の政局は、選挙もあるようですし、どうなんでしょうか。」

喜一「選挙は七月十八日ですから、すぐです。その後ならいつでも結構です。」

エリツィンは少し戸惑っているが、喜一は畳み掛ける。

喜一「九月はどうか。」

コズイレフ・外相は手を上げて止めにかかり、NOサインのジェスチャーをしていた。すると、エリツィンは自分の手帳を出して、

エリツィン「九月二十七、二十八日ではどうですか。」

喜一「宮中行事があるので、十月はどうですか。」

エリツィン「それじゃ、十月十二日から十四日でどうか。」

というところで話は決まった。次の日の共同記者会見についてもこのような話になった。

エリツィン「領土問題に関する質問が出た場合は、秋の訪日のときにやると答えることにしよう。」

喜一「それでいいじゃないか。」

宮中晩餐会で、コズイレフ・外相は終始不幸な顔をしていたという。

寿司屋で喜一・クリントン会談

七月九日、サミット最終日の夜、貿易問題が噛み合わなかった喜一とクリントンであったが、クリントンから申し出があった。

クリントン「やっぱり貿易の数値目標の話はしたい。もうお互いに時間が無いから、どこかでスナックでも食べながらできないか。」

喜一「日本のスナックなら寿司屋だ。」

そして、ホテルオークラの寿司屋に入り、九時半から十一時半にかけて大議論をした。他の話題にも移り、対中貿易の優遇措置停止、つまり最恵国待遇（most-favored nation treatment）を止めるかどうかについての議論もした。

喜一「最恵国待遇を停止する件だけど、あれは馬鹿だからやめなさい。最恵国条項なんていうのは、大してfavor（好意）でもなんでもない。世界のどこでもやっているんだから、中国に対して、アメリカ政府が好んでやっているのではないかもしれないが、あれをやめたりしても大したことにはならない。ただし私は、最恵国待遇の停止をしなかったら中国が民主化するなんて思って言っているんじゃないですよ。別にそんな話では無いので、いい加減にしておきなさい。」

クリントン「うん、そうかなあ。最恵国待遇を与えていれば、その目的はやはり中国の経済や社会が段々自由化や民主化が進むことに役立つのではないか。」

喜一「そこは違う。中国は民主化が進むとは限らない。最恵国待遇を与えることはもちろん賛成だけれども、厳密に言えば経済の発展が即政治の自由化には必ずしも繋がらないと考えた方がいい。」

クリントンは完全に理解したようだった。喜一は最恵国待遇を停止しないよう中国に頼まれたわけではない。最恵国待遇を原則とするWTOに中国は加盟したのであるが、二十一世紀になってから二十年経過しても自由化や民主化の匂いはしていないのである。

また別の話題にも入った。第一回APEC首脳会議（一九九三年十一月十九日から二十日）へ向けて、クリントンがアドバイスを求めてきたのだ。

喜一「みんなが一堂に会して話し合いが行われたということ自身を大切に考えた方が良い。ヨーロッパのようにEUとNATOのようなことにはならない。歴史と伝統が異なる。東南アジアは人種、言語、宗教、文化が国々によって全く別であるので、リーダーシップを発揮するのは逆効果だ。」

それから、マレーシアのマハティール・首相の話題はクリントンにとって頭痛の種であった。当時マハティールは、アメリカというよりクリントンが選挙公約にしてきた「人権外交」に強烈に反発していたのだ。

喜一「インドネシアのスハルト大統領に頼んで、あなたのメッセージを送ったらどうですか。来年の第六回APEC閣僚会議で、ジャカルタには出席するのではないですか。」

翌年、ジャカルタで開かれる第二回APEC首脳会議と第六回APEC閣僚会議において、マハティール・首相は出席した。この会議で、「日本は埋没していた」と新聞論評されるのだが、喜一は「そのぐらいで丁度いい」という感想だった。「日本がリードを取ろうとすると、戦争開始のような失敗を繰り返す」と言うのである。

実はこの頃、喜一はマハティール夫妻を迎賓館の夕食に非公式で招いている。二時間ほど東アジア経済構想（EAEG）などについて会話をしたという。

サミットから数日後、平成五（一九九三）年七月十二日、夜中に北海道南西沖地震が発生した。二日後に喜一と政府調査団は奥尻町に入り、被災状況を視察する。

スピンオフ・周辺の動向②

選挙期間中は、各党が賑わいと焦りで行動が活発になっていた。日本新党と新党さきがけは、選挙後に統一会派を組むための連携をし、しばらくは野党として活躍する、それがこの二党の最初の考えであった。他方、新生党は政権意欲を掻き立て、新人工作にも力を入れていた。

平成五（一九九三）年七月十八日、第四十回衆議院議員選挙が行われた。第一党は自民党で二二三議席である。第二党の社会党は一三六議席から七〇議席になり、大敗を喫していた。それでは自民党の政権維持かというとそうはならず、事態は意外な方向に進んで行く。定数は五一一で、過半数は二五六人以上が必要である。

【選挙結果と勢力数】

自民党　　二二三

非自民　　二一五（一九五人に加えて無所属二十が流れ込む想定）

日新・さき　四八（三十五　＋　十三）

選挙直後、社会党の山花・委員長はうなだれていた。

小沢「自民党以外の政党の議席を足してみたらいい。共産党を除いても、こっちの方が多いじゃないか。」

小沢は、ＰＫＯ法案初期の頃から他党と数多く接触し、社会党、公明党、民社党、社民連、民改連、無所属の者らと確かな連携を強めていた。

小沢「自民党が過半数を割っているんだから、野党を合わせたら政権

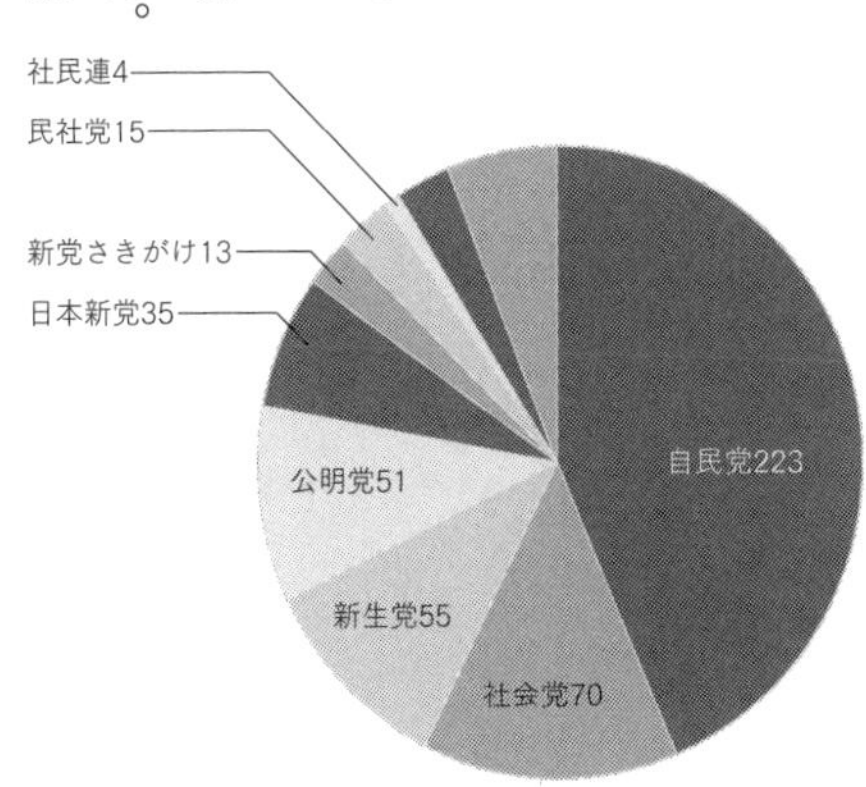

を取れるぞ。ただ、首班は羽田さんじゃあ絶対に過半数を取れない。羽田じゃまとまらない。とにかく私に任せて欲しい。」

選挙が終わってから一日おき、七月二十日になると、小沢は細川に会談を求めてきた。

小沢「自民党政権を代えなくちゃいかん。そのためには、あんたが首相になるしかない。」

細川「うん。」

小沢「野党を合わせれば政権を取れる。あなたが総理をやってください。」

細川「求められればやります。しかし、武村さんと相談させてください。」

さきがけと日本新党の合同がキャスティングボートを握っていた。日本新党が自民党に付くと過半数を超えるが、非自民に付くと過半数は超えない。ということは、残りの議席を担う新党さきがけに、最終的なキャスティングボートの重みが圧しかかってくる。

本来、キャスティング・ボート（casting vote）とは、可否同数の際の議長決裁のことであるが、転じて少数勢力がどちらかの多数勢力に付けば、可否が決まるということからこの言葉が使われている。

小沢が仕掛けてきていた同じ日、秀征は大変に困っていた。どちらの下にも付きたくないし、そもそも野党勢力を目指していたにもかかわらず、どちらを取っても必然的に与党になってしまうのだ。疲れ切っていた秀征はこの日必ず睡眠を取ろうと決めており、深い眠りに付いた翌朝、追い詰められる夢を見て、目が覚めて飛び起きた。

秀征「鬼ごっこするもの、この指止まれ。」

その日、武村と細川に会うと、こう述べた。

秀征「ある考えが浮かんだから、明日それをペーパーにまとめてくる。」

翌日、秀征は「政治改革政権の提唱」という資料を持ってきた。

【政治改革政権の提唱】

① 景気対策等の懸案処理が遅滞しているのは「政治改革」が進まないからである。

② したがって、「政治改革」を早期に優先的に片付ける政権をつくる。

③ 政治改革の具体案を示し、それに賛同する政党がこの政権をつくる。

④ 政権への参加は全党に呼びかけ、特別国会の開会まで待つ。

つまり、自民党にも非自民勢力にも呼びかける、ということである。赤鬼と青鬼に「この指止まれ」と、どちらの指に止まるのかを問い詰められたところ、負けずにもう一本の「第三の指」を出してやろう、ということだ。これでどちらの鬼の配下でもなく、与党になり得る。宮澤不信任案は反対に回って良かったのだ。自民と非自民を両脇に挙国一致も考えられた。

この後、すぐに細川はペーパーを持って、小沢と接触をする。その直後、細川が秀征に電話をしてきた。

秀征「ちょっと忙しいので後で。」

と電話を切るが、すぐにまた電話が鳴る。

細川「東京プリンスに部屋を取ってあるので、ちょっと来てください。」

秀征「行きます。」

秀征が部屋に入ると、

細川「小沢さんに会ってきました。小沢さんはその案に全面的に賛成です。」

秀征「細川さん、ちょっと待ってください。こういう話を自分一人で聞くわけにはいかない。武村さんと三人で話しましょう。」

秀征も武村も細川が首相になることに反対だった。

秀征「第一に全くの準備不足で、そんな時に首相を受けるとろくなことが無い。」

そんなことが陰ではあったのだが、七月二十三日、日本新党と新党さきがけは「政治改革政権の提唱」の記者発表を行なった。各党から反応が有り、七月二十七日、連立政権協議が行われた。また、小沢と細川の会談が終わり、非自民六党派全てが「政治改革政権の提唱」を受け入れ、非自民は細川首班を決めたのだった。

そして、七月二十八日、武村と細川は自民党本部へ最後通牒を申し渡した。

第一ピリオド

平成五（一九九三）年、喜一はピーター・ドラッカーという経営学者と食事をする機会があった。彼はこの年に『ポスト資本主義社会』という本を刊行している。

喜一「円がこの地域で共通の通貨になるかもしれないということを、我々はどういう風に考えるべきだろうか。」

ドラッカー「マクロの話はともかくとして、円を外国と共通の通貨にするということは経済を運営する上で非常につらいことだ。あなただから言うけど、できればそういう負担は負わない方がいい。一国の政治を考える上で中々責任の重いことですよ。」

これは「トリフィンのジレンマ」のことを示していると考えられる。簡単に言うと、基軸通貨を持っている国、かつてはイギリス、今はアメリカでは、国内経済を良くしようとすると世界経済に影響が出るし、世界経済を上手く回すためには国内経済が悪くなるという、どちらを取ったら良いか判断しにくい性質のことである。

さて、前年の十二月に国連から出された宿題に対し、七月六日、武藤・外務大臣からの説明を元にして閣議議論がなされ、国連には「安全保障理事会議席の衡平配分と拡大に関する我が国の意見」を提出することになった。

【意見の大要】

「常任理事国と非常任理事国の双方の数を増加し、その適切な組み合わせにより、理事国数が最大二十前後になるまで拡大する。その場合特に非常任理事国の議席については、衡平な地理的配分に一層考慮が払われるべきである。

世界の平和と安定のために貢献する意思と相応の能力を有する国を積極的に活用し、安全保障理事会ひいては国連の強化につなげることが重要である。かかる見地から我が国として安全保障理事会においてなし得る限りの責任を果たす用意がある。」

第四十回衆議院議員選挙が終わった翌日の七月十九日、今後のことを考え、喜一は梶山と会談し新体制と新総裁を決めるための協力を要請した。

七月二十日、喜一は過半数割れとはいえ自民党は未だ第一党であることを強調する。

喜一「政策を通じての協調がこれからの政治の基調になる。」

喜一は他党との連携模索を明らかにしたが、同日、小泉純一郎・郵政大臣がこれに反発して辞表を出してきた。喜一は最後に自民党両院議員総会にて話をした。

喜一「この度は、解散直後、多くの離党者を出し、また、総選挙も極めて厳しい状況の中で幾多の大切な同志を失う結果になりました。このことは総裁として誠に申し訳なく思っております。私はこの際、その責任を明らかにするため、自民党総裁退任を決意致しました。何卒ご承認下さるようお願い致します。知者は惑わず、仁者は憂えず、勇者は懼れずと申します。結束を固めて重大な国民の負託にこたえなければならない。」

平成五（一九九三）年七月三十日、自民党総裁選が行われ、河野洋平が選出されたが、その直後に喜一は秀征に電話をしている。

喜一「新しく総裁になった河野君に会ってくれ。」

翌日、河野と津島雄二・自民党政務調査会会長代理と秀征が会談することになり、政治改革に関する妥協案を持ってきていた。

河野「自民党も政権に入ることはできないか。」

秀征「こちらの姿勢はもう固まっている。」

河野「それなら無理だね。」

宮澤内閣の終わりの日が近づいた八月四日、河野談話が発表される。そして……。

平成五（一九九三）年八月九日、宮澤改造内閣は総辞職となる。三十八年間続いた五十五年体制はこれで崩壊する。

喜一の政治観と総理としての反省

喜一は、梶山静六に対して党のことは彼に任せておけば全部仕切ってくれると思っていたが、梶山は「自分には大き過ぎた。」とのことだった。

政権交代を受けて喜一は、「政権交代は風通しが良くなる。長い間与党が変わらないと、党と官僚の間で秘密ができる。」と述べ、そして、反省した。

喜一「私は人間関係に疎い。人の顔を思い浮かべると流れが見えない。流れだけで考える。日本の政治になじめないのは、外国の本で〝イギリス人は常に行動している自分とそれを見ている自分があって、それが本当だ〟という文章があって、そのことに心底共感したからだ。」

また、イギリスにあった紳士の政治というものについて、喜一は日本の政治もそういうものでありたいという気持ちもあった。だから、キャラハン・首相の「選挙中ではじっとしている」という話も印象的だったのである。

喜一自身は全力投球しているつもりでも〝我を忘れて没入しろ〟と先輩に注意されることがあったが、国政という大事なものを預かっている人間が我を忘れてはいけないと喜一は考えていた。

喜一「権力は濫用され過剰に使われることが多いと思っているから、それが怖くて常に権力というものに臆病なんです。しかし、欧米では指導者は先頭に立たなければ駄目だという考え方が強く、中曽根さんはそれをやっていた。」

日本の中における日本の首相としては、喜一の動きは鈍く見えることがあっただろうが、喜一としては政治家としての理想に向かおうとしただけなのかもしれない。

総理大臣というものに関して、研究会スタッフの証言があるので紹介する。

「一般的に総理は、一枚の紙に3～4項目、それぞれの要点を2～3行にまとめないと見てもらえないのが普通。大平総理と宮澤総理は例外で全て見ていた。次に中曽根総理だった。」

細川護熙

昭和十三（一九三八）年一月十四日、東京府東京市（現・千代田区）で、細川忠興（ただおき）・小倉藩藩主と近衛文麿の血を受け継いで細川護熙（もりひろ）が生まれた。本籍地は熊本である。小中学校を横須賀で過ごした後、学習院高等科を卒業する。上智大学へ進学した後、朝日新聞社へ入社する。鹿児島では警察の担当をしていたが、後に社会部記者となる。記者を辞めて政治家を志し、昭和四十四（一九六九）年、無所属で衆院選に挑むも落選する。

昭和四十六（一九七一）年、自民党から参議院議員になるが、父の護貞は政治家になることを反対していた。参議院議員として順調にも見えたが、今度は熊本県知事として活躍し、「くまもとアートポリス」事業を実現するに至る。そのまま三期目も期待されたが、「権不十年」、権力を十年以上持たないという考えの下、知事を退任する。中央政府に対しては、次々に起こる不信感を呼ぶ事案が目に余っていた。

平成四（一九九二）年五月、細川は日本新党を一人で立ち上げる。そこから参議院議員を足がかりに田中秀征と手を組み、一気に首相に登り詰めた。

平成五（一九九三）年八月十日、細川は秀征を首相特別補佐に任じた。秀征はブレーン役として、細川の所信表明演説に着手する。喜一の時と同様に、参事官には秀征を通すように指示していたという。

この細川の所信表明演説で、質の高い実のある国づくり、「質実国家」という言葉を生み出すことになるのだが、この〝質実〟とは、昭和元年の践祚後朝見の儀の勅語から用いた言葉だという。

平成五（一九九三）年八月十一日、細川から秀征に依頼があった。

細川「秀征さん、宮澤さんに会って、色々聞きたいことがある。おそらく宮澤さんは夏を軽井沢で過ごすはずだから、私も軽井沢に行って会おうと思う。その時は秀征さんも付き合ってください。」

秀征「連絡しましょう。」

第六章　総理大臣退陣後から引退まで

喜一・細川会談

平成五（一九九三）年八月十一日、喜一が総理の座から降りるやいなや、秀征から連絡があった。

秀征「そういうわけで、細川さんと会ってくれませんか。」

喜一「それは丁度良かった。私も総理にお話ししたいことがあるし、申し送りしなければならないこともあります。そういう機会があればありがたい。是非そうして下さい。」

喜一は総理を辞めた後、軽井沢にいて、司馬遼太郎の『最後の将軍』を読んでいた。五十五年体制が始まった時は、そんないざこざには関わりたくないと言って、喜一は軽井沢で本の執筆をしていたのが思い出される。その五十五年体制の最後の首相ということで、「自民党の徳川慶喜」と呼ばれた。足利義昭も第十五代、慶喜も第十五代、喜一も自民党総裁第十五代とのことだ。

喜一「徳川慶喜に比べられるのは光栄だなぁ。」

次いでこの夏に読んだ本は、『明治という国家』、『この国のかたち』、『ニューヨーク散歩』である。いずれも司馬遼太郎だ。

そんな喜一の休養も終わり、八月十七日、喜一・細川会談が始まった。軽井沢にある鹿島ノ森ロッジ内のホテルの一室に細川と秀征、井出正一と鳩山由紀夫もいた。そこへ喜一がやってくると、秀征が玄関に出てきて待っているのが見えた。

喜一「やあやあ。」

と笑顔で握手をする。そして細川との会談が始まる。

喜一「私にも、申し上げておきたいことがある。」

主な話は引継ぎである。喜一はＮＰＴ（核拡散防止条約）問題、国連の常任理事国入り問題や当面する景気や日米関係、それから行政側には聞いてもらいたくない話も含めて、進捗状況、動向、情勢について申し送りをした。

喜一「事務当局はまだ知らないことで、ここだけのことにしてくれ。クリントンと直接話したことだから、どなたも知らない。ＮＰＴの自動延長という機微に触れることについて、日本側は正式に答えておらず、宙ぶらりんにしてある。

国際関係でいうと、中国は政治的にも経済的にも軍事的にも大きく強くなっているから、しっかり備えておかないといけない。」

核拡散防止条約について補足をすると、核の拡散防止と同時に奇妙な条項も含まれている。それは「五大国の核保有の公認」であり、これに注意しなければならないということである。

宮澤・細川会談はその後も重要な局面で秘密裡に何度か行われている。その都度秀征も同席していた。外交について、喜一は細川への協力を惜しまなかった。アメリカ、ヨーロッパ、アジアでも有力な政治家や政府要人と話す度に喜一は秀征に連絡を取った。衆議院本会議場の隅で喜一は秀征に日本の常任理事国入りについて諸外国の反応を伝えたりしていた。

喜一はこんな助言もした。

「消費増税は反対です。まだその時期ではない。」

余談であるが、石原信雄・副長官は新政権においての自身の続投を躊躇していたのであるが、この会談の様子を見て続投を承諾したのである。

細川政権に対しては、表向き一応次のように物を申していた。

喜一「政治改革という目玉はあったけれども、それが実現しつつあるという状況では、その後の政治を続けるための新しい目玉が必要ではないか。そういう政策合意は無いではないか。」

これに対して、細川は所信表明演説で答える。

「いや、それはある。経済改革と行政改革だ。」

細川政権が始まってしばらくした平成五（一九九三）年十二月十四日、喜一が気にかけていたウルグアイ・ラウンドが決着した。部分的ではあるが、コメの自由化が始まることになった。遡ると、池田と喜一が断念した案件である。喜一は首相の時にも進めていた話であり、それが細川政権になってようやく叶ったのだ。細川は「断腸の思いの決断」だったという。農水省幹部が喜一のところへ報告に来ると、喜一はこう言った。

「パーフェクトゲームだ。」

しかし、しばらくすると七〇〇％という高率関税により、実質的に輸入制限が再開されることになる。

コメの自由化は喜一にとって嬉しいニュースだったのだが、間もなく重大な訃報が入って来る。

平成五（一九九三）年十二月十六日、田中角栄死去。長女真紀子はこの年、初当選していた。享年七十五歳。

細川護熙が弔辞を述べることになった。

喜一の「社会党」観

「社会党という政党は、無かったらわざわざ作るに値する大事な政党だ。」

この喜一の持論は、「オーストリアという国家が存在しなかったら、わざわざ作る必要がある。」(『現代史』ノイマン)と、かつて言われていたとされる言葉によく似ている。ヨーロッパの火薬庫と言われたバルカン半島、北西地域から見たその半島への足掛かりはドナウ川流域になるが、地政学的に平和をもたらす場所だということであろう。喜一は同様に、社会党の重要性に期待していたのである。

ところが、平成五(一九九三)年七月十八日、第四十回衆議院議員選挙が行われると、新党躍進の影で社会党は大敗した。一三六議席から七十議席になったのだ。ソ連が崩壊したのに、政策綱領を改めず、この何十年もの間、変化する世界の現実に対応しなかったことが問題だったと喜一は言う。

新政権の旗印は「非自民」で、「主たる政策は自民党がやってきたことを継承する。」と、不思議なことを言い始めていた。しかし、連立政権は一種の「緊急避難」であったが、喜一はこの社会党の動きを高く評価している。

振り返れば、吉田茂による日米安保の時の社会党は、「非武装中立」、「恒久平和」、「反米」、「非同盟諸国への接近」といったものだった。そこから八年経った昭和三十四(一九五九)年三月、浅沼稲次郎・書記長が訪中し、

「アメリカ帝国主義は日中人民共同の敵だ。」

と発言。これを知った喜一は、

「随分思い切った中国寄りの発言だなぁ。」

と思う。さらに六年が経った昭和四十（一九六五）年五月、佐々木更三・委員長の発言はエスカレートする。

佐々木「アメリカ帝国主義は世界人類の敵である。」

背景は、向坂逸郎（さきさかいつろう）というマルクス経済学者の影響があったと思われる。

他方、ヨーロッパの社会党に相当する組織では、比較的早い時期にマルクス・レーニン主義から離脱していた。昭和三十四（一九五九）年にドイツの社会民主党がバート・ゴーデスベルク綱領を宣言し、フランスでは社会党のミッテラン・大統領が長く続いた。イギリスではトニー・ブレア・労働党党首が首相となり、ヨーロッパの社会民主主義が大きな力を得ている。

それからキューバ危機を通して、ケネディとフルシチョフはホットラインを作るに至ったが、こういった世界情勢に日本の社会党は疎かった。

さらには、ニクソン・ショックの訪中により、米中、日中の国交が回復し、日本の社会党の主張からは大きく外れていったのである。

喜一は、今後の社会党がヨーロッパのような社会民主勢力になるということを強く願っていた。

平成八（一九九六）年、社会党は消滅する。

市場経済にも限界や弊害がある。それをカバーするためにも、そういった勢力が必要であると喜一は考えていたのだ。付け加えておくと、すぐ後にできた民主党は、こういった性質を持ち合わせていないと喜一は厳しく見ている。

喜一「我々は市場経済であり、様々な価値観の共存であり、税金は少なく、政府は小さく、社会保障は必要、ボランティアもやってもらえると思っている、という立場です。

これに対して、西欧的な社会民主のような立場があって然るべきで、競争から脱落した人や弱い立場の人達を代弁する勢力は必要で、資産課税や高額所得課税、産業規制、公害対策に力を入れる党は不可欠です。」

野党の自民党

平成六（一九九四）年一月、政治改革の要である小選挙区比例代表並立制の法案が成立した。細川政権の功績となる。このゴールを決めるまでに、多くのパスが回された。竹下政権では後藤田正晴、海部内閣から小沢一郎、宮澤政権ではシュートを打たせてもらえなかった。また、小選挙区制度だけで言えば、昭和四十二年七月にはすでに議論が始まっていたのである（朝日新聞。※さらにその前は昭和三十年代に岸信介氏が導入を試みていた）。

しかし、喜一の心の中ではこの小選挙区制に対しては疑念が絶えなかった。

平成六（一九九四）年四月二十八日、細川政権はその後三ヶ月ばかりで総辞職となる。

喜一「もう少し準備期間があって、良い官房長官でもいたら、いい総理大臣になれたんじゃないでしょうか。いかにも準備期間が少なかった。」

次にできたのは羽田内閣である。すると、大内啓伍・民社党委員長が新会派「改新」を組織した。連立の一部が手を組んで社会党の数を上回る狙いがあったが、社会党はもちろん新党さきがけも反発した。これには喜一も怒った。

喜一「侍が家来を連れて宝を隠しに行って、バレないために帰りの橋の上で家来を斬って捨てた、というのに等しいではないか。」

と、これが新聞に掲載され、それを読んだ羽田が喜一に挨拶に来た。

羽田孜「あれでは誰でも怒りますね。」

喜一は政権情勢を見て、加藤紘一を呼び出した。

喜一「何とかして河野総理を実現させたい。」

加藤「何とかしたいと思うが、それは必ずしも河野洋平首班にこだわらないというぐらいまで考えなければいけないかもしれない。」

喜一は少し苛立っており、自民党内部を次のように評している。

喜一「これまでは選挙区の陳情をするのに、役人を呼びつけていたのが、役人側の都合を聞いてから出かけるようになった。政治資金の件で企業に行っても〝政治にお金を出さないことに役員会で決まりました〟で終わってしまう。選挙区で、〝任せておけ〟と言えなくなった。

自民党内の若い諸君を見ていると、政権から離れてたったの半年しか経っていないのに、なんとまあ〝青菜に塩〟みたいに情けないほど元気がない。こんなにも野武士の精神が失われたのか。」

政権に近づく

自民党が政権から離れていたわけであるが、平成六（一九九四）年六月十日、天皇皇后両陛下がアメリカへ訪問することになると、これに喜一は同行する役目をいただいていた。挨拶文はやはり天皇お自ら筆入れをされた。朝になると、

皇后陛下「夕べも筆をお入れになりながらお眠りになってしまいました。」

というお言葉を聞いた。

羽田政権が早くもグラついている中であったが、喜一は陛下のお供なので、政治向きの話はしないように厳しく自分を律していた。ホノルル領事館で、二千人ぐらいの在留邦人を前に陛下がお言葉を述べていらっしゃる時に、近くにいた喜一の秘書の携帯電話に、「羽田孜が二、三十分後に記者会見をすることになった」、という連絡が入った。総辞職が予想されたのだ。そして、平成六（一九九四）年六月二十三日、羽田内閣不信任決議案が提出される。これは上程前に辞職となる。

こういうことがあったものだから、喜一は翌日急いで帰国した。六月二十七日の月曜日に首班指名の本会議をやるという。喜一としては、できれば選挙管理内閣という暫定内閣でもいいから自民党単独実施を考えていたが、党内部は元気の無さで干上がってしまいそうだったと喜一は漏らしている。

このように政局が目まぐるしい中、六月二十八日に村山と河野の会談があり、村山を首相に推すことが決まった。そして、翌日に村山が首相に指名されると、三十日午前一時四〇分、三党首会談が行われた。

この三党首会談の隣室では、森喜朗・自民党幹事長、久保亘・社会党書記長、田中秀征・新党さきがけ代表代行の三者協議が行われ、官房長官、蔵相、外相が決められた。さきがけの秀征が蔵相を求めたため、自

ずと自民党に外相が回った。その夜明けに河野から喜一へ電話がかかってきた。

河野「伝統ある自民党総裁として、他党のしかも第二党のキャップを首班に推すということになり、誠に申し訳ありません。自分は内閣に入るべきではないと思っています。」

喜一「河野さん、それは駄目です。一番分かりやすい話で言えば、すぐサミットがあります。もし自民党の代表であるあなたが出なければ、日本の外交政策は一体どうなるかということで、各国が不安感を抱き、えらいことになる。だから当面の問題だけから言っても、あなたが外務大臣・副総理になるしかない。お気持ちは分かるが、ある意味で私の時に失った政権を半分でも回復しようということなんだから、そんなに重く考えることはない。責めは私の方にあるんで、今度の成り行きは党としても喜んでいいことだと僕は思います。絶対に外務大臣・副総理というのを落としちゃいけません。」

河野「村山さんが〝官房長官はどうしても野坂浩賢(こうけん)さんにしたい。野坂あっての自分だ〟と言ってました。」

喜一「河野さん、それは総理大臣の官房長官なんだから、総理の言う通りになさっていいんじゃないですか。武村さん、橋本龍太郎さん、河野さん達が主要閣僚を占めれば安定感のある保守内閣になるわけですから、そのためにもあなたは辛くても外務大臣・副総理は受けなければいけません。」

平成六(一九九四)年六月三十日、村山内閣が成立する。社会党の村山氏が首相となり、官房長官は結局、五十嵐広三、外務大臣・副総理は河野洋平、大蔵大臣は武村正義、通産大臣は橋本龍太郎と決まった。自民党、さきがけ、社会党の連立政権である。

村山は田中秀征に特別補佐を依頼したが、さすがに宮澤、細川と対応した後も受けるというのは問題ではないか、と固辞した。しかしながら、秀征は「21の会」の座長ということで、結局ブレーン役となった。

村山は〝やさしい政治〟という言葉を打ち出した。喜一はこれを聞いて感心し、河野へ話した。

喜一「あれは権力の行使について慎重だという意味だと思う。」

喜一・村山相談

イタリアで行われるサミットの二日前、平成六（一九九四）年七月六日、村山が喜一に相談する場面があった。

喜一「サミットで英語をしゃべる必要はないですよ。ミッテラン・フランス大統領やコール・ドイツ首相も英語ではしゃべらないはずです。堂々と日本語でやんなさいよ。通訳がちゃんとついてますから、下手な英語など使わない方がいいですよ。」

喜一は自分が党派性の少ない人間だと思っている。総理大臣経験者は党派を離れて、常に国のために間違いの無いようにという意識をお互いに持ち合えば良いという考えなのである。

喜一は続けて、次の点を村山に助言した。

一．首脳が集まって何か思わぬことを決める場である、ということを考える必要はない。

二．大抵は横にシェルパ（準備補佐した各国高官）がいる。これは当然席を外す時もあるが、通訳は必ず控えている。

三．そもそもサミットというのは、自国語でしゃべる場である。だから日本語で良い。

四．緊張する時もあるし、長々としたおしゃべりのときもあるけど、全体的に楽な気持ちでいい。
五．日本側が、ボスニアとかルワンダなんてあまり知らないのと同じように、相手は中国や朝鮮半島のことはよく知らない。だからこっちが知っている話をすれば良い。

これに加えて、次の助言もした。

喜一「オリーブオイルだけは気を付けなさい。」

さて、ナポリサミットが開催されたが、村山は早速お腹を壊してしまう。原因は喜一の言うオリーブオイルではなく、本人は桃のジュースだと言ったりしていたが、首相になって一週間しか経っていない中での激務と重圧による疲労が一番の原因だったようだ。

平成六（一九九四）年九月、ブトロス・ガーリ・国連事務総長が再び来日した。この時もまた喜一と対談をしている。この時期、ハイチ共和国で起きていた軍事クーデターに対し、アメリカを中心に対処をしていたが、国連も民主的な国を目指すため、〝ハイチ・ミッション〟を行っていた。

喜一「ハイチはどう考えているのか。」

ガーリ「あれはアメリカの責任でやっているので、国連の負担にはならない。」

これを聞いた喜一は、改めて国連を絶対視するには注意が必要だと考えるようになる。

そして、この頃の国内政治の課題は、ルワンダへのＰＫＯ派遣を決定するに当たり、機関銃を一丁持っていくかどうか、という議論だった。ホテルの料理屋で偶然鉢合わせた喜一と村山は、一緒にいた記者の若宮啓文も交えて、この議論について少し話し込むことになった。

喜一「自衛隊の安全に万全を図ってほしい。」

村山「私としては終生負っていくべき罪だ。」

これらは海外の軍事事情に重ねて注意を払っていた時期だったことを物語っている。

平成六（一九九四）年十二月十日、小沢一郎による新進党が結党された。

喜一「新進党は二回選挙をやれば消えてしまう。」

喜一の言ったことは現実となっていく。平成七（一九九五）年七月二十三日の第十七回参議院議員選挙、平成八（一九九六）年十月二十日の第四十一回衆議院議員選挙、この二つの選挙の後、平成九（一九九七）年に分裂消滅する。

ところで喜一は、十二月に超党派のワールドカップ招致国会議員連盟の議員会長に就任する。翌年に行われたプレゼンテーションでは、日韓の共同開催か否かを問われ、

喜一「これはサッカーの話ですから。決めるのはサッカーのみなさんです。僕のような素人が判断することではない。みなさんが決めたことに私は一切文句は言いません。みなさんを全面的にバックアップします。」

と、答えている。また、次の助言もした。

喜一「ブラッター（事務総長）がそういうことを言ってきたなら、文書にしてもらうべきです。こういうと

きには文書を残しておいた方がいい。」

その後、二〇〇二年のサッカーワールドカップは日韓共同開催と決定された。

不穏な財政

平成六（一九九四）年十二月、ロシアではチェチェン侵攻が開始された。これについて喜一は、

「改革の旗を振りかざしていたエリツィンも今や改革派かどうか。彼を取り巻いていた改革派の人達の名前も聞こえない。ロシアは再び二十一世紀になると軍事大国になる。旧ソ連の国々の再統合を目指すし、逆に反発すればそれはそれで世界の不安要因になる。」

と述べている。

ロシアが不安な行動を起こし始めた時、村山政権下では、予算編成の際に政府が「六八五〇億円の財政資金投入を含む住専処理案」という怪しげなものを突然出してきた。

住宅ローン貸付業を持っていた住宅専門貸付会社の問題の処理で、系統金融機関（農林中金、農協など）がある程度以上の負担はできなくなってきた。その負担をしようとすると、地方の農協の金融に直接影響があるということから、農協への預金者である農民を守るために国が予算計上したとのことである。

この内閣では、加えて政治に影響を与えることが二つ起きる。それは、平成七（一九九五）年一月十七日の阪神淡路大震災と三月二十日の地下鉄サリン事件であった。村山の思い描いた政治の大半はストップしてしまった。

その半年後の七月二十三日深夜、第十七回参院選投票日の選挙結果対応の真っ最中の時だった。村山、河野、武村の三者鼎談が行われていた。この時に、喜一は秀征に電話をしている。

さきがけ職員「宮澤先生から電話です。」

秀征「わかった。後で電話すると言ってくれ。」

さきがけ職員「今すぐにと言っています。」

お互いこの多忙な時に何だと言うのだろうか。

喜一「やあ、君、大変だよな。うちの河野君も大変だけど、みんな大変だな。」

秀征「ええ、大変ですね」

喜一「君なんか、河野君、どう思う?」

秀征は雑談程度ということで適当な応答をした。後で判ることだが、この時間、三者鼎談で村山首相は、河野外相に後継首相になるよう強く勧めていた。秀征としては喜一の話が何のことか摑めないままだったが、河野は政権禅譲を断るに至った。

話を進めると、村山内閣は総辞職し、平成八(一九九六)年一月、橋本龍太郎内閣が始まる。喜一は秀征が経済企画庁長官に就くことになったと聞いて、これを喜んだという。

さて、住専処理の説明責任は橋本内閣に引き継がれた。橋本にしてみれば、自分らでやったわけではないのでまともな説明ができず、この予算は通過してしまう。これで不良債権処理を一層わからなくした。喜一が後に次のように振り返っている。

喜一「実際、これは早くしておかなければ、農協の地方の単協が取り付け(預金者の一斉引き出し)に遭う。

あれは地方の名士が皆役員になっているから、地方への影響は相当あったろうと思うので、六八五〇億円というものはやむを得なかった。

突然この大きな金額が飛び出してきたものですから、ほとんど理解できる人が少なくて、新聞などは、正解がないままに論評を書き続けたようだ。」

また、この橋本政権では、第二次内閣に至って翌年発足する財政構造改革会議の顧問に喜一が選抜された。メンバーは橋本龍太郎議長、中曽根康弘、竹下登、宮澤喜一、村山富市、村山達雄、武村正義、林義郎である。他に与党や内閣から何人か加わっている。

財政構造改革会議は、六月までに八回、企画委員会は四月と五月の二ヶ月で十二回も開催された。具体的には、財政健全化目標と歳出の個別的な削減が固められていった。

平成九（一九九七）年七月、アジア通貨危機が始まった。東南アジアと韓国を中心に通貨が下落し始めていく。これは日本にも影響が及んでいく。

この年の十一月、この月だけで、三洋証券、北海道拓殖銀行、山一證券が次々と倒産した。喜一が自民党緊急金融システム安定化対策本部長に指名され、対応に動くことになる。

橋本「自民党の方で処理してもらわないと、政府では時間的に間に合わない。」

喜一「もうこれはやむを得ない。公的資金しかないじゃないか。」

というように、党で決めていった。翌年一月の国会では住専のこともあり、公的資金投入の抵抗が強いと思われた。

喜一「緊急対策をしているのに、財政再建もやりようがないな。」

と、喜一は考えていたところ、橋本内閣では財政再建に一生懸命であり、財政構造改革法が成立する。林義郎が大蔵省に相談したところ、次のような返答だった。

大蔵省「資本注入なんてしなくても済むのでは。」

喜一はこれを聞いて、不良債権問題の深刻さが分かってないいんじゃないかと思った。そのうえ、信用金庫などの地方レベルの情報は意外にも大蔵省には入ってきていなかった。代議士が選挙区を通して「どうも大変らしいぞ」ということでようやくわかる程度だったのだ。結局平成十年度末に大手行に対して公的資金を投入することになる。

喜一「公的資金の投入は市場経済の原則に照らせば、決して褒められたことではなく、目的を達したらできるだけ早くやめるべきだ。あくまでも緊急避難的な措置である。」

中曽根康弘

大正七（一九一八）年五月二十七日、中曽根康弘（やすひろ）は群馬県高崎市に裕福な材木問屋の次男として生まれた。地元高崎の小学校と中学校を卒業した後は静岡高等学校へ通い、その後東京帝国大学法学部政治学科に入学する。一年後に入る喜一とは同じ学科である。

卒業後は人気のあった内務省で働くことになる。戦争中は海軍に応募し中尉として主計長になり、工員三〇〇〇人の物資調達と積込みをやっていた。真珠湾攻撃の翌月、中曽根が乗った輸送船はインドネシアのバリクパパン沖で攻撃に遭い、戦友や部下の死を目の当たりにする。

その後は、台湾や横須賀で士官として、終戦時には少佐になっていた。弟は戦死している。戦後は内務省に戻って、大臣官房事務官や警視庁警視・監察官を務めるも、政治家を志すことになる。

昭和二十二（一九四七）年、衆議院議員になった中曽根は反吉田派に属する。一九五〇年代からはエネルギー政策に目覚め、原子力エネルギーに傾倒し、一九五四年には原子力開発の予算計上に成功している。この頃にはすでに憲法改正の呼びかけを行っており、改憲派として注目され始めている。岸内閣では科学技術庁長官として入閣し、原子力委員会の委員長にもなった。その後、政治家としては順調に運輸大臣や通産大臣をこなし、一九七八年に自民党総裁選に出るも落選する。

昭和五十七（一九八二）年、内閣総理大臣に就任した中曽根は、国鉄、電電公社、専売公社の民営化を進める。後のＪＲ、ＮＴＴ、ＪＴである。

日米関係においては防衛の一体感を示し、レーガン・大統領とは「ロン」「ヤス」との愛称で呼び合う仲になる。また、総理大臣として戦後初となる韓国公式訪問を実現し、韓国語での演説と韓国語でのカラオケは奏功した。

竹下にその座を譲った後は、「影から大声を上げる」政治姿勢を取っていたが、リクルート事件で自民党を一時離党する。復党した後も小沢一郎に肩入れするなど、波風を起こし続けていた。

ある人のこんなコメントがある。

「田中角栄は天才と言われることを嫌う。努力して這い上がって来たと言われたい。中曽根は天才でなく秀才だ。努力して総理になった。ところが本人は天才と言われたい。秀才と言われると不機嫌になる。」

喜一は彼を総理大臣として高く評価をしている。

「彼は権力が好きで、僕は権力が好きでないから、違和感はあるのだが、立派なことをやっている。」

平成九（一九九七）年二月、若宮という記者からこんな申し出があった。

「憲法五十年を飾る九十七年の企画として、宮澤さんと対談をしてみませんか。」

中曽根は怪訝な顔をしていた。そして、一晩考えて承諾した。

日本国憲法　喜一・中曽根対談

喜一は、衆議院議員手帳の憲法の部分だけを剝ぎ取り、それを内ポケットに納め、必要な時はいつでも憲法の条文を確認する、ということをしていた。この様子を見て田中秀征は非常に感心していたという。

平成九（一九九七）年二月、若宮という記者からこんな申し出があった。

「憲法五十年を飾る九十七年の企画として、中曽根さんと対談をしてみませんか。」

喜一は怪訝な顔をしていたが、「いいですよ。」と即決した。

そして当日を迎え、平成九（一九九七）年四月九日、都内ホテルにて日本屈指の名対談が始まる。

中曽根「丁度五十年ですね。そうするとあと十年ぐらいかけて今の憲法を総点検して、次の時代のうねり、歴史の展開に対応する構えを創ったらいいというのが私の考えです。

今の憲法が果たした役割は非常に大きい。象徴天皇、民主主義、自由主義、人権尊重、国際協力、平和主義という基本原則は認めています。その上での改正論です。五十年経つうちに色々欠陥も出てきたし、曖昧な面も出てきた。次の時代にふさわしいものに変えた方が良い。」

喜一「私は戦後間もなくの時、秘書官の若造で特に憲法のことを考えたわけではありません。軍部がいなくなりアメリカが来るから、自由は大丈夫だろうが、皇室はどうなるか深い関心を持ちました。翌年の二月には吉田外相の官邸に憲法案を持ってきました。日本側の松本案は拒否されたので、日本国民が自分の総意で作った憲法ではありません。

それはそれとして五十年を振り返ってみると、我々国民は憲法の規定の下にありましたが、憲法自身を慣れたものにする、生硬でないものにした部分もあると思うのです。つまり、憲法は我々が産んだものではないが、憲法を育て使い込んでいった部分があると思うんですね。裁判所が判例によって憲法を納得のいきやすいものにした。杓子定規に読むと問題がありそうなものを裁判所が長い間に常識的なものに作り上げていった。

憲法改正のための国民的なエネルギー、コストを払って得るベネフィットはそれほどないんじゃないかな。この議論はどうしても九条問題に発展するので、激しい対立になりかねない。しかもその結果は、多分変わらない。

それからもう一つ、この憲法を維持できるかどうかは、日本の周辺国の我が国に対するこれからの態度によって非常に影響されると思う。こちらから刺激する必要はないと思います。」

中曽根「周囲の国の思惑よりも世界に通用する独立国としての条件を整える方が先だし、違憲脱法行為を後追いで是認、始末するやり方に賛成できません。

最近の状況を見ると、国際貢献も絡んだ安全保障問題など九条解釈で持ちこたえられるのか。環境権、情報公開、人格権、プライバシー保護などといった問題が隆起しているが、今の憲法には解釈の弾性値を超えたものがあると思うんです。

明治憲法も伊藤博文らが苦心して作ったものだが、欽定憲法であって、日本国民が作った民定憲法ではない。同じように一九四六年憲法もマッカーサー司令部の指示で、国民が作ったものではない。二十一世紀の新しい時代を迎えようというときですから、今度こそ自分達で憲法を作ってみたい。焦らんでいいから十年ぐらいかけて、議論させる段階に来たと思う。」

喜一「変えたければ変えればいい。そこは別に議論がないんですね。しかし、この憲法を経験主義的に捉えるか、規範的に捉えるかという違いはあると思います。今の憲法は宣言的な部分と規範的な部分が両方ごちゃごちゃになっている。規範的というのは大陸法的で明治憲法はそういう性格が強かった。対する宣言的なものは英米法で自分の望みを宣言するようなもの。この二つがごっちゃになっていることはそれはそれで差し支えない。」

中曽根「平和を維持したのは憲法九条の力だと言う人がいるけど、私はむしろ国民の意識だろうと思います。その上に日米安保条約だが、これは憲法ではなく外交上の所産だ。」

喜一「九条の持つ一番大事な意味は、これだけ自由で立派になった国が〝外国で武力行使はしない〟というプリンシプルで、ここまで生きてこられたということです。日米安保条約に支えられてきたことは間違いないが、憲法の枠内で運用しているのであって、これを維持するために憲法を変えなければならないという問題ではない。

日本が過去に犯したような過ちをもう二度と犯さないためには、日本が国外で武力を行使する場合の条件を、極めて厳しく規定しておかなければいけない。」

中曽根「希望的観測は持ってもいいけれども、それが万一外れた場合の保険をちゃんとかけておくというのが、安全保障の問題なんです。」

それから二人は憲法発布当時の思い出や史実確認の話を突き合せていく。岸内閣の時に憲法改正ムードがあったという中曽根と、そんな国民の支持は無かったという喜一との見方の違いもあった。「護憲」ということで言えば、喜一は一部の護憲運動派とは相容れないところがあるので注意しておきたい。また、中曽根は安保があったから護憲ができたので、安保がなければ護憲はできなかったかもしれないという解釈をしている。

集団的自衛権についても当然触れることになった。

中曽根「これは私の考えで、少数説かもしれませんが、集団的自衛権の保有も行使も合憲である、と考えています。自衛権というものは個別的自衛権も集団的自衛権も同根一体で、個別的自衛権を持ち使用できるのに、集団的自衛権は持っているけれども使用できないということは矛盾だからです。

実際の運用については、例えば第一段階は補給・物流、第二段階は情報・警戒・臨検、第三段階は公海上において他国の領域には入らず防御的共同対処、といった各段階で閣議や安全保障会議、国会承認などでブレーキをかけておく。」

喜一「私の考えも具体的な対応という観点からみれば、実態として中曽根さんとあまり違っていないと思います。横須賀沖かカリフォルニア沖かという議論があります。同じ〝公海〟でも横須賀沖で起こったことは、日本は日本の自衛のために行動している。そのために自衛艦がアメリカの艦船の擁護に立ち向かうので、カリフォルニア沖でそれをしたことと同じではない。日本にとって国益が明らかに違うということは、常識的に極めてはっきりしていると思います。」

対談は四時間に及び、靖国、沖縄、アジア、中国の問題も話題に上がった。喜一は過去のインタビューで次のような発言をしている。

喜一「元気のいい改憲論が出た場合、日本女性党を作ってでも断固阻止する。女性は必ず反対する。」

対談の終わりに、この発言について触れられると、

「差別発言になるといけませんから、止めます（笑）」

という返答だった。

二人の対談は両方への賛辞が多く寄せられたという。

大蔵大臣の仕事②

日本では経済・財政の対応に追われている時ではあったが、平成十（一九九八）年三月、アメリカのジャパン・ソサエティーが主催する講演会に喜一は参加することになり、豊田章一郎・トヨタ自動車株式会社社長、田中直毅・政治評論家の三人でニューヨークへ向かった。喜一らはウォルドルフ・アストリア・ホテルに宿泊していたが、突然ルービン・財務長官が訪問してきた。

ルービン「橋本総理大臣に消費税の税率引き上げを元に戻せないか、と伝えてくれないか。」

喜一「伝えるだけは伝えましょう。」

喜一は帰国して橋本に伝えたところ、そんな話はとても飲めないという感じだった。

平成十（一九九八）年三月、一度目の公的資金注入。大手二十一行に対し、一兆八〇〇〇億円。そして六月になると、金融監督庁ができたが、喜一は悩まし気だった。

喜一「まずいことだ。金融部門は大蔵省の中に置いておくべき。銀行行政と一緒であるべきである。とはいえ、大蔵省の接待汚職事件などの色々なミスがあって、維持はできなかった。」

平成十（一九九八）年七月三十日、第十八回衆議院選挙で自民党が大敗すると、橋本内閣に代わり小渕内閣が発足する。そこで小渕が喜一に声をかける。

小渕「是非協力して欲しい、一切任せるから。」

喜一「こんな年寄が出る場合じゃない。」

小渕は二度、東京二番町にある喜一の事務所に足を運んだ。三顧の礼は軽井沢になるかどうかというところで、喜一を閣僚に迎え入れることができた。小渕は軽井沢にまで説得に来る勢いであったし、こちらから出ていけば捕まえられるだろう、と喜一は困っていた。しかし、緊急金融システム安定化対策本部長をやっていることもあり、引き受けることにしたのだ。日本長期信用銀行、日本債権信用銀行などの処理、それから省庁再編で大蔵省の廃止と財務省への衣替え、金融機関再編、経済再生内閣と課題があった。

総理大臣の経験を持って大蔵大臣に引っ張り出された喜一は、「平成の高橋是清」と呼ばれた。

参院選で自民党が大敗したため、大蔵省は何も言えない状態だった。これは喜一にとってやりやすい状態であり、本格的に色々な対策にかかろうと、減税、公共事業、金融へと金を出すことにした。

ところが、景気に跳ね返って来ない。喜一は「へドロにコンクリートパイプを打っているような気がした」と漏らしている。喜一はこの間に予算を考えていて、自然と思いついた「十五ヶ月予算構想」と「四兆円の景気対策特別枠」を打ち出し、とにかく使える金はみんな使ってみようという姿勢を取ることにし、財政収支のバランスは気にしている場合ではなかったという。やれることは全てやった。しかし、思うような効果は出なかったのである。

この時の経済状況を受けて、平成十（一九九八）年八月十一日、喜一は国会でバブル崩壊についての質疑に答えるということもあった。

質疑「あのとき過剰流動性のもとを作り、バブルはあなたが仕組んだものでしょう。」

喜一「うまくいかなかったことについては責任があると思っている。しかし、ああせざるを得なかったというのは、あなたもお分かりでしょう。どこかで金利の引き締めに入るべきだったというのは、理屈としてはその通りで、私も澄田智（すみたさとし）日銀総裁も十分そのことを視野に入れながらやっていました。しかしもういっぺんやってみろと言われても、あのときどうやればバブル景気を避けることができたか、経済の流れは恐ろしいほどだったんです。今も反省していますが、いつ、どうしておけば良かったんだということが、中々私には、今になって考えてみてもわからないんです。」

平成十（一九九八）年八月二十日、日本長期信用銀行危機という問題も起こっていた。これに対処するため、喜一が調整して高橋温・住友信託銀行社長を首相公邸へ呼んだ。喜一は同席して、長銀合併要請の話を持ちかける。実際には両者間で進んでいた話なので、その後押しの呼びかけであり、小渕はすんなりと話に乗ってくれていたのだった。

喜一「救う方法はこれしかない。長銀を合併するという方法が良いというのは広く認識されている。」

ところが結局、高橋は引き受けずに終わった。債務超過が懸念だったのかと推測される。

そんな喜一のところに、ポール・ボルガー・アメリカ連銀総裁が突然電話をかけてきた。

ボルガー「今中国の三峡を観光している。長銀のことで何か考えられないのか。これができないと全体が上手くいかない。何とかできないのかね。」

長銀のキャッシュがなくなって合併できないとなると、国有化しかないのだが、国有化の場合は莫大な金がかかってしまう。

しかし、これ以降、喜一は長銀に関与することはなかったが、この年の十月には破産し、翌年には投資ファンド・リップルウッド・ホールディングスに売却という流れになった。後日、ポール・ボルガーが、リップルウッドの最高責任者であるティモシー・コリンズを連れて、喜一へ挨拶をしに来た。

何の因果かこの年の十月に、国際交流基金の招きに応じ「シャウプ勧告」のシャウプが来日した。この時はドルが大変な時で、喜一が「これから十年間、どの通貨で貯蓄したら一番いいか。」と皆に聞くと、誰かの「人民元が一番いい。」という答えが印象的だったという。

新宮澤構想

平成十（一九九八）年、この年は新宮澤構想を始動させた。国内の金融危機に対応するのと同時にアジア通貨危機に立ち向かう必要があった。

喜一はまずＡＭＦ（アジア通貨基金）構想を進めた。アメリカの反対に遭うが、日本に外貨の蓄積があったので、これを使うことにしたのだ。九七年七月から九八年のアジア通貨危機に対応することになるのであるが、これは国内の財政赤字と切り離して議論ができるという。というのは日本輸出入銀行の金を使えることが大きかったのだ。総額三〇〇億ドルを韓国と東南アジアに資金援助をする。これは、半分が貿易金融で、半分が「国で資金を出すから何でも使いなさい」というものにしていた。

アメリカは、ＡＭＦが存在した場合、ＩＭＦが対応しようとしても、先にＡＭＦが対応してしまうことによりアメリカの調停が崩れてしまう、という懸念を示していた。アメリカの経済覇権を渡したくないということも考えられる。表向きはＩＭＦのコンディショナリー（条件）を維持したい、コンディショナリーを一つにできないのは困る、という主張である。

二〇〇〇年になるとチェンマイ・イニシアティブ（ＣＭＩ）が始まる。ＡＳＥＡＮ＋日中韓というアジア各国間で通貨危機が起きた時に外貨を融通し合う金融上のスワップのようなことを合意した。中央銀行同士が主に為替相場の安定を図るため、互いに自国通貨を預け合うことができるように取り決めた協定である。

平成十一（一九九九）年三月、二度目の公的資金注入。大手十五行にたいし、七兆四五〇〇億円。東京三菱銀行の反応はかなり慎重だったが、景気回復感が無い状態だった。

加藤の乱

二十世紀の終わりの年になっていた。平成十二（二〇〇〇）年四月五日、小渕急逝により森政権に代わる。喜一は引き続き大蔵大臣を依頼された。

喜一「こういう急な事態ですから、しようがないですね。」

喜一は「小渕は大づかみでも問題を分かっていたが、森はそこまでも分かっていない」と感じていたという。

不審な森首相の選出にはじまり、森首相の「神の国発言」という政教分離に反する失言、久世公堯（きみたか）・金融再生委員長の比例名簿上位を狙った資金供与問題、その資金問題発覚直後も対応を後回しにした森首相と、こういったことに国民もマスメディアも眉を顰（ひそ）めていた。

加藤紘一はこの様子を見て、民主党と交流を持ち始めるが、その行動があからさまになっていく。

一連の問題の一つである拘束名簿式比例代表制について言えば、名簿の上位に記載された人は選挙前に当選確実のようになってしまい頑張らなくなり、名簿の下位に記載された人は拗ねて頑張らなくなる、という問題があった。この名簿上位の位置を不正な資金で狙ったのが久世だったというわけである。このため、選挙方式を「非拘束名簿式」へという改正案が一気に進んでいった。加藤はこの問題について当初から強い言及をしていたということもあり、自分の影響力に自信を持ち始めたようであった。

秋になると、中川秀直・官房長官が女性問題で辞任するということもあり、森内閣の支持率は危険域の二十％を切っていた（十八％　共同通信）。

十一月九日、加藤はこの流れを見定めたかのように、森退陣要求を口にし倒閣行動を開始する。メディアの前でも加藤は次のように話した。

「野党側が提出する森内閣不信任案の採決に欠席することを考えています。ここで携帯電話のボタンを押せば菅直人がすぐに出ます。」

喜一は「自重するように」促した。加藤派（宏池会）と山崎派、そして野党の人数を合わせれば倒閣できる数になる。このため、野党が提出する内閣不信任案に対して、加藤にとってはどれだけの賛成票の数を固めて置けるのかということが喫緊の課題となった。しかし、同時にこの行動に反対する動きも一斉に始まっていく。宏池会だけに限らず自民党内全体として野中広務が中心となり、切り崩しが行われたのである。

加藤はインターネットを活用する先駆者と見られていた面もあった。加藤のホームページには、

「大きなドラマのまだ序の口です。どうか皆さん、時代の重い扉を一緒になって押し開こうではありませんか。」

というメッセージが掲載されていた。アクセス数は十万を超え、それにつれて加藤の支持者も増えたように見えた。

しかし、加藤の計画にはいくつもの誤算や誤解が見え隠れしていることも明らかになってくる。まず、経世会に対抗しようとして集まったＹＫＫと呼ばれる山崎拓、加藤紘一、小泉純一郎であったが、小泉は森の擁護に回った。加藤が小泉に話を持ちかけた時には、同調してくれるものと解釈していたのだが、加藤は誤

解していたのだ。これだけではなく、加藤は喜一にも話を持ちかけているが、喜一のスタンスとしては「引き止めはしない、頑張ってくれ」というものであるから、これも誤解されていたようである。それから、加藤の側近として見られていた古賀誠であるが、こちらも喜一に付いてしまう。山崎拓は最後まで加藤の味方をしていた。

野中は山崎拓と加藤に内容証明郵便を使って除名届けを送り、離党勧告をした。

それから間もなく、いよいよ内閣不信任案の採決が迫ってくる。十一月二十日の夕方の時点ではすでに加藤と山崎の数が不利であることは明らかになっていた。ホテルオークラで加藤と山崎の協議が開催され、その様子はテレビにも映し出される。

加藤「これから二人で本会議場に行って不信任案に対する賛成投票をしてまいりたいと思っております。」

そこに谷垣禎一が壇上の横から迫り、加藤に詰め寄る。

谷垣「加藤先生、大将なんだから一人で突撃なんて駄目ですよ。大将なんだから！　加藤先生は！」

不信任案は反対多数で否決された。これを「加藤の乱」という。この一連の騒動は、直後の新聞、雑誌ではいっせいに酷評が連発された。

財務大臣の仕事

騒動は収まったとは言えないまま、二十一世紀が始まる。喜一は変わらず財務大臣の仕事をこなしており、経済財政諮問会議への出席などをしている。

平成十三（二〇〇一）年一月三十一日、「加藤の乱」により宏池会は、加藤派と反加藤派に分裂し、〃谷垣派の宏池会〟と〝古賀派の宏池会〟ができる。河野洋平らはすでに宏池会から去っており、その派閥が後に麻生太郎派となるのである。

さて、中国からの輸入が急増するという問題が起こっており、日本政府の方針として、葱、生シイタケ、イグサ（畳表）に対してセーフガード（緊急輸入制限措置）の発動が取られた。これに対して、喜一は懸念を示した。

喜一「日本はこういう自由化のために一所懸命やってきた。僕なんかは三十代から一所懸命やってきているのに、今中国に向かってこういう規制をかけるなんていうのは絶対に嫌だ、恥ずかしいじゃないか。」

党の力関係というよりは、声の大きなごく少数の人がいて、どうにもならなかった。まだ中国の経済発展が見られない時であったので、その人達は楽観視した節があった。

声の大きな人達「向こうは報道も何もしないだろう。」

喜一「わからないよ。」

葱を作らせているのは日本の商社という話でもあり、喜一は改めて嫌な話だと思った。

以前までは消費者が規制に抵抗してくれたのだが、安い農産物においては、変な農薬が使われるぐらいなら、日本の物を選ぶという人の方が多くなった。だから消費者にも味方がいなくなったのは、昔と変わった点である。

喜一「こういうことは何度もやってはなりません。」

次にタオルも対象になりそうになったが、喜一はこれも反対し、これはさすがに止めることになった。

この頃と思われるが、ジョージ・H・W・ブッシュ・元大統領が来日して、喜一は東京で食事を共にすることがあった。この時にブッシュはあるアフリカ系の女性を連れていた。十五歳までピアニストを志望していた彼女は、後に国際政治に興味を持ち、政治学を学ぶ。ソ連を中心に研究を進め、修士になった後に国務省に務めているという。

ブッシュ「今日、コンディを連れてきたのは、あなたに日本の話を聞かせてもらいたいんだ。」

喜一は「息子の補佐に付けようとしているんだな」と思った。コンドリーザ・ライス、後の国務長官になる人物であった。

第二ピリオド

平成十三（二〇〇一）年四月二十六日、小泉政権が幕開けすると、喜一は大臣を辞任する。この年の夏、喜一は大学時代に授業を受けた岡義武氏の本を読んだりしている。

この夏はイベントがあった。講和五十周年記念が開かれ、アメリカの参加はジョージ・シュルツ・元国務長官だった。その時はカリフォルニアで停電が起きたり、かつての日本の商社で強制労働があった問題が持ち上がるなどして、大統領参加は見合わせられていた。そこでのキーノート・スピーチ（基調講演）は、喜一の最後のスピーチになる。

「講和条約と安保条約の同時成立を吉田茂が考えた。全面講和は非現実的であったが、その結果、ロシアとの講和ができていない、北方領土問題、北朝鮮問題、中国と台湾の問題が残ってしまった。全面講和を待つという非現実的な選択をしなかった結果として今日がある、と私は考えている。

日本の今日の繁栄は、そのこと自身を積極的に評価していいと思う。したがって、五十年を回顧し、吉田氏のこの選択を評価する。

日米関係でアメリカを評価すると、自由貿易体制の推進と沖縄返還の決心は非常に高い評価をして良い。自由貿易は日本も受益者だった。

日米安保は当時とかなり違い、橋本・クリントンでの共同声明にある、〝ナイ・リポート〟を基本にした新しいアジアにおける安保条約のようなものが、アジア諸国の将来にとっても非常に大切な意味を持つに至ったと思う。

日米協調体制の問題の一つは、日本の集団的自衛権の態度が不鮮明ということ。もう一つは沖縄に海兵隊がいることで生じるアクシデントのこと。この二つを考えなければならない。

日本はこのまま軽武装を続けたいが、中国の国家体制が不透明である。どんな国家体制でもいいから透明であるべきだ。中国は間違いなく経済大国になるのは必至で、そうなると同時に必ず軍事大国になる。台湾を始め隣国に対して脅威を与えて欲しくない。

インターネットが普及すると自壊の可能性があるが、非常に不安で、共産体制が問題だ。その中国の問題が無ければ、日本の武力行使をしない基本政策は今後も続けていける。そうあるべきだと考えている。」

これを補足する喜一のコメントがある。

喜一「日本がこれだけの経済大国で、安全を他国に依存していることから起こり得る色々な問題は二十一世紀になって解決しなければならない問題だ。私は依存していいと思っているけど、色々議論はあるだろう。」

平成十三（二〇〇一）年九月十一日、アメリカ同時多発テロ事件後、喜一はインタビューを受けた。

共同通信「アメリカ中枢同時テロに関連し日本は何ができるか。」

喜一「戦前の日本が自衛と称して侵略したことがあるから、私は憲法の解釈とか日米安全保障条約とかいうものに厳格な態度を取ってきた。日本人がたくさん犠牲になった。しかし、今度のテロは憲法九条の話でも、安保条約の話でもないと思う。つまり、日本人がたくさん犠牲になった。そして、今後もテロが繰り返されるかもしれない、という時に、日本政府は何もしなくていいのかというのが私の問題意識だ。海外で戦争をしてはならない——これは憲法にははっきり決められている。極端に言えば、それ以外のことは何をやってもいい。」

一年半後の平成十五（二〇〇三）年三月二十日、この事件に関連して、イラク戦争が勃発する。小泉政権はアメリカを支持した。

イラク戦争が始まる前後、小泉純一郎の指示のもと、自民党は「七十三歳定年制」を導入する。喜一は八十四歳になっていた。事実上、引導を渡されることになった。ちなみに中曽根康弘は八十五歳で、これを聞いて激昂していた。

中曽根「非礼なやり方ではないか。断じて了承できない。自民党は老人はいらないとの印象を与える。北関東ブロック比例で終身一位の約束を守って欲しい。」

小泉の祖父は、あの又二郎親分で、喜一の祖父である小川平吉に殴りかかろうとした人物である。その時の当てつけなのであろうか。

しかし、喜一は「総理総裁に恥をかかせるわけにはいかない。自民党の若返りに貢献したい。」という。

小泉「ありがたいと思います。戦後史の生き証人みたいな方で、よく政治の実情や国際外交の実情を身をもって経験された方だから、議員でなくてもね、ご指導賜りたい。」

喜一は「頭には全く来てない。もう、大体やることもやったなという感じ。」と言って、引き下がった。

平成十五（二〇〇三）年十月十日、喜一は政界から身を引いた。

余生

政界引退後、喜一は自分で電車に乗ったり、買い物に行ったりをいくらかやるようになった。生活の実態がわかってきたと言う。色々な人の話が伺える機会が増えた。

喜一は余生を日米安保の重要性を説くことと決める。日本のナショナリズムの広がりにも危惧し始めている。

喜一自身は、八十を過ぎても、老眼鏡をかけずに新聞を読み、身体も頑健であった。

平成十六（二〇〇四）年二月十七日、講演会で喜一はイラク戦争の批判をした。

喜一「米国でイラクに大量破壊兵器（ＷＭＤ）があったと言う人はほとんどいなくなった。疑問が解けない戦争に日本がどれだけ関与するかが問題だ。自衛隊派遣は国民が十分説明を分かったとは言い切れない。米国はＷＭＤがあるかのごとく言い、国連安保理の賛成多数を得ないで一方的にイラクを攻撃した。ニューヨークのテロもフセインには関係なかった。小泉首相は北朝鮮の問題もあり、日米の友好関係を重んじて自衛隊を出した。反対とは言わないが、分かりにくい問題の残る出来事だ。

今の米国は新保守主義（ネオコン）に随分引っ張られている。ここ数年で変わることを期待する。日米と中国が対話を続けることで、この地域の平和の枠組みが二十年くらいは保てる。中国は日本経済に大きな影響を与え、軍事大国にもなる。日中関係は日米と同じくらい大きくなる。

民主党との政権交代が可能との印象を国民に与えた。ただ外交・安全保障の問題がはっきりせず、政権を渡すのは危険なのではないか。」

喜一はテレビ出演もしており、平成十六（二〇〇四）年四月四日、ＴＢＳ「時事放談」に出た時はこんな話をしている。

質問「テレビ番組は全般的にどうか。」

喜一「大体つまらないと思います。」

質問「週刊文春の出版差し止めがありましたが。」

喜一「あれはね、もっと面白い記事を書け、と裁判所が言ってるのかと思いました。」

平成十六（二〇〇四）年六月一日、喜一はまた、「農林水産業から日本を元気にする国民会議」というものの代表幹事を務める。ベンチャー企業や流通産業、金融機関の関係者もメンバーに加え、農業ビジネスを対象とする投資ファンドの創設や農作業ロボットの開発などを目指すものだ。農林水産業を活性化するために必要な政策立案も手掛け、毎年提言していくことになった。

喜一「日本の農林水産業は自立した産業になっていない。食料自給率の低下もこのまま放置できない問題だ。」

平成十六（二〇〇四）年七月十四日、広島県から喜一に名誉県民の称号記が贈られるということがあったが、この前後に、喜一と秀征は『週刊東洋経済』の企画、「戦後政治と石橋湛山　生誕一二〇周年記念・師弟対談」というタイトルで対談を行っている。喜一はこのために、石橋湛山の本を六冊も読んできたという。

翌年になっても喜一はまだ精力的である。自民党の新憲法起草委員会の顧問会議で、「天皇」に関する小委員会に喜一は参加する。

この年に喜一が取材を受けた時、過去の株価を全て手帳に書いているのを見かけられ、取材者に感心されている。いちいち書棚の本を出して確認するなど、きちんとしていたという。

そして夏、体調を崩す。

さらにその次の年も、喜一は引き続きテレビに出ており、平成十八（二〇〇六）年七月九日、ＴＢＳ「時事放談」でイラク情勢についてコメントする。

喜一「アメリカと関係があるから日本は安全だという頭がありゃしませんか、小泉さんに。安全でないんでしょ。現実に起こったことは。」

引退後の活発な活動について問われると、「それが自分の人生であり、使命なんでしょうねえ。目の前に問題があるのに、知らないとは言えなかった。」と、喜一は答えた。

宮澤喜一

異名として挙げられるのは単に「秀才」といった他に、「ニューライトの旗手」、「自民党の徳川慶喜」、「平成の高橋是清」と言ったところだろうか。

大正八（一九一九）年十月八日、父も政治家、祖父も政治家、どちらも学問に秀でており、同じく祖母や母も優秀である家族の中に、宮澤喜一は長男として東京で生まれる。小中高大と極めて優秀な成績で学業を修めた後、大蔵省で官僚役人として活躍するが、すぐに戦時下となる。役人として税務署や保険関係を務めた後、アメリカ占領軍の下、ほとんど通訳や翻訳のために役所勤めをするが、おかげで広範囲の実務にも携わる。

政治家になると、大臣になったりならなかったり、失敗したり成功したりしながらも、国への提言を何度も行った。政局、派閥、政争が嫌で、それに翻弄されもしたが、七十二歳で首相になる。

彼の一つのテーマは「自由」であった。抑圧された幼少期や青春期を過ごしながら、ジョン・スチュアート・ミルの本に感化され、人生の最期までこの重要性を訴える。

彼の無意識な行動は、優秀な人材と出会い、会話や議論をすること。彼は生まれる前から秀才や天才に囲まれ、そして出会い、それから仕事のできる者や人格者も好んでいた。類は友を呼ぶというが、その引力は半端ではない。それは本書の通りである。国内に限らず国外からの要請も多かった。

その出会いは、勝手に布石が打たれ、自然と伏線が引かれていることも少なくなかった。

能楽や映画を好んだ。漢籍に通じ、和歌なども頭に入っている。登山が好きだったはずだが、時間が取れずゴルフに費やすことになる。麻雀は池田の死後はやっていない。時間の無駄とのことである。

病気らしい病気はほとんどしていない。

日本の選挙立候補者は家族を巻き込むことが通例になっているが、喜一はほとんど夫人を巻き込んでいない。人の愛情としては、そちらの方が良いのではないだろうか。夫婦喧嘩は一度も無かったという。

首相の長期休暇、労働時間の削減や週休二日制にも影響を与えたのは、今でいうブラック企業に対するような政策であった。これも人の健康を気遣った結果である。

政治に関わった人生はとても長かった。この日は夏至から六日後のことで、太陽が長い時間日本を照らしていた。しかし、いくら昼の長い日でも夕日はやはり沈むのである。

喜一「少し休ませてもらう。」

最期の言葉であった。

平成十九（二〇〇七）年六月二十八日、喜一は永眠する。享年八十七歳。

中曽根「戦後最高の知性を持った政治家であり、首相をやった者同士として尊敬しあい、努力してきた。日本の損失であり、同僚として悲しみに堪えない。」

中曽根は涙を落した。

田中秀征は細川からの連絡で初めて知った。細川は悲痛な声を出していた。「近親者のみの密葬」ということで秀征は参列を遠慮したのだが、新聞報道によると一五〇〇人もの弔問客が訪れたとのこと。秀征は遅れて二日後に葬儀の喜一の自宅を訪ね、静かに献花をした。パフォーマンスや大騒ぎをすることを避けていた喜一にとっては、こちらの方が心地よかったかもしれない。

平成十九（二〇〇七）年八月二十八日、自民党合同葬では二七〇〇人が参列した。

委任状と伝言

喜一は、後世のためにメッセージを残している。それは平成七（一九九五）年の『21世紀への委任状』と平成十七（二〇〇五）年の『ハト派の伝言』である。その他の本にも多くの言葉が残されているので、ここではそれらを合わせてメッセージとしてまとめたい。『21世紀への委任状』には、話の度に故事成語が付加されている構成になっているが、それは割愛する。

【自由】

「私が小学校六年になったときに満州事変が始まった。中学で犬養毅暗殺、高校で二二六事件、大学でヒットラーがポーランド侵攻。太平洋戦争が始まり、戦争、空襲、赤紙が来て、私の青春時代は、自由というものがついにはなくなっていく日々でした。

食い物がない辛さはほとんど覚えていません。覚えているのは自由を奪った軍人に対する激しい怒りです。社会に自由という活力が無くなれば、戦争に負けるのは当たり前です。堤は蟻の一穴から崩れるんです。これは現実にあったことで、そんな昔じゃないんです。

今の教育システムを見ていると私は大変心配です。画一的な教育が行われているんじゃないか。ある意味で従順な国民ができつつあるのではないか。危ないぞと私は言いたい。テレビも新聞もみんな同じことを言っている。

自由は突然なくなるのではない。段々なくなっていくんです。自由が侵されそうになるあらゆる兆しに、厳しく監視の目を向けなければならないのです。」

【小選挙区制】

「小選挙区では大政党に有利だろうとはいえる。そこで比例である程度補おうとしているんですね。私が心配しているのは投票するほうの立場なんです。五人の中選挙区なら、少数政党が一人くらいなら入る可能性がある。自分の票がわりと生きてくる制度です。ところが小選挙区では、ひとり有力な候補者がいると、他の候補者に投票しても死に票になる可能性が高い。それなら棄権するかもしれない。

候補者の立場でいうと、当選するのが一人しかいないのだから、冠婚葬祭に顔を出しているのが有利である。例えば一番その土地に密着している人といえば市長さんですよ。国政をやる人を選ぶ物差しとして、果たしていいのだろうか。代議士のスケールが小さくなっちゃうだろうと思います。」

【政党助成金】

「議会というのは、藩閥政治が権力を握っているのに対抗して、明治に自由民権運動が始まりました。だから、本来非常に在野的（民間的）なものですよ。それが、国からお金をもらわないと政治活動ができないなんて、政治家として恥ずかしい。情けないですねぇ。」

【政治家の課題】

「役人の数が多すぎます。自然に自己増殖するところがあるので、節目に規模縮小は必要です。官僚機構そのものは政治をやる上でなくてはならないし、日本の官僚はなかなか優秀だと思います。世の中の論理よりも役所の論理を優先する傾向がありますが、それは政治家が修正してやる必要があり、それが政治家の大きな役割です。

あまり厳しくし過ぎると官僚の質が下がります。天下りが悪いと言いますけど、あまりたくさんだと困りますが、五十幾つで役人を辞めて民間も公社もダメとなると、学生の就職先に役人の希望者がいなくなる。役所はどうしても無きゃならないものですから、そうなれば質の悪い役人が増えてきます。

大臣になった政治家が役所に行くと、最初は役人から色々物を教えてもらわなければならない。教えてもらうということは生徒ですから、先生の上にはならない。日本の大臣は任期が短いから、大体の政治家は先生にならないうちに辞めてしまう。先生の上に出るぐらいのところまでいって初めて政治家は官僚を本当の意味で使えるようになる。そういう意味では政治家も何かの専門家であることは大事で、ある分野に精通している政治家は役人をうまく使っている。官僚が力を持ち過ぎるという議論を聞くと、むしろ官僚を使う立場にある政治家の方に問題があるのではないかと思います。

荒療治かもしれないが、国会答弁を官僚に書かせないで、全て政治家がやるということにするのがいい。自分で答弁しなければならないとなると、突っ込まれた時に対応するため、勉強するようになる。副大臣と大臣政務官あたりまで適用させた方がいい。役人は質問と答えを両方書いているから、官僚の書いたシナリオで政治家が踊らされているようなものだ。」

【右傾化と個性】

喜一「世論の右傾化やナショナリズムの高揚が言われているようだが、こういった風潮は何年かに一度は必ず起きる現象で、戦後初めてではない。私たちはその都度、それを克服してきた。

日本人は全体的に一つの方向にまとまっていきやすい国民と思っている。戦前は、国定教科書がこうした国民性をつくり上げる役割を果たしていた。戦後改善されると思ったが、どうもそうならない。本当は、一人ひとりがもっと個性的になっていいはずなんですがね。」

【日本の外交と防衛と】

「これだけ科学が発達し、使われる兵器が最終兵器と言われる様相を呈してくるとなると、米ソといえども完全に自分達一国だけで自分の国を守ることはできない。たとえどちらかの中核とはなり得ても、戦略的にみて自分の国だけで自国の独立を完全に守ることはできない時代なのだ。

また経済的にも一国だけで独立を保てる国はどこにもない。とすると、これをどこに求めるかというと、やはり集団的な大きなブロックの中での防衛ということになる。このために、ある程度主権に制限が起こることも止むを得ない。

その代わり、その体制の中で日本は何を寄与するのか、軍事的にいかなる責任をはたせるか、という問題も生じてくる。

ODA（政府開発援助）とJICA（国際協力機構）の国際平和協力隊に大きな望みを託している。常時二千人ぐらいの人が世界のあちこちに行って平和のために働いてくれているのは大きく、戦前や戦時中に与えた日本人の悪いイメージを払拭しようとしている。私たちは大いに感謝していい。これは首相時代、東南アジアを歴訪した時に各国の指導者達から聞いたから本当のことだ。ODAの世界一だけは何としても続けたい。

私は憲法九条について、〝日本民族の運命をかけた大実験〟と言っていた。日本は戦争に巻き込まれずに繁栄を成し遂げ、世界第二位の経済大国になり、実験は成功したと思っている。だから今後、仮に九条を改正することがあったとしても、基本的な考え方まで変えてはならない。核兵器などの軍事技術がここまで発達する中、日本のような平和主義を貫くのも一つの手法であることに間違いはない。こういう生き方もあると世界に示すことも重要なはずだ。」

【中国】（※比較的古い話から始める）

「私は中共（今の中国、台湾の中国と区別した共産圏の中国）は承認すべきだという建前でものを考えている。やり方、時期にはいろんな問題があるかも知れないが、現実にそこにそれがあるんだから、それは承認しなければならない。同じ平面でものを考えると国際法的に厳密に言えば台湾の帰属は未確定だが、あそこには政府として承認し得るものがすでに十数年あるのだから、やはりあそこにも一つの国があると考えるより他はない。

それなら二つの中国になるのか。それは北京も台湾も好まないだろうという議論は当然出てくるが、相手が好むと好むまいと政策論でなく認識論の問題として片方に北京政府があり、それが一つの国を形作っている。一方台湾にも一つの政府があり、それがまた一つの国を形作っている――こう認識していくよりしようがない。率直にいって日中問題というものは、台湾の処理さえ腹が決まれば、後は何も無いんじゃないだろうか。

ただ台湾をどうするかという問題は日本の場合、今までの行き掛かりがあって、イギリスやアフリカの国々が考えているように、そう簡単にはゆかない。やはり国連あたりで多数意思でものが決まった時に、その事実の上に立って日本政府の方針を決めれば良い。」（一九六五年）

「貿易や投資関係が進んでいく。インターネットなどで情報統制が極めて難しくなる。この二つははかり知れないプラスかもしれません。この背景には、アメリカで教育を受けた支配階級の子弟が帰って来たということがあるのかもしれません。そして、必ず軍事大国になる。排他的な国であることは変わらない。共産主義がナショナリズムに代わってくれればいいが、そうなったとしてもドグマ的（独断的）で、決して多元的ではないでしょう。透明性のある社会にはなりにくい。

日米の関係を生かしながら中国やロシアと、何か緩やかな形で少しずつ毎日の接触があるような関係が育っていけばその限りで安心感がもてるようになると思う。」（二〇〇六年）

【日本】

「日本は単一民族であると言われるくらい同じ長い歴史を経験して、そして教育水準が高い、島国である、というようなことから、〃コンセンサス（consensus、総意）の国〃と言われています。実は少数意見が出にくい国ではないかということを、密かに恐れております。複数の価値観、複数の意見というものは生まれにくい国であるとも言えます。

斎藤隆夫（太平洋戦争直前までの衆議院議員）氏は反軍演説の故に懲罰、議会から除名されたという事実があり、我が国にはJ・S・ミル一人がいなかったことを、我々としては、残念な反省として記憶しておかねばなりません。

経済大国として、私達日本人はそれまで貧に処する道徳は習ってきましたが、富に処する道徳、豊かさに処する道徳というものは習っていません。豊かになるということを経験しなかったわけだから習いようがなかったし、必要もありませんでした。しかし、時間がかかるでしょうが、試行錯誤を繰り返しながら学んでいかなければならないと思います。初代ロックフェラーは、世の中から感謝されながら富を使うことは富を築くよりも難しいと考えていたようですが、それを我々は学ばなければいけない。特に若い世代の人達に、これからしっかり考えて欲しいと思っています。

私は日米同盟とは、もっと背景が広く、かつ深いもので、これでどうしたから日米同盟が危うくなるとか、アメリカとの関係がまずくなるとか、そんな簡単なものではないと思っています。アジアの新しい状況の中で日米安保条約は新しい意味を持ち始めていると考えています。アメリカ軍の駐留経費のできるだけのものを日本が負担するというホストネーション・サポートについては、しっかりと前向きに取り組む必要があります。」

【日本の常任理事国入り】

一九九三年六月の喜一とウィリアム・ロス・アメリカ上院議員のパーティの席での会話である。

ロス「日本が常任理事国になり、ある事案について常任理事会が国連の平和維持活動を決定した場合、日本がその決定に加わっていながら、自分の国は武力行使はできないから参加しませんと本当に言えるだろうか。私はよく分かっているけれども、日本のことをそれほど知らないアメリカの大多数の国民から見ればばかなり奇異に映るだろう。そういうことでやっていけるのか。」

その一ヶ月後に、アメリカでは次のような上院声明が出された。この声明のようなものは、実際には"sense of the Senate"と言って、日本にはない少し特殊なものである。拘束力の無い決議によるものだが、メッセージ性が高い。それが、ウィリアム・ロス・アメリカ上院議員を中心に発せられた。

ロス「アメリカ政府は、国連安全保障理事会のドイツと日本の常任理事国入りを支援すべきであると宣言する。しかし、日本とドイツが常任理事国入りの責任の全範囲を果たすことを許可する政治的行動をとるまで、そのようなイニシアチブを促進するための行動をとるべきではない。」

喜一「日本の常任理事国入りについて、〝我が国は海外における武力行使はできません〟という立場ですが、多国籍軍に日本は協力できないのか、規定がなければ作ればいいではないか、という圧力があります。

安全保障理事国を増やす場合、インドが入ればパキスタンも、ブラジルが入ればアルゼンチンも、と調整は非常に難しい。日本・ドイツを常任理事国にと心底考えているのは、現在の常任理事国の中でアメリカだけだと思います。あれこれ考えますと国連の問題が解決するにはまだまだ時間かかかると思います。

二十一世紀を展望すると、五つか六つの国やグループが世界運営の中で大きな役割を担うことになり、我が国も間違いなくその一つになると思います。少なくとも、世界の重要な情報が入ってこなくて国連の廊下をウロウロする廊下鳶（ろうかトンビ）と言われるようでは困りますし、わが国がこれから果たさなければいけない責務の大きさから言っても、常任理事会という場は、若干の危険は伴うかもしれませんが、極めて大事な場であると思っています。」

【伝言】

「敗戦の廃墟からここまで日本が発展したというのは、ちょっと信じられない気がします。今では食うに困るということはない。自分の志を屈して心にもないことをする必要はない世の中です。皆さんは、自分の持てる才能をいっぱいに伸ばし、自分で自分の生活設計をしていってもらいたい。

戦後日本で何がいいか、一つあげるとしたら、私は〝自由があること〟と申します。ですから、もしも自由についての干渉らしいことがおこる兆しがあったら、徹底的にその芽をつぶしてもらいたい。

日本はこれからも経済成長を続けることが不可欠です。人間の知恵というのは停滞することはありませんから、必ずなにか新しい技術、システムが出てくる。日本はその波の先頭に立つようにしなければならない。そのための条件というのはやっぱり教育でしょう。日本人ばかりでなく外国にも開かれる。日本人だけでこの社会をつくるというのは、そろそろ弱みになるんじゃないかと思うんです。

最後に一言、どういう事情であっても、武力行使をしてはいけない、ということです。自衛であろうと、国連の旗の下であれ、です。日本は〝天に代わりて不義を討つ〟、今ならさしずめ〝月に代わってお仕置きよ〟といったところでしょうか、そういう戦争をずーっとやってきたんです。自衛だといって中国の中で戦争したんです。そんな自衛がありますか。国連も、ソマリアやボスニアで懲りている。敗戦から何十年も経つと忘れる人がいるし、知らない人が圧倒的です。ぜひその時あったことを知ってほしい。そして自由を大切にして欲しい。言論の自由さえあれば、何か間違えそうになったときに十分な議論ができますから。自由が常に尊重されて、存在しているようにして欲しいと思います。」

そして、喜一は次世代に残す色紙に、

「大樹深根」

と書いた。荘子の言葉にある「良樹細根、高樹深根」から転じた言葉のようである。その意味を解釈しようとすると、大きな木は深い根を下ろしているということだろう。喜一はわざわざその意味に言及することは避けているようだった。

後記

解説　その一

何十年先になるかわかりませんが、本書はコンピューター、人工知能による歴史解析がしやすいように意識して記述した点が幾つかあります。一つはいちいち年月日を記載したこと、中国史の書き方で言うと、編年体と言ったら大袈裟ですね。それから人物と肩書、主要人物の解説です。肩書を持っている人物名にはドット「・」がついています。

年月日データと人物データは、国会図書館データとWikipedia、新聞データを突き合わせても、面白い分析結果が出せるようになると考えられます。

ちなみにchatgptは残念ながら文章解析とそれを応用した応答や命令作成ができるだけで、二〇二四年時点では、歴史解析まではいっていないと言えます。

実は書き始めの当初は、コンピューターに読ませるために、もっと機械的に雛形を決めて書こうとしていたのですが、人に読まれる需要を感じ、人が読みやすいようになっていきました。

コンピューターを意識しましたが、あくまでも史実伝記でありますので、やはりなんとか人が読んでも良いようにと人間の頭脳で努力しました。

そもそも、参考文献にある文章自体が、古い文章表現や古い会話表現があったり、インタビューに答えているセリフなどは、元を辿ると何を言っているのかが分かりにくいというのも大変多くあります。このように、原本のセリフも雑なものが少なくないのですが、なんとか形になるように工夫してみました。

ですので、本書は過去の宮澤さんの本の補足説明を担うような事柄も書いており、こういった調査に時間をかけたことは良かったと自負しております。

また、幾つかの参考文献には、仕方のないことかもしれませんが、月日や史実のミス、勘違いも少々見られましたので、できるだけ正しい史実情報にしました。とはいえ、どうしても手に入りにくい情報などもありますので、まだ不手際が残っている可能性も否めません。

参考文献上では、「ホイットニー」のことが「ウィットニー」、「ブトロス・ガーリ」のことが「ブトロス・ガリ」などと名前が出されていることがあります。これは、現在広く知られている方のカタカナで統一しました。ですので、日記の引用では「ロジャーズ」も「ロジャース」にしています。

また、原書では、古い言葉や表現が使われている場合がありました。そのまま使って注意書きをすることもあれば、現代語的に変換したところもあります。例えば「よしきた」は多分、元々話した人は「ＯＫ」と言ったと推測されるので、「大丈夫」「わかった。」などにしました。「殊に」は「特に」などに対しても同様です。

しかし、間違いであっても、宮澤さんが使った表現をそのままにした方が良いと思ったものはそのままにしています。例えば、就職先を決める際に「望郷」という映画を思い出すのですが、宮澤さんは「地下鉄の匂い」という言い方をしています。実際のところは、「地下鉄の音とカフェオレの匂い」のはずなのですが、意図的にまとめたかもしれませんし、間違って記憶していたかもしれませんが、引用元を尊重しました。

参考文献には岡義武の『近代日本の政治家』があり、それによって犬養毅の解説をさせてもらっています。実はそれだけではなく、板垣退助が逝った時の描写で、
「いくら寒い冬の日でも夕日はやはり輝くのである。」。
という感動的な言葉があったので、これを模す言葉を使用させてもらいました。

宮澤構想①についてですが、実はしっかりした文書がありません。当時の記者は宮澤さんが読み上げているのを書き起こすということでもやっていたらしく、そのため、新聞によっては異なる項目が上げられているのです。それをなんとか組み合わせてみたのが本書の結果です。

そういえば、宮澤さんが案出したものを並べると、「宮澤私案」、「宮澤構想①〜③」、「宮澤四原則」、日米繊維交渉の際の「日本富樫論」と「総枠規制」と「ガットの仲介」、「カンボジアの自衛隊派遣続行」、「金融機関への公的資金投入」といったものがあり、これらもなるべく説き明かしたつもりです。

宮澤さんと中山伊知郎氏の会談の中で、奇妙な理論が見受けられます。
「貯蓄が投資に繋がる」
にわかにケインズなどを勉強していると、貯蓄と消費は相反するので、よって投資に繋がらないのではないか、と考えてしまいます。

これは二人の中の、「欧米と日本の違いは何か」という議論から始まっています。中山氏はこれについて、日本は貯蓄率が高いのだということを言います。(〝欧米人〟のような消費とは異なり)貯蓄をして蓄積され

て、所得が増えて（それが溢れて）、それが投資される。加えて、日本人の勤勉さが経済成長を後押ししている、とのことです。

また、天災が多い上に、社会保障されていないことも貯蓄をするようになるのだと語っています。なるほど。確かに「無駄遣いするな」、「備えておけ」、「へそくり」というのは、日本独特のお金の感性かもしれません。それでいて、日本人はここぞという時に捻出するような習慣も見られます。そういったことを言っているのではないでしょうか。

家族内のことやプライベートについて、既出出版物や表に出ているメディアの範囲内で調査させていただきましたが、ご存命の方の「家族のことは家族でしょう」という考えがあるはずなので、一旦そういった話は避けさせていただきました。だから過去となった方々については遠慮なく紹介させてもらっています。

〝ホテルでの格闘〟は、当初〝ホテルでの個別的自衛権〟という題名でした。御厨貴氏の『宮澤喜一と竹下登　戦後保守の栄光と挫折』で、御厨氏がこの格闘話について、宮澤さん自身の自衛やＰＫＯの考え方と結びつけています。

宮澤さんの頭の中で、そんな考え方をするのだろうか、と思っていましたが、しばらくして、その発想は面白いなと思った次第です。

つまり、「暴力はいけません」という宮澤さんの一つの姿勢がありますが、これは憲法九条を持っている日本です。それでも、何者かが襲ってきたら、戦う権利がある。これが、個別的自衛権です。そうすると、ホテルマンはアメリカにたとえられ、集団的自衛権を持っていて、警察は集団安全保障を担う国連機関などに、といった比喩になります。

宮澤さんの議員在職期間はトータルで四十八年と十一ヶ月。このため在職五十年に達しなければならない名誉議員には入っていません。中曽根康弘氏は五十六年五ヶ月、小沢一郎氏は五十年以上を確定し、現職なので更新中（二〇二三年現在）。最長は尾崎行雄の六十二年八ヶ月。

しかしながら、本書は祖父、小川平吉のおかげで約一四〇年間の歴史の側面を語ることができたのです。喜一が子供の頃から政治はすぐ側で見られたし、通っていた武蔵高等学校自体にも政治姿勢が見られましたし、大学でも学生会議などで政治関係の話が入ってきます。だから、本書はふんだんに政治の話を入れることができたのです。

「委任状と伝言」の最後に、「大樹深根」という言葉が出てきます。これはネットで調べると、宮澤さんが色紙によく書かれていたようですが、他の色紙には「水寛魚大」（水広ければ魚大なり）というのも好んで書かれていたようです。こちらの方はまさに「〝自由〟であれば、大きな事ができる」、ということをおっしゃっているのではないでしょうか。

解説　その二

本編のどこにどう入れたら良いか困ったエピソードがあるのでここで紹介します。

池田全盛期の頃、宏池会の皆が議論しているというのに喜一は別の部屋で寝そべっている。

新聞記者「あんたはなんで話し合いに加わらないのか。」

喜一「頭の悪い連中がどんなに集まってもいい知恵なんか浮かんでくるはずがないですからな……まあ、そろそろバカがもう一人仲間入りするとしましょうか。」

と言って、皆の部屋に入っていった。

というエピソードがありますが、そこに誰がいたか、当時のホットな議論が何だったかが不明のため、危険と判断し本編から除外しました。

本編の学生の頃の喜一と憲兵隊の奇妙な妄想シーンがあります。これは、ずっと後になってから、どこかの記者と喜一とのやり取りのエピソードと、浜田幸一氏が後ろ姿が喜一とは知らずに「英語の新聞なんか生意気に読んで」と言ったら、「議員なら英語の新聞くらい読みなさい」と言い返されたというエピソードをごちゃ混ぜにしたものです。史実に盛り込むにも、いつどこで誰が周りにいて、どんな状況でというのが、全く不明瞭なのです。ハマコーさんが言ったというのは、はっきりしているのですが……。

このため、事実である憲兵の前で英字新聞を読んだということに加えて、都合の良い妄想をエピソードとするということにさせてもらいました。

宮澤さんが若宮氏と社会民主主義の話をしている時に、若宮氏がそれと相対する勢力に「リベラルという言い方もありますね。」と言うと、宮澤さんは「リベラルねえ……、何のことやら分からない。」（新・護憲宣言）と返答します。実は、田中秀征氏もリベラルについては「意味がよくわからなかった。」（AERA 2017.11.6号）と言っております。

本編の「ニューライト」でもそうだったのですが、「リベラル」という言葉の意味を探り始めると、ドツボにはまってしまうのです。結局お二方のおっしゃることに行き着くのですが、こういったものですから、「リベラル」の話は本編にも入れにくいエピソードでした。

解説　その三　宮澤四原則

宮澤四原則から反映された「日本国と中華人民共和国との間の平和友好条約」の条文の箇所を抜粋します。

第一条

2　両締約国は、前記の諸原則及び国際連合憲章の原則に基づき、相互の関係において、すべての紛争を平和的手段により解決し及び武力又は武力による威嚇に訴えないことを確認する。

第二条

両締約国は、そのいずれも、アジア・太平洋地域においても又は他のいずれの地域においても覇権を求めるべきではなく、また、このような覇権を確立しようとする他のいかなる国又は国の集団による試みにも反対することを表明する。

第四条

この条約は、第三国との関係に関する各締約国の立場に影響を及ぼすものではない。

参考文献

『近代日本の政治家』岡義武、岩波文庫、二〇一九年

『帰去来兮：かえりなんいざ句集』堤平五、東京美術、一九八〇年

『総理の娘 知られざる権力者の素顔』岩見隆夫、原書房、二〇一〇年

『晴れのち転職、曇りなし。』宮沢啓子、扶桑社、一九九二年

『社会党との対話 ニューライトの考え方』宮澤喜一、講談社、一九六五年

『美しい日本への挑戦』宮澤喜一・高坂正堯、文藝春秋、一九九一年

『対論 改憲・護憲』宮澤喜一・中曽根康弘、朝日新聞社、一九九七年

『ハト派の伝言』宮澤喜一、中国新聞社、二〇〇五年

『新・護憲宣言─21世紀の日本と世界』宮澤喜一、朝日新聞社、一九九五年

『宮沢喜一・全人像』清宮龍、行研出版局、一九八一年

『聞き書 宮澤喜一回顧録』御厨貴・中村隆英編、岩波書店、二〇〇五年

『戦後政治の証言』宮澤喜一、読売新聞社、一九九一年

『宮澤喜一 保守本流の軌跡』五百旗頭真・伊藤元重・薬師寺克行編、朝日新聞社、二〇〇六年

『宮澤喜一と竹下登─戦後保守の栄光と挫折』御厨貴、筑摩書房、二〇一一年

『東京─ワシントンの密談』宮澤喜一、中央公論社、一九九九年

『21世紀への委任状』宮澤喜一、小学館、一九九五年

『ドキュメント平成政治史』(1～3巻) 後藤謙次、岩波書店、二〇一四年

『さきがけと政権交代』田中秀征、東洋経済新報社、一九九四年

『平成史への証言─政治はなぜ劣化したか』田中秀征、朝日新聞出版、二〇一八年

『自民党本流と保守本流―保守二党ふたたび』田中秀征、講談社、二〇一八年
『田中秀征の論跡』田中秀征、近代文藝社、一九九五年
『小沢一郎闘いの50年：半世紀の日本政治を語る』小沢一郎[述]、岩手日報社、二〇二〇年
『総理大臣の妻たち：戦後歴代総理を支えたファーストレディー23人の全素顔』小林吉弥、日本文芸社、一九九五年
『宮澤政権・六四四日』弘中喜通、行研出版局、一九九八年
「戦後政治と石橋湛山：生誕一二〇周年記念・師弟対談　宮澤喜一、田中秀征」『週刊東洋経済』二〇〇四ね
『告白　あるPKO隊員の死・23年目の真実』旗手啓介、講談社、二〇一八年
『総理の品格―官邸秘書官が見た歴代宰相の素顔』木村貢、徳間書店、二〇〇六年
『千代女覚え帖』苫米地千代子著、苫米地英人監修、開拓社、二〇一八年
『友情力あり』城山三郎、講談社、一九八八年
『田中秀征の活動記　第3号「新しい出発」』
『李香蘭　私の半生』山口淑子・藤原作弥、新潮社、一九八七年
『「李香蘭」を生きて』山口淑子、日本経済新聞社、二〇〇四年
『学生日米会談』日本評論社
『財政』大蔵財務協会
『戦後二十年史2　経済』有沢広巳・稲葉秀三編、日本評論社、一九六七年
『朝日新聞(論座)』朝日新聞社
『週刊東洋経済』東洋経済新報社
『東洋経済オンライン』東洋経済新報社
『AERA』一九九一年十月二十九号、朝日新聞出版
『信州の人脈(上)』信濃毎日新聞社

『道新TODAY』二〇〇一年一月号、北海道新聞社
『ニューズウィーク』二〇〇〇年十一月二十九日号、CCCメディアハウス
『石橋湛山全集月報　第十二巻　昭和四十七年三月』東洋経済新報社
武蔵学園ホームページ(https://100nenshi.musashi.jp/)
ヤフーニュース「ドキュメント『日韓共催決定』」川端康生氏の記事より
「相浦忠雄遺稿集」を読む—武蔵卒業生戦死者の記録、「武蔵学園百年史」ホームページより
『アサヒグラフ増刊　開幕！　日本万国博』一九七〇年四月一日号、朝日新聞社
『「家系図」と「お屋敷」で読み解く歴代総理大臣　昭和・平成編』竹内正浩、実業之日本社
日本の外務省がインターネット公開している過去の資料
日本の財務省がインターネット公開している過去の資料

＊宮澤構想①の参考文献
『研修』(1967-11、誌友会事務局研修編集部)
『中山伊知郎全集　第十八集』(講談社)

＊自民党新綱領改正案の全文については、朝日新聞一九八五年十月三日二頁目

これらに加えて、新聞(特に朝日新聞、読売新聞)、インターネット記事、選挙ドットコム、wikileaks、wikipedia、による補足がある。

また、特殊な要所に参考文献を掲載していることもあるのでご理解願います。

相関関係図・年表

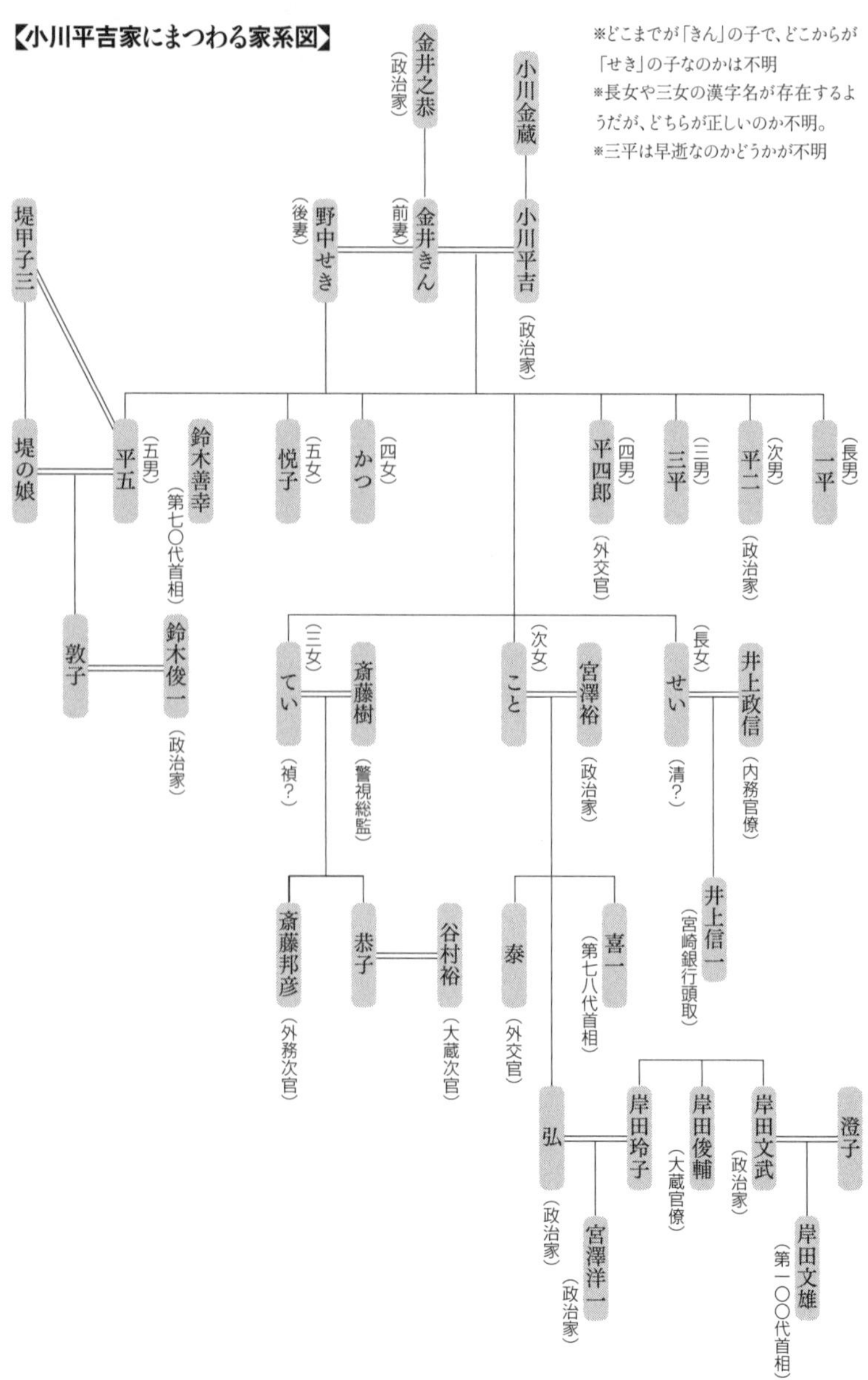
【小川平吉家にまつわる家系図】
※どこまでが「きん」の子で、どこからが「せき」の子なのかは不明
※長女や三女の漢字名が存在するようだが、どちらが正しいのか不明。
※三平は早逝なのかどうかが不明
金井之恭（政治家）
小川金蔵
堤甲子三
野中せき（後妻）
金井きん（前妻）
小川平吉（政治家）
堤の娘
平五（五男）
鈴木善幸（第七〇代首相）
悦子（五女）
かつ（四女）
平四郎（四男）（外交官）
三平（三男）
平二（次男）（政治家）
一平（長男）
敦子
鈴木俊一（政治家）
てい（三女）（禎？）
斎藤樹（警視総監）
こと（次女）
宮澤裕（政治家）
せい（長女）（清？）
井上政信（内務官僚）
井上信一（宮崎銀行頭取）
斎藤邦彦（外務次官）
恭子
谷村裕（大蔵次官）
泰（外交官）
喜一（第七八代首相）
弘（政治家）
岸田玲子
岸田俊輔（大蔵官僚）
岸田文武（政治家）
澄子
宮澤洋一（政治家）
岸田文雄（第一〇〇代首相）

【平吉の関係図】

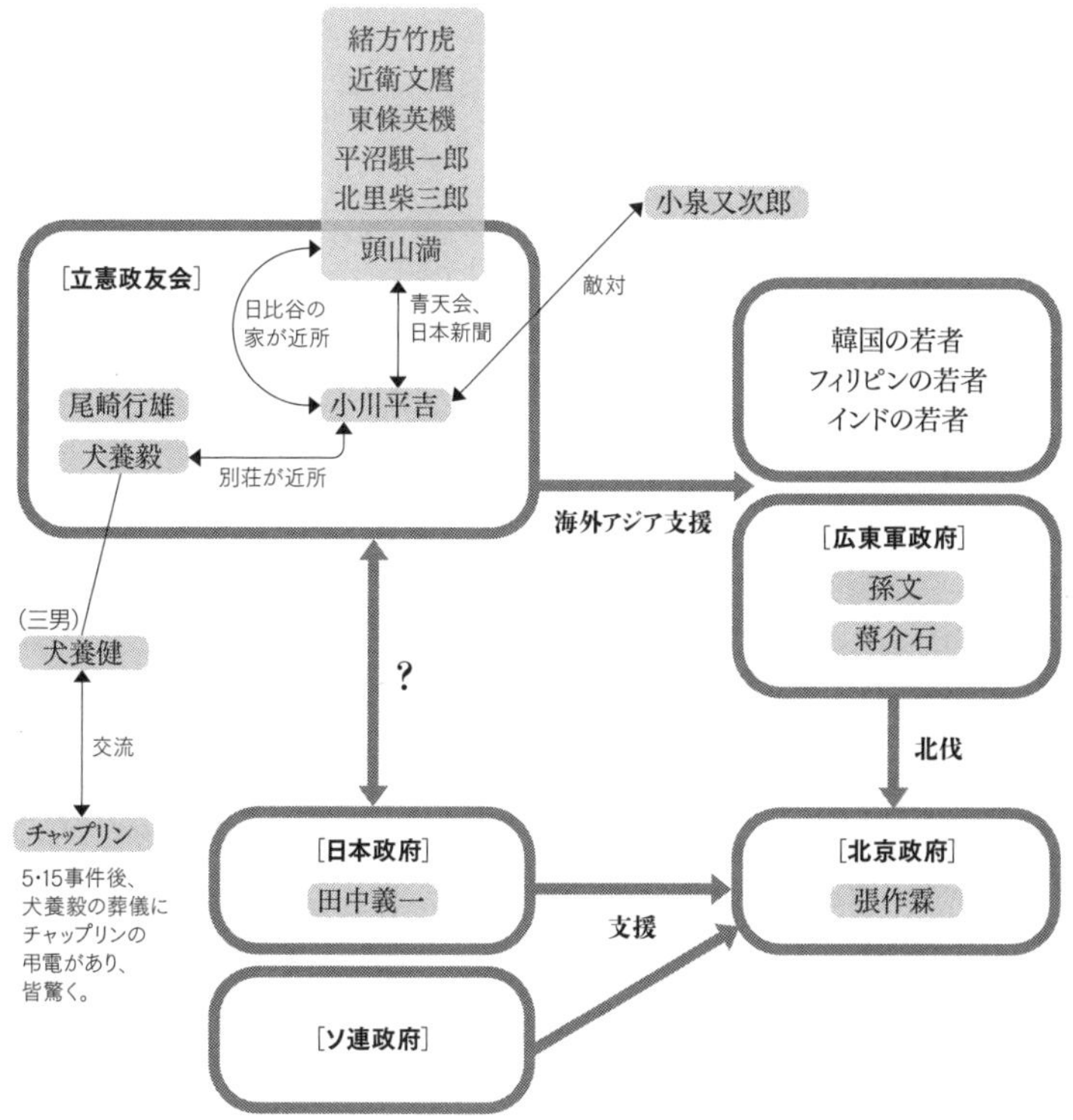
緒方竹虎
近衛文麿
東條英機
平沼騏一郎
北里柴三郎
頭山満
小泉又次郎
[立憲政友会]
日比谷の
家が近所
青天会、
日本新聞
敵対
尾崎行雄
犬養毅
小川平吉
別荘が近所
韓国の若者
フィリピンの若者
インドの若者
海外アジア支援
[広東軍政府]
孫文
蒋介石
(三男)
犬養健
?
交流
北伐
チャップリン
5・15事件後、
犬養毅の葬儀に
チャップリンの
弔電があり、
皆驚く。
[日本政府]
田中義一
[北京政府]
張作霖
支援
[ソ連政府]

【宮澤裕の関係図】

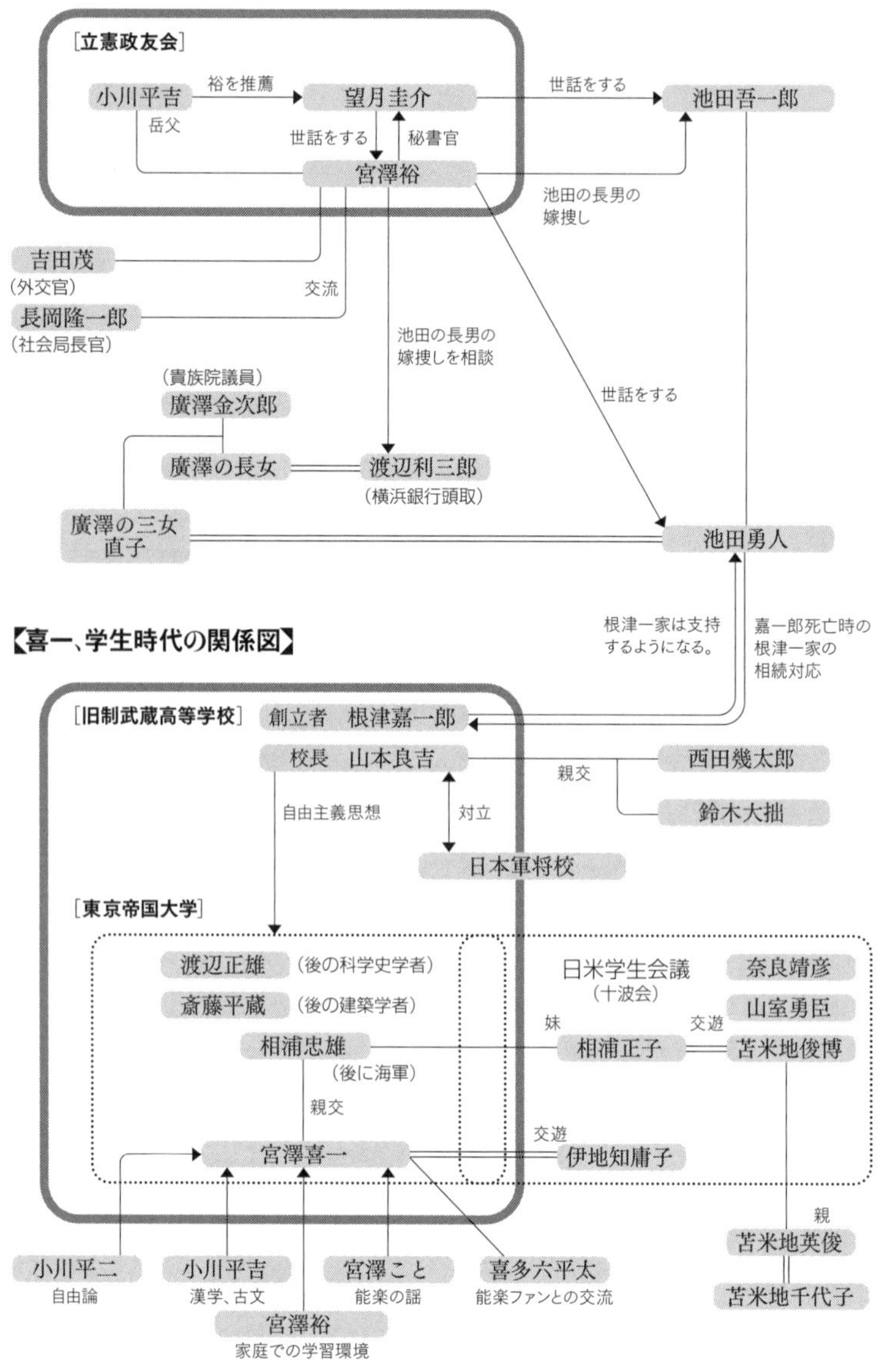
[立憲政友会]
小川平吉
裕を推薦
望月圭介
世話をする
池田吾一郎
岳父
世話をする
秘書官
宮澤裕
池田の長男の
嫁捜し
吉田茂
（外交官）
交流
長岡隆一郎
（社会局長官）
池田の長男の
嫁捜しを相談
世話をする
（貴族院議員）
廣澤金次郎
廣澤の長女
渡辺利三郎
（横浜銀行頭取）
廣澤の三女
直子
池田勇人
根津一家は支持
するようになる。
嘉一郎死亡時の
根津一家の
相続対応
【喜一、学生時代の関係図】
[旧制武蔵高等学校]
創立者　根津嘉一郎
校長　山本良吉
親交
西田幾太郎
鈴木大拙
自由主義思想
対立
日本軍将校
[東京帝国大学]
渡辺正雄
（後の科学史学者）
斎藤平蔵
（後の建築学者）
日米学生会議
（十波会）
奈良靖彦
山室勇臣
妹
交遊
相浦忠雄
相浦正子
苫米地俊博
（後に海軍）
親交
交遊
宮澤喜一
伊地知庸子
親
小川平二
自由論
小川平吉
漢学、古文
宮澤こと
能楽の謡
喜多六平太
能楽ファンとの交流
苫米地英俊
苫米地千代子
宮澤裕
家庭での学習環境

【池田勇人の家系】

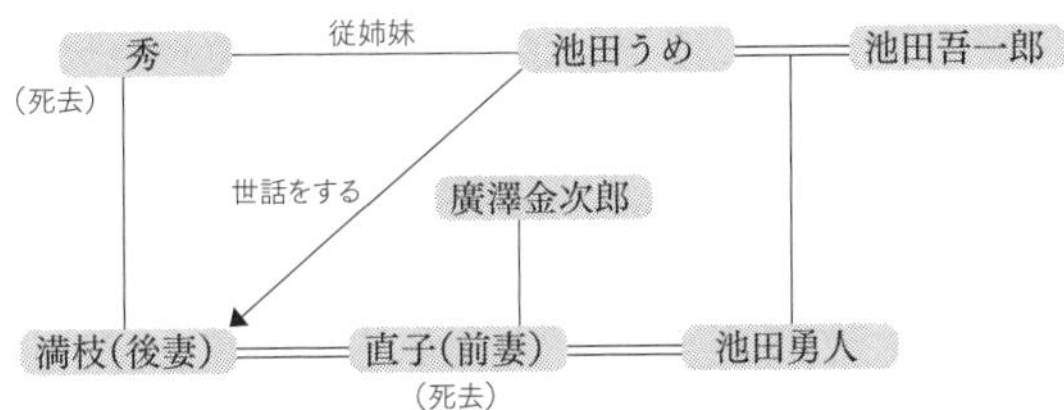

【喜一、官僚時代前半期】

［**大蔵省**］

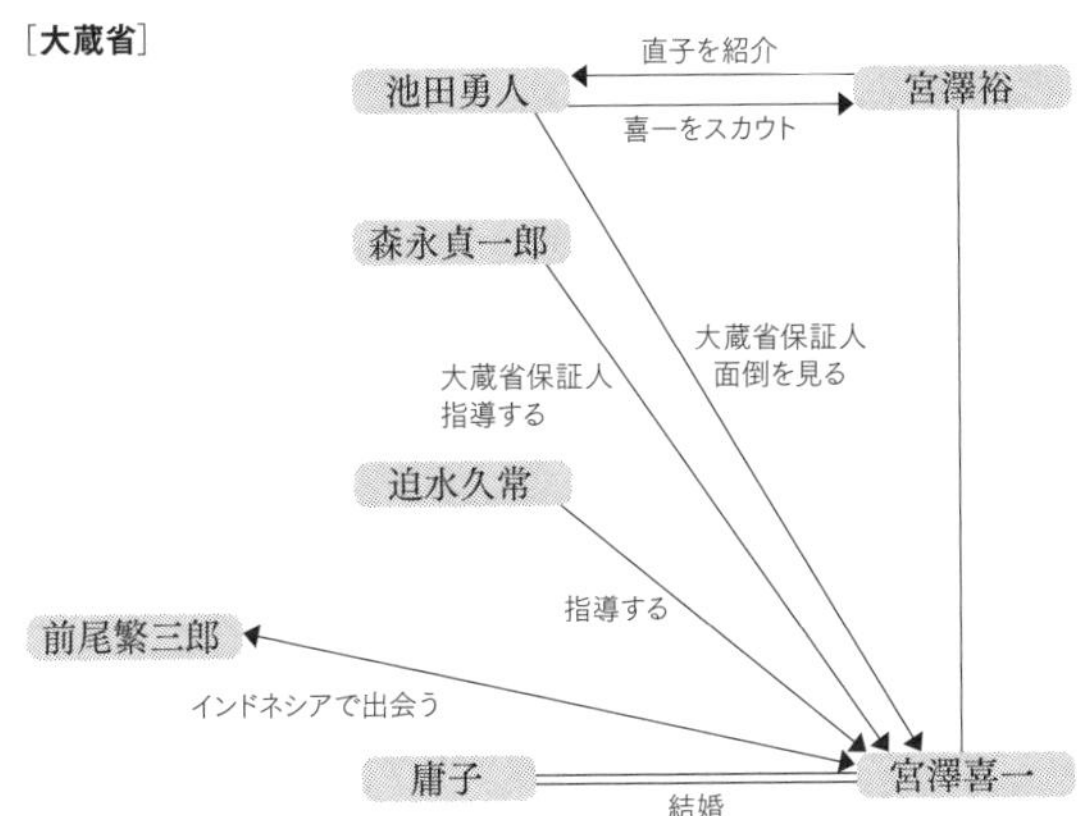

【喜一、官僚時代前半期】

［**大蔵省**］

※「大蔵省百年史 別巻」では、喜一が「秘書官」となるのは池田勇人・大蔵大臣の時である。それまでは、終戦連絡部、渉外部、大臣官房渉外課と次々に兼務が増え、要するに通訳として任されたであろうと考えられる。

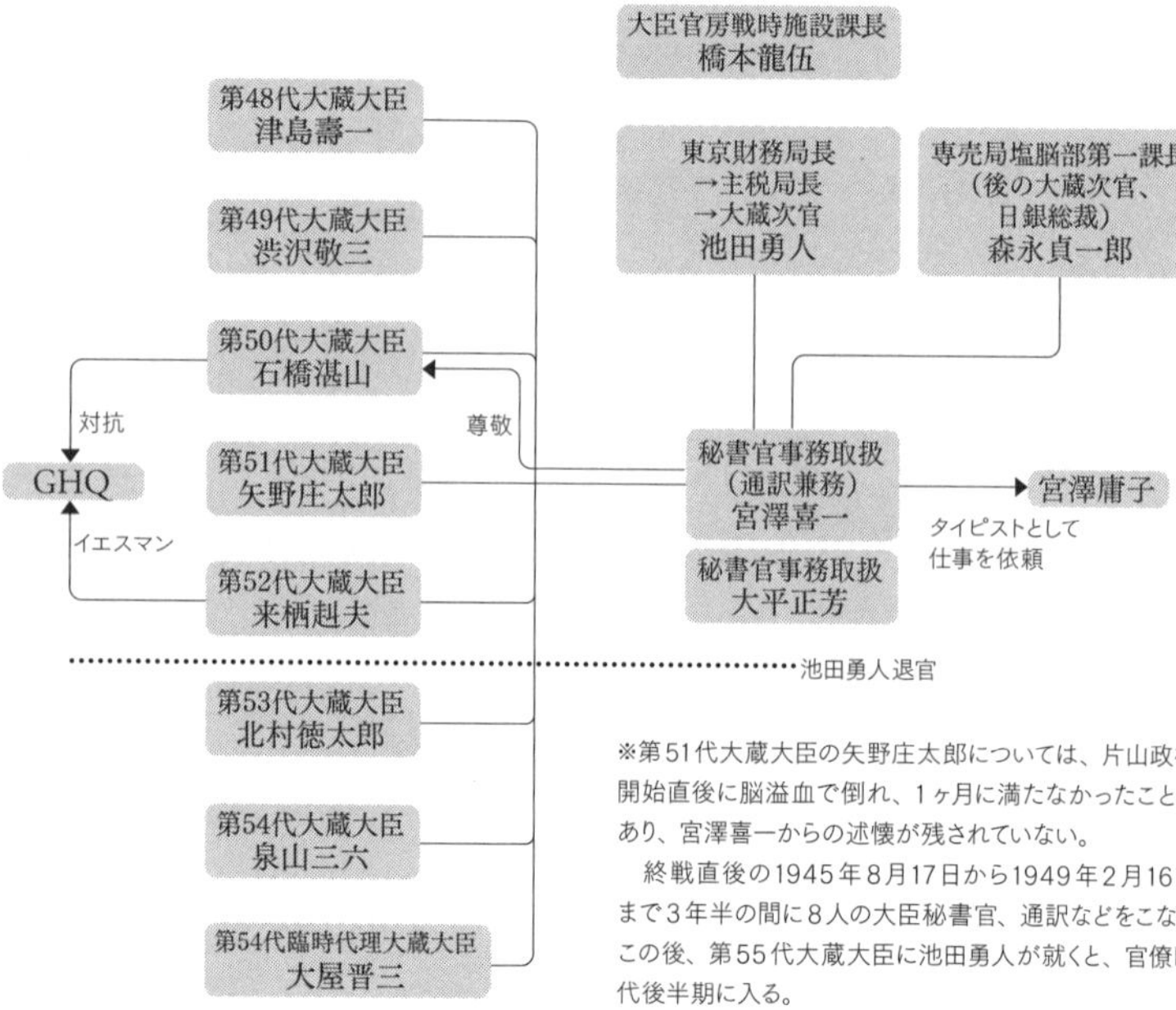

大臣官房戦時施設課長
橋本龍伍
第48代大蔵大臣
津島壽一
東京財務局長
→主税局長
→大蔵次官
池田勇人
専売局塩脳部第一課長
（後の大蔵次官、
日銀総裁）
森永貞一郎
第49代大蔵大臣
渋沢敬三
第50代大蔵大臣
石橋湛山
対抗
尊敬
GHQ
第51代大蔵大臣
矢野庄太郎
秘書官事務取扱
（通訳兼務）
宮澤喜一
宮澤庸子
タイピストとして
仕事を依頼
イエスマン
第52代大蔵大臣
来栖赳夫
秘書官事務取扱
大平正芳
池田勇人退官
第53代大蔵大臣
北村徳太郎
第54代大蔵大臣
泉山三六
第54代臨時代理大蔵大臣
大屋晋三

※第51代大蔵大臣の矢野庄太郎については、片山政権開始直後に脳溢血で倒れ、1ヶ月に満たなかったこともあり、宮澤喜一からの述懐が残されていない。

終戦直後の1945年8月17日から1949年2月16日まで3年半の間に8人の大臣秘書官、通訳などをこなす。この後、第55代大蔵大臣に池田勇人が就くと、官僚時代後半期に入る。

【渋沢敬三と岩崎小弥太の関係】

弥太郎の弟
岩崎弥之助
岩崎弥太郎
弥太郎の次女
磯路
（貴族院議員）
木内重四郎
弥太郎の甥
岩崎小弥太
木内信胤
登喜子
渋沢敬三

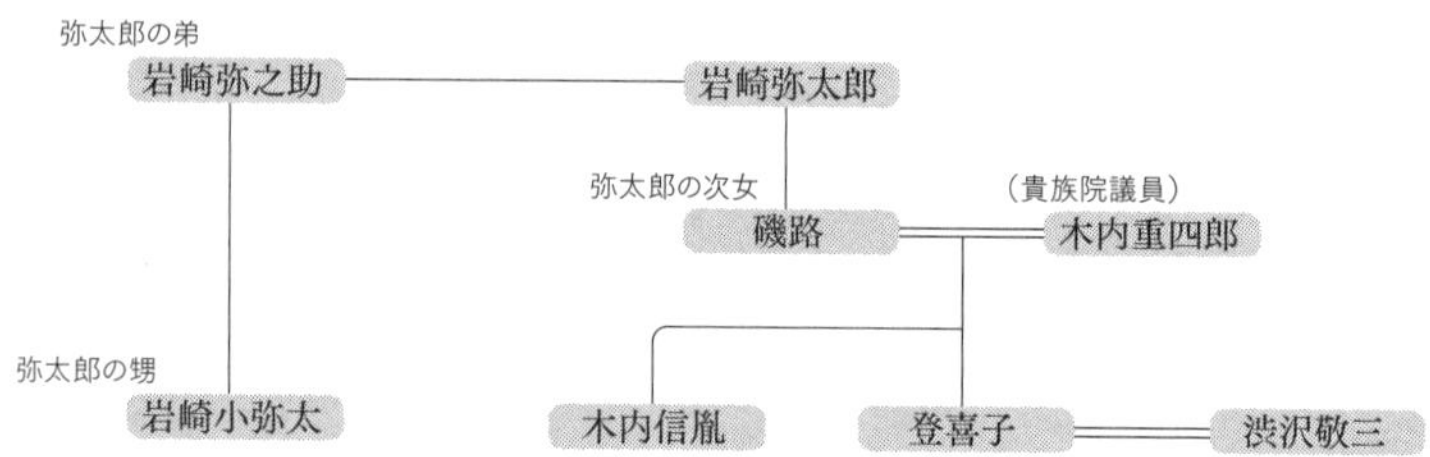

【池田大蔵大臣時代の関係図】

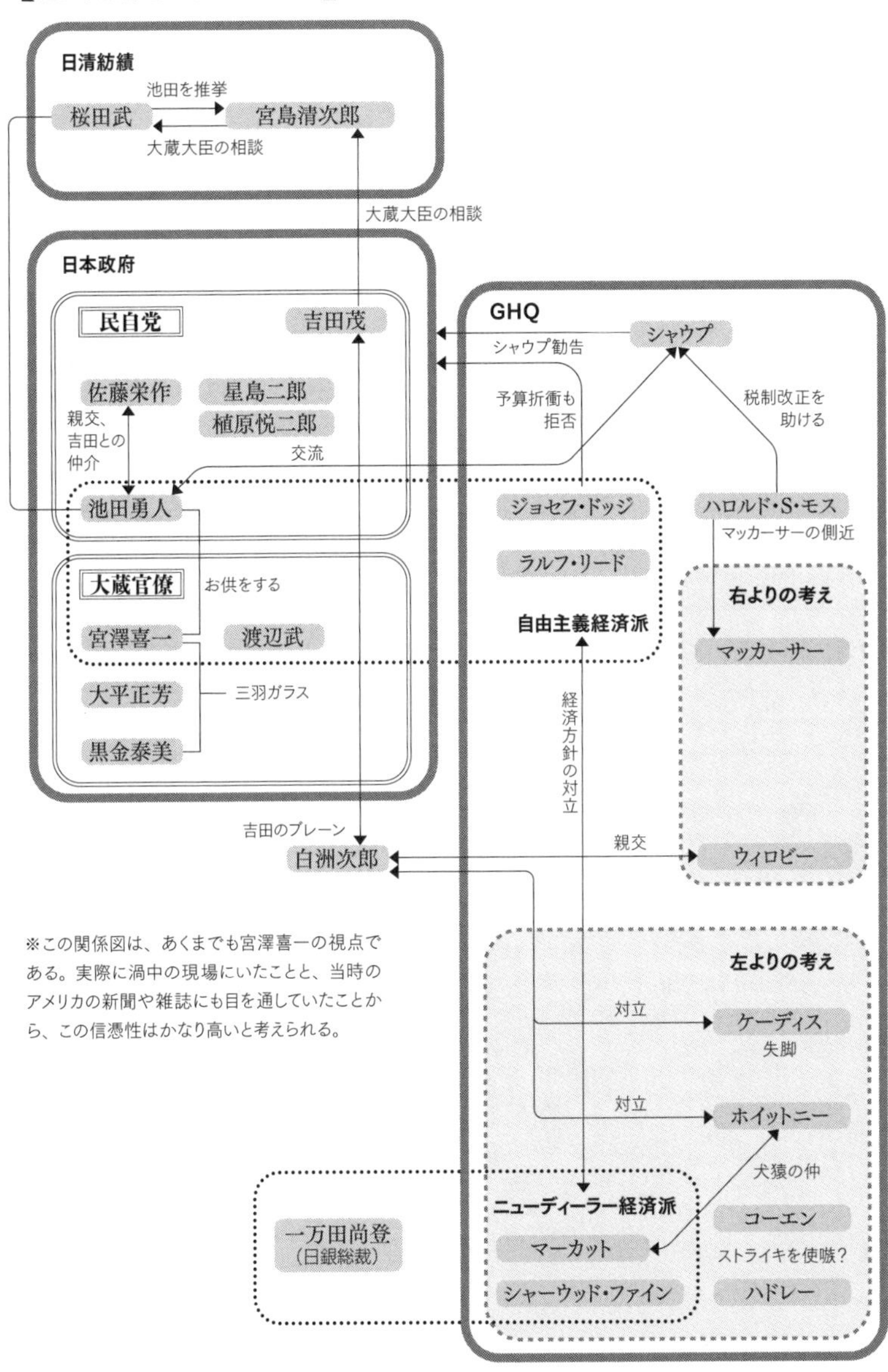

【安保条約時の関係図】

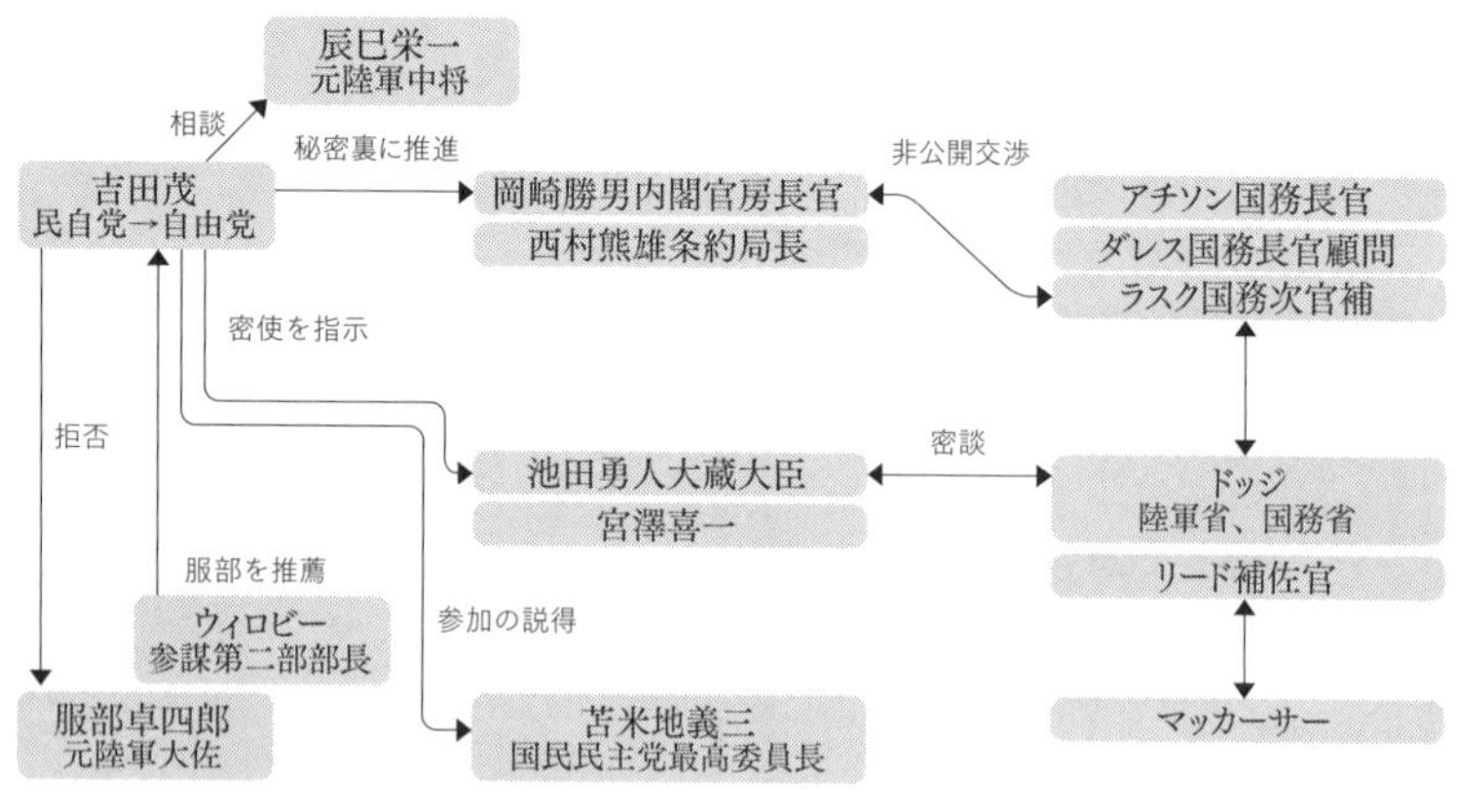

【サンフランシスコ講和条約後、IMF（メキシコ開催）参加時点での池田と石橋の関係】

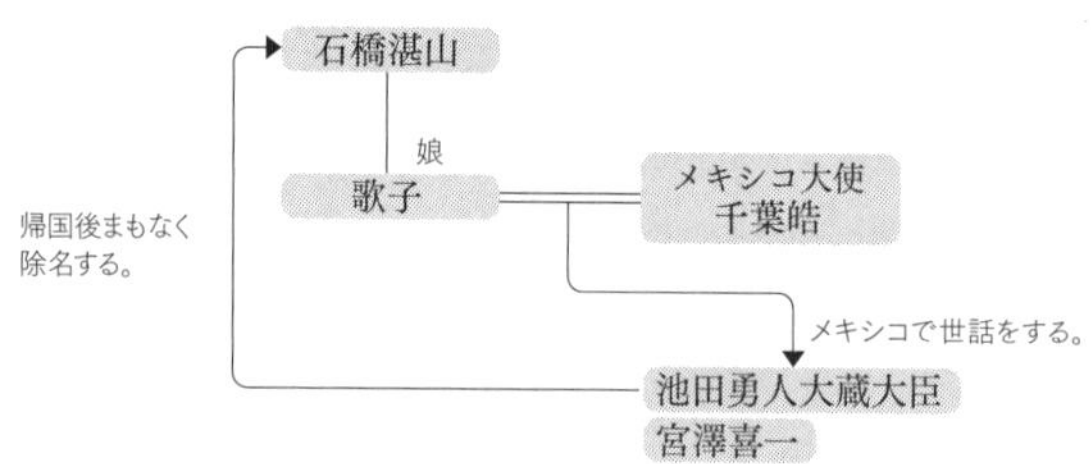

【吉田内閣末期】

※背景には、保安隊から自衛隊への改組のために自由党と改進党は歩み寄らねばならず、吉田・重光会談を実現したい。
　また、公職追放を解除された人達の政治参加といったことなどがある。

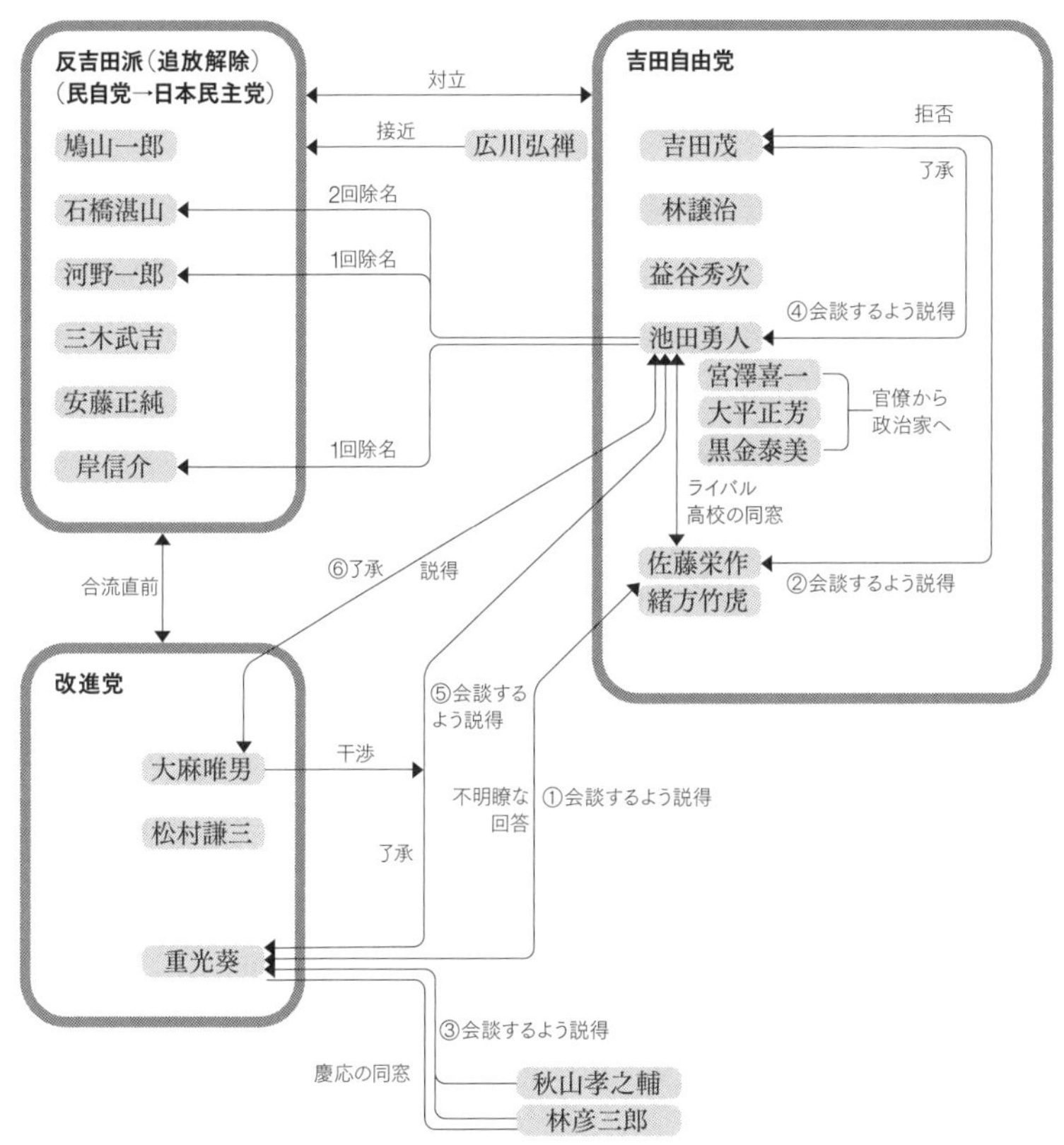

【ロックフェラーの家系と喜一との関係】

※英語圏の家系図は左上から生まれた順になるらしいが、日本に合わせて右からとしている。

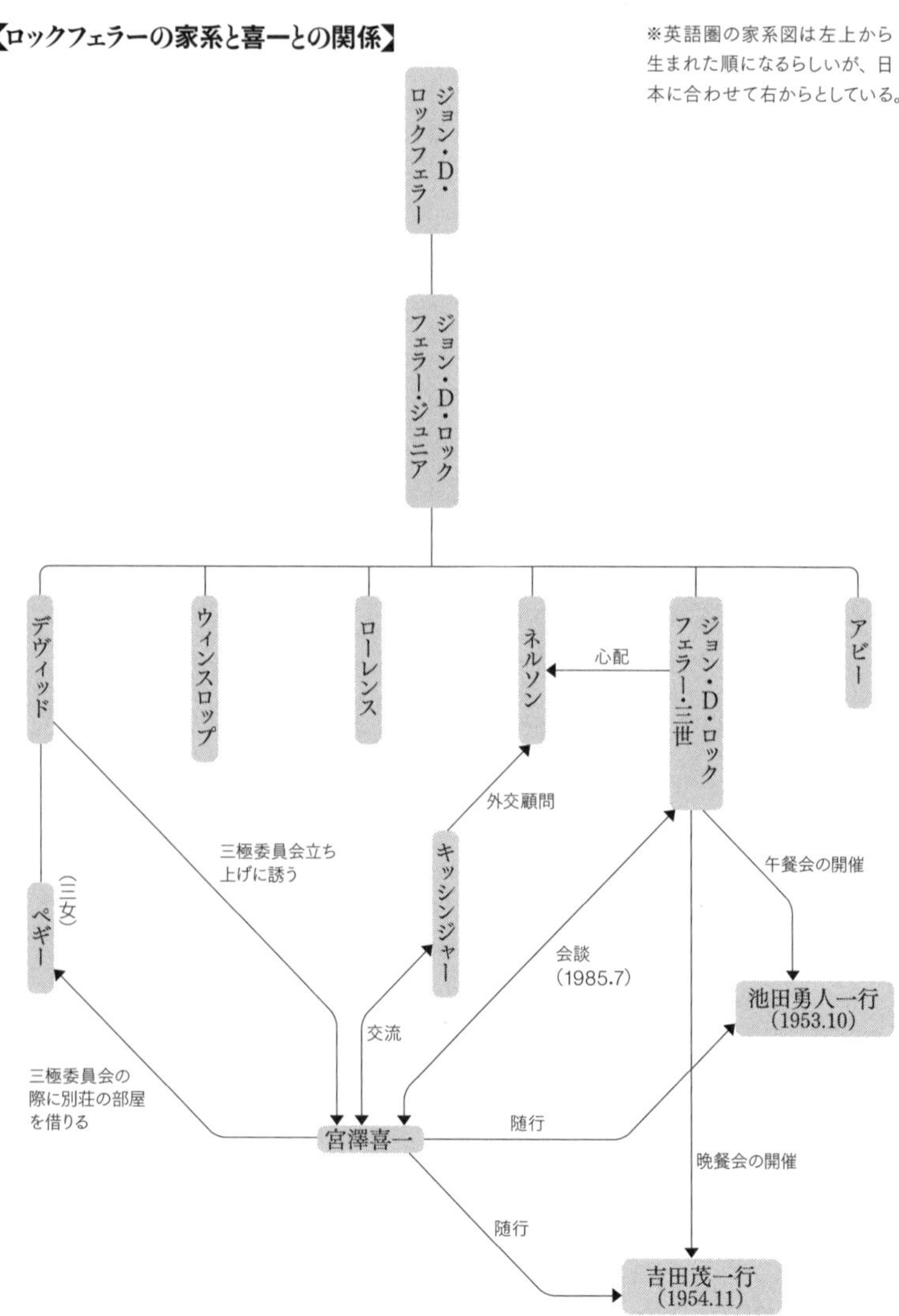

【日米繊維交渉の関係図】

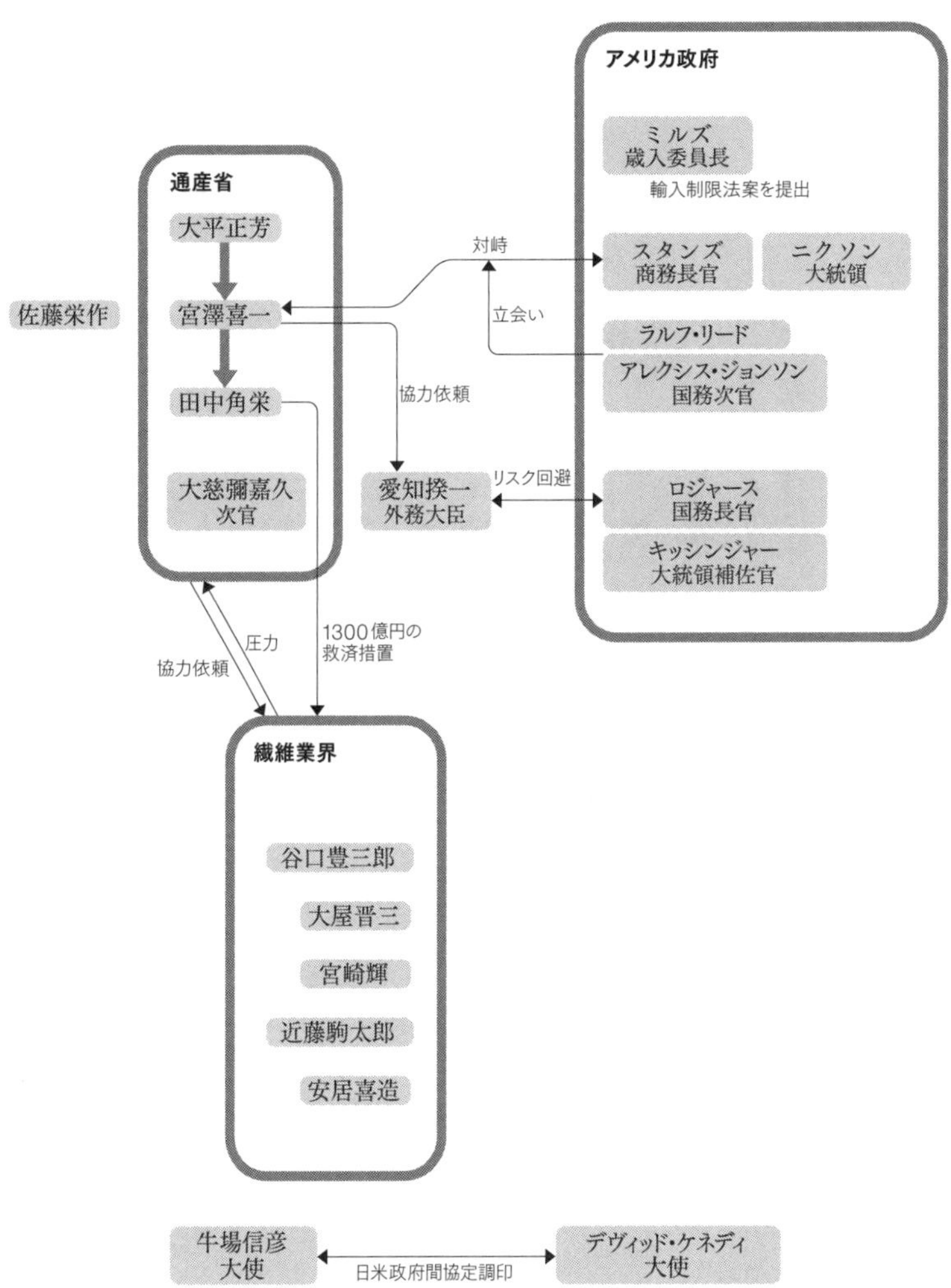

アメリカ政府
ミルズ
歳入委員長
輸入制限法案を提出
通産省
大平正芳
対峙
スタンズ
商務長官
ニクソン
大統領
佐藤栄作
宮澤喜一
立会い
ラルフ・リード
アレクシス・ジョンソン
国務次官
協力依頼
田中角栄
リスク回避
大慈彌嘉久
次官
愛知揆一
外務大臣
ロジャース
国務長官
キッシンジャー
大統領補佐官
1300億円の
救済措置
圧力
協力依頼
繊維業界
谷口豊三郎
大屋晋三
宮崎輝
近藤駒太郎
安居喜造
牛場信彦
大使
日米政府間協定調印
デヴィッド・ケネディ
大使

【喜一、首相になるまでの派閥概要関係図】

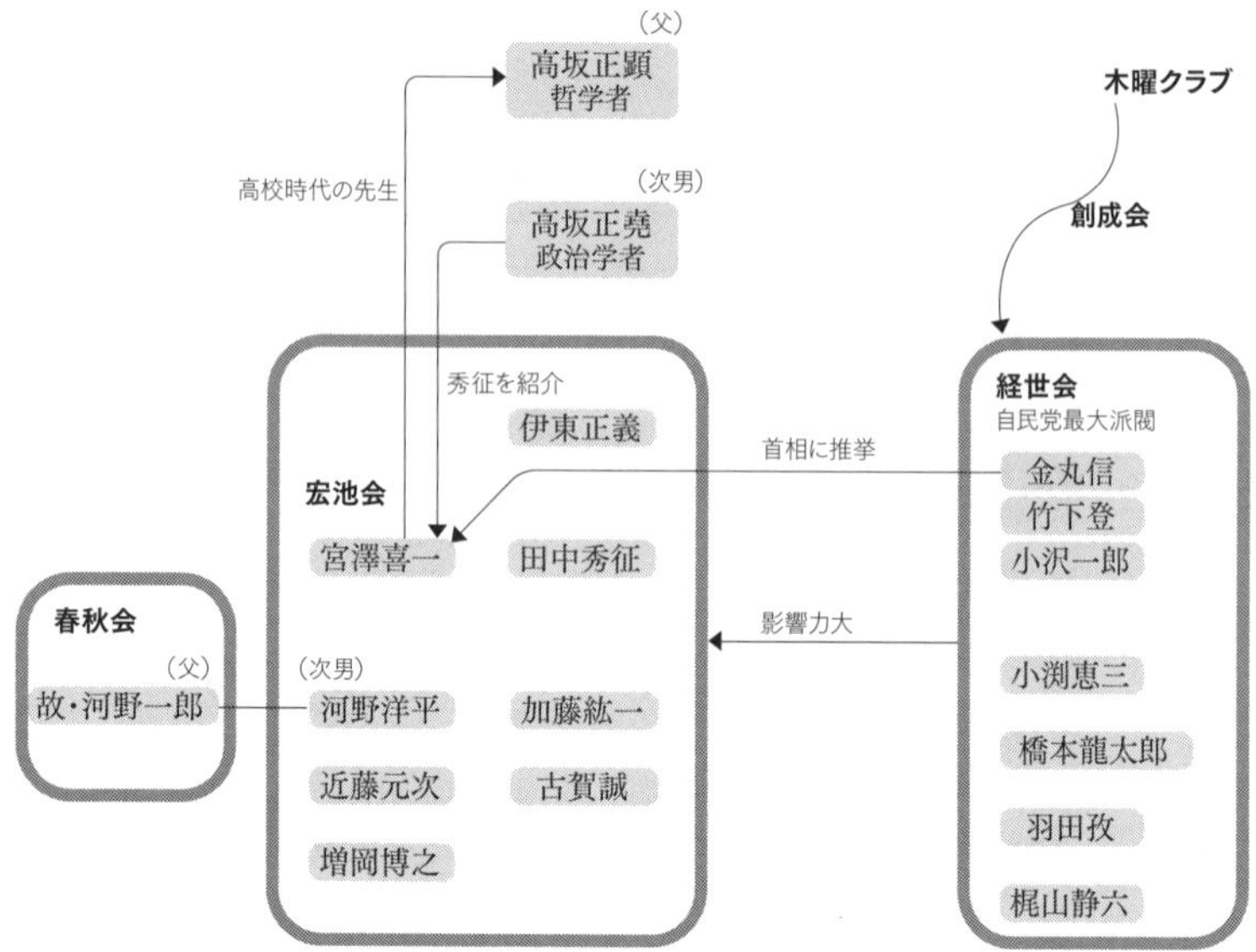

※ここでの登場人物は本書記述内の範囲に留めている。ご承知の通り、紹介しなければならない要員は数多くいるが、紙面の関係で割愛する。

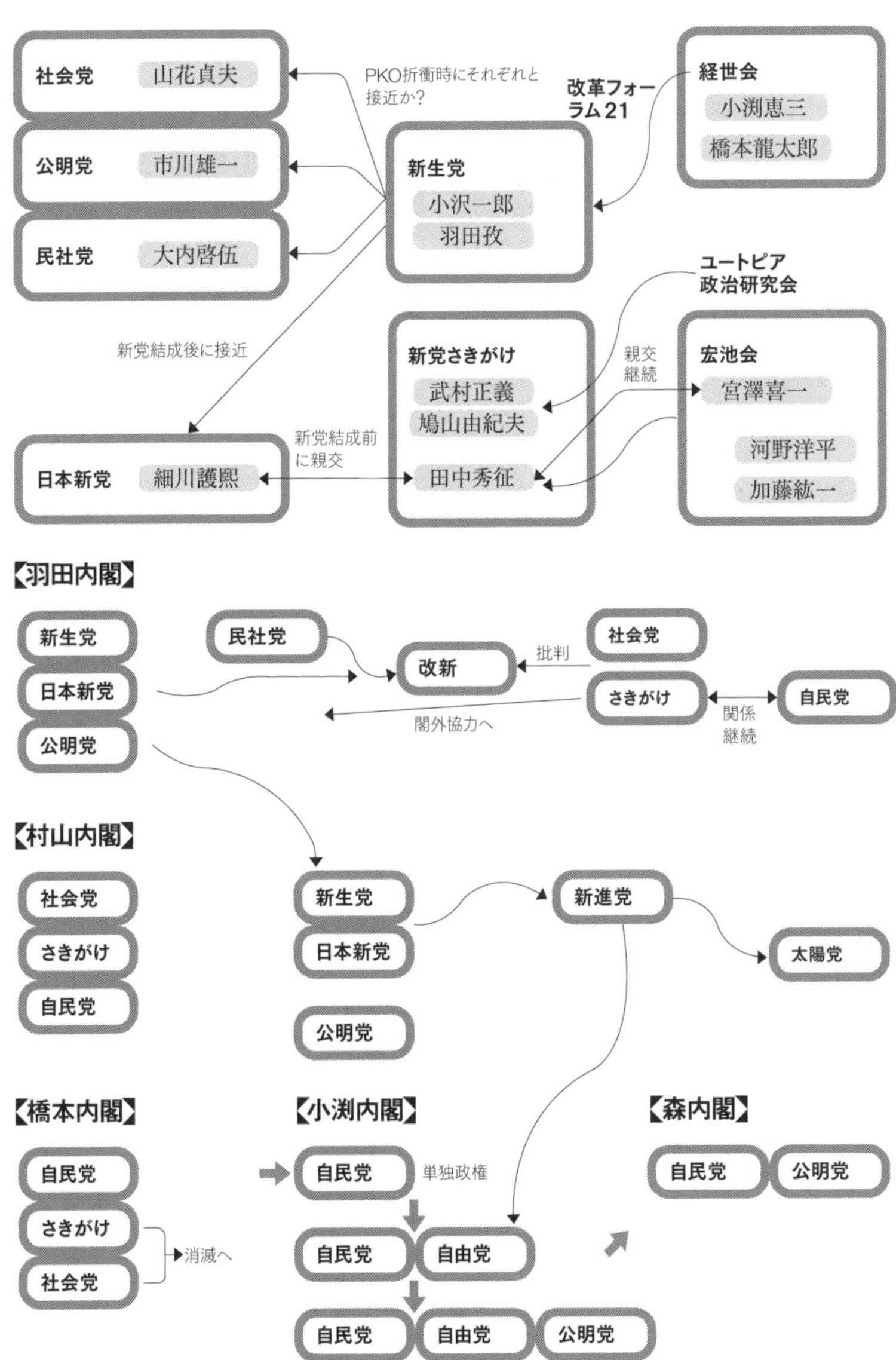
【新党ブームと政権交代の動乱期】
社会党
山花貞夫
公明党
市川雄一
民社党
大内啓伍
PKO折衝時にそれぞれと接近か?
新生党
小沢一郎
羽田孜
改革フォーラム21
経世会
小渕恵三
橋本龍太郎
ユートピア政治研究会
新党結成後に接近
新党さきがけ
武村正義
鳩山由紀夫
田中秀征
親交継続
宏池会
宮澤喜一
河野洋平
加藤紘一
新党結成前に親交
日本新党
細川護熙
【羽田内閣】
新生党
日本新党
公明党
民社党
改新
批判
社会党
さきがけ
自民党
関係継続
閣外協力へ
【村山内閣】
社会党
さきがけ
自民党
新生党
日本新党
公明党
新進党
太陽党
【橋本内閣】
自民党
さきがけ
社会党
消滅へ
【小渕内閣】
自民党
単独政権
自民党
自由党
自民党
自由党
公明党
【森内閣】
自民党
公明党

宮澤喜一関連年表

西暦	元号(年齢)	内閣	喜一関係の出来事、経歴	日本の出来事	世界・政治・社会の出来事
一八八四	明治一七	—	父、宮澤裕出生	自由民権運動	清仏戦争
一八九七	明治三〇	松方正義	母、小川こと出生	貨幣法	金本位制
一九一二	大正元	西園寺公望	帰去来荘築	明治天皇崩御	清国滅亡、タイタニック沈没、バルカン戦争
一九一八	大正七	寺内正毅	宮澤裕と小川ことが結婚	コメ騒動	シベリア出兵
一九一九	大正八(0)	原敬	喜一、東京市で出生、本籍地は広島県福山市	板垣退助死去	パリ講和会議、ベルサイユ条約
一九二〇	大正九(1)	原敬	—	日本最初の国勢調査実施	国際連盟発足
一九二一	大正一〇(2)	原敬	弟、宮澤弘出生	原敬首相暗殺	日本・アメリカ・イギリス・フランスの四ヶ国条約
一九二二	大正一一(3)	高橋是清	—	シベリア出兵日本軍撤兵	ソビエト社会主義共和国連邦成立
一九二三	大正一二(4)	加藤友三郎 山本権兵衛	弟、宮澤泰出生 虎ノ門事件	関東大震災 ミュンヘン一揆でヒトラーが逮捕	フランスとベルギーによるルール(ドイツ)占領
一九二四	大正一三(5)	清浦奎吾	父、宮澤裕、選挙に初出馬、落選	皇太子裕仁結婚	パリ・オリンピック
一九二五	大正一四(6)	加藤高明	—	普通選挙法公布	ツタンカーメンの王墓発見
一九二六	大正一五(7)	若槻禮次郎	東京高等師範付属小学校入学	大正天皇崩御	蒋介石による中山艦事件、北伐開始
一九二七	昭和二(8)	田中義一	祖父、小川平吉、鉄道大臣に就任	円本が流行	リンドバーグ大西洋飛行横断成功
一九二八	昭和三(9)	田中義一	父、宮澤裕が国会議員に初当選	特別高等警察設置	張作霖爆殺事件
一九二九	昭和四(10)	田中義一	祖父、小川平吉逮捕	五私鉄疑獄事件	ドイツで血のメーデー事件、世界恐慌の始まり
一九三〇	昭和五(11)	浜口雄幸	—	浅間山爆発	インドでガンジーが抗議活動
一九三一	昭和六(12)	若槻禮次郎	—	満州事変	中華ソビエト共和国臨時政府樹立
一九三二	昭和七(13)	犬養毅 (臨時)高橋是清	東京高等師範付属小学校卒業 武蔵高等学校入学	五・一五事件 リットン調査団来日	フランス、ドゥメール大統領暗殺 ロサンゼルス・オリンピック
一九三三	昭和八(14)	齋藤實	—	日本、国際連盟より脱退	ヒトラー政権
一九三四	昭和九(15)	岡田啓介	—	室戸台風	スターリンによる政治弾圧(大粛清)

一九三五	昭和一〇(16)	岡田啓介	｜	台湾博覧会	ドイツが国際連盟を脱退
一九三六	昭和一一(17)	廣田弘毅	武蔵高等学校尋常科卒業	二・二六事件	イギリス、エドワード八世即位
			武蔵高等学校高等科文科甲類入学	後楽園スタヂアム設立	ベルリン・オリンピック
一九三七	昭和一二(18)	林銑十郎	成績最優秀者の外遊制度で満州へ	盧溝橋事件、日中戦争	パリ万国博覧会
一九三八	昭和一三(19)	近衛文麿	｜	国家総動員法施行	ミュンヘン会談
一九三九	昭和一四(20)	平沼騏一郎	武蔵高等学校高等科文科首席卒業	ノモンハン事件	ドイツ、ポーランド侵攻
			東京帝国大学法学部政治学科入学	国民徴用令公布	第二次世界大戦
		阿部信行	日米学生会議出席のため渡米	価格等統制令	ハンガリー、スペインが国際連盟脱退
一九四〇	昭和一五(21)	米内光政	祖父、小川平吉恩赦	大政翼賛会発足	ドイツの支配国増、イギリスのチャーチルが台頭
一九四一	昭和一六(22)	近衛文麿	高等文官試験行政科と外交科合格	李香蘭、日劇七周り半事件	アメリカ、世界初のテレビ放送
		東條英機	東京帝国大学法学部政治学科卒業	対米英宣戦布告(太平洋戦争)	イギリスとアメリカの大西洋憲章
一九四二	昭和一七(23)	東條英機	祖父、小川平吉死去	日本軍、東南アジア支配	マンハッタン計画
			大蔵省大臣官房企画課、為替局兼務	ミッドウェー海戦	ドイツがフランス本土を支配(アントン作戦)
一九四三	昭和一八(24)	東條英機	沼津税務署長就任	山本五十六戦死	スターリングラードでドイツ降伏
			芝税務署長就任	東京府と東京市統合、東京都へ	アメリカ・イギリス・中国のカイロ会談
			伊地知純正の次女、庸子と結婚	文部省、学童疎開を促進	アメリカ・イギリス・ソ連のテヘラン会談
一九四四	昭和一九(25)	東條英機	大蔵省事務官就任、保険局業務	フィリピン・レイテ島の戦い	ノルマンディー上陸作戦、パリの解放
一九四五	昭和二〇(26)	小磯國昭	住居被災のため熱海に一時避難	東京大空襲	アメリカ・イギリス・ソ連のヤルタ会談
		鈴木貫太郎	召集令状を受けるが即解除	ポツダム宣言受諾、終戦	ベルリン陥落
		東久邇宮稔彦王	大蔵大臣秘書官(津島壽一大臣)	ソ連軍が日本の北方領土を占領	国際連合発足
		幣原喜重郎	大蔵大臣秘書官(渋沢敬三大臣)	GHQ設置	台湾の領有権が中華民国へ
一九四六	昭和二一(27)	吉田茂	父、宮澤裕が公職追放	公職追放令公布	イギリスのチャーチルが鉄のカーテン演説
			大蔵大臣秘書官(石橋湛山大臣)	日本国憲法公布	イタリアが王政廃止
一九四七	昭和二二(28)	片山哲	大蔵大臣秘書官(矢野庄太郎大臣)	二・一ゼネスト計画中止	マーシャル・プラン表明
			大蔵大臣秘書官(来栖赳夫大臣)	第一回統一地方選挙	IMF協定の発行、二十三ヶ国がGATTへの調印
一九四八	昭和二三(29)	芦田均	大蔵大臣秘書官(北村徳太郎大臣)	昭和電工事件	ブリュッセル条約締結(翌年NATOへ)
			大蔵大臣秘書官(泉山三六大臣)	東京裁判	第一次中東戦争

西暦	元号(年齢)	内閣	喜一関係事象、経歴	日本の出来事	世界・政治・社会の出来事
一九四九	昭和二四(30)	吉田茂	大蔵大臣秘書官(大屋晋三大臣) 大蔵大臣秘書官(池田勇人大臣)	ドッジ・ラインを指示 シャウプ勧告	西ドイツと東ドイツが発足 中華人民共和国成立
一九五〇	昭和二五(31)	吉田茂	密使渡米、通商産業大臣秘書官を兼務	警察予備隊設置、海上保安庁増員を指令	朝鮮戦争勃発
一九五一	昭和二六(32)	吉田茂	サンフランシスコ講和会議に全権随員として出席 父、宮澤裕追放解除	マッカーサー解任 サンフランシスコ平和条約調印、日米安保条約調印	欧州石炭鉄鋼共同体(ECSC)設立のパリ条約 イギリス首相にチャーチル再選
一九五二	昭和二七(33)	吉田茂	父、宮澤裕政界引退 IMF参加随行、大蔵省退官	日本がIMFと世界銀行に加盟 血のメーデー事件	西ドイツがIMFと世界銀行に加盟 ロンドンスモッグ事件で推定一万人以上死亡
一九五三	昭和二八(34)	吉田茂	参議院議員当選(一回目) 池田・ロバートソン会談に同行	テレビ本放送開始 吉田茂のバカヤロー解散	エリザベス二世が女王に即位 朝鮮戦争休戦
一九五四	昭和二九(35)	吉田茂	吉田・アイゼンハワー会談に訪米同行	造船疑獄で犬養法相が指揮権発動	東南アジア条約機構結成
一九五五	昭和三〇(36)	鳩山一郎	「東京―ワシントンの密談」の執筆	社会党統一と自民党結成で五五年体制開始	ワルシャワ条約機構結成
一九五六	昭和三一(37)	鳩山一郎 石橋湛山	四谷第三小学校から大蔵省が撤退 石橋内閣で池田勇人が大蔵大臣就任	日本が国連に加盟 日ソ共同宣言	ソ連、フルシチョフがスターリンを批判 メルボルン・オリンピック
一九五七	昭和三二(38)	岸信介	宏池会発足	東京都の人口が世界一	ソ連、人工衛星スプートニク1号打ち上げに成功
一九五八	昭和三三(39)	岸信介	コロンボ計画協議委員会第十次会議に政府代表代理として出席	警職法改正案断念 明仁親王と正田美智子の婚約、ミッチーブーム	アメリカ、人工衛星エクスプローラー1号成功 欧州経済共同体、EEC設立
一九五九	昭和三四(40)	岸信介	参議院議員当選(二回目) 文部政務次官就任	安保改定阻止国民会議を結成 伊勢湾台風	キューバ革命達成 ハワイがアメリカ五十番目の州に
一九六〇	昭和三五(41)	岸信介 池田勇人	文部政務次官辞任 国民所得倍増計画	新・日米安保条約を強行採決 浅沼稲次郎社会党委員長刺殺	チリ地震(観測史上最大の地震規模) アフリカの年、石油輸出国機構(OPEC)設立
一九六一	昭和三六(42)	池田勇人	池田、ケネディ会談に訪米同行 自民党経理局長就任	三十六年度予算成立(一兆九二五七億円、前年度比24・6%増)	ジョン・F・ケネディがアメリカ大統領に就任

			参議院議員運営委員長就任	農業基本法制定（所得増大を狙う） レジャーブーム	ベルリンの壁建設 経済協力開発機構（OECD）創立
一九六二	昭和三七（43）	池田勇人	経済企画庁長官就任 池田首相に同行、七ヶ国を訪欧 日米貿易経済合同委員会に出席（アメリカ）	新産業都市建設促進法公布 戦後初の国産旅客機であるYS-11が初飛行 首都高速道路開通	キューバ危機 マリリン・モンロー自殺 ボクシング、ソニー・リストンがタイトル獲得
一九六三	昭和三八（44）	池田勇人	GATT閣僚会議に政府代表出席 OECD閣僚理事会に政府代表出席 父、宮澤裕他界	「鉄腕アトム」放映開始 新千円札（伊藤博文肖像）発行 初の日米間の衛星中継実験に成功	アメリカとソ連がホットライン設立 部分的核実験停止条約 ケネディ大統領暗殺
一九六四	昭和三九（45）	池田勇人	第一回国連貿易開発会議に日本代表出席 経済企画庁長官辞任	OECDに正式加盟 東京オリンピック	パレスチナ解放機構（PLO）設立 第一回国連貿易開発会議（UNCTAD）開催
一九六五	昭和四〇（46）	佐藤榮作	参議院議員任期満了	日韓基本条約締結	アメリカ、ベトナム北爆開始
一九六六	昭和四一（47）	佐藤榮作	経済企画庁長官就任	黒い霧事件（相次ぐ政治家不祥事）	中国、文化大革命開始
一九六七	昭和四二（48）	佐藤榮作	衆議院議員当選（一回目） ケネディラウンド貿易交渉に出席（ジュネーブ） 第六回日米貿易会議に出席（ワシントン）	公害対策基本法公布 四日市ぜんそく患者訴訟 吉田茂死去、国葬	ケネディ・ラウンド最終文書に五十三か国が調印 合併条約により、欧州共同体（EC）発足 東南アジア諸国連合（ASEAN）設立
一九六八	昭和四三（49）	佐藤榮作	第二回日韓定期閣僚会議に出席 経済企画庁長官辞任	アメリカ統治下の小笠原諸島返還 三億円事件	キング牧師暗殺 チェコスロバキアで「プラハの春」（チェコ事件）
一九六九	昭和四四（50）	佐藤榮作	衆議院議員当選（二回目）	佐藤首相訪米、日米共同声明	アメリカ、アポロ11号が月面着陸
一九七〇	昭和四五（51）	佐藤榮作	通商産業大臣、万博担当大臣就任 日米繊維交渉 OECD閣僚理事会に政府代表出席 日タイ貿易合同委員会に政府代表として出席（バンコク）	日本初の人工衛星「おおすみ」成功 大阪で万国博覧会開催 よど号ハイジャック事件 三島由紀夫クーデター未遂、自殺	核拡散防止条約発効（日本も調印） 西ドイツと東ドイツの初首脳会談 中国初の人工衛星「東方紅一号」成功 エジプト、ナイル川のアスワン・ハイ・ダム完成

西暦	元号(年齢)	内閣	喜一関係の出来事、経歴	日本の出来事	世界・政治・社会の出来事
一九七一	昭和四六(52)	佐藤榮作	国際連合とアジア極東経済委員会第二十七回総会、政府代表出席(マニラ) 通商産業大臣辞任	沖縄返還協定調印 天皇・皇后両陛下、ヨーロッパ訪問	六つの国からアラブ首長国連邦建国 ニクソン・ショック
一九七二	昭和四七(53)	田中角榮	自民党総合政策研究所運営委員 三極委員会の設立に参加 衆議院議員当選(三回目)	札幌オリンピック 沖縄、本土復帰 田中首相訪中、日中国交回復	生物兵器禁止条約署名開始 ウォーターゲート事件 日本赤軍によるテルアビブ・ロッド空港乱射事件
一九七三	昭和四八(54)	田中角榮	自民党物価対策本部副本部長就任	金大中事件	OPECの石油禁輸措置、オイルショックへ
一九七四	昭和四九(55)	田中角榮 三木武夫	自民党政調国民生活安定緊急対策本部本部長就任 外務大臣就任	国土庁設置 田中角栄金脈問題	文世光事件 国際エネルギー機関(IEA)設立
一九七五	昭和五〇(56)	三木武夫	OECD閣僚理事会に政府代表出席 IEA閣僚理事会の政府代表出席(パリ) 第三十回国連総会、政府代表出席 第一回先進国首脳会議に出席(ランブイエ)	エリザベス英女王来日 クアラルンプール事件、囚人釈放要求受け入れ 天皇・皇后両陛下、アメリカ訪問 第一回コミックマーケット開催	サウジアラビアのファイサル国王暗殺 ベトナム、サイゴン陥落 西アフリカ諸国経済共同体(ECOWAS)設立 第一回先進国首脳会議(サミット)開催
一九七六	昭和五一(57)	三木武夫	OECD閣僚理事会に政府代表出席 第二回先進国首脳会議に出席(サンファン) 外務大臣辞任 衆議院議員当選(四回目)	田中角栄元首相、逮捕 河野洋平ら自民党を離党、新自由クラブ結成 函館でソ連戦闘機ミグ25事件 VHSビデオレコーダー1号機発売	第一次天安門事件 ベトナム社会主義共和国成立(南北統一) ロッキード事件 アップルコンピュータ社設立
一九七七	昭和五二(58)	福田赳夫	経済企画庁長官就任	気象衛星「ひまわり1号」打ち上げ	二〇〇海里水域制限
一九七八	昭和五三(59)	大平正芳	経済企画庁長官辞任	日中平和友好条約調印	鄧小平の改革開放(中国資本主義経済へ)
一九七九	昭和五四(60)	大平正芳	衆議院議員当選(五回目)	総選挙自民党惨敗、四十日抗争	中越(中国・ベトナム)戦争
一九八〇	昭和五五(61)	(臨時)伊東正義	衆議院議員当選(六回目)	衆・参両院同時選挙、その最中	イラン・イラク戦争

年	和暦（年齢）	首相	宮澤喜一	日本の出来事	世界の出来事
		鈴木善幸	内閣官房長官就任	に大平正芳急逝 自動車生産台数が世界第一位	モスクワ・オリンピック、西側がボイコット
一九八一	昭和五六(62)	鈴木善幸	前尾繁三郎死去	日本劇場閉館	チャールズ英皇太子とダイアナ嬢が結婚
一九八二	昭和五七(63)	鈴木善幸	—	ホテル＝ニュージャパンで火災（永田町）	フォークランド紛争
一九八三	昭和五八(64)	中曽根康弘	衆議院議員当選（七回目） 宏池会会長代行	通産省「テクノポリス」構想 ファミリーコンピュータ発売	大韓航空機撃墜事件 シカゴで世界初の商用携帯電話
一九八四	昭和五九(65)	中曽根康弘	自民党総務会長就任	自民党本部放火襲撃事件	ロサンゼルス・オリンピック、ソ連がボイコット
一九八五	昭和六〇(66)	中曽根康弘	自民党総務会長留任	電電公社からＮＴＴへ	プラザ合意
一九八六	昭和六一(67)	中曽根康弘	衆議院議員当選（八回目） 大蔵大臣就任 宏池会（宮澤派）第五代会長	第十二回先進国首脳会議（東京） 三原山噴火 バブル景気の始まり	チェルノブイリ原子力発電所事故 多角的新貿易交渉（ウルグアイ・ラウンド）の開始 ハレー彗星接近
一九八七	昭和六二(68)	中曽根康弘 竹下登	自民党総裁選初挑戦に敗れ、副総理兼大蔵大臣就任 第十三回先進国首脳会議に出席（ベネチア）	国鉄からＪＲへ 安田火災海上がゴッホの「ひまわり」を五十三億円で落札 電力不足による東京大停電	第一次インティファーダ（イスラエルとパレスチナ） ブラックマンデー（世界的株価大暴落）
一九八八	昭和六三(69)	竹下登	第十四回先進国首脳会議に出席（トロント） リクルート事件関与、副総理兼大蔵大臣辞任	青函トンネル開業 瀬戸大橋開通 東京ドーム開場	世界人口五十億人突破 イラン・イラク戦争停戦 インターネット初のコンピュータ・ウィルス
一九八九	昭和六四(70) 平成元(71)	竹下登 宇野宗佑	—	昭和天皇崩御 消費税法成立	ベルリンの壁崩壊、米ソ首脳マルタ会談冷戦終結 （第二次）天安門事件
一九九〇	平成二(72)	海部俊樹	衆議院議員当選（九回目）	バブル崩壊	イラク軍がクウェートに侵攻（湾岸危機）
一九九一	平成三(73)	宮澤喜一	第十五代自民党総裁、内閣総理大臣就任	雲仙普賢岳で火砕流発生	湾岸戦争勃発、ソ連邦解体
一九九二	平成四(74)	宮澤喜一	第十八回先進国首脳会議に出席	カンボジアＰＫＯに自衛隊を派遣	ユーゴスラビア紛争、崩壊へ

西暦	元号(年齢)	内閣	喜一関係の出来事、経歴	日本の出来事	世界・政治・社会の出来事
一九九三	平成五(75)	宮澤喜一 細川護熙	(ミュンヘン) 内閣総理大臣として初めて政府専用機を使用 衆議院議員当選(十回目) 第十九回先進国首脳会議開催(東京) 内閣総理大臣辞任	天皇・皇后両陛下、中国訪問 カンボジアで日本人のボランティアと警察官が犠牲 宮澤内閣への不信任案可決、五十五年体制崩壊 北海道南西沖地震 田中角栄死去	マーストリヒト条約、EU創設へ 化学兵器禁止条約 モガディシュの戦闘(ソマリア兵と米軍とで) EU発足 ウルグアイ・ラウンド決着(日本ではコメが争点)
一九九四	平成六(76)	細川護熙 羽田孜 村山富市	細川と対談 天皇・皇后両陛下訪米同行 サッカーWC招致国会議員連盟の議員会長に就任	小選挙区比例代表並立制法案可決 長野県松本サリン事件 関西国際空港開港	北朝鮮、金日成急死 ロシア、チェチェン侵攻(第一次チェチェン紛争) World Wide Web Consortium 設立
一九九五	平成七(77)	村山富市	「21世紀への委任状」出版	阪神・淡路大震災、地下鉄サリン事件	GATTを継承して、世界貿易機関(WTO)設立
一九九六	平成八(78)	橋本龍太郎	財政構造改革会議の顧問に就任 衆議院議員当選(十一回目)	住専処理法成立 薬害エイズ問題、厚生省謝罪	タリバンがアフガニスタン・カブールを占拠 トゥパク・アマル革命運動でペルー日本大使館占拠
一九九七	平成九(79)	橋本龍太郎	自民党の緊急金融システム安定化対策本部長就任	消費税5%に 北海道拓殖銀行破綻、山一証券破綻	香港、イギリスから中国に返還 アジア通貨・金融危機
一九九八	平成一〇(80)	小渕恵三	大蔵大臣就任 宏池会名誉会長に就任	金融再生関連法成立 日本長期信用銀行、一時国有化決定	第二次コンゴ戦争 google社設立
一九九九	平成一一(81)	小渕恵三	七兆五〇〇〇億円の公的資金を投入	国旗・国歌法、通信傍受法成立	EU単一通貨「ユーロ」導入
二〇〇〇	平成一二(82)	森喜朗	大蔵大臣留任 衆議院議員当選(十二回目)	小渕恵三急逝 加藤の乱	プーチンがロシア大統領就任 第二次インティファーダ(イスラエルとパレスチナ)
二〇〇一	平成一三(83)	森喜朗 小泉純一郎	財務大臣就任 財務大臣辞任	中央省庁再編 JR東日本「Suica」販売	アメリカで9・11同時多発テロ事件 アフガン戦争
二〇〇二	平成一四(84)	小泉純一郎	—	北朝鮮拉致被害者五人帰国	アフリカ連合(AU)が五十三ヶ国で発足
二〇〇三	平成一五(85)	小泉純一郎	政界引退	日本郵政公社が発足	イラク戦争

西暦	和暦	年齢	首相	宮澤喜一関連	国内	海外
二〇〇四	平成一六	(86)	小泉純一郎	農林水産業から日本を元気にする国民会議代表幹事就任	自衛隊先遣隊、イラクへ出発	ウクライナでオレンジ革命
二〇〇五	平成一七	(87)	小泉純一郎	広島県名誉県民	イラクで日本人人質	スマトラ島沖地震、死者二十二万人
二〇〇六	平成一八	(88)	小泉純一郎	自民党の新憲法起草委員会に参加	郵政民営化法案成立	ロンドン同時爆破事件
				—	天皇・皇后両陛下、東南アジアを歴訪	タイ、軍事クーデター
二〇〇七	平成一九	(89)	安倍晋三	私邸で死去、内閣・自民党合同葬	防衛庁から防衛省発足	サブプライム住宅ローン危機

あとがき

最初に宮澤喜一さん本人に感謝をしたいと思います。当たり前のことですが、この方がいらっしゃらなければ、この本はできませんでした。宮澤さんの政治信条、考え方、功績、生き様、劇的な人生、後世に残されたメッセージに筆者は感銘を受けました。

次に宮澤さんに関する様々な文献や記録を残された方々にもお礼を言いたいと思います。著作者の方から出版社、図書館、本屋さんというのは、素晴らしいものであると改めて実感しています。特に図書館には随分と助けられました。

こういった自由な著作や記録（言論、表現の自由）、自由な閲覧（知る権利）は、当たり前のようですが、これができなかった時代がありましたし、今でもできない国があるのです。

インターネットの情報も今や全く馬鹿にできません。おかげで、海外の情報を簡単に手に入れることができ、関連する文献等を探す手間もかなり省けたものと思っています。出版に至らず、インターネット上だけに公開されているものもありましたので、これにも助けられました。

とはいえ、間違った情報がそのまま拡散されていることもあり、過去の新聞や文献との照合に翻弄されたのも事実です。インターネットに限らず、文献や記事に対して、情報を正していくことは私達皆の責務でしょう。

さて、自由に文献を集め、自由に読むことができたおかげで、一つの本を作ることができました。私のような未熟者の拙い文章の校閲に付き合って下さった五明紀春先生と、田中秀征塾長に感謝致します。お二人には激励までいただき、感謝に堪えません。ありがとうございました。

そして、本書を刊行して下さった旬報社の木内社長にも感謝申し上げます。

令和六（二〇二四）年一月三〇日

高橋輝世

人名索引

ア行

カ行

サ行

タ行

ナ行

ハ行

マ行

ヤ行

ラ行

ワ行

人名別称索引

ア行

カ行

サ行

タ行

ナ行

ハ行

マ行

ヤ行

ラ行

【著者紹介】 高橋輝世（たかはし・てるよ）

一九七四年一二月二七日、北海道生まれ。九八年北海道情報大学経営情報学部情報学科（専攻は人工知能）卒業。父が町議会議員だったことから、大学時代に政治への関心が湧き始める。その後、システムエンジニアとして二〇年以上会社員やフリーランスとして勤務。ＩＴ関係の勉強を継続するかたわら、政治関係、特に政治史などの勉強を始め、二〇〇六年から民権塾（さきがけ塾）に参加。塾長である田中秀征氏の影響を受け、彼の師である宮澤喜一氏を研究。

宮澤喜一の足跡——保守本流の戦後史

二〇二四年三月二五日　初版第一刷発行

著者……………高橋輝世
装丁……………佐藤篤司
発行者…………木内洋育
発行所…………株式会社 旬報社
〒一六二-〇〇四一 東京都新宿区早稲田鶴巻町五四四
TEL 03-5579-8973　FAX 03-5579-8975
ホームページ https://www.junposha.com/

印刷・製本……中央精版印刷 株式会社

 ISBN978-4-8451-1880-9